Guttentag'sche Sammlung
Nr. 67. Deutscher Reichsgesetze. Nr. 67.
Text-Ausgaben mit Anmerkungen.

Militär-Strafgesetzbuch

für das Deutsche Reich.

Text-Ausgabe mit Anmerkungen und Sachregister

von

Dr. Paul Herz,
Senats-Präsident beim Reichsmilitärgericht,

Dr. Georg Ernst,
Kriegsgerichtsrath beim Generalkommando d. III. A.-K.

Berlin 1903.
J. Guttentag, Verlagsbuchhandlung,
G. m. b. H.

Vorwort.

Wie die in dem gleichen Verlage erschienene Militärstrafgerichtsordnung, so soll auch der vorliegende kleine Kommentar dem Praktiker, namentlich dem Untersuchungsführer, dienen.

Er soll — bei sorgfältiger Berücksichtigung der Rechtsprechung des Reichsmilitärgerichts (der Entscheidungen Bd. I—III, wichtigerer nichtveröffentlichter Entscheidungen und der PE. I—III), des Reichsgerichts, sowie des früheren Preußischen General-Auditoriats — eine Uebersicht bieten über die zur Zeit in der Handhabung des materiellen Strafrechts geltenden Anschauungen.

Anderseits war es nach dem Zwecke des Buches nicht angängig, eine vergleichende Zusammenstellung der militärstrafrechtlichen Literatur zu bieten oder auf unwesentlichere theoretische Streitfragen einzugehen.

Aus gleichem Grunde wurden längere wissenschaftliche Erörterungen vermieden und eingehende Begründungen der vertretenen Ansichten auf besonders wichtige, in der

Praxis streitige Fragen beschränkt. Der Inhalt der einschlägigen Allerhöchsten Ordres und Verordnungen ist — zum Theil dem Wortlaute nach — angegeben; desgleichen das Reichsstrafgesetzbuch, soweit es zum Verständniß der einzelnen militärstrafrechtlichen Bestimmungen von Bedeutung ist.

Dezember 1902.

Inhalts=Uebersicht.

Inhalts-Uebersicht.

Wichtigste Abkürzungen.

AB.	= Ausführungsbestimmungen.
AKO.	= Allerhöchste Kabinetsordre.
AE.	= Allerhöchster Erlaß.
AVBl.	= Armee-Verordnungsblatt.
BGB.	= Bürgerliches Gesetzbuch v. 18. August 1896.
cf.	= siehe.
DStO.	= Disziplinar-Strafordnung für das Heer v. 31. Oktober 1872.
EG.	= Einführungsgesetz zur Militärstrafgerichtsordnung v. 1. Dezember 1898.
EG. z. MStrGB.	= Einführungsgesetz zum Militär-Strafgesetzbuche für das Deutsche Reich v. 20. Juni 1872.
GS.	= Preußische Gesetz-Sammlung.
GVG.	= Gerichtsverfassungsgesetz v. 27. Januar 1877.
GV.	= Garnison-Dienstvorschrift v. 15. März 1902.
H.	= Heer.
HO.	= Heerordnung v. 22. November 1888.
JMBl.	= Preußisches Justiz-Ministerial-Blatt.
KA.	= Kriegsartikel für das Heer v. 22. September 1902.
KM.	= Preuß. Kriegsministerielle Verfügung.
M.	= Marine.
MDStO.	= Disziplinarstrafordnung für die Kaiserliche Marine v. 1. November 1902.
MGS.	= Militär-Gesetzsammlung.
MO.	= Marine-Ordnung v. 12. November 1894.
MStrGB.	= Militär-Strafgesetzbuch v. 20. Juni 1872.

MStrGO.	= Militärstrafgerichtsordnung v. 1. Dezember 1898.
MStrVV.	= Preußische Militärstrafvollstreckungsvorschrift v. 9. Februar 1888.
MVBl.	= Marine-Verordnungsblatt.
Olsh.	= Kommentar zum Strafgesetzbuch für das Deutsche Reich von Dr. Justus Olshausen, Oberreichsanwalt. Berlin 1900.
Oppenhf.	= Kommentar zum Strafgesetzbuch für das Deutsche Reich von Dr. Friedrich Oppenhoff, herausgegeben von Dr. Hans Delius. Berlin 1901.
RBG.	= Reichsbeamtengesetz v. 31. März 1873.
RG.	= Reichsgericht, I (rc.) = erster Senat, E. = Entscheidungen des Reichsgerichts in Strafsachen, herausgegeben von den Mitgliedern rc. des Reichsgerichts, R. = Rechtsprechung des deutschen Reichsgerichts in Strafsachen, herausgegeben von den Mitgliedern der Reichsanwaltschaft. 1,1 (rc.) = Band 1, Seite 1.
RGBl.	= Reichs-Gesetzblatt.
RMG.	= Reichsmilitärgesetz v. 2. Mai 1874.
RMGer.	= Reichsmilitärgericht, I (rc.) = erster Senat, E. = Entscheidungen des Reichsmilitärgerichts, herausgegeben von den Senatspräsidenten, dem Obermilitäranwalt rc. 1,1 (rc.) = Band 1, Seite 1. PE. = Prüfungsergebniß.
RStrGB.	= Strafgesetzbuch für das Deutsche Reich v. 17. Mai 1871.
RV.	= Reichsverfassung v. 16. April 1871.
WG.	= Wehrgesetz v. 9. November 1867.
WO.	= Wehrordnung v. 22. November 1888.

Vorbemerkung.

Vor dem Gesetzestext bedeutet:

KG. die Zuständigkeit des Kriegsgerichts.

StG. die Zuständigkeit des Standgerichts.

StG. bez. KG. die Zuständigkeit des Standgerichts, wenn nicht der Thäter Offizierrang hat, oder die Verhängung einer Ehrenstrafe (für „im Feld“ und „an Bord“ ausgenommen die Versetzung in die zweite Klasse des Soldatenstandes) zu erwarten steht, in welchen Fällen das Kriegsgericht ausschließlich zuständig ist. § 15 MStrGO.

KG. bez. StG. die Zuständigkeit des Standgerichts, wenn nach dem Ermessen des niederen Gerichtsherrn neben einer etwaigen Einziehung keine höhere Strafe als Freiheitsstrafe bis zu 6 Wochen oder Geldstrafe bis 150 Mark, allein oder in Verbindung mit einander, zu erwarten steht; andernfalls ist das Kriegsgericht zuständig. § 16 MStrGB.

i. F. vor St.G. die Zuständigkeit des Standgerichts „im Felde und an Bord“. §§ 5, 6 EG.

Einführungsgesetz

zum

Militär-Strafgesetzbuche für das Deutsche Reich.

Vom 20. Juni 1872 (RGBl. S. 173).

Wir Wilhelm, von Gottes Gnaden Deutscher Kaiser, König von Preußen ꝛc.

verordnen im Namen des Deutschen Reichs, nach erfolgter Zustimmung des Bundesrathes und des Reichstages, was folgt:

§. 1.

Das Militär-Strafgesetzbuch für das Deutsche Reich tritt im ganzen Umfange des Bundesgebietes mit dem 1. Oktober 1872 in Kraft.[1] [2]

1) Das MStrGB. wurde in Elsaß und Lothringen auf Grund des § 3 des Ges. betr. die Vereinigung von Elsaß und Lothringen mit dem Deutschen Reiche v. 9. Juni 1871 (RGBl. S. 212) durch Kaiserliche Verordnung v. 8. Juli 1872, und in den afrikanischen Schutzgebieten durch Kaiserliche Verordnung v. 26. Juli 1896 eingeführt.

2) Materielles, das MStrGB. ergänzendes Strafrecht enthält § 18 Abs. 1 u. 2 EG.

§. 2.

Mit diesem Tage treten im ganzen Bundesgebiete alle Militärstrafgesetze, insoweit sie materielles Strafrecht zum Gegenstande haben, außer Kraft.

In Kraft bleiben die Vorschriften über die Bestrafung der von Landgendarmen[1]) begangenen strafbaren Handlungen.[2])

Dagegen finden die Bestimmungen des Militär-Strafgesetzbuches auch auf die Offiziere à la suite[3]) Anwendung, welche nicht zum Soldatenstande gehören, wenn und insolange sie zu vorübergehender Dienstleistung zugelassen sind, sowie in Bezug auf Handlungen gegen die militärische Unterordnung, welche sie begehen, während sie die Militäruniform tragen.[4])

1) In Preußen, Baden, Hessen, Mecklenburg-Schwerin, Waldeck, Schaumburg-Lippe, Lippe, Elsaß-Lothringen gelten die Landgendarmen als Personen des Soldatenstandes; vgl. § 2 Abs. 3 EG. Soweit sie im Range von Unteroffizieren stehen, sind sie in diesen Bundesstaaten in und außer Dienst Vorgesetzte der im Range ihnen nachstehenden Militärpersonen (Gefreiten, Gemeinen). Im Dienst befindliche Gendarmen sind nicht Wachen im Sinne des § 111 Abs. 2 MStrGB.; die den Gendarmen im Range übergeordneten Militärpersonen haben jedoch nur insoweit Befehlsbefugnisse des Vorgesetzten, als sie die dienstlichen Vorgesetzten der Gendarmen sind, also dem Gendarmeriekorps angehören oder sich im Dienste bei demselben befinden. AKO. v. 19. Juli 1873 (AVBl. S. 219). Eine Ausnahme besteht in Elsaß-Lothringen, wo Gendarmen im Dienste zu den Personen des Soldatenstandes ohne Rücksicht auf den Militärrang der letzteren im Verhältniß einer militärischen Wache (§ 111 Abs. 2 MStrGB.) stehen. § 2 des Ges. v. 20. Juni 1872, betr. die Errichtung der Gend. für Elsaß-Lothringen.

Für die Gendarmeriekorps der oben aufgeführten Bundesstaaten sind § 48 Abs. 2 u. 3 u. § 188 PrMStrGB.

in Kraft geblieben. RMGer. I. 10. Februar 1902. E. 2,193.

§ 48 Abs. 2: Wo Versetzung in die 2. Klasse des Soldatenstandes oder Degradation stattfindet, ist gegen Landgendarmen stets noch außerdem auf Entlassung aus der Gendarmerie zu erkennen.

Abs. 3: Auch muß auf diese Entlassung jeder Zeit erkannt werden, wenn ein Landgendarm wegen Verletzung seiner Amtspflichten zum dritten Male gerichtlich mit der ordentlichen gesetzlichen Strafe belegt wird.

Vorausgesetzt wird eine gerichtliche (nicht disziplinare) Bestrafung wegen Verletzung der Amtspflichten; anderweite gerichtliche Bestrafungen wegen rein militärischer oder gemeinstraflicher Delikte genügen nicht.

§ 188: Wachen oder Landgendarmen, welche in Ausübung des Dienstes sich des Mißbrauchs ihrer Dienstgewalt schuldig machen, sind ebenso zu bestrafen, wie Vorgesetzte, die sich ein solches Verbrechen gegen Untergebene zu Schulden kommen lassen.

Machen sie sich des Mißbrauchs der Dienstgewalt gegen Personen schuldig, welche außer diesem Dienstverhältniß ihre Vorgesetzten sind, so ist dies bei Zumessung der Strafe als ein erschwerender Umstand oder als ein Grund zur Verschärfung der Strafe zu betrachten.

Der Begriff in „Ausübung des Dienstes“ ist nicht Thatbestandsmerkmal, er schließt die Straferhöhung aus § 55 Nr. 2 MStrGB. nicht aus, RMGer. PE. III Nr. 121, und umfaßt auch den Begriff „bei Gelegenheit“ der Ausübung des Dienstes. Ein Gendarm, welcher in oder bei Gelegenheit der Ausübung eines Dienstes sich der Beleidigung einer Civilperson schuldig macht, ist nicht auf Grund der §§ 185 ff. RStrGB. sondern auf Grund des § 121 MStrGB., also auch ohne Vorhandensein eines

Strafantrags, zu bestrafen. RMGer. I. 10. Febr. 1902. E. 2, 193. Die gleichen Grundsätze gelten bei Mißhandlung von Civilpersonen durch Gendarmen; §§ 122 ff. MStrGB. finden Anwendung, nicht §§ 223 ff. RStrGB. Die Gerichtsbarkeit über die Gendarmen bestimmt sich für Preußen nach den AB. Nr. 1, 3, 5 zu § 37 MStrGO. Die Landgendarmen unterstehen ferner der DStO.

In Bayern sind die Landgendarmen nicht Personen des Soldatenstandes; sie unterstehen dem fr. Bayerischen MStrGB. v. 29. April 1869 (vgl. Ges. v. 28. April 1872); die Bayrischen Gendarmerie-Offiziere stehen unter dem MStrGB.

Die Feldgendarmen sind Personen des Soldatenstandes des aktiven Heeres; auf sie findet das MStrGB. in vollem Umfange Anwendung; sie sind im Dienst militärische Wachen im Sinne des §§ 111, 125 MStrGB.

2) Abs. 2 des § 2 enthielt früher im Schlußsatz „sowie die Vorschriften über die Bestrafung der Fahnenflüchtigen im Wege des Ungehorsams- (Kontumazial-) Verfahrens"; derselbe ist durch § 2 Abs. 2 EG. aufgehoben.

3) Diese Offiziere stehen à la suite der Armee oder eines Kontingents; ihnen gleich stehen die Sanitätsoffiziere à la suite des Sanitätskorps.

4) Vgl. § 1 Nr. 6, § 5 Nr. 3 MStrGO.

§. 3.

Eine Bestrafung in Gemäßheit des Militär-Strafgesetzbuches kann nur auf Grund eines gerichtlichen Erkenntnisses [1]) erfolgen.

In leichteren Fällen [2]) können im Disziplinarwege [3]) geahndet werden: [4]) [5])

1) Vergehen [6]) wider die §§. 64, 89 Absatz 1, 90, 91 Absatz 1, 92, 121 Absatz 1, 137, 141 Absatz 1, 146, 151;

2) Vergehen[6]) wider §. 114, wenn die strafbare Handlung nur in dem Borgen von Geld oder in der Annahme von Geschenken ohne Vorwissen des gemeinschaftlichen Vorgesetzten besteht.

Jedoch darf im Diziplinarwege keine andere Freiheitsstrafe,[7]) als Arrest[8]) festgesetzt werden, und die Dauer desselben vier Wochen gelinden Arrestes oder Stubenarrestes, drei Wochen mittleren Arrestes oder vierzehn Tage strengen Arrestes nicht übersteigen.[9])

Urkundlich unter Unserer Höchsteigenhändigen Unterschrift und beigedrucktem Kaiserlichen Insiegel.

Gegeben Schloß Babelsberg, den 20. Juni 1872.

(L. S.) Wilhelm.

Fürst von Bismarck.

1) D. h. Urtheil im Sinne des § 314 MStrGO. Dem Urtheil steht die Strafverfügung gleich § 349 MStrGO.

2) Hinsichtlich der Voraussetzungen eines leichteren Falles ist die Strafthat nicht ausschließlich nach ihrer objektiven Seite, sondern in allen ihren Beziehungen, also auch nach ihrer subjektiven Seite einer Prüfung zu unterziehen; es kommen auch die in der Person des Thäters liegenden, eine mildere Auffassung rechtfertigenden Umstände in Betracht, vgl. auch RMGer. I. 14. Februar 1901. E. 1,35.

Die Entscheidung der Frage, ob ein „leichterer Fall" vorliegt, liegt ausschließlich in der Hand des mit der Disziplinarstrafgewalt versehenen Vorgesetzten. Vgl. §§ 157 Abs. 2, 250, 251 MStrGO. KM. v. 17. Juni 1895. AVBl. S. 143.

3) Vgl. Disziplinarstrafordnung für das Heer v.

31. Oktober 1872; dieselbe gilt auch in Sachsen und Württemberg. Für Bayern vgl. Disziplinarstrafordnung v. 12. Dezember 1872, für die Marine Disziplinarstrafordnung für die Kais. Marine v. 1. November 1902 MVBl. Nr. 28.

4) Ist die Handlung von dem zuständigen Disziplinarvorgesetzten im Disziplinarwege geahndet worden, so ist eine gerichtliche Strafverfolgung ausgeschlossen. Vgl. §§ 157, 250, 251 MStrGO. und Note 7 zu § 1 MStrGB.

5) Wegen Verletzung der nach § 286 MStrGO. auferlegten Pflicht der Geheimhaltung durch unbefugte Mittheilung können in leichteren Fällen Personen des Soldatenstandes des aktiven Heeres (Marine) im Disziplinarwege bestraft werden. § 18 Abs. 1, EG. § 3, EG. z. MStrGB.

Disziplinarbestrafung ist ferner vorgesehen in den Fällen der §§ 202, 290 MStrGO.

6) Vgl. Note 7 zu § 1 MStrGB.

7) Es darf nur auf Arrest, nicht auf Kasernen-, Quartier-Arrest oder Gefängniß oder Festungshaft erkannt werden.

8) Der Disziplinarvorgesetzte ist an die im MStrGB. für das Delikt getroffene Strafandrohung hinsichtlich der Art, Dauer und des Mindestbetrages des Arrestes gebunden. Innerhalb dieses Strafrahmens darf ferner die von ihm festzusetzende Arreststrafe die im Abs. 3 des § 3 EG. z. MStrGB. für jede Arrestart vorgesehene Höhe des Arrestes nicht übersteigen. Militärische Ehrenstrafen des § 30 MStrGB. können im Disziplinarwege nicht festgesetzt werden, wohl aber für Gemeine der zweiten Klasse d. S. Einstellung in eine Arbeiterabtheilung, vgl. DStO. § 3 C. 4.

9) In den Fällen des § 3 EG. z. MStrGB. unterbricht jede wegen der begangenen That gegen den Thäter gerichtete Handlung des Disziplinarvorgesetzten die Verjährung. § 10 EG.

Militär-Strafgesetzbuch für das Deutsche Reich.

Vom 20. Juni 1872 (RGBl. S. 174.)

Wir **Wilhelm**, von Gottes Gnaden Deutscher Kaiser, König von Preußen 2c.

verordnen im Namen des Deutschen Reichs, nach erfolgter Zustimmung des Bundesrathes und des Reichstages, was folgt:

Einleitende Bestimmungen.[1a])

§. 1.

Eine Handlung,[1]) [2]) welche dieses[3]) Gesetz mit dem Tode, mit Zuchthaus, oder mit Gefängniß oder[4]) Festungshaft von mehr als fünf Jahren bedroht,[5]) ist ein militärisches Verbrechen.

Eine Handlung,[1]) [2]) welche dieses Gesetz mit Freiheitsstrafe[6]) (§. 16) bis zu fünf Jahren bedroht,[5]) ist ein militärisches Vergehen.[7])

1a) Zur Auslegung der Vorschriften des MStrGB. können die Kriegsartikel — als allgemeine Pflichtenlehre — herangezogen werden. RMGer. II 29. März 1902. E. 2,240.

1) Die Eintheilung der strafbaren Handlungen in militärische Verbrechen und militärische Vergehen ist für die Beurtheilung des Versuchs, der Theilnahme und bei der Verjährung (vgl. § 67 RStrGB.) von Wichtigkeit. Während das RStrGB. die strafbaren Handlungen in

Verbrechen, Vergehen und Uebertretungen eintheilt, ist dem MStrGB. letzterer Begriff fremd. **RG.** II 1. April 1887. E. 15,396. Die militärischen Uebertretungen, d. h. Handlungen gegen die militärische Zucht und Ordnung und gegen die Dienstvorschriften, für welche die Militärstrafgesetze keine Bestimmungen enthalten, sind der Disziplinarbestrafung zugewiesen. § 1 Abs. 1 DStO. u. § 1 Abs. 1 MDStO. Die nach gemeinen Reichs- oder Landesstrafrecht mit Haft oder Geldstrafe bis 150 Mk. bedrohten strafbaren Handlungen, — Uebertretungen im Sinne des § 1 RStrGB. — werden von der niederen Gerichtsbarkeit umfaßt. § 15 MStrGO.

2) Der Ausdruck „Handlungen“ begreift die vorsätzliche und fahrlässige Rechtsverletzung in sich. Zu den Handlungen gehören auch die Unterlassungen.

3) Die im MStrGB. mit Strafe bedrohten Handlungen sind militärische Verbrechen oder Vergehen. Zu letzteren gehören auch Zuwiderhandlungen gegen § 18 EG., sofern sie von Personen des Soldatenstandes des aktiven Heeres und der Marine begangen werden. Vgl. Weiffenbach, Militärrechtl. Erörterungen. Heft 1, S. 62. Die Theilnahme einer Person des aktiven Dienststandes an einem militärischen Verbrechen oder Vergehen ist als militärisches, nicht als gemeinstrafrechtliches Delikt zu beurtheilen. **RMGer.** PE. III Nr. 111. Handelt es sich um eine Handlung einer Militärperson, welche lediglich durch das RStrGB. mit Strafe bedroht ist, so ist die Frage, ob die Handlung sich als Verbrechen oder Vergehen (Uebertretung) darstellt, nach den Vorschriften des RStrGB. (§ 1 ibid) zu entscheiden.

4) Daß Gefängniß und Festungshaft von mehr als 5 Jahren wahlweise angedroht sein müssen, wird für den Begriff des militärischen Verbrechens nicht erfordert. Es genügt die eine oder die andere Strafandrohung.

5) Als Kriterium für den Begriff des Verbrechens oder Vergehens ist nur diejenige Strafart und dasjenige Straf-

maß maßgebend, mit welchem die einzelne Handlung in ihrem schwersten Falle bestraft wird. Das Vorhandensein von Strafmilderungsgründen, die eine Ermäßigung der Strafe vorsehen, die Strafermäßigungen, die beim Versuch und der Beihülfe eintreten, sind für die Qualifizirung der That als Verbrechen oder Vergehen ohne Einfluß. RMGer. PE. II. Nr. 170. Droht das MStrGB. (§§ 53, 55, 103 Abs. 2, 115, 125, 136) eine erhöhte Freiheitsstrafe an, so ist dieser Höchstbetrag für die Frage, ob die That sich als Verbrechen oder Vergehen darstellt, entscheidend. RMGer. PE. III Nr. 110. Das Gleiche gilt, wenn nur mittelbar ein Höchstbetrag angedroht wird, wie in den §§ 72, 81 Abs. 2, 103 Abs. 1 MStrGB. In beiden Fällen nimmt die That Verbrechensqualität an, wenn die arbitrirte Strafe vom Richter über 5 Jahr Gefängniß oder Festungshaft hinaus erhöht wird. Auch Fahrlässigkeitsvergehen können bei Anwendung der §§ 53, 55 MStrGB. Verbrechensqualität erhalten. RMGer. II 19. Sept. 1901. E. 1,295.

6) Freiheitsstrafe im Sinne des MStrGB. ist nur Gefängniß, Festungshaft, Arrest. § 16. MStrGB. Eine mit Zuchthaus bedrohte Handlung ist nach Abs. 1 stets ein Verbrechen.

Im Uebrigen umfaßt an einzelnen Stellen (§§ 53, 54, 88 MStrGB.) der Ausdruck „Freiheitsstrafe" auch die Zuchthausstrafe.

7) Militärische Vergehen, deren Bestrafung nach § 3 des EG. z. MStrGB. im Disziplinarwege gestattet ist, verlieren durch die disziplinarische Ahndung ihren Charakter als Vergehen nicht. Die disziplinarische Bestrafung derselben hat die Wirkung eines gerichtlichen Urtheils; es steht mithin einem späteren gerichtlichen Verfahren der Grundsatz ne bis in idem entgegen. Handelt es sich dagegen um die — irrthümlich erfolgte — disziplinarische Ahndung einer strafbaren Handlung, welche nur im strafgerichtlichen Verfahren abgeurtheilt werden darf, so ist die

spätere gerichtliche Verfolgung einer solchen Handlung nicht ausgeschlossen, §§ 157, 250, 251 MStrGO. RG. II 20. Mai 1891. E. 22,1. — § 45 DStO., § 55 MDStO.

Eine Anrechnung der irrthümlich festgesetzten und vollstreckten Disziplinarstrafe auf die ergehende gerichtliche Strafe findet nicht statt; immerhin kann der ersteren bei der Strafausmessung Rechnung getragen werden.

§. 2.

Diejenigen Bestimmungen,[1]) welche nach den Vorschriften des Deutschen Strafgesetzbuches[2]) in Beziehung auf Verbrechen und Vergehen allgemein gelten, finden auf militärische Verbrechen und Vergehen entsprechende[3]) Anwendung.

1) Unter diesen Bestimmungen des RStrGB. — landesstrafrechtliche Normen kommen nicht in Betracht — sind nicht allein die Bestimmungen zu verstehen, welche für alle Verbrechen und Vergehen gelten, sondern auch diejenigen, welche für eine besondere Art von Verbrechen und Vergehen gegeben sind, soweit das MStrGB. nicht bezügliche besondere Vorschriften enthält. Es findet deshalb Anwendung: auf § 138 MStrGB. der § 242 Abs. 2, §§ 43, 44, § 246 Abs. 3 und § 247 Abs. 3 RStrGB.; auf § 137 MStrGB. der § 303 Abs. 2 RStrGB.; auf § 140 MStrGB. der § 335 RStrGB. Plenarbeschluß des RMGer. v. 17. Mai 1901. E. 1,134. II. 24. Mai 1991. E. 1,154. RG. III. 27. März 1884. E. 10,330.

2) Der Ausdruck „Deutsches Strafgesetzbuch" umfaßt nach den Motiven auch das Einführungsgesetz z. D. Strafgesb. v. 31. Mai 1870.

3) „Entsprechende Anwendung", d. h. nur soweit Anwendung, als dies mit der Rücksicht auf die Erhaltung der Disziplin im Heere vereinbar ist. Ueberall da, wo besondere militärische Interessen, vornehmlich die Bedürf-

nisse der Disziplin in Betracht kommen, sind der Gleichstellung des bürgerlichen und des Militär-Strafrechts Grenzen gezogen. RMGer. II. 19. September 1901. E. 1,290. Die §§ 199, 200, 231, 233 RStrGB. sind auf die Fälle der §§ 91, 121, 122 MStrGB. nicht anwendbar, weil letztere militärische Sonderbergehen sind. Ueber das Verhältniß des § 193 RStrGB. zu §§ 91, 121 MStrGB. vgl. die Ausführungen zu diesen §§. Vgl. auch den in Note 1 cit. Plenarbeschluß des RMGer. und Urtheil des I. Senats d. RMGer. v. 14. Oktober 1901. E. 2,34.

§. 3.[1])

Strafbare Handlungen[2]) der Militärpersonen, welche nicht militärische Verbrechen oder Vergehen sind, werden nach den allgemeinen Strafgesetzen[3]) beurtheilt.[4]) [5]) [6])

1) Die Vorschrift des § 3 entspricht der Bestimmung des § 10 RStrGB.

2) Der Begriff „strafbare Handlungen", wie er in §§ 3, 7, 49, 55, 115, 116, 140, 143 und 147 MStrGB. gebraucht ist, umfaßt nur die militärischen Verbrechen und Vergehen und die nach den allgemeinen Strafgesetzen zu beurtheilenden Strafthaten. Zu letzteren gehören auch die Uebertretungen des RStrGB. vgl. § 1 das. Auf Handlungen, welche lediglich disziplinarisch geahndet werden können, erstreckt sich der Ausdruck dieses § „strafbare Handlungen" nicht. § 1 Nr. 1 DStO., § 1 Nr. 1 MDStO.

3) Unter den allgemeinen Strafgesetzen ist das gesammte Reichs- und Landesstrafrecht zu verstehen.

4) Für die von Militärpersonen begangenen nach gemeinem Reichs- oder Landesstrafrecht strafbaren Handlungen kommen auch die Strafarten dieses Strafrechts zur Anwendung. Eine Umwandlung der gegen Militärpersonen wegen gemeiner Verbrechen oder Vergehen erkannten Strafen in militärische Strafen findet nicht statt. Während

bei militärischen Vergehen nach § 17 MStrGB. die verhängte Gefängniß- oder Festungshaftstrafe mindestens 43 Tage betragen muß, sind wegen gemeiner Vergehen die im Reichs- oder Landesstrafrecht gegebenen Strafgrenzen maßgebend. Wegen vor dem Eintritt in das Heer rc. begangener, nach gemeinem Strafrecht strafbarer Handlungen kann vom Militärgericht nur auf die im gemeinen Strafrecht angedrohten Strafen (also z. B. nicht auf Versetzung in die zweite Klasse des Soldatenstandes) erkannt werden.

5) Auch bei von Militärpersonen verübten, nach gemeinem Strafrecht strafbaren Handlungen weicht das MStrGB. vom RStrGB. ab hinsichtlich des Territorialitätsprinzips (§ 7 und § 161 MStrGB.), beim Strafvollzug (§§ 14, 15, 45 MStrGB.), ferner bezüglich der Zulässigkeit von Geldstrafen (§ 29 MStrGB.), bei der Theilnahme (§ 47 MStrGB.), bei den Gründen, welche die Strafe ausschließen, mildern oder erhöhen (§ 49 Abs. 1 und 2 § 55 MStrGB.) und bei den im Felde begangenen Antragsdelikten (§ 127 MStrGB.).

6) Von Militärpersonen verübte Mißhandlungen gegen Civilpersonen oder Kameraden unterfallen den Strafbestimmungen des RStrGB., vgl. aber auch § 29 MStrGB. Eine Ausnahme findet hinsichtlich der Wachen und Landgendarmen statt, welche in Ausübung des Dienstes sich des Mißbrauchs ihrer Dienstgewalt schuldig machen; sie sind ebenso zu bestrafen, wie Vorgesetzte, die sich eine solche Strafthat gegen Untergebene zu Schulden kommen lassen. § 2 EG. z. MStrGB. § 188 Pr. MStrGB.

§. 4.

Unter Militärpersonen[1]) sind die Personen des Soldatenstandes[2]) und die Militärbeamten[6]) zu verstehen, welche zum Heer oder zur Marine gehören.[3]) [4]) [5]) [8])

Unter Heer ist das Deutsche Heer, unter Marine die Kaiserliche Marine zu verstehen.[7] [8]

1) **Bezüglich der Theilnahme von Nichtmilitärpersonen an militärischen Delikten gilt Folgendes.**

Die als militärische Verbrechen bedrohten Handlungen sind zugleich Verbrechen im Sinne des RStGB. und die militärischen Vergehen zugleich Vergehen im Sinne dieses Gesetzes. Die Anstiftung, Beihülfe und Begünstigung zu militärischen Delikten Seitens Nichtmilitärpersonen ist daher nach §§ 48, 49, 257 RStrGB. strafbar. Wo bei Anwendung dieser Strafbestimmungen gegen Militärpersonen auf Arrest zu erkennen sein würde, ist bei Nichtmilitärpersonen auf Haft zu erkennen. RG. III 1. April 1887. E. 15,396. III 5. April 1894. E 25,234. I 8. April 1895. E. 27,158. RMGer. PE. I Nr. 132. Dem Anstifter und Gehülfen zu einem militärischen Verbrechen oder Vergehen kann die Vorschrift des § 50 RStGB. nicht lediglich deshalb zu Gute kommen, weil er eine Civilperson ist und deshalb jenes Delikt selbst nicht würde begehen können. RG. III 5. April 1894. E. 25,234. Mitthäterschaft von Nichtmilitärpersonen an rein militärischen Delikten, deren Strafbarkeit durch die persönlichen Eigenschaften und Verhältnisse des Thäters als Militärperson begründet wird, ist ausgeschlossen. RG. III 5. April 1894. E. 25,234. I 8. April 1895. E. 27,158.

2) **Zu den Personen des Soldatenstandes sind sowohl die Personen des aktiven Heeres und der aktiven Marine, wie diejenigen Personen des deutschen Heeres und der Marine, welche dem Beurlaubtenstande angehören, zu rechnen. RG. I 15. Dez. 1894. E. 26,314. Inwieweit die Personen des Beurlaubtenstandes dem MStrGB. unterworfen sind, regelt § 6 MStrGB. und § 60 Nr. 3 RMG.**

3) **Welche Militärpersonen Personen des Soldatenstandes und welche Militärbeamte sind, bestimmt das dem MStrGB. beigefügte Verzeichniß.**

4) **Dem Militärstrafgesetzbuch unterstehen:**

I. Militärpersonen:

A) Die Militärpersonen des aktiven Dienststandes (Friedensstandes):

1. Die Offiziere vom Tage ihrer Anstellung bis zum Zeitpunkte ihrer Entlassung aus dem Dienste. Zu den Offizieren gehören die Sanitätsoffiziere, die Marineingenieure, die Torpedoingenieure, die Feuerwerks-, Zeug- und Torpedooffiziere, die Festungsbauoffiziere; vgl. auch § 2 der Org.Best. d. Marine u. AO. v. 20. März 1902.

2. Die Kapitulanten von Beginn bis zum Ablauf oder bis zur Aufhebung der abgeschlossenen Kapitulation. In erster Hinsicht ist für die Zugehörigkeit eines Kapitulanten zum aktiven Heere, insoweit der Kapitulationsvertrag nichts Anderes bestimmt, lediglich der Zeitablauf entscheidend, nicht aber der möglicher Weise hiervon verschiedene Zeitpunkt der ordnungsmäßigen Entlassung durch die zuständige Militärbehörde

 Die Anordnung der militärischen Untersuchungshaft kann als Einberufung zum Dienste im Sinne des § 38 B Ziff. 1 RMG. nicht angesehen werden. Befindet sich der Kapitulant bei Ablauf der Kapitulationszeit wegen eines Verbrechens gegen die allgemeinen Strafgesetze in militärischer Untersuchungshaft, so ist er der bürgerlichen Behörde zur Erledigung des Straffalles zu übergeben, und der Gerichtsherr zum Erlaß einer Anklageverfügung nicht mehr befugt. **RMGer.** II 2. Juni 1902. E. 3,72.

3. Die Freiwilligen und die ausgehobenen Rekruten von dem Tage, mit welchem ihre Verpflegung durch die Militärverwaltung beginnt; Einjährig-Freiwillige von dem Zeitpunkte ihrer definitiven Einstellung in einen Truppentheil an, sämmtlich bis zum Ablaufe des Tages ihrer Entlassung aus dem aktiven Dienste.

ad 1, 2, 3 vgl. § 38 A, sub 1, 2, 3 RMG.; wegen der vorläufig in die Heimath beurlaubten Rekruten vgl. § 6 Note 1b.

Nach Ablauf der aktiven Dienstzeit (vgl. Art. II § 1 Abs. 1 des Gesetzes v. 5. August 1893 u. Art. II des Gesetzes v. 25. März 1899) hat der Soldat einen gesetzlichen Anspruch auf Beurlaubung zur Reserve, abgesehen von den Ausnahmen des § 14 des WG. und des Art. II § 1 Abs. 2 des Gesetzes v. 3. August 1893. Befindet derselbe sich in Untersuchungshaft, so ist er an dem Tage, an dem seine Entlassung nach erfüllter aktiver Dienstpflicht zu erfolgen hat, zu den Personen des Beurlaubtenstandes zu zählen und tritt gegebenen Falls unter die Gerichtsbarkeit des für ihn als Person des Beurlaubtenstandes zuständigen Gerichtsherrn. (Vgl. das Nähere §§ 10 und 259 MStrGO. KM. v. 7. Februar 1902.

4. Die Militärbeamten hinsichtlich des im Felde von ihnen begangenen Hochverraths, Landesverraths, Kriegsverraths, der Gefährdung der Kriegsmacht im Felde, der Fahnenflucht, der unerlaubten Entfernung, der strafbaren Handlungen gegen die Pflichten der militärischen Unterordnung und der widerrechtlichen Handlungen im Felde gegen Personen und Eigenthum. § 153 MStrGB. Andere, sowohl im Felde, wie im Frieden von ihnen begangene Delikte unterliegen dem Beamtenstrafrecht, bezw. dem Gemeinen Strafrecht. § 154 MStrGB.
5. Die in Invaliden-Institute aufgenommenen Invaliden.
6. Die Kaiserlichen Schutztruppen, Kaiserl. Verordnung v. 26. Juli 1896, die Ostasiatische Besatzungsbrigade.

B) Die Personen des Beurlaubtenstandes; vgl. das Nähere § 6 MStrGB. Die aus dem Beurlaubtenstande zum Dienste einberufenen Offiziere, Aerzte, Militärbeamten und Mannschaften gehören von dem Tage, zu welchem sie einberufen sind, bis zum Ablaufe des Tages der Wiederentlassung zum aktiven Heere (Marine). § 38 B RMG.

C) Alle in Kriegszeiten zum Heeresdienste aufgebotenen oder freiwillig eingetretenen Offiziere, Aerzte, Militärbeamten (diese mit der Beschränkung zu A Nr. 4) und Mannschaften, welche zu keiner der Kategorien ad A 1—3 gehören, vom Tage, zu welchem sie einberufen sind, bezw. vom Zeitpunkte des freiwilligen Eintritts an, bis zum Ablauf des Tages der Entlassung. § 38 B 2. RMG. Hierher gehören insbesondere nach ergangenem Aufrufe des Landsturms die von demselben betroffenen Landsturmpflichtigen, sowie die in Folge freiwilliger Meldung in die Listen des Landsturms Eingetragenen. §§ 26, 30 des Ges. v. 11. 2. 1888.

D) Die Feld- und Landgendarmen; vorausgesetzt ist, daß die Landgendarmen nach der Gesetzgebung ihres Staates, wie in Preußen, Baden, Hessen, Elsaß-Lothringen, Mecklenburg-Schwerin, Waldeck, Schaumburg-Lippe, Lippe, zu den Personen des Soldatenstandes gehören. Sie sind in diesen Staaten Personen des Soldatenstandes, gehören aber nicht zum Heere. Gendarmerie-Offiziere unterstehen ausnahmslos dem MStrGB.

II. Dem MStrGB. unterstehen folgende nicht zu den Personen des Soldatenstandes gehörende Personen.

1. Die Offiziere à la suite der Armee oder eines Kontingents, die Sanitätsoffiziere à la suite des Sanitätskorps, wenn und so lange sie zu vorübergehender Dienstleistung zugelassen sind, sowie in Bezug auf Handlungen gegen die militärische Unterordnung, welche sie in Militäruniform begehen. §. 2 Abs. 2 d. EG. z. MStrGB.

Von ihnen zu unterscheiden sind die ohne Gehalt beurlaubten (à la suite ihrer Truppentheile gestellten) Offiziere; sie sind Personen des Soldatenstandes.

2. Die mit Pension zur Disposition gestellten Offiziere, insofern gegen sie wegen gemeiner Delikte auf Verlust des Offiziertitels und des Rechts zum Tragen der Offizieruniform erkannt werden kann. §§ 33, 36 MStrGB. Verabschiedete Offiziere unterstehen, sofern sie nicht wieder als solche im Heer oder der Marine Verwendung gefunden haben, dem gemeinen Strafrecht und den bürgerlichen Gerichten. § 1 des Ges. v. 3. Mai 1890.

3. Während eines gegen das Deutsche Reich ausgebrochenen Krieges alle Personen, welche sich in irgend einem Dienst- oder Vertragsverhältnisse bei dem kriegführenden Heere befinden oder sonst sich bei demselben aufhalten oder ihm folgen. § 155 MStrGB.

4. Die zu dem kriegführenden Heere zugelassenen ausländischen Offiziere; § 157 MStrGB. Das Gefolge derselben fällt unter die Vorschrift ad II, 3.

5. Die Kriegsgefangenen § 158 MStrGB.

6. Ausländer und Deutsche während eines gegen das Deutsche Reich ausgebrochenen Krieges wegen strafbarer Handlungen gegen §§ 57—59, 134 MStrGB., ferner wegen aller gegen deutsche Truppen oder Behörden in einem von deutschen Truppen besetzten ausländischen Gebiete verübten strafbaren Handlungen.

7. Die nicht zu den Personen des Soldatenstandes gehörenden Angestellten eines Schiffes (über den Begriff „Schiff" vgl. § 163 MStrGB). Andere an Bord eines Schiffes dienstlich eingeschiffte Personen unterliegen den Kriegsgesetzen, solange das Schiff im Kriegszustande sich befindet; letzterer tritt auch dann ein, wenn das Schiff außerhalb der heimischen Gewässer allein fährt. §§ 166, 164 MStrGB.

5) Nach Erlaß des RMG. und des Ges. v. 11. Februar 1888 ist die Eigenschaft als Militärperson von Ableistung eines Fahnen- bezw. Diensteides nicht abhängig. RMGer. II 12. März 1902. E. 2,222. Durch das Delikt der Fahnenflucht wird die Eigenschaft des Thäters als

Militärperson nicht aufgehoben. RG. IV 5. April 1895. E. 27,148. Vor der Einstellung in das Heer rechtskräftig zu Zuchthaus verurtheilte und versehentlich eingestellte Personen erlangen durch die Einstellung die Eigenschaft als Militärpersonen. Hat die staatliche Behörde im Einzelfalle durch Einstellung des Rekruten von ihrem gesetzlichen Anspruche auf dessen Dienstleistung im Heere oder der Marine Gebrauch gemacht, so besteht die durch das Gesetz begründete Verpflichtung zur Leistung des Heeresdienstes bis zur Entlassung im geordneten Wege fort. Bis zu diesem Zeitpunkte ist auch der dienstuntaugliche Rekrut Person des Soldatenstandes und den Vorschriften des MStrGB. unterworfen. Er darf insbesondere nicht ohne Erlaubniß von seinem Truppentheil sich entfernen und wird, wenn er sich dieser Verpflichtung zum Heeresdienst durch eigenmächtige Entfernung dauernd entziehen will, wegen Fahnenflucht bestraft. RMGer. II 12. März 1902. E. 2,222. Dagegen kann ein irrthümlich eingestellter Ausländer keine Fahnenflucht begehen. RMGer. II 9. Nov. 1901. E. 2,83.

Personen des Soldatenstandes, gegen welche auf Entfernung aus dem Heere oder auf Dienstentlassung erkannt ist, scheiden mit dem Zeitpunkt der Rechtskraft des Urtheils aus dem Heere bezw. der Marine aus.

6) Die Merkmale des Begriffs „Militärbeamter“ finden sich in Anlage B. zum MStrGB. Vergleiche auch die dort abgedruckte, auf der Verordnung v. 12. August 1901 beruhende Klasseneintheilung.

7) Diese Vorschrift bezieht sich nicht nur auf § 4, sondern auf das ganze Gebiet des MStrGB.

8) Die Thatsache, daß der vom Civilgerichte verurtheilte Angeklagte zur Zeit der That dem Soldatenstande angehörte, kann auch noch in der Revisionsinstanz mit Erfolg geltend gemacht werden. RG. IV 5. April 1895. E. 27,140. Vgl. § 14 EG.

9) Unter „Heer“ im Sinne des MStrGB. sind auch

die Kaiserlichen Schutztruppen zu verstehen. Verord. betr. die Einf. der deutschen Militärstrafgesetze in den Afrikanischen Schutzgebieten v. 26. Juli 1896.

§. 5.

Die Klasseneintheilung der Militärpersonen ergibt das diesem Gesetze beigefügte Verzeichniß.

Die Mitglieder des Sanitätskorps und des Maschinen-Ingenieurkorps unterliegen den für andere Personen des Soldatenstandes gegebenen Vorschriften nach Maßgabe ihres Militärranges.[1] [2] [3]

1) Es stehen die einjährig-freiwilligen Aerzte und Unterärzte im Range von Portepee-Unteroffizieren,
die Assistenzärzte im Range der Leutnants,
die Oberärzte im Range der Oberleutnants,
die Stabsärzte im Range der Hauptleute,
die Oberstabsärzte im Range der Majors,
die Generaloberärzte im Range der Oberstleutnants,
die Generalärzte im Range der Obersten,
der Generalstabsarzt der Armee im Range eines Generalmajors,
die einjährig-freiwilligen Marineärzte und Marine-Unterärzte im Range der Fähnriche zur See mit Offizierssäbel,
die Marine-Assistenzärzte im Range der Leutnants zur See,
die Marine-Oberärzte im Range der Oberleutnants zur See,
die Marine-Stabsärzte im Range der Kapitänleutnants,
die Marine-Oberstabsärzte im Range der Korvettenkapitäne,
die Marine-Generaloberärzte im Range der Fregattenkapitäne,
die Marine-Generalärzte im Range der Kapitäne zur See,
der Generalstabsarzt der Marine im Range des Kontreadmirals.

Vgl. Verordnungen über die Organisation des Sanitätskorps v. 6. Februar 1873 und über die

Organisation des Sanitätskorps der Marine v. 8. März 1897, AKO. v. 31. März 1898, AO. v. 27. April 1898, 26. Juni 1899 und 26. März 1901.

2) An die Stelle des Maschinen-Ingenieurkorps ist das Marine-Ingenieurkorps getreten. AO. v. 26. Juni 1899.

Zu den Offizieren der Marine gehören außer dem Seeoffizierkorps, dem Sanitätsoffizierkorps, dem Offizierkorps der Marineinfanterie, das Marine-Ingenieurkorps und das Torpedo-Ingenieurkorps, gebildet durch AO. v. 8. Juli 1879, beide in MStrGO. §. 1 Nr. 2,7 zusammengefaßt unter „Ingenieure des Soldatenstandes", ferner die Feuerwerks-, Zeug- und Torpeder-Offiziere.

Die Rangverhältnisse der Ingenieure des Soldatenstandes regeln die AO. v. 7. Mai 1872, 8. Juli 1879 und 26. Juni 1899. Es haben den Rang

eines Leutnants zur See die Marine- bezw. Torpedo-Ingenieure,

eines Oberleutnans zur See die Marine- bezw. Torpedo-Oberingenieure,

eines Kapitänleutnants die Marine- bezw. Torpedo-Stabsingenieure,

eines Korvettenkapitäns die Marine- bezw. charakt. Torpedo-Oberstabsingenieure,

eines Fregattenkapitäns die Marine-Chefingenieure.

3) Hinsichtlich der Militärbeamten vergl. Note 6 zu § 4 MStrGB.

§. 6.

Personen des Beurlaubtenstandes [1]) unterliegen den Strafvorschriften des Gesetzes in der Zeit, in welcher sie sich im Dienste [2]) befinden; außerhalb dieser Zeit finden auf sie nur diejenigen Vorschriften [3]) Anwendung, welche in diesem Gesetze ausdrücklich auf Personen des Beurlaubtenstandes für anwendbar erklärt sind.[4]) [5])

1) Zum Beurlaubtenstande gehören:

a) die Offiziere, Aerzte, Beamten und Mannschaften der Reserve, Marinereserve, Landwehr, Seewehr, sowie die Mannschaften der Ersatzreserve und der Marineersatzreserve;

b) die vorläufig in die Heimath beurlaubten Rekruten und Freiwilligen; sind sie auf einen bestimmten Tag einberufen und nicht eingerückt, so gehören sie auch nach diesem Zeitpunkte zum Beurlaubtenstande. Ihre Zugehörigkeit zum aktiven Heere (Marine) beginnt erst mit dem Zeitpunkte der Verpflegung durch die Militärverwaltung. §§ 34, 38 Litt. A. 3 und B. 1, RMG. RMGer. III 29. Dez. 1900. E. 1,9 I 25. April 1901. E. 1,98. Die Gewährung der Marschgebühr an solche vorläufig in die Heimath beurlaubten Rekruten bei ihrer Einbeorderung zum Truppentheil ist als Beginn der Verpflegung durch die Militärbehörde im Sinne des § 38 A. 3 RMG. nicht anzusehen. Vgl. §§ 38 A. 3, 34 RMG. § 53 Abs. 1. Der FrVV. f. das Heer und § 2 Abs. 1 und 2 der Friedensverpflegungsvorschrift. RM. 19. 7. Juli 1902;

c) die bis zur Entscheidung über ihr ferneres Militärverhältniß zur Disposition der Ersatzbehörden entlassenen Mannschaften;

d) die vor erfüllter aktiver Dienstpflicht zur Disposition der Truppentheile (Marinetheile) beurlaubten Mannschaften. Vgl. ad a—d § 15 WG., §§ 34, 38, 54, 56 des RMG., § 11 d. Ges. v. 11. Febr. 1888, § 109 Nr. 4 WO.;

e) die nach Aufruf des Landsturms davon betroffenen Landsturmpflichtigen, sowie die nach freiwilliger Meldung in die Listen des Landsturms eingetragenen Personen bis zu dem Tage, zu welchem sie einberufen sind, oder an welchem sie freiwillig eintreten. §§ 26, 30 des Ges. v. 11. Febr. 1888. Nach diesem Zeitpunkte gehören diese Personen zum aktiven Heere (Marine). § 38 B. 1 RMG.

2) Vorausgesetzt wird die Einberufung zu einem militärischen Dienst auf Grund der dem Einberufenen obliegenden Wehrpflicht. § 38 B. 1 RMG. und RMGer. II 2. Juni 1902. E. 3,72; als solcher kann die Einberufung zu einer militärgerichtlichen Vernehmung oder zur Verbüßung einer Freiheitsstrafe oder selbst die lediglich zur Durchführung eines militärgerichtlichen Verfahrens erfolgte Einbeorderung oder Abführung in die Untersuchungshaft nicht angesehen werden. Auch der Verhaftete bleibt Person des Beurlaubtenstandes. RMGer. II 2. Juni 1902. E. 3,72. Eine Nichtbefolgung eines solchen Einberufungsbefehls ist daher nicht aus §§ 64, 66 sondern nur aus §§ 92, 113 MStrGB. strafbar. Leistet dagegen eine Person des Beurlaubtenstandes der Einberufung zu einer Uebung nicht Folge, so kann sie nicht wegen Ungehorsams (§ 92 MStrGB.), sondern nur wegen unerlaubter Entfernung (§§ 64 ff. das.) bestraft werden. RMGer. III 30. Januar 1901. E. 1,19.

Eine Person des Beurlaubtenstandes befindet sich nur dann in einem militärischen Dienste, wenn sie von einer zuständigen Behörde einberufen ist. § 38 B. 1 RMG. Eine Person des Beurlaubtenstandes, welche — ohne zum Dienst einberufen zu sein — behufs Erfüllung der ihr obliegenden Verpflichtungen, Handlungen vornimmt, die militärische Zwecke verfolgen, tritt hiernach nicht in den „Dienst" und ihre Handlung unterliege dem MStrGB. nur dann, wenn das Letztere dies für den Einzelfall ausdrücklich vorschreibt. Bei vorsätzlicher Abstattung wissentlich falscher Meldungen Seitens einer Person des Beurlaubtenstandes ist die Anwendbarkeit des MStGB. insbes. des § 139 MStrGB. ausgeschlossen. RMGer. II 9. November 1901. E. 2,52.

Im § 38 B. 1 des RMG. wird nicht unterschieden, zu welchem Zwecke die Einberufung zum Dienste geschehen ist, es wird vielmehr die Zugehörigkeit zum aktiven Heer (Marine) nur von der Einberufung aus dem Beurlaubtenstande zum Dienste abhängig gemacht. Die Einbeorderung einer Person des Beurlaubtenstandes zu einer Kontrolversammlung stellt eine Einberufung zum Dienste dar, § 26 DStO., § 29 MDStO. Der Tag der Einberufung und der Tag der Wiederentlassung können auf einen Tag zusammenfallen. Eine zur Kontrolversammlung einbeorderte Person des Beurlaubtenstandes gehört daher während des ganzen Tages (von Mitternacht zu Mitternacht), zu welchem sie einberufen ist, zum aktiven Heere (Marine) und ist dem MStrGB. unterworfen. RG. II 21. Sept. 1886. E. 14,328, II 30. Juni 1885. E. 12,319. Befehle, die am Tage der Kontrolversammlung außerhalb der letzteren von Gendarmen an Kontrolpflichtige zur Aufrechterhaltung der Ruhe und Ordnung ertheilt werden, stellen sich als Befehle in Dienstsachen dar. RMGer. I 28. Nov. 1901. E. 2,70. Zwischen den zur Kontrolversammlung einberufenen Unteroffizieren und Mannschaften besteht das aus dem Dienstgrade sich ergebende Vorgesetztenverhältniß nicht blos während der Kontrolversammlung selbst, sondern während der ganzen Dauer des betreffenden Tages. RMGer. I 18. November 1901. E. 2,59 und I 5. Mai 1902. E. 3,28. Wegen der Zuständigkeit des Militär- oder Civilgerichts vgl. § 10 Nr. 1 MStrGO. und RMGer. I 18. Nov. 1901. E. 2,59. Die Angehörigkeit einer zum Dienste einberufenen Person des Beurlaubtenstandes zum aktiven Heere (Marine) ist unabhängig von der persönlichen Anwesenheit des Einberufenen an dem zum Dienste bestimmten Orte oder von thatsächlicher Ausführung von Dienstleistungen. Personen des Beurlaubtenstandes, welche dem Einberufungsbefehle nicht nachkommen, sind strafrechtlich so anzusehen, als ob sie thatsächlich im Dienste wären. RMGer. III 30. Jan. 1901. E. 1,19. §§ 38 B. 1, 56 RMG. RG. I 21. April 1892. E. 23,81.

3) Diese Vorschriften finden sich in §§ 42, 68, 69, 101, 113, 126 MStrGB.

Das RMG. hat in § 60 Nr. 3 die in Note 1 sub. b c d dieses § genannten Personen des Beurlaubtenstandes den Bestimmungen des MStrGB. Teil II, Titel I, Absch. 3, und 4 über unerlaubte Entfernung und Fahnenflucht, Selbstbeschädigung und Vorschützung von Gebrechen unterworfen. Wegen der Zuständigkeit vgl. § 30 MStrGO.

4) Wegen Disziplinarbestrafung und Disziplinarstrafmittel vgl. Abschnitt III DStO., und Absch. II MDStO. und § 6 des Ges. v. 15. Febr. 1875.

5) Zur Reserve entlassene Mannschaften sind noch für den Entlassungstag Personen des aktiven Heeres.

§. 7.

Strafbare Handlungen,[1]) welche von Militärpersonen im Auslande,[2]) während sie dort bei den Truppen[3]) oder sonst in dienstlicher Stellung[4]) sich befinden, begangen werden, sind ebenso zu bestrafen, als wenn diese Handlungen von ihnen im Bundesgebiete begangen wären.[5]) [6])

1) Durch § 7 MStrGB. wird nur die Vorschrift der §§ 4, 5, 6 RStrGB. abgeändert, nicht die des § 7 RStrGB. Eine im Auslande vollzogene Strafe ist, wenn wegen derselben Handlung durch ein Militärgericht abermals eine Verurtheilung erfolgt, auf die zu erkennende Strafe in Anrechnung zu bringen. Zu den „strafbaren Handlungen" im Sinne des § 7 MStrGB. gehören auch die Uebertretungen des RStrGB. Der § 7 MStrGB. enthält eine der im § 6 RStrGB. vorgesehenen Ausnahmen.

2) Ausland ist jedes nicht zum Deutschen Reiche gehörige Gebiet (vgl. auch § 8 RStrGB.). Ausland in diesem Sinne sind auch die Schutzgebiete, uncivilisirte, staatenlose Gebiete, das offene Meer. Deutsche Kriegsschiffe und Handelsschiffe sind schwimmende Gebietstheile des Inlandes; erstere dauernd, letztere solange sie sich nicht in fremden Hoheitsgewässern befinden.

3) Zu den Truppen im Sinne dieser Vorschrift gehören

auch die Truppen des ausländischen Staates, in dem sich die Militärperson befindet.

4) Vorausgesetzt wird, daß die Militärperson während ihres Aufenthaltes im Auslande Angehöriger des Reichsheeres, der Kais. Marine oder der Schutztruppe bleibt. (Vgl. auch Verordnung betreff. Einfg. d. Deutschen Militär-Strafgesetzes in den afrik. Schutzgebieten v. 26. Juli 1896.)

5) Die Vorschrift des § 7 MStrGB. gilt auch für Friedenszeiten.

6) Die Vorschrift des § 7 MStrGB. findet in Kriegszeiten auch auf die Theil II Titel III MStrGB. bezeichneten Personen Anwendung.

§. 8.

Militärische Verbrechen und Vergehen,[1]) welche gegen Militärpersonen verbündeter Staaten[2]) in gemeinschaftlichen Dienstverhältnissen[3]) begangen werden, sind, wenn Gegenseitigkeit verbürgt ist, ebenso zu bestrafen, als wenn diese Handlungen gegen Militärpersonen des Heeres oder der Marine begangen wären.

1) Wegen Bestrafung lediglich auf Grund des RStrGB. strafbarer Reate im Auslande vgl. §§ 4—6 RStrGB. § 3 MStrGB.

2) Die Eigenschaft einer „Militärperson eines verbündeten Staates" liegt vor, wenn diese Militärperson in gleicher Stellung im Reichsheere oder der Marine als deutsche Militärperson anzusehen wäre. Vorausgesetzt sind Militärpersonen eines außerdeutschen Staates, welcher mit dem Deutschen Reich verbündet ist. Die zum Deutschen Reich gehörigen Bundesstaaten gehören nicht hierher.

3) Die gemeinschaftlichen Dienstverhältnisse mit dem verbündeten Staate müssen zur Zeit der Begehung der

That bestanden haben. Derartige gemeinschaftliche Dienstverhältnisse können auch in Friedenszeiten (z. B. bei gemeinschaftlichem Manöver) vorliegen.

§. 9.

Die in diesem Gesetze für strafbare Handlungen im Felde gegebenen Vorschriften (Kriegsgesetze) gelten:

1) für die Dauer des mobilen Zustandes[1]) des Heeres, der Marine oder einzelner Theile derselben;
2) für die Dauer des nach Vorschrift der Gesetze erklärten Kriegszustandes in den davon betroffenen Gebieten;[2])
3) in Ansehung derjenigen Truppen, denen bei einem Aufruhr,[3]) einer Meuterei,[3]) oder einem kriegerischen Unternehmen[4]) der befehligende Offizier dienstlich bekannt[7]) gemacht hat, daß die Kriegsgesetze für sie in Kraft treten, für die Dauer dieser Zustände;
4) in Ansehung derjenigen Kriegsgefangenen,[5]) welchen der höchste an ihrem Aufenthaltsorte befehligende Offizier[6]) dienstlich bekannt[7]) gemacht hat, daß die Kriegsgesetze für sie in Kraft treten.[8])

1) Die Anordnung der Kriegsbereitschaft (Mobilmachung) steht nach Art. 63 der Reichsverfassung dem Kaiser zu. Für Bayern erfolgt sie auf Veranlassung des Kaisers als Bundesfeldherrn durch den König von Bayern. III § 5 des Vertrags betr. d. Beitritt von Bayern zur Verfassung d. deutschen Bundes v. 23. November 1870.

Bezüglich des mobilen Zustandes der Marine vgl. auch § 164 MStrGB.

2) Ist die öffentliche Sicherheit in dem Bundesgebiet bedroht, so kann der Kaiser, abgesehen von Bayern, einen jeden Theil desselben nach Maßgabe der Vorschriften des Pr. Gesetzes vom 4. Juni 1851 in Kriegszustand erklären. Art. 68 d. Reichsverfassung. In Bayern erfolgt die Erklärung des Kriegszustandes durch den König von Bayern nach Maßgabe der bayr. Gesetzgebung. Vgl. III u. IV des in Note 1 cit. Vertrages.

3) Es kommen hier lediglich der militärische Aufruhr und die militärische Meuterei in Frage.

4) Dieselben können auch in Friedenszeiten stattfinden.

5) Es handelt sich um Kriegsgefangene in einem dem Kriegszustande nicht unterworfenen Gebiete. Kriegsgefangene sind alle feindlichen Personen, welche aus Anlaß von Kriegsoperationen in Gefangenschaft gerathen sind; daß sie Militärpersonen sind, wird nicht erfordert.

6) D. h. „deutscher" Offizier.

7) Eine Form der dienstlichen Bekanntmachung ist nicht vorgeschrieben, sie ist in das Ermessen des zuständigen Befehlshabers gestellt.

8) Befindet sich der Thäter in Unkenntniß der die Anwendung der Kriegsgesetze begründenden Zustände des § 9 MStrGB., so findet § 59 RStrGB. Anwendung.

§. 10.

Den Kriegsgesetzen unterworfen sind im Falle des §. 9 Nr. 1:

1) die Personen des aktiven Dienststandes von dem Tage ihrer Mobilmachung[1]) bis zu ihrer Demobilmachung;

2) die Personen des Beurlaubtenstandes von dem Tage, zu welchem sie einberufen sind, bis zu ihrer Entlassung.[2]) [3])

1) Zur Anwendung dieser Vorschrift muß der Regel nach eine Mobilmachungsordre ergangen sein, dieselbe muß sich auf die in Rede stehende Militärperson erstrecken und eine Demobilmachung darf noch nicht erfolgt sein. Für eine Person des aktiven Dienststandes beginnt der Zustand der Kriegsbereitschaft mit dem ersten für diese Person geltenden Mobilmachungstag, d. i. dem Tage, an welchem auf Grund dienstlicher Bekanntmachung die Kriegsverpflegung eintritt, und dauert bis zum Aufhören der Kriegsverpflegung (Demobilmachung). Die Thatsache des Friedensschlusses macht einen mobilen Truppentheil noch nicht zu einem demobilen. RMGer. I 8. Sept. 1902. E. 3,218.

2) D. h. bis zum Ablauf des Tages der Wiederentlassung; § 38 B 1 des RMG.

3) Bezüglich der Personen des Beurlaubtenstandes vgl. Note 1 zu § 6 MStrGB.

§. 11.

Im Sinne dieses Gesetzes [1]) ist als vor dem Feinde befindlich jede Truppe zu betrachten, bei welcher [2]) in Gewärtigung eines Zusammentreffens mit dem Feinde der Sicherheitsdienst [3]) gegen denselben begonnen hat. [4]) [5])

1) Vgl. §§ 58, 73, 85, 86, 95, 108 u. 141 MStrGB.

2) Erfordert wird der thatsächliche Beginn des Sicherheitsdienstes. Auch Truppen, denen nicht an sich, wie der Avantgarde (Avantgardenkavallerie, Vortrupp, Haupttrupp) und Arrièregarde (Haupttrupp, Nachtrupp, Arrièregardenkavallerie) der Sicherheitsdienst obliegt, befinden sich vor dem Feinde, wenn bei ihnen thatsächlich der Sicherheitsdienst begonnen hat. Vor dem Feinde befindet sich eine Truppe so lange, bis der Sicherheitsdienst wieder aufhört, also nicht nur auf dem Vormarsch und im Gefecht, sondern auch auf dem Rückzug.

3) Die Anordnung des Sicherheitsdienstes trifft der zuständige Kommandeur; unerheblich ist, ob die Anordnung sich später als unnöthig herausstellt.

4) Bei Unkenntniß des Thäters von dem Beginn des Sicherheitsdienstes findet § 59 RStrGB. Anwendung.

5) Bezüglich der Marine vgl. §§ 162, 165 MStrGB.

§. 12.

Diejenigen Vorschriften dieses Gesetzes, welche die Strafe mit Rücksicht darauf bestimmen, daß eine Handlung vor versammelter Mannschaft [1]) begangen worden ist, finden Anwendung, wenn außer dem Vorgesetzten und dem einzelnen Betheiligten [2]) noch mindestens drei andere zu militärischem Dienste [3]) versammelte Personen des Soldatenstandes [4]) gegenwärtig [5]) gewesen sind. [6])

1) Der Begriff „vor versammelter Mannschaft" erfordert, daß bei der gegen den Vorgesetzten von dem Thäter verübten strafbaren Handlung der Vorgesetzte, der Thäter und noch mindestens drei andere, zu militärischem Dienste unter der Aufsicht oder dem Kommando eines Vorgesetzten (RMGer. I 9. Januar 1902. E. 2,136) versammelte Personen des Soldatenstandes gegenwärtig sind. Eine gemeinsame Leitung des Dienstes durch denselben Vorgesetzten und Gemeinschaftlichkeit des Dienstes ist nicht erforderlich. RMGer. PE. III Nr. 112. Für den Begriff der versammelten Mannschaft unerheblich ist es, ob der Vorgesetzte und der Thäter außer Dienst oder in Ausübung des Dienstes sich befinden oder zum Dienst versammelt sind.

2) Wird die That von Mehreren oder gegen mehrere Vorgesetzte verübt, so ist dem einzelnen Betheiligten (Thäter, Theilnehmer im Sinne des RStrGB. Th. I Absch. 3) gegenüber jeder andere Betheiligte und jedem einzelnen

Vorgesetzten gegenüber jeder andere Vorgesetzte, falls diese Personen zum militärischen Dienste versammelt waren, mitzurechnen.

3) Militärischer Dienst ist jede auf Grund einer militärischen Vorschrift oder auf Grund eines besonderen in einer solchen Vorschrift beruhenden Befehls vorzunehmende militärische Verrichtung.

Ob Arbeitsdienst hierunter fällt, ist bestritten; eine Entscheidung des RMGer. über diese Frage steht noch aus. Nach einer unter der Herrschaft der Preuß. MStrGO. ergangenen Allerh. Entscheidung kommt der Arbeitsdienst als militärischer Dienst nur dann in Betracht, wenn er unter dauernder Aufsicht eines Vorgesetzten zu militärdienstlichen Zwecken erfolgt.

So sind beispielsweise nach früheren Entscheidungen des Preuß. General-Auditoriats als „zu militärischem Dienst versammelt“ anzusehen Militärhandwerker, welche zur Arbeit auf einer militärischen Handwerkstätte, Soldaten, welche zur Arbeit auf der Kammer oder bei den Scheibenständen kommandirt sind und diese Arbeiten unter der Aufsicht eines Vorgesetzten verrichten; Soldaten, während sie von einem Vorgesetzten zur Küche geführt werden, um das Essen zu holen; wird das Essen unter militärischer Aufsicht eingenommen, so sind die Mannschaften auch während des Essens zum militärischen Dienste so lange versammelt, bis die der Aufsicht führende Vorgesetzte sie entläßt. Dagegen ist das Einnehmen des Essens an Bord kein militärischer Dienst, da die Mannschaften hierzu nicht eigentlich kommandirt werden. Zu militärischem Dienst versammelt sind ferner anzusehen Mannschaften, welche zum Kartoffelschälen kommandirt sind und diese Arbeit unter der Aufsicht eines Vorgesetzten verrichten, Kavalleristen, welche im Stalle unter Aufsicht eines Vorgesetzten die Pferde putzen, Soldaten, welche in einer dazu angesetzten Putzstunde ihre Sachen reinigen, Mannschaften, welche auf Befehl des Vorgesetzten zum Gewehrreinigen heraustreten, Mannschaften, welche dienstlich zum Waschen unter Aufsicht des Vorgesetzten antreten, Mannschaften, welche an Bord zum Kohleneinnehmen, oder zum Deckaufklaren kommandirt sind und diese Arbeiten unter Aufsicht des Vorgesetzten verrichten, Mannschaften, die vom Urlaub zurückkehren und an Bord geführt werden, Arrestanten, Einzelgefangene, welche im Hofe des Arresthauses oder des Festungsgefängnisses in freier Luft sich ergehen; das Einnehmen von Medizin in Gegenwart und auf Befehl des Arztes ist als militärischer Dienst anzusehen.

Nicht im militärischen Dienste befinden sich Mannschaften beim Aufstehen und Ankleiden, auch wenn dies unter Aufsicht erfolgt, ferner Mannschaften, welche zum Arrest abgeführt werden sollen, so lange sie nicht ausdrücklich in Dienst gestellt sind, zum Zwecke des privaten Erwerbs durch Musiziren versammelte Militärmusiker, ferner Mannschaften, die beim abendlichen Abfragen durch den Unteroffizier vom Tagesdienst in den Stuben vor den Spinden angetreten sind, da dies Antreten nicht zum militärischen Dienst, sondern zur Erleichterung militärpolizeilicher Kontrole erfolgt.

Ob biwakirende Truppen sich im Dienste befinden, hängt von den thatsächlichen Verhältnissen ab und ist je nach dem Zwecke des Biwakirens und den dafür ergangenen Verhaltungsmaßregeln zu entscheiden. Soweit Manöver-Biwaks zu Uebungszwecken stattfinden, sind die an denselben theilnehmenden Mannschaften, auch wenn sie nicht zu den Vorpostentruppen gehören, während der ganzen Dauer des Biwaks als im Dienste befindlich anzusehen. Ist das Biwak aus Mangel hinreichender Unterkunftsräume für die Mannschaften angeordnet, so befinden sich die biwakirenden Truppen, soweit ihnen nicht ein bestimmter Dienst befohlen ist, außer Dienst.

Die Mannschaften einer im Allarmquartier liegenden Vorposten-Kompagnie sind während der Dauer dieses Zustandes zum militärischen Dienste versammelt.

Für den Begriff des „militärischen Dienstes" genügt das Antreten zum Dienst; unerheblich ist, ob der Dienst thatsächlich ausgeübt wurde, ob die Mannschaft sich rührte oder sich in dienstlicher Ordnung befand.

4) Gegenwärtige Militärbeamte erfüllen den Begriff „vor versammelter Mannschaft" nicht. Daß die zum militärischen Dienst versammelten Personen des Soldatenstandes bewaffnet waren, ist nicht erforderlich; welchen Rang diese Personen haben, ist gleichgiltig.

5) Der Begriff „gegenwärtig" erfordert, daß die zum militärischen Dienste versammelten Personen mit den Betheiligten (Vorgesetzte, Thäter) derartig räumlich vereinigt waren, daß sie die fragliche Strafthat wahrnehmen mußten oder auch nur wahrnehmen konnten. Daß die That von den als versammelte Mannschaft anzusehenden Personen wahrgenommen wurde, wird nicht vorausgesetzt. RMGer. I 9. Jan. 1902. E. 2, 136. II 13. Sept. 1902. E. 3, 236. I 25. Sept. 1902. E. 3, 273.

6) Eine Handlung kann dem Thäter als „vor versammelter Mannschaft" begangen nur dann zugerechnet werden, wenn demselben bei Begehung der That die Gegenwart der als versammelte Mannschaft anzusehenden Personen bekannt war; dolus eventualis genügt. § 59 RStrGB., § 2 MStrGB. RMGer. I 25. Sept. 1902. E. 3, 273.

§. 13.[1a])

Wo das Gesetz die Strafe mit Rücksicht auf den Rückfall bestimmt, tritt dieselbe ein, wenn der Thäter, nachdem er[1]) wegen eines militärischen[2]) Verbrechens oder Vergehens durch ein Deutsches Gericht[3]) verurtheilt und bestraft[4])[5]) worden ist, dasselbe[6]) militärische Verbrechen oder Vergehen abermals begeht.

Diese Bestimmung findet Anwendung, auch wenn

die frühere Strafe nur theilweise verbüßt, oder ganz oder theilweise erlassen ist. Sie bleibt jedoch ausgeschlossen, wenn seit der Verbüßung oder dem Erlasse die Strafe bis zur Begehung der neuen strafbaren Handlung fünf Jahre verflossen sind.

Dasselbe gilt bei wiederholtem Rückfalle.[7] [8] [9]

1) Der § 13 MStrGB. behandelt den Rückfall im engeren Sinne, welcher Vorbestrafungen wegen militärischer Delikte der gleichen Art voraussetzt. Ueber den Rückfall im weiteren Sinne, bei welchem es sich allgemein um Vorbestrafungen wegen militärischer Strafthaten handelt, vgl. § 22 Abs. 3, § 38 MStrGB.

1a) Der Bestrafung als Thäter steht die Bestrafung wegen Versuchs oder Theilnahme (Anstiftung, Beihülfe) gleich. RG. I 23. Sept. 1880. E. 2, 261, II 13. Jan. 1882. R. 4, 40, II 3. März 1882. R. 4, 223.

2) Auf gemeinstrafrechtliche Verbrechen und Vergehen bezieht sich die Bestimmung des § 13 nicht. Eine Bestrafung wegen Körperverletzung (§§ 223 ff. RStrGB.) begründet gegenüber einem Vergehen gegen § 122 Abs. 2 MStrGB. keinen Rückfall.

3) Eine während eines ausländischen Militärdienstes durch ein ausländisches Militärgericht erkannte Strafe, ferner disziplinarische Bestrafungen (§ 3 Abs. 2 des EG. z. MStrGB.) kommen als Vorbestrafungen für den Rückfall im Sinne des § 13 MStrGB. nicht in Betracht.

4) Eine durch die erlittene Untersuchungshaft für verbüßt erachtete Strafe gilt als vollstreckt.

5) Eine Bestrafung ist erst dann vorhanden, wenn der Verurtheilte die erkannte Strafe zur Zeit der Begehung der neuen Strafthat entweder verbüßt oder angetreten hat oder wenn die Strafe erlassen ist. Bei dem nicht in Untersuchungshaft befindlichen Angeklagten trifft der Beginn des Strafantritts mit der Einlieferung in die Strafanstalt zu-

sammen. Entweicht der Angeklagte bei dem Transport (§ 4 MStrVB.) zur Strafanstalt, so kann die Strafe nicht als angetreten angesehen werden. Befindet sich der Angeklagte in Untersuchungshaft, so beginnt der Strafantritt mit dem Tage der Rechtskraft des Urtheils, oder, wenn der Angeklagte bereits vorher auf Einlegung eines Rechtsmittels verzichtet hat, mit dem Tage des Verzichts. Erfolgt die Verhaftung des Angeklagten nach Rechtskraft des Urtheils oder nach dem Verzicht auf Einlegung eines Rechtsmittels, so fällt der Beginn des Strafantritts mit der Verhaftung zusammen. Das Gleiche gilt, wenn der Angeklagte verhaftet wird, nachdem er das eingelegte Rechtsmittel zurückgenommen hat oder, ohne eine Erklärung abzugeben, die Einlegungsfrist hat verstreichen lassen; §§ 458, 459 MStrGO.

Begeht der Verurtheilte zwischen der Verurtheilung und dem Antritt (Erlaß) der Strafe dasselbe militärische Delikt, so liegt ein Rückfall nicht vor. Gelangen mehrere durch verschiedene Urtheile dem Angeklagten auferlegte Freiheitsstrafen, hinsichtlich welcher die Voraussetzungen des § 461 MStrGO. nicht zutreffen, nacheinander in ungetrennter Folge zur Vollstreckung, so ist auch die Bestrafung aus jedem einzelnen Urtheile durch den Antritt der in jedem einzelnen Urtheile erkannten Strafe bedingt. Begeht ein wegen Fahnenflucht Verurtheilter während der Verbüßung seiner Strafe dasselbe Verbrechen, wird deshalb wegen Fahnenflucht im Rückfall verurtheilt und macht sich dann noch während der Verbüßung der gegen ihn wegen Fahnenfluchts aus dem ersten Urtheil erkannten Strafe zum dritten Male der Fahnenflucht schuldig, so kann er nicht mit der Strafe des wiederholten Rückfalls belegt werden; die Handlung ist vielmehr nur als Fahnenflucht im abermaligen ersten Rückfall zu erachten.

Bestand die Bestrafung aus einer Gesammtstrafe wegen mehrerer Delikte, von denen nur eins dasselbe Verbrechen oder Vergehen darstellt, wie das neuerdings zur Aburtheilung gelangende Delikt, so begründet der Antritt der Gesammtstrafe den Rückfall.

6) Nach den Motiven wird ein militärisches Delikt gleicher Art vorausgesetzt; gleichgiltig ist, ob in dem einen oder anderen Falle ein straferhöhender Umstand konkurrirte. Eine Bestrafung wegen Fahnenflucht begründet für eine spätere unerlaubte Entfernung die Strafe des Rückfalls (nicht aber umgekehrt). Unerheblich ist ferner, ob die Begehungsart des Delikts in dem einen Falle eine andere war wie in dem anderen. Die unter eigenmächtiger Entfernung von der Truppe begangene Fahnenflucht, steht der unter vorsätzlichem Fernbleiben von der Truppe begangene Fahnenflucht gleich; die Verweigerung des Gehorsams, das Erkennengeben des Ungehorsams durch Worte u. s. w., das Beharren im Ungehorsam sind im Sinne dieser Vorschrift untereinander gleich. Der einfache Ungehorsam begründet dem qualifizirten Ungehorsam gegenüber, der qualifizirte Ungehorsam dem einfachen Ungehorsam gegenüber die Rückfallsstrafe.

7) Rückfall wie wiederholter Rückfall liegt nur dann vor, wenn sowohl seit Verbüßung oder Erlaß der ersten Strafe bis zur Begehung der neuen zweiten Strafthat, als auch seit Verbüßung oder Erlaß der für die zweite Strafthat verhängten Strafe bis zur Begehung der dritten Strafthat je 5 Jahre noch nicht vergangen sind.

Der die rechtlichen Bedingungen des Rückfalls und des wiederholten Rückfalls prüfende Richter hat sich bei der Thatsache zu bescheiden, daß auf Grund eines rechtskräftigen Urtheils eine Strafvollstreckung erfolgt ist. Die materielle Gerechtigkeit der rechtskräftigen Vorbestrafung und des rechtskräftig festgestellten Rückfalls ist der Entscheidung des über den Rückfall oder den wiederholten Rückfall erkennenden Richters entzogen. RG. II 20. Sept. 1888. E. 18, 116.

8) Auch wo das Gesetz keine besondere Rückfallsstrafe vorschreibt, ist der Richter berechtigt, den Rückfall als strafschärfend zu berücksichtigen.

9) Die Erwähnung des Rückfalls und zwar des wievielten im Urtheilstenor empfiehlt sich allgemein, insbesondere aber bei solchen Strafthaten, bei denen der zweite Rückfall ein eigenes Strafmaß bedingt oder sonst z. B. für die Zulässigkeit von Ehrenstrafen, straferhöhend in Betracht kommen kann.

Erster Theil.

Von der Bestrafung im Allgemeinen.[1])

Erster Abschnitt.

Strafen gegen Personen des Soldatenstandes.

§. 14.

Die Todesstrafe[2]) ist durch Erschießen zu vollstrecken,[3]) wenn sie wegen eines militärischen Verbrechens, im Felde[4]) auch dann,[5]) wenn sie wegen eines nicht militärischen Verbrechens erkannt worden ist.[6])[7])[8])

1) Das Strafsystem des MStrGB. ist folgendes:

I. Hauptstrafen:
  1. Todesstrafe,
  2. Zuchthaus,
  3. Freiheitsstrafen,
     A. Gefängniß, B. Festungshaft, C. Arrest,
        a) strenger, b) mittlerer,
        c) gelinder, d) Stubenarrest (Kammerarrest), einfacher, geschärfter.

II. Nebenstrafen:
  1. Entfernung aus dem Heere oder der Marine (Schutztruppe),

2. Dienstentlassung,
3. Versetzung in die zweite Klasse des Soldatenstandes,
4. Degradation vom Unteroffizier zum Gemeinen,
5. Verlust der bürgerlichen Ehrenrechte,
6. Amtsverlust.

Haft und Geldstrafe ist für militärische Vergehen in diesem Gesetze nicht angedroht. Wegen bürgerlicher Vergehen und Uebertretungen ist auch gegen Militärpersonen unter der im § 29 MStrGB. gegebenen Einschränkung auf diese Strafen zu erkennen. Auf Verlust der bürgerlichen Ehrenrechte kann wegen aller mit Todesstrafe oder mit Zuchthaus bedrohten militärischen Verbrechen, sowie wegen der nach § 134 und § 138 MStrGB. strafbaren militärischen Vergehen erkannt werden. § 2 MStrGB., § 32 RStrGB.

2) Mit Todesstrafe bedroht sind die Verbrechen gegen §§ 58, 60, 71, 72, 73, 84, 95, 97, 107, 108, 133, 141, 159 MStrGB. Es sind dies nur solche Delikte, welche im Felde begangen sind.

3) Die Vollstreckung einer durch Erschießen zu vollziehenden Todesstrafe erfolgt durch die Militärbehörde; § 453 MStrGO. Das Nähere über die Ausführung vgl. in §§ 1, 2 Nr. 1 MStrVV. und AKO. vom 22. Januar 1889 über die Vollstreckung an Bord.

Wird in Friedenszeiten wegen eines bürgerlichen Verbrechens auf Todesstrafe von den Militärgerichten erkannt, so erfolgt die Vollstreckung der Todesstrafe (Enthaupten) durch die bürgerlichen Behörden; § 454 MStrGO. Das Ersuchen um Vollstreckung ist an die Staatsanwaltschaft zu richten, in deren Amtsbezirke sich der Verurtheilte befindet; § 2 Nr. 2 MStrVV.

4) Vgl. §§ 9 und 10 MStrGB.

5) Ist im Felde wegen eines nicht militärischen Verbrechens auf Todesstrafe erkannt, tritt aber vor Vollstreckung der Strafe Demobilmachung ein, so ist die Todesstrafe durch Enthaupten zu vollstrecken.

6) Neben der wegen eines militärischen Verbrechens erkannten Todesstrafe kann auf Verlust der bürgerlichen Ehrenrechte und zwar ohne Zeitbeschränkung erkannt werden. § 2 MStrGB., § 32 RStrGB., RG. I 10. März 1887. R. 9, 175.

7) § 14 findet im Felde auch auf Militärbeamte Anwendung.

8) Die Vollstreckung der wegen eines bürgerlichen oder militärischen Verbrechens erkannten Todesstrafe verjährt in 30 Jahren; § 70 Nr. 1 RStrGB., § 2 MStrGB.

§. 15.

Hat eine Person des Soldatenstandes [1]) vor oder nach ihrem Eintritte in den Dienst [2]) eine Freiheitsstrafe [3]) verwirkt,[4]) so wird diese von den Militärbehörden vollstreckt.[4a])

Ist nach den Vorschriften des Deutschen Strafgesetzbuches eine Beschäftigung des Verurtheilten zulässig oder geboten,[5]) so findet dieselbe zu militärischen Zwecken und unter militärischer Aufsicht statt.[6]) Die zu Gefängniß verurtheilten Unteroffiziere und Gemeine können auch ohne ihre Zustimmung außerhalb der Anstalt beschäftigt werden.

Ist Zuchthaus verwirkt, oder wird auf Entfernung aus dem Heer oder der Marine, oder auf Dienstentlassung erkannt, oder wird das militärische Dienstverhältniß aus einem anderen Grunde aufgelöst,[7]) so geht die Vollstreckung der Strafe auf die bürgerlichen Behörden über.[8]) [9]) [10])

1) Vgl. Note 2 und 4, I, A, B zu § 4 MStrGB.

2) Vgl. Note 4, I, A zu § 4 und Note 1 b zu § 6 MStrGB.

3) Geldstrafe vgl. 462 MStrGO. Todesstrafe § 14 MStrGB.

In Frage kommt hier nur die Vollstreckung von Gefängniß, Festungshaft, Arrest (auch von Stuben- oder Kammer-Arrest) des MStrGB., und von Gefängniß, Festungshaft und Haft des RStrGB., auch die in Ausübung der Sitzungspolizei verhängte Haft- bezw. Arreststrafe (§§ 177, 178 GVG. und § 290 MStrGO.) gehört hierher. Unerheblich ist, ob die Strafen wegen bürgerlicher oder wegen militärischer Delikte verhängt sind.

4) Für die Zeit vor dem Diensteintritt können auch Urtheile (Strafbefehle) bürgerlicher Gerichte in Betracht kommen; § 7 Nr. 1 MStrGO. Verhängt ein vor dem Dienstantritt ergangenes Urtheil eines bürgerlichen Gerichts eine Freiheitsstrafe von mehr als sechs Wochen, so ist der Verurtheilte zur Disposition der Ersatzbehörden zu entlassen, sofern die noch zu vollstreckende Freiheitsstrafe die Dauer von sechs Wochen übersteigt; § 18 RMG., § 82 WO. und § 16 HO. Das Gleiche gilt, wenn wegen eines vor dem Dienstantritt begangenen bürgerlichen Delikts eine Verurtheilung zu einer Freiheitsstrafe von mehr als sechs Wochen durch ein Militärgericht zu erwarten ist; § 7 Nr. 2 MStrGO.

4a) Eine Vollstreckung durch die Militärbehörde liegt auch dann vor, wenn die Vollstreckung Seitens einer Zivilbehörde auf Ersuchen des Gerichtsherrn stattgefunden hat. RMGer. PE. III Nr. 113.

5) Vgl. §§ 15, 16 RStrGB.

6) Vgl. MStrVB. § 11 Nr. 1, § 13 Nr. 4, § 15 Nr. 1b, § 57 Nr. 1, §§ 89ff., § 114, RStrGB. § 16 Abs. 2 und 3, § 17 Nr. 4, § 18 Abs. 2.

7) Die Entlassung zur Reserve ist keine Auflösung des militärischen Dienstverhältnisses, in Folge deren die Strafvollstreckung auf die bürgerlichen Behörden übergeht. RMGer. PE. I Nr. 113. Wegen Ueberweisung von Militärgefangenen wegen Untauglichkeit zur dereinstigen Fortsetzung des Militärdienstes und wegen Ausscheidens

aus dem Landsturm in Folge vollendetem 45. Lebensjahres vgl. §§ 43 und 44 MStrVB.

8) Die Vollstreckung erfolgt durch die Behörden des Heimathstaates, wenn entweder die strafbare Handlung außerhalb des Bundesgebietes verübt worden ist oder der Verurtheilte sich im Gebiete des Heimathstaates aufhält, in anderen Fällen durch die Behörden des Bundesstaates, in dessen Gebiet die strafbare Handlung verübt worden ist. Die Ueberweisung der Verurtheilten geschieht unmittelbar an die betreffende Strafanstalt. EG. § 15. Vgl. das Nähere in § 5 Nr. 1 und 2, §§ 43—45 der MStrVB. Anlage 2 daselbst bestimmt, an welche Zivilstrafanstalt die Abgabe der Verurtheilten in den einzelnen Fällen stattzufinden hat. Nach KM. v. 10. Februar 1894 und Verfügung des Justizministers v. 3. Januar 1894 (AVBl. S. 58, JMBl. Nr. 1 § 2) sind in Preußen die gerichtlichen Gefängnisse nur noch zur Vollstreckung von Arrest- und Haftstrafen in Anspruch zu nehmen. Das Ersuchen um Strafvollstreckung ist in diesem Falle an die zuständige Staatsanwaltschaft (§ 483 RStrPO.) zu richten.

9) § 15 findet auf Militärbeamte Anwendung. Vgl. § 45 MStrGB.

10) Ueber Anrechnung der Untersuchungshaft auf eine Freiheitsstrafe vgl. Note 8 zu § 16 MStrGB.

§. 16.[1])

Freiheitsstrafe[2]) [3]) im Sinne dieses Gesetzes ist Gefängniß,[4]) Festungshaft[5]) oder Arrest.[6]) [7]) [8])

Die Freiheitsstrafe ist eine lebenslängliche oder eine zeitige. Der Höchstbetrag der zeitigen Freiheitsstrafe ist funfzehn Jahre, ihr Mindestbetrag Ein Tag.[9])

Wo dieses Gesetz die Freiheitsstrafe nicht ausdrücklich als eine lebenslängliche androht, ist dieselbe eine zeitige.

1) Das Strafsystem des § 16 MStrGB. gilt nur für Handlungen, welche das MStrGB. mit Strafe bedroht. Wird von Militärgerichten eine nach dem RStrGB. strafbare Handlung abgeurtheilt, so kommen die im RStrGB. angedrohten Strafen auch hinsichtlich ihrer Dauer zur Anwendung. Andererseits kann wegen militärischer Vergehen, auch wenn der Angeklagte aus allen Militärverhältnissen entlassen ist, nur auf die im MStrGB. festgesetzten Strafarten erkannt werden; wird eine Freiheitsstrafe unter 6 Wochen für ausreichend erachtet, so ist auf Arrest zu erkennen. RMGer. I 4. August 1902. E. 3, 177.

2) Zu den Freiheitsstrafen im Sinne des § 16 MStrGB. gehört nicht die Haft. Deshalb muß beim Zusammentreffen der Haftstrafe mit einer der im § 16 MStrGB. genannten Freiheitsstrafen bei Feststellung der Gesammtstrafen die „Haft“ außer Betracht bleiben und gesondert auf diese erkannt werden, vgl. auch §§ 74, 77 RStrGB. Ungeachtet der Definition des Absatz 1 ist der Ausdruck „Freiheitsstrafe“ im Sinne von Gefängniß- oder Festungshaftstrafe in §§ 18, 34 Abs. 2 Nr. 1, 43 Nr. 1 MStrGB., im Sinne von Gefängniß-, Festungshaft- und Haftstrafe im § 15 MStrGB. gebraucht. In §§ 53, 54, 88, 98, 97 Abs. 2 MStrGB. ist unter „Freiheitsstrafe“ auch Zuchthausstrafe zu verstehen. Bei Freiheitsstrafen wird der Tag zu vierundzwanzig Stunden, die Woche zu sieben Tagen, der Monat und das Jahr nach der Kalenderzeit gerechnet. Die Dauer einer Freiheitsstrafe darf nur nach vollen Tagen bemessen werden. Die Bemessung der Strafen nach Bruchtheilen von Jahren, Monaten, Wochen oder Tagen ist unzulässig. § 19 RStrGB., RMGer. PE. II Nr. 171.

3) Die Zuchthausstrafe gehört nicht zu den Freiheitsstrafen im Sinne des § 16 MStrGB. Hinsichtlich der Dauer und des Vollzugs der Zuchthausstrafe gelten die Bestimmungen des RStrGB. in §§ 14, 15, 20, 21 (diese modifizirt durch § 17 Abs. 2 MStrGB.), 22, 23—26, vgl. § 2 MStrGB.

4) Die §§ 23—26 RStrGB. (vorläufige Entlassung) finden Anwendung auf die auf Grund des MStrGB. erkannten Gefängnißstrafen, nicht aber auf die nach den MStrGB. erkannten Festungshaft- und Arreststrafen. § 2 MStrGB. In Preußen entscheidet über die vorläufige Entlassung das Kriegsministerium, auch wenn die Strafvollstreckung an die bürgerlichen Behörden übergegangen ist; § 41 MStrVB.

5) Festungshaft kann wie gegen Offiziere so auch gegen Unteroffiziere und Gemeine erkannt werden.

6) Der Arrest ist in allen seinen Arten (§ 19 MStrGB.) eine ausschließlich militärische Strafart, welche gegen Nichtmilitärpersonen wegen Anstiftung, Beihilfe, Begünstigung zu militärischen nur mit Arrest bedrohten Vergehen — abgesehen von den Fällen der §§ 155—161, 166 MStrGB. — nicht erkannt und vollstreckt werden kann. An die Stelle des Arrestes tritt bei Nichtmilitärpersonen die Haftstrafe. RG. I 4. April 1887. E. 15, 382. III 5. Dez. 1887. E. 16, 433. II 1. April 1887. E. 15, 396.

7) Wo das Gesetz „Freiheitsstrafe" androht, kann nicht allgemein auf „Freiheitsstrafe", sondern nur auf eine der drei Arten der Freiheitsstrafe, also auf Gefängniß, Festungshaft, Arrest erkannt werden. Vgl. auch § 21 MStrGB.

8) Ist auf eine Freiheitsstrafe die Untersuchungshaft anzurechnen, so ist dieselbe in der durch das Urtheil bestimmten Höhe auf die gleiche Dauer der verhängten Strafe (Zuchthaus, Gefängniß, Festungshaft, Arrest) in Anrechnung zu bringen. Vgl. auch § 11 Nr. 5a MStrVB.

9) Der Absatz 2 ist durch die Bestimmung des § 17 zu ergänzen. Der Mindestbetrag von 1 Tag bezieht sich nur auf den Arrest, nicht auf Gefängniß und Festungshaft. RG. II 12. Oktober 1897. E. 30, 277.

10) Der Absatz 2 des § 16 enthält eine doppelte Abweichung vom RStrGB. Letzteres kennt als „lebenslängliche" Freiheitsstrafe Zuchthaus und Festungshaft (§ 17 RStrGB.) und setzt als Höchstbetrag der zeitigen

Freiheitsstrafe bei Gefängniß 5 Jahre fest, während das MStrGB. „lebenslängliches Gefängniß" und als zeitige Gefängnißstrafe Gefängniß bis 15 Jahre zuläßt.

§. 17.

Die Freiheitsstrafe[1]) ist, wenn ihre Dauer mehr als sechs Wochen beträgt, Gefängniß oder Festungshaft,[2]) bei kürzerer Dauer Arrest.[2a])

Ist eine angedrohte Zuchthausstrafe[3]) auf eine kürzere als einjährige Dauer zu ermäßigen, so tritt an deren Stelle Gefängniß von gleicher Dauer.[4])[5])

1) Freiheitsstrafe ist hier im Sinne des § 16 MStrGB. zu verstehen.

2) Die Gefängniß- und Festungsstrafe beginnt mit einer Strafe, die länger als 6 Wochen dauert. Wo im MStrGB. Gefängniß oder Festungshaft angedroht ist, beträgt mithin die Mindestdauer der Strafe 6 Wochen und 1 Tag, sofern nicht ein höherer Mindestbetrag angedroht ist. RG. II 12. Oktober 1897. E. 30,277. Stenogr. Berichte betr. die Reichstagssession v. 1872 S. 808 und RMGer. PE. II Nr. 144. Der Strafmindestbetrag ist stets in Tagen (43) auszudrücken. Wird auf 1 Monat 14 Tage Gefängniß erkannt, so kann, wenn der Strafantritt im Monat Februar erfolgt, der Strafmindestbetrag möglicherweise nicht erreicht werden. RMGer. PE. I Nr. 127. Die wegen eines militärischen Verbrechens oder Vergehens erkannte Gefängnißstrafe ist stets eine härtere Strafe, als jede Arreststrafe. Die Erwägung, daß für den Angeklagten die Wirkungen der Strafe des strengen Arrestes zu hart sein würden, darf nicht zur Verhängung einer Gefängnißstrafe führen. MGer. PE. III Nr. 114.

2a) Treffen Gefängnißstrafen und Arreststrafen zusammen, so sind diese Strafarten gleichwerthig. Als Einsatzstrafe gilt die ihrer Dauer nach längste. RMGer. I 21. Juli 1902. E. 3,154. PE. I Nr. 117. Vgl. auch Note 4 zu § 54 MStrGB.

3) Vgl. Note 3 zu § 16 MStrGB.

4) Die im Abs. 2 vorgesehene Ermäßigung kann eintreten in den Fällen der §§ 88, 98 MStrGB., sowie beim Versuche und der Beihülfe zu einem militärischen Verbrechen. Während nach § 44 Abs. 4 und § 49 RStrGB. die für den Versuch oder die Beihülfe zu einem gemeinen Verbrechen verwirkte Zuchthausstrafe unter einem Jahr nach § 21 RStrGB. im Verhältniß von 2 : 3 in Gefängnißstrafe verwandelt werden muß, tritt nach § 17 Abs. 2 MStrGB. an die Stelle der Zuchthausstrafe von kürzerer als einjähriger Dauer Gefängnißstrafe von gleicher Dauer.

5) Das Nähere über die Vollstreckung der Freiheitsstrafen vgl. in MStrVB. u. ACO. v. 22. Jan. 1889 betr. die Strafvollstreckung an Bord. MVBl. S. 11.

§. 18.

Die Zeit einer Freiheitsstrafe [1]) von mehr als sechs Wochen wird auf die gesetzliche Dienstzeit [2]) im stehenden Heer oder in der Flotte nicht angerechnet [3])

1) Freiheitsstrafe ist hier nicht im Sinne des § 16 MStrGB., sondern im weiteren Sinne aufzufassen. Auch die wegen bürgerlicher Delikte erkannten Gefängniß-, Festungshaft- und Haftstrafen (§ 77 RStrGB.) sind, sobald sie die Dauer von 6 Wochen übersteigen, auf die Dienstzeit nicht anzurechnen, vgl. KM. 8. Sept. 1893. Ob die erkannte Freiheitsstrafe durch die erlittene Untersuchungshaft ganz oder theilweise für verbüßt erachtet ist, ist für die Anwendung der Vorschrift des § 18 MStrGB. einflußlos. Ist eine Freiheitsstrafe nach ihrer Dauer auf die Dienstzeit nicht anzurechnen, so muß die Gesammtdauer der Freiheitsstrafe nachgedient werden, nicht etwa nur die Zeit, um welche die Freiheitsstrafe sechs Wochen übersteigt. Vorausgesetzt wird stets eine wirklich verbüßte Strafe; soweit eine Frei-

heitsstrafe ganz oder theilweise im Gnadenwege erlassen ist, erfolgt stets die Anrechnung auf die Dienstzeit.

Erfordert wird ferner, daß durch ein Urtheil eine Freiheitsstrafe von mehr als sechs Wochen festgesetzt ist; eine Zusammenrechnung mehrerer, durch verschiedene Urtheile festgesetzten Freiheitsstrafen ist, soweit es sich nicht um Festsetzung einer Gesammtstrafe handelt (§ 461 MStrGO.), ausgeschlossen.

2) Im Sinne des § 18 MStrGB. ist unter gesetzlicher Dienstzeit im stehenden Heere lediglich die Zeit zu verstehen, während welcher die Mannschaften zum ununterbrochenen Dienst bei den Fahnen verpflichtet sind, d. h. die aktive Dienstzeit im Heere (Marine), §§ 6 bis 10 WG., Art. 59 der Reichsverfassung v. 16. April 1871, Art. I des Gesetz. betr. Aenderung der Wehrpflicht v. 11. Febr. 1888, Art. II § 1 des Ges. betr. die Friedenspräsenzstärke d. DH. v. 3. August 1893 und Art. II des Ges. v. 25. März 1899. Auf Kapitulanten findet § 18 MStrGB. nicht Anwendung, wohl aber auf Offiziere und Unteroffiziere, soweit sich solche Personen noch in der Erfüllung ihrer aktiven Dienstpflicht befinden.

Ueber Verpflichtung und Beginn des Nachdienens vgl. § 7 Nr. 3 WO. und § 13 Nr. 1 HO.

3) Bei Berechnung der Pension ist die Zeit einer Freiheitsstrafe von einjähriger und längerer Dauer, sowie die Zeit der Kriegsgefangenschaft von der Anrechnung als aktive Militärdienstzeit ausgeschlossen. In Betracht zu ziehen ist jedoch nur die thatsächlich abgebüßte Strafzeit. Unter besonderen Umständen kann jedoch in diesen Fällen die Anrechnung mit Genehmigung des Kontingentsherrn bezw. des Kaisers stattfinden. § 24 MPensGes. v. 27. 6. 1871, § 50 RBG.

§. 19.

Der Arrest zerfällt in Stubenarrest, gelinden Arrest, mittleren Arrest, strengen Arrest.[1] [2] [3] [4]

1) Bestehen zusammentreffende Freiheitsstrafen nur in Arrest, so darf auch die Gesammtstrafe nur in Arrest bestehen; § 54 MStrGB.

2) Wegen Anrechnung der Untersuchungshaft auf Arrest vgl. Note 8 zu § 16 MStrGB.

3) Zum Arrest im Sinne des § 19 MStrGB. gehört nicht Quartier- und Kasernenarrest; es sind dies Disziplinarstrafen, welche im Disziplinarwege wegen reiner Disziplinarvergehen (nicht auch wegen der im § 3 EG. z. MStrGB. aufgeführten militärischen Vergehen, welche disziplinarisch geahndet werden können) verhängt werden.

4) Die Arrestart, auf welche erkannt wird, muß im Tenor des Urtheils ausdrücklich bezeichnet werden.

§. 20.

Der Stubenarrest[1][2]) findet gegen Offiziere statt, der gelinde Arrest gegen Unteroffiziere[3]) und Gemeine,[4]) der mittlere Arrest gegen Unteroffiziere ohne Portepee und gegen Gemeine, der strenge Arrest nur gegen Gemeine.[5])

1) Der Stubenarrest (Kammerarrest bei der Marine § 162 MStrGB.) findet nur gegen Offiziere, nicht auch gegen Fähnriche statt. Als Disziplinarstrafe an Bord ist der einfache und geschärfte Kammer-Arrest auch gegen Deckoffiziere und Unterärzte vorgesehen; § 4a Nr. 3 MDStO.

2) Gegen obere Militärbeamte kann nur auf Stubenarrest, gegen untere Militärbeamte nur auf gelinden Arrest erkannt werden, gleichviel ob im Gesetz eine strengere Arrestart angedroht ist; § 44 MStrGB.

3) Wird gegen einen Unteroffizier die Strafe der Degradation ausgesprochen, so kann gleichzeitig gegen ihn nur auf die nach § 20 MStrGB. gegen den betreffenden Dienstgrad zulässige Arrestart erkannt werden,

weil er den Dienstgrad des Unteroffiziers erst mit der Rechtskraft des Urtheils verliert.

4) Zu den Gemeinen gehören auch die Gefreiten und Obergefreiten.

5) Ueber die Vollstreckung des Arrests vgl. §§ 16—22 MStrVV. und Bestimmungen über die Vollstreckung der Freiheitsstrafen an Bord, s. a. Anlage 2 zu MDStrO.

§. 21.

Ist in diesem Gesetze Freiheitsstrafe angedroht, so sind darunter, je nach der Zeitdauer[1]) des Strafmaßes, Gefängniß, Festungshaft[2]) und Arrest als wahlweise angedroht zu erachten.[3])

1) Arrest von einem Tage bis sechs (gelinder, mittlerer Arrest) bezw. vier (strenger Arrest) Wochen. Eine Freiheitsstrafe von mehr als sechs Wochen besteht in Gefängniß- oder Festungshaft; §§ 17, 24 MStrGB.

2) Die Anwendung der Festungshaft wird in der Regel auf Offiziere, Portepee-Unteroffiziere, Einjährig-Freiwillige und Fahnenjunker zu beschränken sein.

3) Es muß aber auf eine dieser drei Strafarten erkannt werden.

§. 22.

Ist in diesem Gesetze Arrest angedroht,[1]) so kann auf jede der nach dem Militärrange des Thäters[2]) statthaften Arten des Arrestes erkannt werden.

Ist in diesem Gesetze eine bestimmte Arrestart[3]) angedroht und dieselbe gegen den Thäter nach seinem Militärrange[4]) nicht statthaft, so ist auf die nächstfolgende nach seinem Range statthafte Arrestart zu erkennen.

Strenger Arrest ist, wo das Gesetz ihn nicht in

einzelnen Fällen ausdrücklich androht,[5]) nur gegen denjenigen zulässig, welcher wegen militärischer Verbrechen oder Vergehen[6]) bereits mit einer Freiheitsstrafe bestraft[7])[8]) worden ist.[9])

1) Nach Abs. 1 dieser Vorschrift in Verbindung mit § 20 MStrGB. kann je nach der Beschaffenheit der That und nach der Person des Thäters auf jede der nach dem Dienstgrade zulässigen Arrestarten erkannt werden. Ist im Gesetze „Arrest" allgemein angedroht, so gelten bez. der Gemeinen (Gefreiten, Obergefreiten) gelinder, mittlerer, strenger Arrest, bei Unteroffizieren ohne Portepee gelinder und mittlerer Arrest als wahlweise angedroht. Bezüglich der Portepee-Unteroffiziere, Deckoffiziere und unteren Militärbeamten kann nur gelinder Arrest und bezüglich der Offiziere und oberen Militärbeamten nur Stubenarrest erkannt werden. Von der Arrestart ist die Dauer des Arrestes abhängig (§ 17 Abs. 1 und 24 MStrGB.). Stubenarrest, gelinder, mittlerer Arrest bis zu sechs Wochen, strenger Arrst bis zu vier Wochen.

2) Der Ausdruck „Thäter" umfaßt auch den „Theilnehmer" (Mitthäter, Anstifter, Gehülfen). Kommen mehrere Thäter von verschiedenem militärischen Range bei einer strafbaren Handlung in Frage, so kann, da trotz der Identität der Handlung gegen jeden der Thäter auf die seiner Charge entsprechende Arrestart erkannt werden muß, dieselbe That gegen jeden der Thäter (Theilnehmer) durch eine andere Arrestart geahndet werden. Tritt eine Aenderung des Militärranges nach Begehung der That ein, so ist die Frage, welche Arrestarten statthaft sind, danach zu entscheiden, ob die Aenderung in einer Beförderung oder in einem Verlust des Militärranges besteht. Bei Beförderung ist der Augenblick der Aburtheilung entscheidend; denn die Vorschrift, daß bei höheren Dienstgraden gewisse Arrestarten unzulässig sind, entspringt aus der militärischen Erwägung, daß diese Arrestarten und

ihre Vollstreckung dem Ansehen und der Stellung der höheren Dienstgrade nicht angemessen erscheinen; hierbei kann nur der Zeitpunkt der Aburtheilung in Betracht kommen. Ist dagegen der Inhaber eines höheren Dienstgrades nach der That mit Degradation bestraft, so kann nur die Zeit der That für die Zulässigkeit der Arrestarten Berücksichtigung finden; denn die mit der That nicht im Zusammenhange stehenden, ihr nachfolgenden Ereignisse dürfen die strafrechtliche Beurtheilung der That nicht zu Ungunsten des Thäters ändern.

3) Ob neben der bestimmten Arrestart noch Gefängniß- oder Festungshaft wahlweise angedroht sind, ist unerheblich. Als Thäter (Theilnehmer) kommen im Falle des Abs. 2 dieses Paragraphen nur Offiziere, Militärbeamte oder Unteroffiziere in Betracht.

4) Bezüglich des Militärranges vgl. § 20 MStrGB. Droht das Gesetz strengen Arrest als einzige Arrestart (§§ 89 Abs. 2, 93 Abs. 1, 94) oder wahlweise strengen oder mittleren Arrest (§§ 9[illegible] Abs. 2, 102 Abs. 2, 138 Abs. 1, 139, 141 Abs. 1, 146, 151) an, so ist gegen einen Unteroffizier ohne Portepee nur auf mittleren, gegen einen Portepee-Unteroffizier auf gelinden und gegen einen Offizier auf Stubenarrest zu erkennen. Eine Umwandlung der Arrestart im Sinne des § 54 Abs. 2 MStrGB. findet nicht statt.

5) Die Worte „strenger Arrest“ müssen in der Strafandrohung enthalten sein; unerheblich ist, ob der strenge Arrest ausschließlich oder wahlweise mit mittlerem Arrest oder Gefängniß oder Festungshaft angedroht ist. Eine allgemeine Strafandrohung des Arrestes, sei es, daß das Gesetz schlechthin „Arrest“, oder sei es, daß es „Freiheitsstrafe“ (also Gefängniß, Festungshaft, Arrest) androht, enthält nicht die ausdrückliche Androhung des strengen Arrestes.

6) Eine Vorbestrafung wegen eines gemeinstrafrechtlichen Deliktes oder eine Disziplinarbestrafung wegen eines reinen

Disziplinarverschuldens stellt eine Vorbestrafung im Sinne des Abs. 3 § 22 MStrGB. nicht dar.

7) Gerichtlich oder disziplinarisch auf Grund des § 3 Abs. 2 EG. z. MStrGB. RMGer. PE. I Nr. 114.

8) Zur Zeit der Begehung der zur Bestrafung stehenden Handlung muß die im Abs. 3 des § 22 MStrGB. vorausgesetzte Strafe ganz verbüßt sein. Es folgt dies aus dem gesetzgeberischen Motiv der Vorschrift, der Fruchtlosigkeit der Vorbestrafung und der in derselben zu Tage getretenen Unverbesserlichkeit. Der Verbüßung steht der Erlaß der Strafe gleich.

9) Zur Anwendung des Abs. 3 dieses § wird vorausgesetzt, daß eine Bestrafung wegen eines militärischen Deliktes stattfinden soll, sei es gerichtlich, sei es im Disziplinarwege auf Grund des § 3 EG. z. MStrGB. Handelt es sich lediglich um eine Bestrafung eines reinen Disziplinarverschuldens, so ist der Disziplinarvorgesetzte an die Bestimmung des § 22 Abs. 3 MStrGB. nicht gebunden.

§. 23.

Der Stubenarrest wird von dem Verurtheilten in seiner Wohnung verbüßt. Der Verurtheilte darf [1]) während der Dauer des Stubenarrestes seine Wohnung [2]) nicht verlassen, auch Besuche nicht annehmen. Gegen Hauptleute, Rittmeister und Subaltern-Offiziere kann durch Richterspruch die Strafvollstreckung in einem besonderen Offizier-Arrestzimmer angeordnet werden (geschärfter Stubenarrest). [3]) [4]) [5])

Die strafrechtlichen Folgen der Uebertretung dieses Verbotes bestimmt § 80 MStrGB.

2) Unter Wohnung ist der Inbegriff derjenigen Räumlichkeiten, welche einer Einzelperson oder einer zusammengehörenden Mehrheit von Personen (einer Familie) zum ständigen Aufenthalt dienen oder zur Benutzung freistehen,

zu verstehen, RG. I 16. April 1885. E. 12, 132. Unter den Begriff der Wohnung im Sinne dieser Vorschrift fällt nicht der zur Wohnung gehörige Garten.

In Zweifelsfällen entscheidet über den Begriff der Wohnung der nächste mit mindestens der Disziplinarstrafgewalt eines detachirten Stabsoffiziers, Hauptmanns oder Rittmeisters betraute Vorgesetzte. Dieser kann auch einzelnen Personen in dringenden Fällen den Zutritt zu dem Verurtheilten gestatten. Dem Arzt steht der Zutritt jeder Zeit frei. Bewohnt der Verurtheilte eine gemeinsame Wohnung mit anderen Personen, so kann er den Verkehr mit denselben auch während der Strafzeit in gewohnter Weise fortsetzen. Das Ausgehen ist dem Verurtheilten erst nach einer Strafdauer von 14 Tagen, oder wenn der Arzt Bewegung in freier Luft für nothwendig hält, täglich für eine Stunde und zwar in der Regel unter Aufsicht einer im Range gleich oder höher stehenden Militärperson gestattet. Jeder zu Stubenarrest verurtheilte Offizier ist bei dem Strafantritt von dem oben bezeichneten Vorgesetzten auf die Bestimmung des § 80 MStrGB. hinzuweisen. Der Säbel wird dem Verurtheilten nicht abgenommen; § 16 MStrVB.

Als Wohnung kommt lediglich die eigene Wohnung des Verurtheilten und zwar kommen diejenigen geschlossenen Räume in Betracht, welche zur Zeit des Strafantritts das Quartier des Bestraften umfassen. Für die Marine ist Wohnung gleichbedeutend mit Kammer; § 162 MStrGB.

3) Obere Militärbeamte haben Offiziersrang, sind aber nicht Personen des Soldatenstandes, geschärfter Stubenarrest ist daher gegen sie nicht zulässig. Dies trifft auch bei den höheren Baubeamten für Schiffbau und Maschinenbau, bei den Zahlmeistern bei der Marine zu, obwohl denselben der spezielle Offiziersrang verliehen ist. Vgl. AKO. v. 10. April 1899, betr. anderweite Organisation der höheren Baubeamten für Schiffbau 2c. u. AKO. v. 31. Januar 1867, Allg. Marinebefehl Nr. 135.

4) Geschärfter Stubenarrest kann nur durch Richterspruch verhängt werden. Vgl. auch § 17 MStVV. Werden die im § 3 Abs. 2 EG. z. MStrGB. aufgeführten Vergehen im Disziplinarwege geahndet, so kann geschärfter Stubenarrest nicht verhängt werden. Auf den geschärften Stubenarrest finden die Bestimmungen des § 80 MStrGB. nicht Anwendung, da der Verurtheilte in dem Offizier-Arrestzimmer eingeschlossen wird; § 17 MStrVV. Rechtswidriges Verlassen des Offizier-Arrestzimmers im Wege des Ausbrechens fällt unter die Strafbestimmung des § 79 MStrGB.

5) Gehaltsabzug findet beim Stubenarrest und geschärftem Stubenarrest nicht statt.

§. 24.

Der gelinde,[1]) der mittlere und der strenge Arrest[2]) werden in Einzelhaft verbüßt. Der Höchstbetrag des strengen Arrestes ist vier Wochen.

1) Ueber Vollstreckung des gelinden Arrestes vgl. § 20 MStrVV. Ueber die Vollstreckung des mittleren und strengen Arrestes vgl. §§ 25, 26 MStrGB. Eine Ueberschreitung der gesetzlichen Höchstdauer der einzelnen Strafarten bezw. der Strafschärfungen bei Vollstreckung mehrerer Arreststrafen hintereinander ist unzulässig; gegebenen Falls wird eine Unterbrechung der Strafverbüßung erforderlich. Note zu § 18 der MStrVV.

2) Der im Disziplinarwege verhängte Arrest unterscheidet sich von dem gerichtlichen Arrest lediglich durch den Höchstbetrag; bei ersterem beträgt die Dauer des gelinden Arrests, sowie des Stubenarrests 4 Wochen, die des mittleren Arrestes 3 Wochen, die des strengen Arrests vierzehn Tage. Die Art der Vollstreckung ist beim gerichtlichen und disziplinarischen Arreste die gleiche. Vgl. §§ 16—22 MStrVV. und Anl. 2 zu MDStO.

§. 25.

Der mittlere Arrest wird in der Art vollstreckt,[1]) daß der Verurtheilte eine harte Lagerstätte und als Nahrung[3]) Wasser und Brot erhält. Diese Schärfungen[2]) kommen am vierten, achten, zwölften und demnächst an jedem dritten Tage in Fortfall.

§. 26.

Der strenge Arrest wird in einer dunkelen Arrestzelle, im Uebrigen wie der mittlere Arrest vollstreckt.[1]) Die Schärfungen[2]) kommen am vierten, achten und demnächst an jedem dritten Tage in Fortfall.

1) Ueber die Vollstreckung des mittleren und strengen Arrests vgl. §§ 18—22 MStrVB.

2) Entziehung der Wärme ist bei Vollstreckung des Arrests nicht gestattet; in den belegten Arrestzellen soll eine Temperatur von + 14 Grad Réaumur herrschen; § 18 Nr. 9 MStrVB.

3) Das im Entwurf des MStrGB. hinter Nahrung enthaltene Wort „nur“ ist in der Kommissionsberathung gestrichen worden; die Militärverwaltung ist daher in der Lage, je nach Umständen (z. B. in großer Kälte) noch andere Nahrungsmittel zu verabreichen.

§. 27.

Läßt der körperliche Zustand des Verurtheilten die Verbüßung des strengen oder mittleren Arrestes nicht zu, so tritt eine gelindere Arrestart ein.[1]) [2])

1) Die Vorschrift enthält, wie §§ 23—26, 28 lediglich eine auf dem Gebiete der Strafvollstreckung liegende Bestimmung. Für das erkennende Gericht kommt sie nicht in Betracht; dieses hat die Strafe lediglich dem ange-

wandten Strafgesetze zu entnehmen; dabei darf die Erwägung, daß für den Angeklagten die Wirkungen der Strafe des strengen Arrests zu hart sein würden, nicht zur Verhängung einer Gefängnißstrafe führen. RMGer. III PE. III Nr. 114. In Frage kommen kann nur die Zeit nach der Verurtheilung; ob die Strafverbüßung bereits begonnen hat oder nicht, ist unerheblich.

2) Sind Zweifel vorhanden, ob der körperliche Zustand des Verurtheilten die Verbüßung des strengen oder mittleren Arrestes zuläßt, so ist derselbe ärztlich zu untersuchen. Ergiebt diese Untersuchung, daß eine gelinde Arrestart eintreten muß, so ist hiervon dem Gerichtsherrn bezw. Befehlshaber, welchem die Veranlassung der Strafvollstreckung obliegt, behufs weiterer Verfügung gemäß § 27 MStrGB. Mittheilung zu machen; § 18 Nr. 5 MStrVB., § 23 Nr. 5 Friedens-Sanitätsordnung.

§. 28.

Die Abweichungen, welche bei Vollstreckung von Arreststrafen dadurch bedingt werden, daß sie während eines Krieges oder auf den in Dienst gestellten Schiffen oder anderen Fahrzeugen der Marine zu vollziehen sind, werden durch Kaiserliche Anordnung bestimmt.[1])

1) Vgl. §§ 21, 22 MStrVB., ACO. über die Vollstreckung der Freiheitsstrafen an Bord v. 22. Jan. 1889 u. §§ 47, 48 DStO., § 65 MDStO., ACO. v. 4. Aug. 1887.

§. 29.

Wo die allgemeinen[1]) Strafgesetze Geldstrafe und Freiheitsstrafe wahlweise[2]) androhen, darf, wenn durch die strafbare Handlung zugleich eine militärische Dienstpflicht[3]) verletzt worden ist, auf Geldstrafe nicht erkannt werden.[4]) [5])

1) Unter den allgemeinen Strafgesetzen ist das gesammte Reichs- und Landesstrafrecht zu verstehen, nicht aber die DStO., sodaß der § 29 MStrGB. auf die Fälle des § 28 DStO. nicht anwendbar ist.

2) Die Bestimmung des § 29 MStrGB. kommt nur dann zur Anwendung, wenn Geldstrafe und Freiheitsstrafen wahlweise angedroht sind; sie ist nicht anwendbar, wenn neben der zu erkennenden Freiheitsstrafe noch auf Geldstrafe erkannt werden kann. So ist bei einer Verurtheilung wegen Betrugs (§ 263 RStrGB.) die Erkennung einer Geldstrafe neben der Gefängnißstrafe nicht ausgeschlossen, auch wenn durch die betreffende Strafthat zugleich eine militärische Dienstpflicht verletzt worden ist. RMGer. PE. I Nr. 115. Die Thatsache der Mittellosigkeit des Angeklagten ist kein Grund, von der Verhängung einer Geldstrafe abzusehen und sofort auf Freiheitsstrafe zu erkennen. RMGer. PE. II Nr. 172.

3) Unter Verletzung der militärischen Dienstpflicht ist jede, vorsätzliche oder fahrlässige Zuwiderhandlung gegen die auf allgemeinen oder einer speziellen Dienstvorschrift oder einem Dienstbefehle beruhenden Dienstobliegenheiten zu verstehen; hierher gehört auch die in den Kriegsartikeln enthaltene Pflichtenlehre. Schlägereien und Beleidigungen von Soldaten untereinander sind als der militärischen Zucht und Ordnung widersprechend verboten, Art. 25 der Kriegsartikel; sie enthalten daher eine Verletzung der Dienstpflicht, sodaß bei ihnen nicht auf Geldstrafe erkannt werden kann.

Eine militärische Dienstpflicht ist beim Vorliegen der in § 55 MStrGB. vorgesehenen straferhöhenden Umstände stets verletzt; z. B. wenn ein Gendarm eine Strafthat unter Mißbrauch der Waffe verübt. RMGer. PE. III Nr. 115.

Wird bei der Bestrafung einer Person des Soldatenstandes wegen Körperverletzung einer Civilperson § 29 MStrGB. angewandt, weil durch die Körperverletzung zugleich eine militärische Dienstpflicht verletzt ist, so muß im Urtheil angegeben werden, in welchen Umständen eine solche Verletzung gefunden wird. RMGer. PE. III Nr. 115.

Wird durch die Handlung einerseits ein allgemeines Strafgesetz und andererseits lediglich eine militärische Dienstpflicht verletzt, so ist eine besondere disziplinare Bestrafung wegen Verletzung dieser militärischen Dienstpflicht nicht ausgeschlossen.

4) Bezüglich der Vereinnahmung und Vollstreckung gerichtlich oder disziplinarisch (§§ 28, 31, 36 DStO., §§ 31, 43 MDStO.) erkannter Geldstrafen, vgl. §§ 28—31a MStrVV., §§ 28—31a und § 462 MStrGO.

5) Die Rüge der Nichtberücksichtigung des § 29 MStrGB. allein giebt dem Berufungsgerichte nicht das Recht, den gesammten der Anklage zu Grunde liegenden Thatbestand einer erneuten selbstständigen Verhandlung und Beweisaufnahme zu unterziehen. RMGer. I 28. Aug. 1901. E. 1,258.

§. 30.

Die besonderen[1]) Ehrenstrafen[2]) gegen Personen des Soldatenstandes[3]) sind:

1) Entfernung aus dem Heer oder der Marine;
2) gegen Offiziere: Dienstentlassung;
3) gegen Unteroffiziere und Gemeine: Versetzung in die zweite Klasse des Soldatenstandes;
4) gegen Unteroffiziere: Degradation.[4]) [5]) [6]) [7]) [8])

1) Der Verlust der bürgerlichen Ehrenrechte gehört zu den allgemeinen, im RStrGB. bereits vorgesehenen Ehrenstrafen. Für ihn gilt daher lediglich § 45 RStrGB., nicht § 46 MStrGB., sodaß beim Versuch auf Ehrverlust erkannt werden muß, wenn die Aberkennung der bürgerlichen Ehrenrechte neben der Strafe für das vollendete Verbrechen geboten ist.

Der Verlust der bürgerlichen Ehrenrechte ist neben der

wegen militärischer Delikte zu erkennenden Zuchthausstrafe, auch wenn das Gesetz denselben nicht besonders vorschreibt, zulässig. Neben Gefängnißstrafe von mindestens drei Monaten kann bei militärischen Delikten nur dann auf Verlust der bürgerlichen Ehrenrechte erkannt werden, wenn derselbe ausdrücklich im Gesetze zugelassen ist (§§ 134, 138 MStrGB.) oder wenn die Gefängnißstrafe bei kürzerer als einjähriger Dauer an Stelle der Zuchthausstrafe tritt; § 17 Abs. 2 MStrGB., § 32 RStrGB. Die Dauer dieses Verlustes beträgt bei zeitiger Zuchthausstrafe mindestens zwei und höchstens zehn Jahre, bei Gefängnißstrafe mindestens ein und höchstens fünf Jahre. Bei Todesstrafe und lebenslänglicher Zuchthausstrafe ist der Ehrverlust ein dauernder. RG. I 10. März 1887. R. 9,175. Neben Festungshaft kann auf Verlust der bürgerlichen Ehrenrechte nicht erkannt werden.

2) Ehrenstrafen sind Nebenstrafen, welche nur in Verbindung mit einer Hauptstrafe, jedoch nicht selbstständig erkannt werden können. Vgl. aber § 42 Abs. 2 MStrGB. Ob die Hauptstrafe wegen bürgerlicher oder wegen militärischer Delikte erkannt wird, ist unerheblich.

Die Verübung eines in der öffentlichen Meinung entehrenden Vergehens gestattet selbst beim Vorliegen mildernder Umstände das Verbleiben des Thäters in der Stellung eines Offiziers oder Unteroffiziers grundsätzlich nicht. Von ganz besonderen Ausnahmefällen abgesehen, wird in den betreffenden Fällen gegen die gedachten Chargen auf die zulässigen Ehrenstrafen der §§ 31, 33, 34, 40 MStrGB. zu erkennen sein. Rundschr. d. KM. v. 20. Februar 1873. Die Entfernung von der Charge des Gefreiten gehört nicht zu den hier in Rede stehenden Ehrenstrafen, sie kann nur im Disziplinarverfahren ausgesprochen werden.

3) Gegen Militärbeamte kann auf keine der im § 30 vorgesehenen Ehrenstrafen erkannt werden, wohl aber auf Amtsverlust, §§ 4', 153 MStrGB. auf Verlust der bürgerlichen Ehrenrechte und auf Unfähigkeit zur Bekleidung öffentlicher Aemter nach den Vorschriften des RStrGB.

4) Zuständig zur Verhängung der Ehrenstrafen sind die Kriegsgerichte, § 15 Abs. 2 MStrGO.; im Felde und an Bord auch die Standgerichte, § 15 Abs. 3 MStrGO.

5) Die Vorschriften über Ehrenstrafen §§ 31, 34, 37, 40 MStrGB. sind subsidiärer Natur und greifen nur dann Platz, wenn die Ehrenstrafen nicht schon in derjenigen Vorschrift des II. Theils MStrGB. angedroht sind, welche durch die zur Aburtheilung stehende Handlung verletzt sind. Bei einer Gesammtstrafe sind die Ehrenstrafen auch schon bei den Einzelstrafen, bei denen sie zutreffen, auszuwerfen.

6) Die Verhängung militärischer Ehrenstrafen hat, abgesehen von den Fällen der §§ 33, 36, 42 MStrGB. zur Voraussetzung, daß die strafbare Handlung in der Zeit begangen wurde, in welcher der Thäter den Militärstrafgesetzen unterworfen ist.

7) Bürgerliche Delikte, neben denen auf eine militärische Ehrenstrafe erkannt wird (vgl. § 37 MStrGB.), werden dadurch nicht zu militärischen Delikten. (Weiffenbach, Militärrechtl. Erörterungen Heft 1 S. 50.)

8) Die Degradation ist eine mildere Strafe als die Versetzung in die 2. Kl. des Soldatenstandes. RMGer. I 20. Januar 1902. E. 2, 171.

§. 31.[1]) [1a])

Auf Entfernung aus dem Heer oder der Marine muß gegen Unteroffiziere und Gemeine neben Zuchthaus stets, neben dem Verluste der bürgerlichen Ehrenrechte dann erkannt[2])[3]) werden, wenn die Dauer dieses Verlustes drei Jahre übersteigt.[5])

Gegen Offiziere muß auf diese Entfernung erkannt werden:

1) neben Zuchthaus oder dem Verluste der bürger-

lichen Ehrenrechte ohne Rücksicht auf die Dauer derselben;[6])

2) wo gegen Unteroffiziere oder Gemeine die Versetzung in die zweite Klasse des Soldatenstandes geboten ist.[7])

Auf Entfernung aus dem Heer oder der Marine kann erkannt werden neben Gefängniß[4]) [8]) [9]) von längerer als fünfjähriger Dauer,[10]) außerdem gegen Offiziere, in allen Fällen, in denen gegen Unteroffiziere oder Gemeine die Versetzung in die zweite Klasse des Soldatenstandes zulässig ist.[11]) [12]) [13]) [14])

1) Vgl. § 30 Note 5 MStrGB.

1a) Eine Vorschrift, daß neben Todesstrafe auf Entfernung aus dem Heere zu erkennen ist, fehlt. In der Praxis wird die Frage dadurch ihre Erledigung finden, daß neben der Todesstrafe in der Regel auf dauernden Verlust der bürgerlichen Ehrenrechte erkannt werden wird. § 32 RStrGB.

2) Die Nebenstrafe der Entfernung aus dem Heere ist im Urtheilstenor ausdrücklich auszusprechen. Durch die während der Abwesenheit von der Truppe unter falschen Namen gegen eine Militärperson erfolgte civilgerichtliche Verurtheilung zur Zuchthausstrafe ist nicht ohne Weiteres auch die Entfernung aus dem Heere erfolgt oder der Militärgerichtsstand des Verurtheilten geändert.

3) Die Vorschrift des § 31 MStrGB. bezieht sich nicht nur auf militärische, sondern auch auf bürgerliche Delikte.

4) Maßgebend ist die Zeitdauer, auf die im Urtheil erkannt ist; unerheblich ist, ob thatsächlich eine geringere Strafzeit (z. B. in Folge der Anrechnung der Untersuchungshaft, oder theilweisen Erlasses der Strafe) verbüßt wird.

5) Beträgt die Dauer des Ehrverlustes nur drei Jahre, so darf auf Entfernung aus dem Heere nicht erkannt werden.

6) Die Mindestdauer des Ehrverlustes beträgt ein Jahr; § 32 RStrGB.

7) Vgl. §§ 37 Abs. 1, 74, 81 Abs. 1, 85, 106, 131, 133, 134 MStrGB.

8) Neben Festungshaft ist die Ehrenstrafe des § 31 MStrGB. nicht zulässig.

9) Bei einer Gesammtstrafe (§§ 74, 79 RStrGB.) kann nur dann auf Entfernung aus dem Heere erkannt werden, wenn die Einsatzstrafe, d. h. die schwerste Einzelstrafe, mehr wie fünf Jahre Gefängniß beträgt. §§ 76, 92 RStrGB., § 54 Abs. 3 MStrGB., ACO. v. 23. August 1879.

10) Neben der Ehrenstrafe der Entfernung aus dem Heere (Marine) ist, soweit es sich um dieselbe Strafthat handelt, auf andere militärische Ehrenstrafen nicht zu erkennen. RMGer. PE. III Nr. 116. Vgl. auch Anm. 2 zu § 74 MStrGB.

11) Vgl. §§ 37, 38, 62, 75, 78, 82, 83, 87, 128, 135, 136, 140, 144 MStrGB.

12) Wegen Vollstreckung der neben der Ehrenstrafe der Entfernung aus dem Heere erkannten Strafen vgl. § 15 Abs. 3 MStrGB., wegen Vollstreckung der Ehrenstrafe der Entfernung aus dem Heere vgl. § 23 der MStrVB.

13) Auf Militärbeamte findet § 31 MStrGB. nicht Anwendung, vgl. §§ 43 und 153 MStrGB.

14) Vgl. auch Note 2 zu § 30 MStrGB.

§. 32.

Die Entfernung aus dem Heer oder der Marine hat

1) den Verlust der Dienststelle[1]) und der damit verbundenen Auszeichnungen, sowie aller durch den Militärdienst erworbenen Ansprüche, soweit dieselben durch Richterspruch aberkannt werden können,[2])

2) den dauernden Verlust der Orden und Ehrenzeichen,[3])

3) die Unfähigkeit[4]) zum Wiedereintritte in das Heer und in die Marine

von Rechtswegen[5]) zur Folge.[6]) [7]) [8]) [9])

1) Dazu gehört der Verlust des Dienstgrades, des Diensteinkommens, des Titels und des Rechts, Uniform zu tragen.

2) Das preuß. MStrGB. von 1845 enthielt in §§ 50—52 T. I die Voraussetzungen, unter welchen gegen pensionirte Offiziere wegen militärischer Delikte auf Verlust der (bereits bezogenen bezw. angewiesenen) Pension ausdrücklich zu erkennen war. Diese Bestimmung berücksichtigt die Vorschrift des § 32 Abs. 1 a und b des Reichs-Militär-Pensionsges. v. 27. Juni 1871, nach welchem das Recht auf den Bezug der Pension durch rechtskräftiges gerichtliches, auf Pensionsverlust lautendes Urtheil erlosch und hiervon nur im Abs. 2 die Ausnahme gemacht war, daß Pensionserhöhungen durch richterliches Urtheil nicht entzogen werden können. Die Frage, ob das MStrGB. v. 20. Juni 1872 den Vorschriften der §§ 50—52 des Pr. MStrGB. von 1845 entsprechende, den Verlust von Pension durch gerichtliches Urtheil vorsehende Bestimmungen enthält oder ob der Zusatz „soweit dieselben durch Richterspruch u. s. w." versehentlich im Gesetze geblieben, ist streitig, aber z. Z. bedeutungslos; denn nach den an die Stelle der §§ 32, 33, 34 Satz 1 des Reichs-Militärpensionsgesetzes getretenen Bestimmungen des Gesetzes vom 22. Mai 1893 (§§ 32, 33, 34 Satz 1, 100, 101) erlischt das Recht auf Bezug der Pension und Pensionserhöhung durch richterliche Aberkennung überhaupt nicht und kraft Gesetzes nur dann, wenn eine rechtskräftige Verurtheilung zu Zuchthausstrafe wegen Hochverraths, Landesverraths, Kriegsverraths oder wegen Verraths militärischer Geheimnisse stattgefunden hat. Ist wegen eines dieser Verbrechen vor

einem bürgerlichen Gericht die Anklage erhoben oder in einem militärgerichtlichen Verfahren die Anklage verfügt, so ruht das Recht auf Pension und Pensionserhöhung so lange der Angeklagte sich im Auslande aufhält oder sein Aufenthalt unbekannt ist.

3) Die Vorschrift umfaßt den Verlust aller Orden und Ehrenzeichen, auch der ausländischen. Zu den Ehrenzeichen gehören auch die Dienstalterskapitulationszeichen und die durch AE. v. 20. Mai 1871 gestiftete Kriegsdenkmünze.

Den späteren Erwerb von Orden und Ehrenzeichen schließt die Bestimmung des § 32 MStrGB. nicht aus.

Ist die Entfernung aus dem Heere neben dem Verlust der bürgerlichen Ehrenrechte ausgesprochen worden, so begründet der Ehrverlust für seine Dauer die Unfähigkeit, Orden und Ehrenzeichen zu erlangen; § 34 Nr. 3 RStrGB.

4) Die Unfähigkeit ist eine dauernde; sie verhindert auch die Anstellung als Militärbeamter.

5) Einer besonderen Aufführung der Folgen der Entfernung a. d. H. im Urtheilstenor bedarf es nicht.

6) Die Wirkungen der Ehrenstrafe können ganz oder theilweise im Gnadenwege aufgehoben werden.

7) Wegen Vollstreckung dieser Ehrenstrafe vgl. § 23 der MStrVB.

8) Neben der Versuchsstrafe kann die Ehrenstrafe des § 32 MStrGB. verhängt werden in allen Fällen, in denen sie neben der Strafe des vollendeten Delikts erkannt werden kann; § 46 MStrGB.

9) Auf Militärbeamte findet § 32 MStrGB. keine Anwendung; § 43 MStrGB.

§. 33.

Gegen pensionirte Offiziere [1]) ist statt auf Entfernung aus dem Heer oder der Marine auf Verlust des Offiziertitels zu erkennen. [2]) Mit diesem Verluste treten zugleich die im §. 32 Nr. 2 und 3

bezeichneten Folgen,[3]) sowie die Verwirkung des Rechts, die Offiziersuniform zu tragen, von Rechtswegen ein.[4]) [5]) [6])

1) Nach Erlaß des Ges. v. 3. Mai 1890 sind die verabschiedeten Offiziere der Militärgerichtsbarkeit nicht unterworfen. Sofern sie nicht wieder im Heere oder der Marine Verwendung gefunden haben und aus diesem Grunde der Militärgerichtsbarkeit unterstehen (§ 1 Nr. 7 MStrGO.), unterliegen sie lediglich den Bestimmungen des RStrGB. und unterstehen den bürgerlichen Gerichten. Der Verlust des Offiziertitels, der Orden und Ehrenzeichen und des Rechts, die Offizier-Uniform zu tragen, kann gegen sie nur als Folge des von bürgerlichen Gerichten verhängten Ehrverlustes eintreten; § 33 RStrGB.

Mit der Uniform verabschiedete Offiziere unterstehen den Ehrengerichten, § 4 Nr. 5, AB. v. 2. Mai 1874 und den Strafbestimmungen daselbst §§ 51 und 53.

Die Vorschrift des § 33 MStrGB. bezieht sich nur auf die mit Pension zur Disposition gestellten Offiziere; gegen sie kann wegen gemeiner Delikte auf Verlust des Offiziertitels erkannt werden. Sie unterstehen wegen aller Strafthaten der Militärgerichtsbarkeit § 1 Nr. 2 MStrGO.

Auf Offiziere „von der Armee" und Offiziere à la suite der Armee findet § 33 MStrGB. keine Anwendung. Werden solche Offiziere, abgesehen von den Fällen des § 1 Nr. 6 und § 5 Nr. 3 MStrGO. und des § 2 EG. zum MStrGB., wegen solcher Delikte verurtheilt, neben welchen bei aktiven Offizieren die Entfernung aus dem Heere auszusprechen ist, so kann die Entfernung aus dem Dienste nur auf dem Dienstwege oder durch ehrengerichtliches Verfahren erfolgen.

2) Nur die in § 32 Nr. 2 und 3 MStrGB. ausgesprochenen Folgen treten ein, nicht der Verlust der Pension oder der Pensionserhöhung. Vgl. auch Note 2 zu § 32 MStrGB.

3) Der Verlust des Offiziertitels ist in dem Urtheilstenor auszusprechen.

4) Auf pensionirte Militärbeamte findet § 33 MStrGB. keine Anwendung.

5) Hinsichtlich der Vollstreckung dieser Ehrenstrafe vgl. § 23 MStrVB.

6) Vgl. auch Note 2 zu § 30 MStrGB.

§. 34.[1])

Auf Dienstentlassung muß erkannt werden:[1a])

1) neben Erkennung auf Unfähigkeit zur Bekleidung öffentlicher Aemter;[2])

2) wo gegen Unteroffiziere Degradation geboten ist.[3]) [4]) [5])

Auf Dienstentlassung kann erkannt werden:

1) neben Freiheitsstrafe[6]) von längerer als einjähriger Dauer;[7])

2) wo gegen Unteroffiziere Degradation zulässig ist.[8]) [9]) [10]) [11]) [12]) [13]) [14])

1) Vgl. § 30 Note 5 MStrGB.

1a) Die Ehrenstrafe der Dienstentlassung ist im Tenor des Urtheils auszusprechen.

2) Vgl. §§ 35, 128, 129, 331, 339—341, 352—355, 357, 358 RStrGB. Auf Unfähigkeit zur Bekleidung öffentlicher Aemter muß ausdrücklich im Tenor des Urtheils erkannt worden sein.

3) Vgl. § 40 Nr. 1, § 75, 122 MStGB. Die Vorschrift des § 40 Nr. 2 u. 3 kommt nicht in Frage, da im Falle, daß gegen Unteroffiziere und Gemeine Versetzung in die zweite Klasse des Soldatenstandes geboten ist, gegen Offiziere schon auf Grund des § 1 MStrGB. ausschließlich auf Entfernung aus dem Heere erkannt werden muß, und die Bestimmung des § 40 Nr. 3 MStrGB. bereits in der Vorschrift des § 34 Abs. 1 MStrGB. vorgesehen ist.

Vorausgesetzt ist bei der Bestimmung des § 34 Abs. 1 Nr. 2 MStrGB., daß thatsächlich auf Gefängnißstrafe von längerer als einjähriger Dauer (wegen bürgerlicher oder militärischer Delikte) erkannt wird; daß Gefängniß von mehr als einem Jahre angedroht ist, genügt nicht.

Neben Festungshaft (oder neben Gefängniß von einem Jahre oder kürzerer Dauer) ist die Ehrenstrafe der Dienstentlassung nur zulässig, nicht geboten. § 34 Abs. 2 Nr. 2 u. § 40 Abs. 2 Nr. 1 MStrGB.

4) Neben einer Gefängnißstrafe von mehr als 5 Jahren kann der Richter statt der obligatorisch angedrohten Dienstentlassung auf Entfernung aus dem Heere erkennen. § 31 MStrGB.

5) Obligatorisch ist Dienstentlassung im einzelnen angedroht in § 80 Abs. 1 u. 2, §§ 97, 112, 122 MStrGB.

6) Als Freiheitsstrafe kann mit Rücksicht auf § 17 Abs. 1 und § 34 Abs. 1 Nr. 2, § 40 Abs. 1 Nr. 1 MStrGB. nur Festungshaft in Frage kommen. Die Fassung hätte besser „Festungshaft“ statt „Freiheitsstrafe“ lauten müssen.

7) Es muß auf länger als ein Jahr Festungshaft im einzelnen Fall erkannt sein; daß Festungshaft über ein Jahr für das Delikt im Gesetze angedroht ist, genügt nicht zur Anwendung der Vorschrift des § 34 Abs. 2 Nr. 1 MStrGB.

8) Vgl. §§ 40 Abs. 2, 98 Abs. 1, 101, 114, 117, 119, 122, 142, 147, 150, 151 MStrGB.

Im wiederholten Rückfalle und im Falle des § 37 Abs. 2 Nr. 2 MStrGB. kann gegen Offiziere auf Entfernung aus dem Heere oder auf Dienstentlassung erkannt werden; § 31 Abs. 3, § 34 Abs. 2 Nr. 2, § 40 Abs. 2 Nr. 2 MStrGB.

9) Neben der Versuchsstrafe ist die Ehrenstrafe der Dienstentlassung immer nur zulässig, auch wenn sie neben der Strafe für das vollendete Delikt geboten ist; § 46 MStrGB.

10) Gegen Militärbeamte kann nicht auf Dienstentlassung erkannt werden.

11) Neben einer Gesammtstrafe kann die Ehrenstrafe der Dienstentlassung nur verhängt werden, wenn eine Einzelstrafe, neben welcher auf Dienstentlassung erkannt werden kann oder muß, mehr als ein Jahr Gefängniß oder Festung beträgt; § 76 RStrGB. RG. I 5. Febr. 1880, R. 1, 321.

12) Bezüglich der Vollstreckung der Ehrenstrafe der Dienstentlassung vgl. § 24 MStrVB.

13) Die Vollstreckung der Freiheitsstrafe, neben welcher Dienstentlassung erkannt ist, geht auf die bürgerlichen Behörden über. Vgl. § 15 Abs. 3 MStrGB.

14) Vgl. auch Note 2 zu § 30 MStrGB.

§. 35.

Die Dienstentlassung hat den Verlust der Dienststelle[1]) und aller durch den Dienst als Offizier[2]) erworbenen Ansprüche, soweit dieselben durch Richterspruch aberkannt werden können,[3]) ingleichen die Verwirkung des Rechts, die Offizieruniform zu tragen, von Rechtswegen[4]) zur Folge. Der Verlust des Diensttitels ist mit dieser Strafe nicht verbunden.

1) Den Verlust des Offiziertitels, der Orden und Ehrenzeichen, des Offizierpatents hat die Dienstentlassung nicht zur Folge; eine etwa noch bestehende Wehrpflicht des Offiziers wird durch die Dienstentlassung aufgehoben. Wiedereintritt in die Armee als Gemeiner und späteres Avancement in die bekleidete Dienststelle ist zulässig.

2) Im Gnadenwege kann selbstverständlich Bestimmung dahin getroffen werden, daß die Art des Ausscheidens aus dem Dienste auf die Geltendmachung von Pensionsansprüchen ohne Einfluß sein soll.

3) Vgl. § 32 Note 2 MStrGB.

4) Daher ist der Eintritt der Folgen der Dienstentlassung im Urtheil nicht noch besonders auszusprechen.

§. 36.

Gegen pensionirte[1]) Offiziere, welche das Recht zum tragen der Offizieruniform haben, ist statt auf Dienstentlassung auf Verlust dieses Rechts zu erkennen.[2]) [3])

1) Vgl. § 33 Note 1 MStrGB. Die Vorschrift des § 36 MStrGB. findet nach Erlaß des Gesetzes v. 3. Mai 1890 nur noch auf die mit Pension zur Disposition gestellten Offiziere Anwendung.

2) Der Besitz des Offiziertitels, der Orden und Ehrenzeichen, sowie die Pension werden durch die Bestimmung des § 36 MStrGB. nicht berührt.

3) Ohne Uniform verabschiedete Offiziere, Offiziere „von der Armee" oder à la suite der Armee unterstehen der Vorschrift des § 36 MStrGB. nicht. Vgl. auch § 33 Note 1 a. E. MStrGB.

§. 37.[1])

Auf Versetzung[1a]) in die zweite Klasse des Soldatenstandes muß erkannt[2]) werden neben[3]) dem Verluste der bürgerlichen Ehrenrechte, wenn die Dauer dieses Verlustes nicht drei Jahre übersteigt.[4]) [5])

Auf Versetzung in die zweite Klasse des Soldatenstandes kann erkannt werden:

1) in wiederholtem Rückfalle,[6])

2)[7]) [8]) wenn die Verurtheilung wegen Diebstahls, Unterschlagung, Raubes, Erpressung, Hehlerei, Betruges oder Urkundenfälschung erfolgt, auch wenn der Verlust der bürgerlichen Ehrenrechte nicht eintritt.[9]) [10])

1) Vgl. § 30 Note 5 MStrGB.

1a) Die Versetzung i. d. 2. Kl. d. S. findet gegen

Unteroffiziere (mit und ohne Portepee) und gegen Gemeine statt. Gegen Unteroffiziere muß neben derselben Degradation ausgesprochen werden. § 30 Nr. 3, § 40 Abs. 1 Nr. 2 MStrGB. Ist letzteres unterblieben, so darf, da die Degradation eine mildere Strafe ist als die Versetzung in die 2. Klasse des Soldatenstandes, das Berufungsgericht an die Stelle der Versetzung in die 2. Klasse des Soldatenstandes Degradation setzen, wenn es die Ueberzeugung gewinnt, daß der Angeklagte durch die härtere Strafe der Versetzung in die 2. Klasse d. S. beschwert ist. RMGer. 1 20. Januar 1902 E. 2,172. Die Versetzung i. d. 2. Kl. d. S. wird ohne Zeitbeschränkung verhängt, sie dauert über die Zeit des ausgesprochenen Ehrverlustes fort und kann nur im Gnadenwege aufgehoben werden. Bezüglich dieser Rehabilitirung vgl. das Nähere in Anlage 8 zu § 36 HO. und Anlage 11 zu § 48 MO.

Gegen Militärbeamte ist im Felde statt auf Versetzung i. d. 2. Kl. d. S. auf Amtsverlust zu erkennen. § 153 MStrGB. Einjährig-Freiwillige, welche während ihrer Dienstzeit mit Versetzung i. d. 2. Kl. d. S. bestraft werden, verlieren die Eigenschaft als Einjährig-Freiwillige und den Anspruch auf Entlassung nach einjährigem Dienst. § 50 RMG. u. § 25 Nr. 1 MStrVB.

2) Die Versetzung i. d. 2. Kl. d. S. muß in der Urtheilsformel ausgesprochen werden. Gehört der Angeklagte bereits der 2. Klasse d. S. an, und ist die Ehrenstrafe der Versetzung i. d. 2. Kl. d. S. wiederum geboten, so muß auf erneute Versetzung i. d. 2. Kl. d. S. erkannt werden. Eine solche erneute Verurtheilung zu der Ehrenstrafe ist bei Prüfung des Antrags auf Rehabilitirung (vgl. Note 1a) nicht ohne praktische Bedeutung.

3) Es muß vom Gerichte — sei es wegen bürgerlicher oder militärischer Delikte — auf Verlust der bürgerlichen Ehrenrechte thatsächlich erkannt sein (vgl. auch Note 1 zu § 30 MStrGB.); daß Ehrverlust im Gesetze als Nebenstrafe angedroht ist, genügt nicht.

4) Mit Verlust der bürgerlichen Ehrenrechte Bestrafte werden in eine Arbeiter- oder Disziplinarabtheilung eingestellt; § 46 MStrVB. Uebersteigt die Dauer des Ehrverlustes drei Jahre, so tritt gegen Unteroffiziere und Gemeine Entfernung a. d. H. ein. § 31 Abs. 1 MStrGB. Beim Offizier bedingt der Ehrverlust ohne Rücksicht auf seine Dauer stets Entfernung a. d. H.; § 31 Abs. 2 Nr. 1 MStrGB.

5) Auf Versetzung in d. 2. Kl. d. S. muß ferner erkannt werden im Falle der §§ 74, 81 Abs. 1, 85 Abs. 2, 106, 131, 132, 133 Abs. 2, 134, 139 MStrGB.

6) Vgl. § 13 MStrGB. Die Vorschrift des § 37 Abs. 2 Nr. 1 bezieht sich nur auf militärische Delikte nicht aber auf den Rückfall hinsichtlich bürgerlicher Strafthaten. Auf Grund wiederholten Rückfalls kann Versetzung in die 2. Klasse des Soldatenstandes nicht auf Grund des § 13, sondern nur auf Grund des § 37 Abs. 2 Nr. 1 ausgesprochen werden. RMGer. PE. II Nr. 143.

7) Die Vorschrift des § 37 Abs. 2 MStrGB. bezieht sich nur auf den Diebstahl im Sinne der §§ 242 ff. RStrGB., nicht auf Mundraub (§ 370 Nr. 5 RStrGB.) oder Forst- und Felddiebstahl; § 18 des Feld- und Forstpolizeigesetzes vom 1. April 1880 und § 1 des Gesetzes betr. den Forstdiebstahl vom 15. April 1878. Im übrigen vgl. zu: Diebstahl §§ 242 ff. RStrGB. § 138 MStrGB., Unterschlagung § 246 RStrGB., § 138 MStrGB., Raub § 249, Erpressung § 253, Hehlerei §§ 258, 259, Betrug §§ 263 bis 265 RStrGB., §§ 239, 242 Reichs-Konkursordnung, Urkundenfälschung §§ 267—269, 270, 348 Abs. 1 RStrGB. Auch wegen Theilnahme (Mitthäterschaft, Anstiftung, Beihülfe) an und wegen Versuchs einer dieser Delikte ist die Versetzung in die 2. Klasse d. S. zulässig. Eine analoge Ausdehnung der Vorschrift des § 37 Abs. 2 Nr. 2 MStrGB. auf andere Delikte (z. B. Begünstigung, Untreue ꝛc.) ist ausgeschlossen. Wird bei Verurtheilung wegen eines der angeführten Delikte auf Ehrverlust erkannt,

so tritt die Vorschrift der §§ 31 bezw. 37 Abs. 1 MStrGB. in Kraft.

8) Auf Versetzung i. d. 2. Kl. d. S. kann ferner erkannt werden im Falle der §§ 38, 62, 75, 78, 82, 83, 87, 128, 135, 137, 140, 144 MStrGB.

9) Ist die strafbare Handlung vor dem Eintritt des Thäters in den Militärstand oder im Beurlaubtenstande verübt, so finden lediglich die Strafen des bürgerlichen Rechts, unter dessen Herrschaft die That begangen wurde, Anwendung. RMGer. PE. I Nr. 116, vgl. auch § 2 RStrGB.

10) Bei Bildung einer Gesammtstrafe ist, wenn neben einer Einzelstrafe Versetzung i. d. 2. Kl. d. S. obligatorisch angedroht und, neben einer anderen, die Dauer von 5 Jahren übersteigenden, Gefängnißstrafe Entfernung a. d. H. auszusprechen ist, auf beide Ehrenstrafen zu erkennen; der Richter kann von einer gesetzlich vorgeschriebenen Strafe nicht willkürlich absehen. Praktisch erheblich wird diese Frage, wenn die Entfernung a. d. H. im Gnadenwege erlassen wird. RMGer. PE. II Nr. 154.

§. 38.[1])

Wer wegen militärischer Vergehen[2]) bereits zweimal[3]) gerichtlich[4]) verurtheilt und[5]) bestraft worden ist, kann, wenn er zum dritten Male wegen eines militärischen Vergehens[2]) verurtheilt wird, neben der Freiheitsstrafe[6]) in die zweite Klasse des Soldatenstandes versetzt werden.

Dasselbe kann geschehen, wenn außer einer gerichtlichen Strafe[7]) mehrmalige[8]) Disziplinarstrafen des höchsten Grades vollstreckt worden sind und zum zweiten Male wegen eines militärischen Vergehens[2]) eine Verurtheilung erfolgt.

Die Strafschärfung bleibt jedoch ausgeschlossen,[9]) wenn seit[10]) der zuletzt bestraften Handlung[11]) bis zur Begehung des Vergehens sechs Monate verflossen sind.

1) § 38 MStrGB. behandelt den Rückfall im weiteren Sinne; er setzt nicht Vorbestrafungen wegen militärischer Delikte der gleichen Art (vgl. § 13 MStrGB., Rückfall im engeren Sinne), sondern allgemeine Vorbestrafungen wegen militärischer Strafthaten voraus; seine Anwendung kann erst dann in Frage kommen, wenn die Voraussetzungen des § 37 Abs. 2 Nr. 1 MStrGB. nicht vorliegen.

2) Der Ausdruck „Vergehen" ist nicht im Sinne des § 1 Abs. 2 MStrGB. zu verstehen; er begreift auch militärische Verbrechen in sich. Ein solches ist im Sinne des § 38 cit. auch das Verbrechen des § 138 Abs. 2 MStrGB., vgl. Weiffenbach, Militärrechtl. Erörterungen Heft 1 S. 55.

3) Die Anwendung des Abs. 1 des § 38 MStrGB. setzt voraus, daß der Thäter wegen militärischen Deliktes verurtheilt und bestraft wurde, darauf wieder ein militärisches Delikt begangen hat, deshalb verurtheilt und bestraft worden ist, nun aber neuerlich ein solches Vergehen begeht. RMGer. PE. III Nr. 118. Es müssen also zwei selbstständige Urtheile vorliegen, bei denen die Voraussetzungen einer Gesammtstrafe (§ 79 RStrGB. u. § 461 MStrGO.) nicht gegeben sind.

4) Eine Verurtheilung durch ein und dasselbe Gericht wird nicht erfordert.

5) Die Strafe muß verbüßt oder ganz oder theilweise erlassen sein.

6) § 38 MStrGB. findet auch Anwendung, wenn die erkannte Freiheitsstrafe durch die erlittene Untersuchungshaft für verbüßt erachtet ist.

7) Die vorangegangene Strafe muß wegen eines militärischen Delikts erfolgt sein. RMGer. PE. III Nr. 118.

8) Es genügen zwei Disziplinarstrafen; höchster Grad ist im Sinne der nach dem Dienstgrad des Thäters zulässigen höchsten Strafart (§§ 20, 22 Abs. 2 MStrGB.), nicht im Sinne der höchsten Dauer zu verstehen. Die Versetzung in die 2. Klasse des Soldatenstandes darf auch erfolgen, wenn gegen einen degradirten Unteroffizier mehrmalige Disziplinarstrafen des höchsten nach seinem früheren Dienstgrade zulässigen Arrestgrades vollstreckt worden sind. Als Disziplinarstrafen des höchsten Grades kommen nur Freiheitsstrafen in Betracht; auch die Disziplinarstrafen des h"chsten Grades müssen vollstreckt, d. h. verbüßt oder theilweise oder ganz erlassen sein (vgl. Note 8 zu § 22 MStrGB.); die rechtskräftige Verurtheilung allein stellt eine Bestrafung im Sinne dieser Vorschrift nicht dar.

Die in § 104 MStrVB. vorgesehene Einzelhaft ist eine disziplinare Maßregel, keine Disziplinarstrafe.

9) Abs. 3 des § 38 MStrGB. bezieht sich auf Abs. 1 und Abs. 2 dieser Vorschrift. RMGer. PE. III Nr. 118.

10) Die Frist der Verjährung des im § 38 MStrGB. behandelten Rückfalls ist nicht von der Begehung der zuletzt bestraften Handlung sondern vom Tage der Verbüßung der letzten (gerichtlichen oder disziplinaren) Strafe zu berechnen; der Antritt dieser Strafverbüßung genügt zur Anwendung des § 38 MStrGB. nicht.

11) Unter der zuletzt bestraften Handlung im Sinne des § 38 Abs. 3 MStrGB. ist nur eine solche Handlung zu verstehen, welche mit einer gerichtlichen Strafe oder mit einer „Disziplinarstrafe des höchsten Grades" bestraft worden ist.

§. 39.

Die Versetzung in die zweite Klasse des Soldatenstandes hat den dauernden[1]) Verlust der Orden und Ehrenzeichen von Rechtswegen[2]) zur Folge, auch darf der zu dieser Strafe Verurtheilte die Militärkokarde[3]) nicht tragen und Versorgungsansprüche, soweit dieselben durch Richterspruch aberkannt werden können,[4]) nicht geltend machen.[5]) [6]) [7])

1) Vgl. Note 3 zu § 32 MStrGB.

2) Es erübrigt sich daher, diese Folgen im Urtheilstenor auszusprechen.

3) Das unbefugte Tragen der Militärkokarde stellt sich als Vergehen gegen § 92 MStrGB. dar; letztere Bestimmung erfordert, daß ein besonderes Verbot vorausgegangen ist; ein solches ist zwar nicht in dem gerichtlichen Urtheil, wohl aber in § 25 Nr. 1 MStrVB. enthalten. Ein Amtszeichen im Sinne des § 360 Nr. 8 RStrGB. sind die Militärkokarde und die Gefreitenknöpfe nicht. Vgl. Oppenhof, Komment. z. RStrGB. Note 46 zu § 368.

4) Der Zusatz: Soweit dieselben u. s. w. hat keine Bedeutung mehr. Vgl. Note 2 zu § 32 MStrGB. Der § 80 des Milit.-Pensionsgesetzes v. 27. Juni 1871, welcher den Soldaten 2. Klasse den Anspruch auf Invalidenversorgung beließ, wenn sie vor dem Feinde verwundet und in Folge dessen invalide sind, ist durch Art. 8 des Ges. v. 22. Mai 1893 aufgehoben. Die nach dem 1. April 1893 aus dem aktiven Militärdienste ausgeschiedenen oder noch ausscheidenden Mannschaften der zweiten Klasse des Soldatenstandes sind hinsichtlich ihrer Versorgungsansprüche den Mannschaften der ersten Klasse des Soldatenstandes gleichgestellt.

Der Anspruch auf Versorgung kann richterlich nicht mehr aberkannt werden und erlischt kraft Gesetzes bei einer Verurtheilung zu Zuchthausstrafe wegen Hoch-, Landes-, Kriegsverraths und ruht kraft Gesetzes, wenn nach Erhebung oder Verfügung der Anklage der Thäter im Auslande sich aufhält oder sein Aufenthaltsort unbekannt ist; §§ 100, 101 d. Ges. vom 22. Mai 1893.

5) Während in §§ 32 Nr. 1 u. 35 MStrGB. der Verlust der Ansprüche als Folge vorgesehen wird, ist im § 39 durch die Worte „nicht geltend machen" zum Ausdruck ge-

bracht, daß für die Dauer der Nebenstrafe dem Verurtheilten das Recht nicht zusteht, bereits erworbene Versorgungsansprüche zur Anerkennung zn bringen bzw. neue zu erwerben, daß aber dies Recht wieder auflebt, sobald die Strafe aufgehoben wird.

6) Ueber die Vollstreckung der Versetzung in die zweite Klasse des Soldatenstandes vgl. § 25 MStrVB. und über die Rehabilitirung Anlage 8 zur HO. und Anlage 11 zu § 48 MO.

7) Besondere Wirkungen der Versetzung in die 2. Klasse des Soldatenstandes sind folgende: Zulässigkeit der Einstellung in eine Arbeiterabtheilung vgl. § 3 E. Nr. 4, §§ 14, 41 Nr. 2b. DStO. § 6 Nr. 4, §§ 19, 51 MDStO.; mit Versetzung in die 2. Klasse des Soldatenstandes bestrafte Mannschaften des Gardekorps treten nach Verbüßung der Hauptstrafe in die Disziplinarabtheilung des Gardekorps. ACO. v. 27. Juli 1885. (AVBl. S. 158.) Bezüglich der Einjährig-Freiwilligen vgl. Note 1 zu § 37 MStrGB. Die Versetzung in die 2. Klasse des Soldatenstandes hat den Verlust der Schießauszeichnung zur Folge; für die Dauer dieser Ehrenstrafe können Schießauszeichnungen nicht erworben werden. Durch Rehabilitirung werden verliehene Auszeichnungen wieder erworben. ACO. v. 16. Juni 1894 und KM. dazu Nr. 8. Schießvorschrift v. 16. Nov. 1899. Nach § 6 GV. dürfen unter der Wirkung von Ehrenstrafen stehende Mannschaften nicht zu Ehrenposten verwendet werden; auch bleiben diese Mannschaften von der Besetzung aller wichtigen Posten, zu denen u. a. die Posten vor den Kasernen und die mit Patronen ausgerüsteten Posten gehören, ausgeschlossen. Zu Pulver- und Munitionsarbeiten sind solche Mannschaften nicht zu verwenden. KM. 28. Januar 1873.

§. 40.[1])

Auf Degradation[2]) muß erkannt werden:

1) neben Gefängniß von längerer als einjähriger Dauer;[3])

2) neben Versetzung in die zweite Klasse des Soldatenstandes;[5])
3) neben Aberkennung der Fähigkeit zur Bekleidung öffentlicher Aemter.

Auf Degradation kann erkannt[3]) werden:
1) neben Gefängniß von einjähriger oder kürzerer Dauer;[6])
2) wegen wiederholten Rückfalls;[7])
3) wegen einer strafbaren Handlung der im §. 37 Absatz 2 Nr. 2 bezeichneten Art.[8]) [9])

1) Vgl. Note 5 zu § 30 MStrGB.

2) Gegen untere Militärbeamte, Obergefreite oder Gefreite kann auf Degradation nicht erkannt werden. §§ 30, 43, 153 MStrGB. Die Degradation schließt ein späteres Avancement zum Gefreiten und Unteroffizier nicht aus.

3) Die Degradation ist im Urtheilstenor auszusprechen.

4) Nur neben Gefängniß von mindestens 1 Jahr und 1 Tag, nicht auch neben Festungshaft ist die Degradation geboten; es muß ferner auf diese Gefängnißstrafe erkannt sein, wogegen es unerheblich ist, ob die Strafe in Folge Anrechnung der Untersuchungshaft oder bei ganzem oder theilweisem Erlaß der Strafe in der ausgesprochenen Höhe vollstreckt wird. Daß das auf die Strafthat anzuwendende Strafgesetz mehr als ein Jahr Gefängniß androht, genügt nicht, um die Degradation zu verhängen. Neben einer Gesammtstrafe (§§ 74, 79 RStrGB. und § 54 MStrGB.) muß die Degradation nur dann ausgesprochen werden, wenn eine Einzelstrafe mehr als ein Jahr Gefängniß beträgt; vgl. auch § 76 RStrGB. u. RG. I 5. Febr. 1880. R. 1,321.

5) Unerheblich ist, ob die Versetzung in die 2. Klasse des Soldatenstandes gesetzlich geboten oder nur zulässig ist;

vorausgesetzt wird aber, daß die Versetzung in die 2. Klasse des Soldatenstandes thatsächlich ausgesprochen wird.

6) Wie sich aus der Entstehungsgeschichte und dem Zwecke der Vorschrift des Abs. 2 Nr. 1 des § 40 MStrGB. ergiebt, kommt nur eine solche — wegen bürgerlicher oder militärischer Delikte verwirkte — Gefängnißstrafe in Betracht, welche in einem Festungsgefängniß zu vollstrecken ist, welche also in ihrer Dauer der im § 17 MStrGB. bezeichneten militärischen Gefängnißstrafe entspricht, mithin eine Gefängnißstrafe von mindestens 43 Tagen.

Die Vorschrift des § 40 Abs. 2 Nr. 1 MStrGB. ist durch die Bestimmung des § 114 Abs. 2 MStrGB. nicht eingeschränkt worden. Vgl. Note 20 zu § 114 MStrGB.

7) Es kommt nur der wiederholte Rückfall hinsichtlich militärischer Delikte in Frage.

8) In den Fällen des Abs. 2 Nr. 2 und 3 des § 40 MStrGB. ist vorausgesetzt, daß auf Versetzung in die 2. Klasse des Soldatenstandes nicht erkannt wird; geschieht letzteres, so ist auf Degradation gemäß Abs. 1 Nr. 2 des § 40 cit. zu erkennen. Die Strafe der Degradation ist auch im Falle des § 40 Abs. 2 MStrGB. nicht durch die Feststellung bedingt, daß die Handlungsweise des Angeklagten eine ehrlose sei. RMGer. I 21. Juli 1902. E. 3,145.

9) Vgl. ferner Note 10 § 31 MStrGB. Ueber die Vollstreckung der Degradation siehe § 26 MStrVB.

In den Fällen des Abs. 2 Nr. 1 und 2 des § 40 MStrGB. kann bei der Bestätigung die Degradation erlassen werden. AB. Nr. 5 Abs. 7 zu § 418 MStrGO.

§. 41.

Die Degradation hat den Rücktritt[1]) in den Stand der Gemeinen und den Verlust der durch den Dienst als Unteroffizier[2]) erworbenen Ansprüche, soweit dieselben durch Richterspruch aberkannt werden können, von Rechtswegen[3]) zur Folge.[4]) [5])

1) Vgl. § 40 Note 2 MStrGB.

2) Etwaige dem Degradirten als Gemeinen zustehende Ansprüche gehen nicht verloren.

3) Die Folgen sind deshalb im Urtheil nicht auszusprechen.

4) Ob in Invalideninstituten versorgte Unteroffiziere, welche degradirt werden, in der Anstalt verbleiben, hängt vom Ermessen der Dienstbehörde ab; einen Anspruch darauf hat der Invalide nicht; § 78 MPensG. v. 27. Juni 1876.

5) Die Degradation ist eine mildere Strafe als die Versetzung in d. 2. Klasse des S. RMGer. I 20. Januar 1902. E. 2,172 vgl. auch § 396 MStrGO. und Note 1a zu § 37 MStrGB.

§. 42.

Wird gegen eine Person des Beurlaubtenstandes [1] [2]) während der Beurlaubung auf Zuchthaus, auf Verlust der bürgerlichen Ehrenrechte oder auf Unfähigkeit zur Bekleidung öffentlicher Aemter erkannt, so treten diejenigen militärischen Ehrenstrafen, auf welche bei einer solchen Verurtheilung nach den Bestimmungen der §§. 30—40 erkannt werden muß, von Rechtswegen ein.[3]) [4])

Erfolgt die Verurtheilung[5]) einer Person des Beurlaubtenstandes während der Beurlaubung wegen einer strafbaren Handlung der im §. 37 Absatz 2 Nr. 2 bezeichneten Art, so kann ein besonderes Verfahren[6]) des Militärgerichts zur Entscheidung darüber angeordnet[7]) werden, ob auf Dienstentlassung oder auf Degradation zu erkennen ist.[8]) [9]) [10])

1) Vgl. § 6 Note 1 und 2 MStrGB. Während der Beurlaubung unterstehen die Personen des Beurlaubten-

standes, von den in § 6 MStrGB. angeführten Ausnahmen abgesehen, regelmäßig den bürgerlichen Gerichten, vgl. §§ ⁷—10 ff. MStrGO.; § 42 Abs. 1 MStrGB. betrifft nur Verurtheilungen wegen bürgerlicher Delikte durch bürgerliche — auch ausländische — Gerichte. Erfolgt während der Beurlaubung eine Verurtheilung durch ein Militärgericht (vgl. §§ 113, 123, 126 MStrGB.) so treten die gesetzlich gebotenen Ehrenstrafen nicht von Rechtswegen ein, sondern müssen erkannt werden.

2) Auf Militärbeamte des Beurlaubtenstandes bezieht sich § 42 MStrGB. nicht. Gegen sie ist gegebenen Falls auf Grund der §§ 75 ff., 120 ff. RBG. das weitere zu veranlassen.

3) Auch die in Folge einer civilgerichtlichen Verurtheilung gegen Personen des Beurlaubtenstandes von Rechtswegen eintretende Versetzung i. d. 2. Kl. d. S. dauert fort, bis Rehabilitirung erfolgt, vgl. Note 1a § 37 MStrGB.

4) § 42 Abs. 1 MStrGB. sieht den Fall nicht vor, daß gegen einen Offizier oder Unteroffizier des Beurlaubtenstandes auf Gefängniß über ein Jahr erkannt wird, in welchem Falle beim aktiven Offizier Dienstentlassung, beim aktiven Unteroffizier Degradation eintreten muß; § 34 Abs. 1 Nr. 1, § 40 Abs. 1 Nr. 3 MStrGB. Sofern nicht Abs. 2 § 42 MStrGB. vorliegt, wird beim Offizier des Beurlaubtenstandes eventuell auf ehrengerichtlichem Wege Abhülfe zu schaffen sein, hinsichtlich des Unteroffiziers des Beurlaubtenstandes, bei welchem nicht eins der im § 37 Abs. 2 Nr. 2 MStrGB. aufgeführten Delikte in Frage kommt, enthält das Gesetz eine Lücke.

5) Es darf aber nicht auf Zuchthaus, oder Ehrverlust, oder Unfähigkeit zur Bekleidung öffentlicher Aemter, erkannt sein, sonst tritt die Vorschrift des Abs. 1 § 42 MStrGB. ein.

6) Das zur Entscheidung über die Erkennung auf Dienstentlassung oder auf Degradation angeordnete besondere Verfahren des Militärgerichts ist ein Akt der Strafverfolgung, dessen Zulässigkeit davon abhängt, daß die Straf-

verfolgung wegen der von dem Angeklagten begangenen That noch nicht verjährt ist.

Hinsichtlich der Verjährung kommen (daher) die §§ 67—69 RStrGB. und § 10 des Einf.-Ges. z. MStGO. über Strafverfolgung, nicht diejenigen über Strafvollstreckung (§§ 70 ff.) zur Anwendung. RMGer. PE. II Nr. 145.

7) Die Anordnung de' Verfahrens ist abweichend von dem im § 156 MStrGO. statuirten Legalitätsprinzip in das Ermessen des Gerichtsherrn gestellt. Das Verfahren darf vorläufig ausgesetzt werden, wenn der Verurtheilte einen Antrag um Wiederaufnahme des Verfahrens gestellt hat oder solches beabsichtigt. RMGer. PE. III Nr. 119.

8) Das Gericht ist nicht befugt, die durch das civilgerichtliche Urtheil entschiedene Schuldfrage nochmals zu prüfen, es ist vielmehr an die thatsächliche Feststellung und Qualifizirung der That, wie sie durch das Civilgericht erfolgt ist, gebunden. RMGer. I 2. Juni 1902. E. 3,93, I 4. November 1901. E. 2,45. Der Erlaß einer formellen Anklageverfügung mit dem vollen nach § 254 MStrGO. erforderlichen Inhalte, sowie eine Anklageschrift ist nicht nothwendig; es genügt die Anordnung des Nachtragsverfahrens aus § 42 MStrGB. und die Bezeichnung des Gerichts. Diese Anordnung hat die Wirkung der Anklageverfügung.

9) Die Vorschrift des § 42 Abs. 2 MStrGB. bezieht sich nur auf Offiziere, Unteroffiziere des Beurlaubtenstandes, auf Dienstentlassung und Degradation (nicht auf Gemeine, auf Versetzung i. d. 2. Kl. d. S. und auf Entfernung aus dem Heere).

Während gegen einen aktiven Offizier wegen der im § 37 Abs. 2 Nr. 2 MStrGB. aufgeführten Delikte als Nebenstrafe auf Entfernung aus dem Heere erkannt werden kann, ist im gleichen Falle gegen einen Offizier des Beurlaubtenstandes nur Dienstentlassung zuläßig, welche den Verlust des Diensttitels, der Orden und Ehrenzeichen nicht zur Folge hat.

Gegen einen Gefreiten des Beurlaubtenstandes, gegen den gemäß § 42 Abs. 1 MStrGB. die Versetzung i. d. 2. Kl. d. S. von Rechtswegen eingetreten ist, oder der wegen eines der im § 37 Abs. 2 Nr. 2 MStrGB. aufgeführten Delikte verurtheilt worden ist, hat der Bezirkskommandeur die Entfernung von diesem Dienstgrad zu verfügen. KM. v. 1. August 1894. Dasselbe hat zu erfolgen, wenn bei dem Anlaß zu einer gerichtlichen Verurtheilung — abgesehen von den in § 42 Abs. 1 und § 37 Abs. 2 Nr. 2 MStrGB. aufgeführten Fällen — ein Gefreiter des Beurlaubtenstandes einen besonderen Grad von sittlicher Verkommenheit hat erkennen lassen. ACO. v. 4. Januar 1900.

10) Die Urtheilsformel eines auf Grund des § 42 Abs. 2 MStrGB. ergangenen Urtheils muß die Angabe der Strafthat, wegen welcher die Verurtheilung vor dem bürgerlichen Gerichte erfolgt ist und Tag und Ort des dort ergangenen Urtheils enthalten. Es empfiehlt sich folgende Fassung: „Der Angeklagte wird zusätzlich zu der durch Urtheil der Strafkammer des Landgerichts . . . vom . . . wegen . . . verhängten Strafe von . . . mit Degradation bestraft." KM. v. 28. Februar 1902.

Zweiter Abschnitt.[3])

Strafen[1]) gegen Militärbeamte.[2])

§. 43.

Auf Amtsverlust[4]) kann gegen Militärbeamte erkannt werden:

1) neben Freiheitsstrafe[5]) von mehr als einjähriger Dauer;

2) wenn die Verurtheilung wegen einer strafbaren Handlung der in §. 37 Absatz 2 Nr. 2 bezeichneten Art erfolgt.

1) Vgl. über die Bestrafung der von Militärbeamten im Felde verübten militärischen Delikte § 153 MStrGB. Vgl. ferner §§ 4, 5, 145, 154 u. Anl. B MStrGB. Bezüglich der Disziplinarstrafen gegen Militärbeamte vgl. § 32 DStO., §§ 36—43 MDStO. u. §§ 71—76 RBG.

2) Vgl. die Klasseneintheilung der Militärbeamten, Verord. v. 12. August 1901 (RGBl. 283), abgedruckt zu Anlage B z. MStrGB. Die nicht in der Klasseneintheilung aufgeführten Beamten der Militärverwaltung sind Civilbeamte und unterstehen dem bürgerlichen Strafrechte und den bürgerlichen Gerichten.

3) Die gegen Militärbeamte wegen bürgerlicher Delikte zulässigen Ehrenstrafen sieht §§ 31—35 RStrGB. vor. Der Abschnitt 2 MStrGB. bestimmt, in welchen Fällen außer diesen Vorschriften weiterhin die Ehrenstrafe des Amtsverlustes zulässig ist. Bei militärischen Delikten ist Amtsverlust die einzige zulässige militärische Ehrenstrafe.

4) Der Amtsverlust schließt die spätere Wiedererlangung eines Amtes nicht aus und unterscheidet sich hierdurch von der dauernden oder zeitigen Unfähigkeit zur Bekleidung öffentlicher Aemter i. S. des RStrGB.

5) Vorausgesetzt ist, daß Freiheitsstrafe von längerer als einjähriger Dauer, — sei es wegen bürgerlicher, sei es wegen militärischer Delikte — thatsächlich erkannt wird. Als Freiheitsstrafe kann nur Gefängniß oder Festungshaft in Betracht kommen, da die Zuchthausstrafe die dauernde Unfähigkeit zur Bekleidung öffentlicher Aemter nach sich zieht. § 31 RStrGB.

Neben einer Gesammtstrafe ist Amtsverlust nur zulässig, wenn eine Einzelstrafe mehr als 1 Jahr Gefängniß oder Festungshaft beträgt. Vgl. auch § 76 RStrGB. u. RG. I 5. Febr. 1880. R. 1,321.

§. 44.

Der Arrest findet gegen obere[1]) Militärbeamte als Stubenarrest,[2]) [3]) gegen untere Militärbeamte als gelinder Arrest statt.

1) Militärbeamte, die im Offizierrange stehen, sind obere Militärbeamte; vgl. Anl. B z. MStrGB.

2) Bei den oberen Militärbeamten der Marine tritt an Bord in Dienst gestellter Schiffe an Stelle des Stubenarrestes Kammerarrest; § 162 MStrGB. u. Anl. z. AGO. v. 22. Januar 1889 (MVBl. S. 11).

3) Da obere Militärbeamte, abgesehen von den höheren Baubeamten für Schiffbau und Maschinenbau und den Zahlmeistern der Marine (vgl. Note 3 zu § 23 MStrGB.), nicht einen bestimmten, sondern nur den allgemeinen Offizierrang haben, und nicht Personen des Soldatenstandes sind, so ist geschärfter Stubenarrest, § 23 a. E. MStrGB. gegen sie nicht zulässig.

§. 45.

Die Vorschriften der §§. 14 und 15 finden auch auf Militärbeamte Anwendung.

Dritter Abschnitt.

Versuch.[1]

§. 46.

Wenn neben der Strafe des vollendeten Verbrechens[2]) oder Vergehens[2]) militärische Ehrenstrafen (§. 30)[3]) zulässig oder geboten sind, so sind dieselben neben der Versuchsstrafe zulässig.

1) Die Vorschriften der §§ 43, 44, 46 RStrGB.*) über den Versuch finden gemäß § 2 MStrGB. mit den in

---

*) Diese lauten:

§. 43. Wer den Entschluß, ein Verbrechen oder Vergehen zu verüben, durch Handlungen, welche einen Anfang der Ausführung dieses Verbrechens oder Vergehens enthalten, bethätigt hat, ist, wenn das beab-

§§ 46 und 17 Abs. 2 MStrGB. vorgesehenen Aenderungen entsprechende Anwendung. Während neben der Versuchsstrafe für ein bürgerliches Delikt die Ehrenstrafen geboten oder zulässig sind, je nachdem dies für das vollendete Delikt vorgeschrieben ist, sind die militärischen Ehrenstrafen

---

sichtigte Verbrechen oder Vergehen nicht zur Vollendung gekommen ist, wegen Versuches zu bestrafen.

Der Versuch eines Vergehens wird jedoch nur in den Fällen bestraft, in welchen das Gesetz dies ausdrücklich bestimmt.

§. 44. Das versuchte Verbrechen oder Vergehen ist milder zu bestrafen, als das vollendete.

Ist das vollendete Verbrechen mit dem Tode oder mit lebenslänglichem Zuchthaus bedroht, so tritt Zuchthausstrafe nicht unter drei Jahren ein, neben welcher auf Zulässigkeit von Polizeiaufsicht erkannt werden kann.

Ist das vollendete Verbrechen mit lebenslänglicher Festungshaft bedroht, so tritt Festungshaft nicht unter drei Jahren ein.

In den übrigen Fällen kann die Strafe bis auf ein Viertheil des Mindestbetrages der auf das vollendete Verbrechen oder Vergehen angedrohten Freiheits- und Geldstrafe ermäßigt werden. Ist hiernach Zuchthausstrafe unter Einem Jahre verwirkt, so ist dieselbe nach Maßgabe des §. 21 in Gefängniß zu verwandeln.

§. 46. Der Versuch als solcher bleibt straflos, wenn der Thäter

1) die Ausführung der beabsichtigten Handlung aufgegeben hat, ohne daß er an dieser Ausführung durch Umstände gehindert worden ist, welche von seinem Willen unabhängig waren, oder
2) zu einer Zeit, zu welcher die Handlung noch nicht entdeckt war, den Eintritt des zur Vollendung des Verbrechens oder Vergehens gehörigen Erfolges durch eigene Thätigkeit abgewendet hat.

beim Versuch stets nur zulässig, mögen sie bei der vollendeten Strafthat geboten oder zulässig sein.

Gemäß § 43 Abs. 2 RStrGB. ist der Versuch eines militärischen Vergehens nur in den Fällen der §§ 70, 78, 81, 117 MStrGB., sowie in Verbindung mit §§ 303 Abs. 2, 246 Abs. 2, 246 Abs. 2 RStrGB. in den Fällen des §§ 137 und 138 MStrGB. strafbar. RMGer. PE. II Nr. 165 d. Der Versuch eines mit lebenslänglicher Gefängnißstrafe bedrohten militärischen Verbrechens (§§ 95 Abs. 2, 97 Abs. 3, 100 Abs. 2, 141 Abs. 2 MStrGB.) ist analog der Bestimmung des § 44 Abs. 3 RStrGB. zu bestrafen.

Bei alternativer Strafandrohung (z. B. Zuchthaus, oder Gefängniß oder Festungshaft) ist zunächst die Strafart, die Anwendung finden soll, zu ermitteln und nach dieser Strafart der Strafrahmen des Versuchs, innerhalb dessen die zu erkennende Strafe liegt, festzustellen. Ist die Strafandrohung bei gleicher Strafart alternativ (z. B. zeitiges Zuchthaus oder lebenslängliches Zuchthaus, zeitige Freiheitsstrafe oder lebenslängliche Freiheitsstrafe), so hat der Richter die Wahl zwischen dem nach § 44 Abs. 2 und 3 RStrGB. und dem nach § 44 Abs. 4 cit. gegebenen Strafrahmen RG. III 24. Nov. 1887. E. 16,40. Bei Annahme eines minder schweren Falls ist der für diesen Fall für das vollendete Delikt im Gesetz gegebene Strafrahmen maßgebend für die Bemessung der Versuchsstrafe gemäß § 44 Abs. 2—4 RStrGB., Erk. d. Obertrib. v. 17. Sept. 1873, Rechtspr. des Obertrib. XIV, 538. Ebenso bildet, wenn das Gesetz eine erhöhte Freiheitsstrafe androht, der durch die Erhöhung nach § 53 MStrGB. gegebene Strafrahmen die Grundlage für die Bemessung der Strafe des Versuchs nach den Grundsätzen des § 44 Abs. 2—4 RStrGB. Ist das vollendete militärische Delikt mit Gefängniß oder Festungshaft ohne Festsetzung eines Strafminimums bedroht, und ist die Strafe für den Versuch unter 6 Wochen zu ermäßigen, so besteht, da der Arrest der Ausläufer der Gefängniß- und Festungshaftstrafe ist, die Versuchsstrafe in Arrest und nicht in Festungshaft oder Gefängniß; es kann in diesem Falle auf jede nach § 22 MStrGB. gegen den Thäter zulässige Arrestart erkannt werden. Die Frage ist für die Beihülfe, deren Strafe nach den für die Bestrafung des Versuchs aufgestellten Grundsätzen sich richtet, wichtig; § 49 RStrGB.

Die in §§ 58 Nr. 8, 96, 102, 106, 116, 117 MStrGB. („Wer es unternimmt" . . . „sucht." . . .) bedrohten Delikte sind Versuchshandlungen, die zu selbstständigen strafbaren Handlungen durch das Gesetz erhoben sind; auf dieselben finden die Grundsätze über die Strafe des Versuchs und über den Rücktritt vom Versuch (46 RStrGB.) keine Anwendung.

2) Es kommen sowohl bürgerliche wie militärische Delikte in Betracht.

3) Auf die von Rechtswegen eintretenden militärischen Ehrenstrafen (§ 42 Abs. 1 MStrGB.) bezieht sich § 46 MStrGB. nicht.

Vierter Abschnitt.

Theilnahme.[1])

§. 47.

Wird durch die Ausführung eines Befehls in Dienstsachen[2]) ein Strafgesetz[3]) verletzt,[4]) so ist dafür[5]) der befehlende[6]) Vorgesetzte[7]) allein[8]) verantwortlich. Es trifft jedoch den gehorchenden Untergebenen die Strafe des Theilnehmers:[9])

1)[10]) wenn er den ihm ertheilten Befehl überschritten hat, oder

2)[11]) wenn ihm bekannt[11]) gewesen, daß der Befehl des Vorgesetzten eine Handlung bedarf, welche ein bürgerliches oder militärisches Verbrechen oder Vergehen[12]) bezweckte.[13]) [14])

1) Auf die Theilnahme (Mitthäterschaft, Anstiftung, Beihülfe) an militärischen Delikten finden die Vorschriften der §§ 47—49, 50 RStrGB.*) mit den in §§ 47, 17 MStrGB. gegebenen Abweichungen Anwendung; § 2 MStrGB.

Ist bei der Berechnung der Strafe des Gehülfen nach den Grundsätzen des § 49 Abs. 2 RStrGB. Zuchthausstrafe

---

*) Die Vorschriften lauten:

§. 47. Wenn Mehrere eine strafbare Handlung gemeinschaftlich ausführen, so wird Jeder als Thäter bestraft.

§. 48. Als Anstifter wird bestraft, wer einen Anderen zu der von demselben begangenen strafbaren Handlung durch Geschenke oder Versprechen, durch Drohung, durch Mißbrauch des Ansehens oder der Gewalt, durch absichtliche Herbeiführung oder Beförderung eines Irrthums oder durch andere Mittel vorsätzlich bestimmt hat.

Die Strafe des Anstifters ist nach demjenigen Gesetze festzusetzen, welches auf die Handlung Anwendung findet, zu welcher er wissentlich angestiftet hat.

§. 49. Als Gehülfe wird bestraft, wer dem Thäter zur Begehung des Verbrechens oder Vergehens durch Rath oder That wissentlich Hülfe geleistet hat.

Die Strafe des Gehülfen ist nach demjenigen Gesetze festzusetzen, welches auf die Handlung Anwendung findet, zu welcher er wissentlich Hülfe geleistet hat, jedoch nach den über die Bestrafung des Versuches aufgestellten Grundsätzen zu ermäßigen.

§. 50. Wenn das Gesetz die Strafbarkeit einer Handlung nach den persönlichen Eigenschaften oder Verhältnissen desjenigen, welcher dieselbe begangen hat, erhöht oder vermindert, so sind diese besonderen Thatumstände dem Thäter oder demjenigen Theilnehmer (Mitthäter, Anstifter, Gehülfe) zuzurechnen, bei welchem sie vorliegen.

unter einem Jahre verwirkt, so tritt bei der Beihülfe zu einem militärischen Verbrechen Gefängniß von gleicher Dauer ein, § 17 MStrGB., während bei der Beihülfe zu einem bürgerlichen Verbrechen die Zuchthausstrafe unter einem Jahre nach Maßgabe des § 21 RStrGB. (im Verhältniß von 2 : 3) in Gefängniß umzuwandeln ist; § 44 Abs. 4 RStrGB. Begünstigung und Hehlerei (§§ 257—262 RStrGB.) zu militärischen Delikten fallen nicht unter die Theilnahme; sie sind als selbständige bürgerliche Delikte strafbar.

Zu den im § 50 RStrGB. in Bezug genommenen persönlichen Eigenschaften und Verhältnissen des Thäters, welche die Strafbarkeit einer Handlung erhöhen oder vermindern, gehört der Rückfall, die (Ideal-, Real-)Konkurrenz, die Verübung der That „im Dienst", „unter dem Gewehr", „vor versammelter Mannschaft", „unter Mißbrauch der Dienstgewalt", das Vorliegen „eines minder schweren Falles" und andere Umstände, wie sie u. A. in den §§ 55, 95, 97, 138, 122, 123 u. s. w. MStrGB. aufgeführt sind. Strafmindernde Umstände finden sich ferner in den §§ 98, 75, 88 RStrGB.

Der § 50 RStrGB. ist nicht anwendbar auf Handlungen, deren Strafbarkeit durch das Vorliegen einer persönlichen Eigenschaft oder eines Verhältnisses des Thäters überhaupt erst begründet wird, z. B. Beihülfe zu § 141 MStrGB. oder Theilnahme von Untergebenen an Handlungen, welche nur von Vorgesetzten begangen werden können.

Bezüglich der Theilnahme von Nichtmilitärpersonen an militärischen Delikten vgl. Note 1 § 4 MStrGB.

2) In Uebereinstimmung mit der Erläuterung zu den Motiven zu § 47 MStrGB. (§ 58 des Entw.) ist unter Dienstbefehl jeder Befehl eines militärischen Vorgesetzten, unter Befehl in Dienstsachen der Befehl eines dienstlich Vorgesetzten, welcher eine Dienstangelegenheit betrifft, zu verstehen. Vgl. auch RMGer. I 28. Nov. 1901. E. 2,74.

Jeder von einem Vorgesetzten berechtigtermaßen, wenn auch nur mit Rücksicht auf die allgemeinen Dienstverhältnisse des Untergebenen, ertheilte Befehl ist als Befehl eines „dienstlich" Vorgesetzten — Befehl in Dienstsachen — anzusehen. RMGer. I 25. April 1901. E. 1,105. Eine Dienstangelegenheit betrifft ein solcher Befehl, wenn er — sei es durch spezielle Anordnung für den einzelnen Fall, sei es durch eine allgemeine Anordnung (Dienstvorschrift), für alle in ihr vorgeschriebenen Fälle — die Ausführung oder Unterlassung einer bestimmten Diensthandlung bezweckt. RG. II 8. Nov. 1872. E. 27,406. RMGer. I 28. Nov. 1901, E. 2,70.

Belehrungen in der Instruktionsstunde ergänzen die Dienstvorschrift und letztere stellt sich dem Untergebenen als Befehl in Dienstsachen in der Auslegung dar, welche ihr in der Instruktionsstunde gegeben ist. RMGer. II 29. März 1902. E. 2,244.

Wird durch die Ausführung eines Dienstbefehls — Befehls in Privatsachen — ein Strafgesetz verletzt, so finden lediglich die Vorschriften des RStrGB. Anwendung. (Der Untergebene ist Thäter, der befehlende Vorgesetzte Anstifter bezw. Thäter. Vgl. auch § 115 MStrGB.)

Im Sinne des § 47 MStrGB. kommen nur Befehle in Dienstsachen in Betracht.

Der Befehl soll klar, kurz, bestimmt sein, er kann mündlich, schriftlich oder durch Zeichen gegeben werden. Wesentlich ist nur, daß die Willensäußerung des Vorgesetzten „als Befehl" für den Untergebenen klar ersichtlich ist. RMGer. I 15. Mai 1901 Nr. 49 (nicht publizirt). Unter dieser Voraussetzung ist die befehlende Form nicht von ausschlaggebender Bedeutung. Vgl. auch Note 4 zu § 92 MStrGB.

3) Der Ausdruck „Strafgesetz" umfaßt das gesammte Reichs- und Landesstrafrecht, einschl. der Uebertretungen. Auf Verletzungen der Strafgesetze, welche durch den Kriegszweck geboten sind, bezieht sich § 47 MStrGB. nicht.

4) Auch die fahrlässige Verletzung eines Strafgesetzes gehört hierher.

5) D. h. für die durch die dem Befehle entsprechende Handlung eintretende Verletzung des Strafgesetzes, nicht nur für die Ertheilung des Befehls.

6) Es soll heißen „der Vorgesetzte, welcher den Befehl ertheilt hat".

7) Der Begriff „Vorgesetzter" im militärischen Sinne erfordert die Befugniß, für den gegebenen Fall Befehle zu ertheilen. Die Frage, wer Vorgesetzter eines Andern ist, ist im Einzelnen Sache der thatsächlichen Feststellung nach Maßgabe der Heeresverfassung und der auf derselben beruhenden Dienstordnungen. Vgl. auch die Klasseneintheilung der Militärpersonen Anlage A zu MStrGB. RMGer. I 25. Juni 1901, E. 1,200. Insbesondere ist die Frage, ob und in welchem Umfange Gefreite als Vorgesetzte gegenüber Gemeinen anzusehen sind, nach den thatsächlichen Verhältnissen, nach Maßgabe der Dienstordnung bezw. des hierüber ergangenen, gehörig bekannt gemachten Befehls zu beurtheilen. RMGer. PE. II Nr. 161.

Der einjährig-freiwillige Arzt, der Unterarzt stehen im Range der Portepee-Unteroffiziere, sie treten, sobald sie in unmittelbare dienstliche Beziehung zu Unteroffizieren und Soldaten gesetzt werden, zu den vorbenannten Militärpersonen in ein Vorgesetztenverhältniß. RMGer. II 25. Juni 1901. E. 1,200.

Die als Stubenältesten fungirenden Gemeinen sind nur den Stubengenossen gleichen Ranges gegenüber Vorgesetzte und haben nur in Bezug auf die Stubenordnung die Befugnisse eines Vorgesetzten. AE. v. 11. Juni 1874 (AVBl. 120). Unter Stubengenossen sind nicht alle Leute zu verstehen, welche sich zufällig auf der Stube aufhalten, sondern nur diejenigen, welche in derselben einquartirt sind.

Die Klassifikation der Militärpersonen v. 17. Juli 1862 und die Instruktion über das dienstliche und außerdienstliche Verhältniß des Landheeres und der Marine

v. 30. Oktober 1865 (§ 13) bestimmen das Vorgesetztenverhältniß ohne jede Rücksicht auf dienstliche, außerdienstliche oder gesellschaftliche Zustände. Danach befindet sich in jeder Lage ein Offizier der höheren Hauptklasse in dem Verhältnisse eines militärischen Vorgesetzten zu allen Offizieren einer nachstehenden Hauptklasse und zwar im Dienst, wie außer Dienst. RMGer. II 25. Mai 1901 Nr. 50 (nicht publizirt).

8) Der Untergebene bleibt straflos. Es wird rechtlich fingirt, daß der Vorgesetzte die Handlung selbst begangen habe. RMGer. I 22. Mai 1901. E. 1,146. Bezüglich der Strafbarkeit des Vorgesetzten vgl. auch § 115 MStrGB.

9) Die in Satz 2 Nr. 1 und 2 § 47 MStrGB. aufgestellten Ausnahmen von der Regel des Satz 1 sind nur scheinbare. Ueberschreitet der Untergebene den ihm ertheilten Befehl, so bringt er insoweit seinen eigenen Willen zur Ausführung und wird hierfür strafrechtlich verantwortlich. War ferner dem Untergebenen bekannt, daß der Befehl die Verübung einer Strafthat bezweckt, so verliert zwar dadurch — nach einer Entscheidung des III. Senats des RMGer. v. 20. März 1901. E. 1,61 — für ihn der Befehl nicht den Charakter eines Befehls in Dienstsachen, der Untergebene ist aber zur Ausführung eines solchen Befehls nicht verpflichtet, sein Ungehorsam ist straflos und er handelt unter eigener Verantwortung, wenn er den Befehl ausführt. Zu dem gleichen Resultate gelangt man, wenn man einem verbrecherische Ziele verfolgenden Befehle den Charakter eines Befehls in Dienstsachen abspricht. Falls der Untergebene die gesammten Thatbestandsmerkmale in subjektiver und objektiver Hinsicht erfüllt, trifft ihn die Strafe des Thäters. RMGer. III 20. März 1901. E. 1,61.

10) Es scheidet der Fall aus, daß erst durch die Ueberschreitung des an sich rechtmäßigen Befehls ein Strafgesetz verletzt wird; hier trifft den Untergebenen selbstverständlich die strafrechtliche Verantwortung allein. In Betracht kommt nur der Fall, daß der gegebene Befehl an sich die

Verletzung eines Strafgesetzes zum Inhalte hatte; war dem Untergebenen der unrechtmäßige Zweck des Befehls bekannt und begeht er durch Ueberschreitung des Befehls das bezweckte Delikt unter straferschwerenden Umständen, so ist hinsichtlich der ganzen Handlung der Untergebene als Thäter und der Vorgesetzte hinsichtlich des Theils der Handlung, auf die sich der Befehl bezog, als Anstifter zu bestrafen. War dem Untergebenen der unrechtmäßige Zweck des Befehls nicht bekannt, so ist der Vorgesetzte für die durch seinen Befehl gedeckte Handlung als Thäter und der Untergebene für die Handlung, welche er in Ueberschreitung des Befehls, also aus eigenem Willen verübte, als Thäter zu bestrafen; soweit seine Handlung durch den Befehl gedeckt war, ist er nach Satz 1 § 17 MStrGB. straflos.

11) Der Untergebene ist als Thäter, der Vorgesetzte als Anstifter zu bestrafen. Vorausgesetzt ist jedoch, daß der gehorchende Untergebene die gesammten Thatbestandsmerkmale der betreffenden Strafthat in subjektiver und objektiver Beziehung erfüllt. RMGer. III 20. März 1901. E. 1,61. Der gute Glaube, der Irrthum über die Thatsache, daß es sich um einen unrechtmäßigen Befehl in Dienstsachen handele, schließt die Strafbarkeit des Untergebenen aus; der Untergebene erscheint dann lediglich als unfreies Werkzeug in der Hand des Vorgesetzten, er bleibt straflos und der Vorgesetzte ist allein als Thäter strafrechtlich verantwortlich. Satz 1 § 47 MStrGB. Vgl. RMGer. I 22. Mai 1901. E. 1,146.

12) Ohne Belang ist es, ob das Verbrechen und Vergehen ein bürgerliches oder militärisches ist. Vorausgesetzt wird nur, daß die Untergebenen die klare Erkenntniß der Strafbarkeit der ihnen befohlenen Handlung haben; nicht erfordert wird, daß der Untergebene wissen müsse, wie das Gesetz die Handlung qualifizirt, ob als Verbrechen oder Vergehen. Auf Uebertretungen bezieht sich die Nr. 2 des Satz 2 § 47 MStrGB. überhaupt nicht. Für diese ist der Vorgesetzte stets allein verantwortlich, falls sie in

Folge eines Befehls in Dienstsachen begangen sind. Während der nicht gehorchende Untergebene straflos ist, wenn der Befehl des Vorgesetzten in Dienstsachen die Verübung eines bürgerlichen oder militärischen Verbrechens oder Vergehens bezweckt, ist anderseits der Ungehorsam des Untergebenen gegen einen eine Uebertretung bezweckenden Befehl in Dienstsachen nach § 92 MStrGB. strafbar.

13) Den Vorgesetzten trifft stets die erhöhte Strafe (§§ 53, 115 MStrGB.), mag er als Thäter oder Anstifter in Betracht kommen.

14) § 47 MStrGB. trifft nicht den Fall, daß der Vorgesetzte und der gehorchende Untergebene — ohne vorausgegangenen, den Untergebenen bestimmenden Befehl des Vorgesetzten — gemeinsam, sei es gemeinschaftlich als Mitthäter, oder im Verhältniß von Thäter und Gehülfen die That ausführen.

Fünfter Abschnitt.

Gründe, welche die Strafe ausschließen, mildern oder erhöhen.[1]

1) Die im IV. Abschnitt des RStrGB. aufgeführten Strafausschließungs- und Strafmilderungsgründe sowie die Vorschriften der §§ 73—79 RStrGB. finden auf das Militärstrafrecht Anwendung, soweit nicht durch den V. Abschnitt MStrGB. Ausnahmen festgesetzt sind. Die Bestimmungen der §§ 51, 59, 60, 66, 67, 68 (erweitert durch § 10 EG., vgl. Note 6 zu § 52 MStrGB.), 69 (vgl. auch § 316 Abs. 2 MStrGO.), 70, 71, 72, 73, 74 Abs. 1, 2, 3 bis auf den Schlußsatz (welcher bei dem abweichenden Strafsystem des MStrGB. nur zum Theil anwendbar ist) §§ 76, 77, 78, 79 RStrGB. finden auf das Militärstrafrecht unverändert Anwendung. Durch den Vorbehalt des § 149 MStrGB. ist für die ideale Konkurrenz des Vergehens gegen § 149 cit. mit anderen Delikten das

Prinzip des § 73 RStrGB. gemäß § 10 RStrGB. außer Geltung gesetzt. RMGer. I 12. Juli 1901. E. 1, 216 und III 9. Okt. 1901. E. 2, 24. Vgl. Note 7 zu § 149 MStrGB. Die §§ 52, 54 RStrGB. sind durch § 49 Abs. 1 MStrGB. modifizirt. Die Vorschrift des § 50 MStrGB. schließt bei militärischen Delikten die Bestimmungen der §§ 55—57 RStrGB. aus.

§. 48.

Die Strafbarkeit einer Handlung oder Unterlassung ist dadurch nicht ausgeschlossen, daß der Thäter nach seinem Gewissen oder den Vorschriften seiner Religion sein Verhalten für geboten erachtet hat.

§. 49.[1])

Die Verletzung einer Dienstpflicht[2]) aus Furcht vor persönlicher Gefahr ist ebenso zu bestrafen, wie die Verletzung[3]) der Dienstpflicht aus Vorsatz.

Bei strafbaren Handlungen gegen die Pflichten der militärischen Unterordnung,[4]) sowie bei allen in Ausübung des Dienstes[5]) begangenen strafbaren Handlungen[6]) bildet die selbstverschuldete Trunkenheit des Thäters[8]) keinen Strafmilderungsgrund.[9])

1) Abs. 1 des § 49 MStrGB. enthält eine Ausnahme von den in §§ 51, 52, 54 RStrGB. über Zurechnungsfähigkeit, Nöthigung durch Gewalt oder Drohung und den Nothstand gegebenen Vorschriften.

2) Unter „Dienstpflicht“ fallen alle Pflichten des Militärdienstes, d. h. Handlungen und Unterlassungen zum Zwecke der Erfüllung militärischer Aufgaben, mögen sie auf Befehlen, Anordnungen, Dienstvorschriften, Instruktionen beruhen. Die militärische Dienstpflicht kann ihre Quelle auch in einem militärdienstlichen Grundsatze haben. So

verletzt z. B. ein Vorgesetzter seine Dienstpflicht, wenn er einen gegen ihn thätlich gewordenen Untergebenen nicht zur Bestrafung bringt. Ferner hat jeder Vorgesetzte, welcher gegen einen renitenten Untergebenen eingeschritten ist, die Dienstpflicht, seinen Forderungen und Befehlen mit allem Nachdruck Geltung zu verschaffen; es folgt diese Pflicht aus dem militärdienstlichen Grundsatze, daß der Vorgesetzte für die Aufrechterhaltung der Disziplin Sorge zu tragen hat. RMGer. II 12. Febr. 1901. E. 1, 30. I 19. Dez. 1901. E. 2, 101. Militärischer Dienst ist jede innerhalb der Berufssphäre einer Militärperson gemäß militärischer Vorschrift oder gemäß besonderen auf solcher Vorschrift beruhenden Befehls auszuführende Verrichtung. Vgl. auch Note 3 zu § 12 MStrGB.

3) Erfordert wird stets eine Verletzung der Dienstpflicht; wer alle Dienstpflichten erfüllt, um die Gefahr abzuwenden, dessenungeachtet unwiderstehlichem physischen Zwange weichen muß, ist nicht strafbar.

4) Vgl. §§ 89—113 MStrGB. Ob die Handlungen im Dienste oder außer Dienst begangen sind, ist unerheblich.

5) Der Thäter muß sich nicht nur in einem speziellen Dienstverhältniß, sondern in Ausführung der durch jenes Dienstverhältniß ihm auferlegten Dienstverrichtung befinden. Ein Soldat auf Wache z. B. befindet sich im Dienst, ein Wachposten in Ausübung des Dienstes. Vgl. auch Note 1(zu § 55 MStrGB.

6) In Betracht kommen nicht nur die militärischen sondern auch die bürgerlichen Delikte.

7) Selbstverschuldet ist nicht gleichbedeutend mit „vorsätzlich". Selbstverschuldet ist auch die Trunkenheit, die durch Umstände verursacht wurde, deren Folgen der Thäter beurtheilen konnte und mußte.

8) Dasselbe gilt von der Trunkenheit des Theilnehmers.

9) Selbstverschuldete Trunkenheit kann nicht zur Begründung eines „minder schweren Falles" oder „mildernder Umstände" oder „eines besonderen leichten Falles" (vgl.

§ 57 Nr. 4 RStrGB.), wohl aber innerhalb des ordentlichen Strafrahmens, als Strafzumessungsgrund (erhöhend oder mindernd) berücksichtigt werden. RMGer. PE. II Nr. 146.

Die Vorschrift des § 49 Abs. 2 MStrGB. bleibt bei allen militärischen Delikten, bei denen in der selbstverschuldeten Trunkenheit als solcher die strafbare Handlung besteht, sowie bei denen durch die Trunkenheit eine besondere militärische Dienstpflicht verletzt wird, außer Betracht (§§ 141, 151 MStrGB.).

Durch Abs. 2 § 49 MStrGB. wird der Strafausschließungsgrund des § 51 MStrGB., falls die Trunkenheit einen Zustand von Bewußtlosigkeit herbeiführt, nicht ausgeschlossen. Ob ein solcher Zustand vorliegt ist Thatfrage. RMGer. II 14. Dezember 1901. E. 2, 92; die Zurechnungsfähigkeit gehört zu den subjektiven Thatbestandsmerkmalen. RMGer. II 22. März 1902. E. 2, 232. Beschließt ein Zurechnungsfähiger den Zustand der Trunkenheit absichtlich herbeizuführen, um durch Begehung oder Unterlassung eine strafbare Handlung zu verüben, so ist die That trotz einer bei dem Thäter herrschenden sinnlosen Trunkenheit eine vorsätzliche und dem Thäter zuzurechnen. RG. II 8. März 1892. E. 22, 413 und Olsh. Note 11a zu § 51 RStrGB.

§. 50.

Bei Bestrafung militärischer Verbrechen oder Vergehen[1]) ist die Erkennung der angedrohten Strafe[2]) unabhängig von dem Alter des Thäters.[3])

1) § 50 MStrGB. enthält bezüglich der militärischen Delikte eine Ausnahme der §§ 56, 57 RStrGB.; militärische Delikte können erst nach dem 17. Lebensjahre begangen werden; WG. § 10, WO. § 24 Nr. 1. Bei bürgerlichen Delikten finden auch gegen Personen des Soldatenstandes §§ 56, 57 RStrGB. Anwendung. Ferner gilt § 50 MStrGB. auch für Civilpersonen jugendlichen

Alters, welche gemäß Theil 2, Titel 3 MStrGB. den Militärgesetzen in Kriegszeiten unterworfen sind.

2) Auch der Ehrenstrafen.

3) Das gleiche gilt für den Anstifter und Gehülfen.

§. 51.

Die Verfolgung eines militärischen Verbrechens oder Vergehens [1]) ist unabhängig von dem Antrage des Verletzten oder einer anderen zum Antrage berechtigten Person.[2]) [3])

1) Die Bestimmung des § 51 MStrGB. greift auch bei den sog. militärisch qualifizirten Delikten (z. B. Kameradendiebstahl, Mißhandlung Untergebener, Beleidigung Untergebener, Beleidigung Vorgesetzter) Platz.

Ueber die Strafverfolgung ohne Antrag von gemeinstrafrechtlichen Antragsdelikten, wenn sie im Felde begangen werden, vgl. § 127 MStrGB.

Bei gemeinstrafrechtlichen Antragsdelikten ist auch im Falle des § 55 MStrGB. Strafantrag Voraussetzung der Strafverfolgung, § 51 MStrGB. ist nicht anwendbar.

Die gegen Kameraden oder Vorgesetzte verübte Entwendung von Nahrungs- oder Genußmitteln (§ 370 Nr. 5 RStrGB.) bleibt eine Uebertretung des bürgerlichen Strafrechts und ist nur auf Antrag zu verfolgen. Disziplinarbestrafung ist ohne Antrag des Verletzten zulässig.

Ein Gendarm, welcher in oder bei Gelegenheit der Ausübung eines Dienstes sich der Beleidigung einer Civilperson schuldig macht, ist nicht aus §§ 185ff. RStrGB., sondern aus § 121 MStrGB. — also auch ohne Vorhandensein eines Strafantrages — zu bestrafen. RMGer. I 10. Februar 1902. E. 2,193.

2) Die Strafverfolgung von Beleidigungen, Mißhandlungen Vorgesetzter oder Untergebener im Wege der Privatklage kennt die MStrGO. nicht.

3) Fällt in der Hauptverhandlung die militärische Quali-

fikation eines gemeinstrafrechtlichen Antragsdelikts fort und ist Strafantrag nicht gestellt, so ist die Einstellung des Verfahrens durch Urtheil auszusprechen; § 314 MStrGO.

§. 52.[1])

Bei Berechnung der Verjährungsfrist[2]) einer Strafverfolgung oder Strafvollstreckung ist der Arrest[3]) der Haft gleich zu achten.[4]) [5]) [6])

1) Die Vorschriften über die Verjährung der Strafverfolgung und Strafvollstreckung §§ 66—72 RStrGB.*)

---

*) §. 66. Durch Verjährung wird die Strafverfolgung und die Strafvollstreckung ausgeschlossen.

§. 67. Die Strafverfolgung von Verbrechen verjährt,
wenn sie mit dem Tode oder mit lebenslänglichem Zuchthaus bedroht sind, in zwanzig Jahren;
wenn sie im Höchstbetrage mit einer Freiheitsstrafe von einer längeren als zehnjährigen Dauer bedroht sind, in funfzehn Jahren;
wenn sie mit einer geringeren Freiheitsstrafe bedroht sind, in zehn Jahren.

Die Strafverfolgung von Vergehen, die im Höchstbetrage mit einer längeren als dreimonatlichen Gefängnißstrafe bedroht sind, verjährt in fünf Jahren, von anderen Vergehen in drei Jahren.

Die Strafverfolgung von Uebertretungen verjährt in drei Monaten.

Die Verjährung beginnt mit dem Tage, an welchem die Handlung begangen ist, ohne Rücksicht auf den Zeitpunkt des eingetretenen Erfolges.

§. 68. Jede Handlung des Richters, welche wegen der begangenen That gegen den Thäter gerichtet ist, unterbricht die Verjährung.

Die Unterbrechung findet nur rücksichtlich desjenigen statt, auf welchen die Handlung sich bezieht.

gelten für das MStrGB., soweit nicht besondere Ausnahmen vorgesehen sind. Eine solche Ausnahme enthält § 76 MStrGB.; die Verjährung der Fahnenflucht beginnt nicht mit dem Tage der Begehung, sondern mit dem 1. April des Jahres, in welchem der Thäter 39 Jahr alt wird. Vgl. auch WO. § 5.

Durch die Vorschrift des § 52 MStrGB. hat das bezüglich der Verjährung der Strafverfolgung und Strafvollstreckung in §§ 67, 70 RStrGB. aufgestellte Prinzip nicht durchbrochen werden sollen. Die Strafverfolgung von militärischen Vergehen, welche nur mit Arrest bedroht sind,

---

Nach der Unterbrechung beginnt eine neue Verjährung.

§. 69. Die Verjährung ruht während der Zeit, in welcher auf Grund gesetzlicher Vorschrift die Strafverfolgung nicht begonnen oder nicht fortgesetzt werden kann. Ist der Beginn oder die Fortsetzung eines Strafverfahrens von einer Vorfrage abhängig, deren Entscheidung in einem anderen Verfahren erfolgen muß, so ruht die Verjährung bis zu dessen Beendigung.

Ist zur Strafverfolgung ein Antrag oder eine Ermächtigung nach dem Strafgesetz erforderlich, so wird der Lauf der Verjährung durch den Mangel des Antrages oder der Ermächtigung nicht gehindert.

§. 70. Die Vollstreckung rechtskräftig erkannter Strafen verjährt, wenn

1) auf Tod oder auf lebenslängliches Zuchthaus oder auf lebenslängliche Festungshaft erkannt ist, in dreißig Jahren;
2) auf Zuchthaus oder Festungshaft von mehr als zehn Jahren erkannt ist, in zwanzig Jahren;
3) auf Zuchthaus bis zu zehn Jahren oder auf Festungshaft von fünf bis zu zehn Jahren oder Gefängniß von mehr als fünf Jahren erkannt ist, in funfzehn Jahren;

verjährt daher nach § 67 Abs. 2 RStrGB. in drei Jahren, RMGer. PE. II Nr. 147, die Strafvollstreckung dieser Vergehen nach § 70 Nr. 6 RStrGB. in zwei Jahren.

Die Strafverfolgung militärischer Verbrechen, bei welchen lebenslängliche Festungshaft oder Gefängnißstrafe angedroht ist, verjährt, da in § 70 Nr. 1 RStrGB. lebenslängliche Festungshaft mit lebenslänglichem Zuchthaus gleichgewerthet ist, bei dem Mangel einer Vorschrift in sinngemäßer Anwendung des § 67 Abs. 1 RStrGB. in 20 Jahren, die Strafvollstreckung einer in dieser Höhe erkannten Strafe in sinngemäßer Anwendung des § 70 Nr. 1 RStrGB. in 30 Jahren.

Ob militärische Vergehen gerichtlich oder disziplinarisch geahndet werden, ist für die Frage der Verjährung ohne Belang.

---

4) auf Festungshaft oder Gefängniß von zwei bis zu fünf Jahren oder auf Geldstrafe von mehr als sechstausend Mark erkannt ist, in zehn Jahren;

5) auf Festungshaft oder Gefängniß bis zu zwei Jahren oder auf Geldstrafe von mehr als einhundertfunfzig bis zu sechstausend Mark erkannt ist, in fünf Jahren;

6) auf Haft oder auf Geldstrafe bis zu einhundertfunfzig Mark erkannt ist, in zwei Jahren.

Die Verjährung beginnt mit dem Tage, an welchem das Urtheil rechtskräftig geworden ist.

§. 71. Die Vollstreckung einer wegen derselben Handlung neben einer Freiheitsstrafe erkannten Geldstrafe verjährt nicht früher, als die Vollstreckung der Freiheitsstrafe.

§. 72. Jede auf Vollstreckung der Strafe gerichtete Handlung derjenigen Behörde, welcher die Vollstreckung obliegt, sowie die zum Zwecke der Vollstreckung erfolgende Festnahme des Verurtheilten unterbricht die Verjährung.

Nach der Unterbrechung der Vollstreckung der Strafe beginnt eine neue Verjährung.

2) In den Fällen des § 55 MStrGB. kommt für die Berechnung der Verjährungsfrist der in § 53 MStrGB. angedrohte Strafrahmen in Betracht.

3) Jede der Strafarten des Arrestes steht der Haft gleich.

4) Im Ermittelungsverfahren steht die Entscheidung über die Frage der Verjährung der Strafverfolgung einer Strafthat zunächst dem Gerichtsherrn zu; dem Verletzten steht gegen den die Strafverfolgung ablehnenden Bescheid die Rechtsbeschwerde an den höheren Gerichtsherrn und gegen dessen Ablehnung der Antrag auf gerichtliche Entscheidung an das RMGer. zu; §§ 247, 248 MStrGO. In der Hauptverhandlung entscheidet über die Frage das Gericht.

5) Der Verjährung der Strafvollstreckung unterliegen nur die Hauptstrafen, nicht die Neben(Ehren-)strafen, weil deren Wirkungen von Rechtswegen eintreten.

6) Einer richterlichen Handlung im Sinne des § 68 des RStrGB. steht gleich jede Handlung, welche von dem Gerichtsherrn, dem untersuchungsführenden oder dem die Anklage vertretenden Gerichtsoffizier, Kriegsgerichtsrath oder Oberkriegsgerichtsrath, sowie in den Fällen des § 3 des EG. z. MStrGB. vom Disziplinarvorgesetzten wegen der begangenen That gegen den Thäter gerichtet wird. § 10 EG.

§. 53.

Wo dieses Gesetz[1]) eine erhöhte[2]) Freiheitsstrafe[3]) androht, kann dieselbe das Doppelte der für das betreffende Verbrechen oder Vergehen[4]) angedrohten[5]) Freiheitsstrafe erreichen;[6]) sie darf jedoch den gesetzlich zulässigen Höchstbetrag[7]) der zu verhängenden Strafart[8]) nicht übersteigen (§§. 16, 17, 24).[9])

1) Die Straferhöhung kommt bei militärischen wie

bürgerlichen Verbrechen und Vergehen (auch fahrlässigen) in Betracht, nicht aber bei Uebertretungen. RMGer. II 19. Sept. 1901. E. 1,290.

2) Erhöhte Freiheitsstrafe ist angedroht in §§ 55 Nr. 1—3, 103 Abs. 2, 115, 136 MStrGB. Zu unterscheiden von der Straferhöhung des § 53 MStrGB. sind die Fälle, in denen es sich um eine Erhöhung der verwirkten Strafe handelt; §§ 72, 81 Abs. 2, 103 Abs. 1 MStrGB.

Wo auf erhöhte Strafe zu erkennen ist, darf nicht auf den Mindestbetrag der als ordentliche Strafe für das Delikt angedrohten Freiheitsstrafe erkannt werden; bei Gefängniß, Festungshaft, Arrest muß dieser Mindestbetrag wenigstens um einen Tag (Gefängniß, Festungshaft oder gleichartiger Arrest), bei Zuchthaus um einen Monat überschritten werden. Die gleichen Grundsätze, wie bei dem vollendeten Verbrechen und Vergehen gelten auch für den beim Versuch gemäß § 44 RStrGB. oder bei einem „minder schweren Fall" oder „mildernden Umständen" gegebenen Mindestbetrag.

Der Vorschrift der Straferhöhung des § 53 MStrGB. ist nicht schon dadurch genügt, daß bei wahlweise angedrohtem Gefängniß oder Festungshaft, oder bei wahlweise angedrohten Arrestarten auf die schärfere Strafart erkannt wird.

3) Freiheitsstrafe ist nicht im Sinne des § 16 Abs. 1 MStrGB. zu verstehen; es fällt hier unter den Begriff der Freiheitsstrafe jede Art von zeitiger Freiheitsstrafe des MStrGB. wie des RStrGB. einschließlich des Arrestes.

4) Durch die in Folge der Straferhöhung sich ergebende Erweiterung des ordentlichen Strafrahmens kann ein militärische' Vergehen — auch ein fahrlässiges, vgl. §§ 62, 142, 148 MStrGB. — zu einem militärischen Verbrechen werden. RMGer. II 19. Sept. 1901. E. 1,290.

5) Der Strafrahmen der angedrohten ordentlichen Strafe ist zu verdoppeln; der Strafrahmen für die Straf-

erhöhung darf nicht etwa durch Verdoppelung der an sich verwirkten Strafe gebildet werden.

6) Es kann auf das Doppelte erkannt werden.

7) Es darf bei zeitigem Zuchthaus wegen militärischer oder bürgerlicher Delikte nicht über 15 Jahre, bei Gefängniß wegen bürgerlicher Delikte nicht über 5 Jahre, wegen militärischer Delikte nicht über 15 Jahre, bei Festungshaft wegen bürgerlicher oder militärischer Delikte nicht über 15 Jahre, bei gelindem oder mittlerem Arrest nicht über 6 Wochen, bei strengem Arrest nicht über 4 Wochen erkannt werden.

8) Ist nur Arrest angedroht, oder Arrest wahlweise mit Gefängniß oder Festungshaft, so hat der Richter zunächst die Strafart zu bestimmen, und bei dieser den Strafrahmen gemäß § 53 MStrGB. zu erhöhen; auf eine andere Strafart darf er zum Zwecke der Straferhöhung nicht erkennen.

9) Von der Straferhöhung ist dadurch die Zuchthausstrafe sowie die Straferhöhung bei bürgerlichen Delikten nicht ausgeschlossen. Die Bezugnahme auf §§ 16, 17, 24 MStrGB. soll nur die Begrenzung auf die Höchstbeträge der militärischen Freiheitsstrafen aussprechen.

§. 54.[1])

Wenn mehrere zeitige[2]) Freiheitsstrafen zusammentreffen, so ist auf eine Gesammtstrafe[3]) nach den Vorschriften[4]) des Deutschen Strafgesetzbuches zu erkennen. Dieselbe darf in keinem Falle den gesetzlich zulässigen Höchstbetrag der zu verhängenden Strafart übersteigen. Ist die Gesammtstrafe wegen Zusammentreffens militärischer Verbrechen und Vergehen mit bürgerlichen Verbrechen und Vergehen zu erkennen, so ist der Höchstbetrag der Strafe wegen letzterer durch die Vorschriften des Deutschen Strafgesetzbuches bestimmt.[5])

Bestehen die zusammentreffenden Freiheitsstrafen nur[6]) in Arreststrafen,[7]) so darf auch die Gesammtstrafe nur in Arrest bestehen. Sind die Arreststrafen ungleichartige, so gilt Ein Tag strengen Arrestes gleich zwei Tagen mittleren Arrestes, Ein Tag mittleren Arrestes gleich zwei Tagen gelinden Arrestes.[8])

Die Verurtheilung zu einer Gesammtstrafe schließt die Verurtheilung zu einer Ehrenstrafe nicht aus, wenn diese auch nur neben einer der verwirkten Einzelstrafen zulässig oder geboten ist.[9]) [10])

1) § 54 RStrGB. behandelt den Fall der sog. Realkonkurrenz, §§ 74—79 RStrGB.*); für die Idealkonkurrenz sind die Vorschriften des § 73 RStrGB. maßgebend; § 2

---

*) Diese lauten:

§. 73. Wenn eine und dieselbe Handlung mehrere Strafgesetze verletzt, so kommt nur dasjenige Gesetz, welches die schwerste Strafe, und bei ungleichen Strafarten dasjenige Gesetz, welches die schwerste Strafart androht, zur Anwendung.

§. 74. Gegen denjenigen, welcher durch mehrere selbständige Handlungen mehrere Verbrechen oder Vergehen, oder dasselbe Verbrechen oder Vergehen mehrmals begangen und dadurch mehrere zeitige Freiheitsstrafen verwirkt hat, ist auf eine Gesammtstrafe zu erkennen, welche in einer Erhöhung der verwirkten schwersten Strafe besteht.

Bei dem Zusammentreffen ungleichartiger Freiheitsstrafen tritt diese Erhöhung bei der ihrer Art nach schwersten Strafe ein.

MStrGB. Das Wesen des sog. fortgesetzten Delikts besteht darin, daß sich die (— gleichartigen —) Einzelhandlungen als die Ausflüsse eines die ganze fortgesetzte Thätigkeit beherrschenden Vorsatzes und danach als ein in Wirklichkeit einheitlicher Willensakt darstellen. RMGer. I 26. Mai 1902. E. 3, 62. Wegen Gesetzeskonkurrenz vgl. Note 3 zu § 97 MStrGB.

2) Mehrere zeitige Freiheitsstrafen müssen zusammentreffen. Der Ausdruck Freiheitsstrafe ist allgemein zu verstehen, nicht in dem engen Sinne des § 16 MStrGB. In Betracht kommen jedoch nur gerichtlich auszusprechende Freiheitsstrafen. Disziplinar-Freiheitsstrafen können in eine Gesammtstrafe nicht einbezogen werden. Von der Gesammtstrafe bleiben ausgeschlossen die lebenslängliche Zuchthaus-, Gefängniß-, Festungshaftstrafe, Todesstrafe, Geldstrafe und

---

Das Maß der Gesammtstrafe darf den Betrag der verwirkten Einzelstrafen nicht erreichen und funfzehnjähriges Zuchthaus, zehnjähriges Gefängniß oder funfzehnjährige Festungshaft nicht übersteigen.

§. 75. Trifft Festungshaft nur mit Gefängniß zusammen, so ist auf jede dieser Strafarten gesondert zu erkennen.

Ist Festungshaft oder Gefängniß mehrfach verwirkt, so ist hinsichtlich der mehreren Strafen gleicher Art so zu verfahren, als wenn dieselben allein verwirkt wären.

Die Gesammtdauer der Strafen darf in diesen Fällen 15 Jahre nicht übersteigen.

§. 76. Die Verurtheilung zu einer Gesammtstrafe schließt die Aberkennung der bürgerlichen Ehrenrechte nicht aus, wenn diese auch nur neben einer der verwirkten Einzelstrafen zulässig oder geboten ist.

Ingleichen kann neben der Gesammtstrafe auf Zulässigkeit von Polizei-Aufsicht erkannt werden, wenn dieses auch nur wegen einer der mehreren strafbaren Handlungen statthaft ist.

Haft. (Wegen der Festungshaftstrafe vgl. Note 4.) Auf diese Strafen ist stets gesondert zu erkennen.

3) Im Falle der Realkonkurrenz sind die zusammentreffenden Delikte einzeln im Urtheilstenor aufzuführen, in den Gründen des Urtheils ist auszuführen, welche Strafe (Einzelstrafe) für jedes Delikt arbitrirt ist und welche von diesen Strafen als Einsatzstrafe (d. h. als schwerste) in Betracht kommt. Die Ehrenstrafen sind bei den Einzelstrafen, zu denen sie verhängt werden, auszuwerfen.

4) Vgl. §§ 74—79 RStrGB. Auch die Einschränkungen des § 75 und des § 77 RStrGB. finden nach der Entstehungsgeschichte des § 54 MStrGB. Anwendung.

Ist die Gesammtstrafe nur aus zwei Einzelstrafen zu bilden, von denen die eine oder beide nur in einem Tage Freiheitsstrafe bestehen, so muß von der Vorschrift der Erhöhung der schwersten Einzelstrafe abgesehen werden. Das im

---

§. 77. Trifft Haft mit einer anderen Freiheitsstrafe zusammen, so ist auf die erstere gesondert zu erkennen.

Auf eine mehrfach verwirkte Haft ist ihrem Gesammtbetrage nach, jedoch nicht über die Dauer von drei Monaten zu erkennen.

§. 78. Auf Geldstrafen, welche wegen mehrerer strafbarer Handlungen allein oder neben einer Freiheitsstrafe verwirkt sind, ist ihrem vollen Betrage nach zu erkennen.

Bei Umwandlung mehrerer Geldstrafen ist der Höchstbetrag der an die Stelle derselben tretenden Freiheitsstrafe zwei Jahre Gefängniß und, wenn die mehreren Geldstrafen nur wegen Uebertretungen erkannt worden sind, drei Monate Haft.

§. 79. Die Vorschriften der §§. 74 bis 78 finden auch Anwendung, wenn, bevor eine erkannte Strafe verbüßt, verjährt oder erlassen ist, die Verurtheilung wegen einer strafbaren Handlung erfolgt, welche vor der früheren Verurtheilung begangen war.

Abs. 3 § 74 RStrGB. ausgesprochene Verbot der Strafkumulation ist undurchbrechbar. RG. IV 4. Juni 1897. E. 30,141. I 10. Nov. 1887. E. 16,282. **RMGer.** PE. II Nr. 174f.

Das Geltungsverhältniß des Arrestes zu anderen Freiheitsstrafen ist im MStrGB. nicht ausdrücklich normirt. Das **RMGer.** hat Arreststrafe und Gefängnißstrafe als gleichwerthige Strafarten erachtet. Treffen Arreststrafen mit Gefängnißstrafen zusammen und sind diese Arrest- und Gefängnißstrafen ihrer Dauer nach verschieden, so ist die ihrer Dauer nach schwerste Strafe die Einsatzstrafe, und nach § 74 RStrGB. zu erhöhen. **RMGer.** I 21. Juli 1902. E. 3,154. PE. I Nr. 117. Beträgt die Gefängnißstrafe mehr als 6 Wochen, so ist die Gefängnißstrafe die Einsatzstrafe; beträgt die Gefängnißstrafe 6 Wochen oder weniger, was nur bei gemeinstrafrechtlichen Reaten der Fall sein kann, so ist die Arreststrafe, falls sie ihrer Dauer nach schwerer ist als die konkurrirende Gefängnißstrafe, die Einsatzstrafe und, da Gefängnißstrafe und Arrest gleichwerthige Strafarten sind, zu erhöhen; die Dauer der Gesammtstrafe ist in diesem Falle durch den gesetzlich zulässigen Höchstbetrag dieser Arreststrafart begrenzt. **RMGer.** I 21. Juli 1902. E. 3,154. Ist die Gefängnißstrafe ihrer Dauer nach schwerer als die Arreststrafe, so ist s i e die Einsatzstrafe, bei welcher die Erhöhung stattfindet. Treffen Arreststrafen und Gefängnißstrafen von gleicher Dauer zusammen, so ist dem Richter unbenommen, nach Würdigung der strafrechtlichen Schwere der einzelnen Handlungen die Straferhöhung bei der Arreststrafe oder der Gefängnißstrafe eintreten zu lassen und somit als Gesammtstrafe auf Arrest oder Gefängniß zu erkennen. **RMGer.** I 21. Juli 1902. E. 3,154.

Das Gleiche gilt für das Zusammentreffen von Arrest und Festungshaftstrafe. **RMGer.** PE. III Nr. 120.

Da Arrest der Gefängnißstrafe gleichwerthig ist, so ist bei dem Zusammentreffen von Arrest mit der Zuchthausstrafe 3 Tage Arrest einer 2tägigen Zuchthausstrafe gleich. Ist eine Freiheitsstrafe als Zusatzstrafe oder bei Bildung einer Gesammtstrafe in Zuchthaus umzuwandeln, so kann auch die Zuchthausstrafe nach Tagen bemessen werden. RG. III 13. April 1881. E. 4,141.

Bei einer Gesammtstrafe sind die neben einer in Gefängniß, Festungshaft oder Zuchthaus bestehenden Einsatzstrafe konkurrirenden mehrfachen Arreststrafen nicht etwa zu dem in §§ 17, 24, 54 MStrGB. gesetzlich zulässigen Höchstbetrage des Arrestes von 6 bezw. 4 Wochen, sondern in ihrem darüber hinausgehenden vollen Gesammtbetrage, wie er sich aus den Einzelstrafen ergiebt, in Rechnung zu bringen.

Für die Entscheidung, ob die abzuurtheilende That „vor der früheren Verurtheilung" wegen einer anderen That begangen ist, ist die Verkündung des die frühere Verurtheilung aussprechenden Urtheils maßgebend. RMGer. I 5. Mai 1902. E. 3, 26.

5) Der 3. Satz Abs. 1 § 54 MStrGB. besagt nun, daß im Falle des Zusammentreffens militärischer Delikte mit mehreren gemeinstrafrechtlichen Vergehen, die wegen dieser bürgerlichen Delikte verwirkten Einzelstrafen zusammen 10 Jahre Gefängniß (§ 74 Abs. 2 RStrGB.) nicht übersteigen dürfen. Nicht ausgeschlossen ist durch diese Vorschrift, daß die wegen der militärischen und bürgerlichen Delikte zu bildende Gesammtstrafe diesen Höchstbetrag gegebenen Falls überschreitet; vgl. auch § 16 Abs. 2 Satz 2 MStrGB.

6) Das in Abs. 2 § 54 MStrGB. festgesetzte Geltungsverhältniß bezieht sich nur auf die Fälle, wo ausschließlich Arrestsachen mit einander zusammentreffen. RMGer. PE. I Nr. 117, III Nr. 120.

7) Unerheblich ist, ob die zusammentreffenden militärischen Vergehen im Gesetz ausschließlich mit Arrest bedroht sind oder ob die Zulässigkeit anderer Strafen im Gesetz vorgesehen, thatsächlich aber nur Arreststrafen als Einzelstrafen verhängt sind.

8) 3 Tage mittlerer Arrest sind zwar nicht zwei vollen Tagen, immerhin aber mehr als einem Tage strengen Arrest gleich zu achten. Der Vorschrift ist daher Genüge geschehen, wenn unter Weglassung des überschießenden Bruchtheils die in strengem Arrest bestehende Einsatzstrafe um einen Tag erhöht wird.

Trifft strenger Arrest lediglich mit 2 Tagen mittleren Arrest oder lediglich 3—4 Tagen gelinden Arrest zusammen, so tritt eine Erhöhung der Einsatzstrafe nicht ein. Vgl. Note 4 zu § 54 MStrGB.

9) Stellt sich in der Hauptverhandlung eins der konkurrirenden militärischen Delikte als ein reines Disziplinarvergehen heraus, so ist auf Einstellung des Verfahrens wegen dieser Strafthat zu erkennen. Vgl. Herz, Kommentar zur MStrGO. § 316 Note 3.

10) Von der Realkonkurrenz mehrerer Dilikte zu unterscheiden ist das sogen. fortgesetzte Delikt; bei letzterem ist eine Mehrheit selbstständiger Handlungen rechtlich nur als eine Handlung anzusehen. Erfordert wird für das fortgesetzte Delikt Einheit des Rechtsgutes, welches durch die Handlung verletzt wird, Einheitlichkeit des Vorsatzes, Gleichartigkeit und äußerer Zusammenhang der einzelnen Ausführungshandlungen. Ob ein solcher Zusammenhang vorliegt, ist Thatfrage, er ist thatsächlich festzustellen. Vgl. auch Note 1 a. E. zu § 54 MStrGB.

§. 55.[1])

Auf erhöhte Strafe (§. 53) ist,[2]) sofern in diesem Gesetze nicht besondere Bestimmungen getroffen sind,[3]) zu erkennen: [4])

1) gegen Vorgesetzte,[5]) welche gemeinschaftlich mit Untergebenen eine strafbare Handlung ausführen[6]) oder sich sonst an einer strafbaren Handlung Untergebener betheiligen; [7])

2) wenn strafbare Handlungen unter Mißbrauch

der Waffen [8]) oder der dienstlichen Befugnisse [9]) oder während der Ausübung des Dienstes [10]) ausgeführt werden; [11])

3) wenn Mehrere [12]) unter Zusammenrottung [13]) oder vor einer Menschenmenge [14]) strafbare Handlungen gemeinschaftlich [15]) ausführen.

1) Die Bestimmung des § 55 MStrGB. findet auch bei bürgerlichen Verbrechen und Vergehen (RMGer. II 19. Sept. 1901 E. 1,290), nicht aber bei Uebertretungen, ferner nur bei Freiheitsstrafen, nicht bei Geldstrafen Anwendung. Vgl. Note 1 u. 3 zu § 53 MStrGB. Unerheblich ist, ob das Delikt durch Begehung oder Unterlassung, ob es vorsätzlich oder fahrlässig (vgl. das cit. Erk. d. RMGer.) begangen ist.

Bürgerliche Verbrechen oder Vergehen, welche unter einer der Voraussetzungen des § 55 MStrGB. begangen sind, werden dadurch nicht zu militärischen Verbrechen oder Vergehen; es bedarf daher auch in diesen Fällen zur Strafverfolgung der nach dem bürgerlichen Strafrechte etwa nöthigen Strafanträge, vgl. Weiffenbach, Militärrechtl. Erörterungen, Band I S. 50.

2) Es muß stets auf eine den zulässigen Mindestbetrag überschreitende Strafe erkannt werden. Vgl. Note 2 zu § 53 MStrGB.

3) Wenn bei einem speziellen Delikt des II. Theils des MStrGB. oder bei einem bürgerlichen Delikt in Folge Vorliegens eines der in Nr. 1—3 § 55 MStrGB. aufgeführten erschwerenden Momente eine höhere Strafandrohung vorgesehen ist (vgl. u. a. §§ 89 Abs. 2, 91 Abs. 1, 95, 97 Abs. 1 Satz 2, 110 Nr. 3 MStrGB., § 222 Abs. 2, § 223a, § 230 Abs. 2 RStrGB.), oder wenn eins dieser erschwerenden Momente zum gesetzlichen Thatbestand eines militärischen oder bürgerlichen Delikts gehört (vgl. u. a. §§ 89 Abs. 1, 106, 138 Abs. 1 Satz 1, 139, 140,

141, 142, 143, 144, 145, 149, 151 MStrGB.), so tritt eine erhöhte Strafe aus § 55 MStrGB. nicht ein. RMGer. PE. II Nr. 149c. Wird z. B. eine Körperverletzung, welche unter „Mißbrauch der Waffe" verübt ist, aus § 223a RStrGB. gestraft, dann kann wegen des Umstandes, daß die Körperverletzung mittelst einer Waffe begangen ist, eine Erhöhung der Strafe aus § 55 Nr. 2 MStrGB. nicht stattfinden. Vgl. RMGer. I 14. Juli 1902. E. 3,137, II 21. Mai 1902. E. 3,40. PE. Nr. 149a. Das Straferhöhungsmoment der Zusammenrottung ist im Thatbestande der gemeinschaftlich verübten Körperverletzung enthalten (§ 223a RStrGB.) und deßhalb bei diesem Delikt als besonderer Straferhöhungsgrund ausgeschlossen. Ebenso kann das Vorliegen einer der in Nr. 1—3 § 55 MStrGB. gegebenen erschwerenden Momente bei einem militärischen Delikte, für welches unter bestimmten Voraussetzungen eine erhöhte Strafe bereits angedroht ist (vgl. §§ 103 Abs. 2, 115, 125, 136 MStrGB.), wenn letztere Voraussetzungen vorliegen, nicht nochmals eine Erhöhung der Strafe auf Grund des § 55 MStrGB. begründen. Es kann ferner in den Fällen des § 138 Abs. 1 Satz 2 MStrGB. das erschwerende Moment der Begehung des Delikts „bei Ausübung des Dienstes" (§ 55 Nr. 2 MStrGB.) nicht nochmals eine Straferhöhung begründen, da Satz 1 Abs. 1 cit. bereits dies Moment bei der Strafandrohung berücksichtigt und Satz 2 des Abs. 1 cit. die gleiche Strafe wie Satz 1 cit. verhängt.

Nicht hierher gehören die Fälle, in denen es sich nicht um Erhöhung des ordentlichen für das Delikt angedrohten Strafrahmens, sondern um Erhöhung einer verwirkten Strafe handelt (§§ 72, 81 Abs. 2, 103 Abs. 1 MStrGB.). Liegt in einem solchen Falle eine der Voraussetzungen der Nr. 1—3 d. § 55 MStrGB. vor, so ist zunächst die an sich verwirkte Strafe in Anwendung der §§ 53, 55 MStrGB. festzustellen und diese weiter zu erhöhen.

4) Da die Straferhöhung des § 55 MStrGB. in einer

Erweiterung des ordentlichen Strafrahmens besteht, so kann sie beim Zusammentreffen mehrerer der im § 55 MStrGB. insbesondere der sub. 2 aufgeführten Straferhöhungsgründe nur einmal eintreten.

5) Ueber den Begriff „Vorgesetzter" vgl. Note 7 zu § 47 u. § 89 Note 5 MStrGB. Von mehreren sich an der Handlung betheiligenden Vorgesetzten trifft die Straferhöhung des § 55 MStrGB. nicht nur den im Range höchsten, sondern alle betheiligten Vorgesetzten.

6) Mitthäterschaft; es genügt der Versuch einer strafbaren Handlung.

7) Anstiftung, Beihülfe. Auf die Begünstigung strafbarer Handlungen der Untergebenen durch Vorgesetzte, bezieht sich der § 55 Nr. 1 MStrGB. nicht.

8) Unter „Waffen" im Sinne des § 55 MStrGB. sind lediglich die „Dienstwaffen", d. h. zu militärischer Verwendung bestimmte Waffen (RMGer. II 29. März 1902. E. 2,244), von derjenigen Art und Beschaffenheit zu verstehen, welche der Soldat als solcher zu tragen berechtigt ist, einerlei, ob sie ihm eigenthümlich gehören oder einem Kameraden, und einerlei, ob sie ihm oder einem Kameraden — irgend welcher Dienstkategorie — zum dienstlichen Gebrauch überlassen sind. RMGer. II 15. Januar 1902. E. 2,166. Es kommen daher auch die an Stelle der Dienstwaffe getragenen eigenen Waffen in Betracht. RMGer. II 4. Sept. 1901. E. 1,264. Die Säbelscheide als solche ist keine Waffe, wohl aber ein gefährliches Werkzeug im Sinne des § 223a RStrGB. Das Zielgewehr ist Waffe im Sinne des § 148 MStrGB., nicht aber „Dienstwaffe" im Sinne des § 149 MStrGB.; RMGer. II 29. März 1902. E. 2,244. PE. II Nr. 168. Im Sinne des § 55 MStrGB. dürfte das Zielgewehr zu den Waffen zu rechnen sein.

Der Mißbrauch kann sich gegen Personen oder Sachen richten.

Im Gegensatz zum „Gebrauchen" der Waffe (§ 149 MStrGB.) d. h. der der Bestimmung der Waffe und der

Unterweisung gemäßen Benutzung der Waffe (RMGer. II 21. Mai 1902. E. 3,40) ist Mißbrauch der Waffe eine Verwendung derselben, welche der Bestimmung der Waffe, wie sie sich aus ihrer Natur und Art ergiebt, widerspricht; z. B.: Stoßen mit dem Gewehr, Schlagen mit der Klinge in der Scheide, Flachschlagen mit der Klinge des Seitengewehrs oder Säbels, wie jede Verwendung der Waffe in der Art eines stumpfwirkenden Instrumentes. RG. IV 8. Mai 1894. E. 25,348 RMGer. II 21. Mai 1902 E. 3,40. Im übrigen ist nicht der objektive, sondern der subjektive Sachverhalt entscheidend; es kommt auf die Absicht des Thäters an. Wollte er scharf schlagen, so kommt nicht § 55, sondern der § 149 MStrGB. zur Anwendung, auch wenn der Hieb flach traf. Umgekehrt kommt § 55 in Betracht, wenn der Thäter flach schlagen wollte, aber aus Zufall scharf traf. RMGer. II 21. Mai 1902 E. 3,40. Für den Mißbrauch der Waffen gegen Sachen ist es unerheblich, ob die Waffe ihrer Bestimmung gemäß oder gegen ihre Bestimmung bei einer strafbaren Handlung verwendet wird.

Zweifelhaft ist, ob die Waffe gebraucht, d. h. mit ihr auf eine Person oder Sache körperlich eingewirkt sein muß, oder ob das Drohen mit der Dienstwaffe, das Ziehen derselben, das Verfolgen mit blanker Waffe zur eventuellen Annahme ihres Mißbrauchs genügt. Vgl. das Nähere zu § 149 MStrGB.

9) Mißbrauch der dienstlichen Befugnisse besteht in der rechtswidrigen bezw. bestimmungswidrigen Ausübung oder Unterlassung derselben; unter Mißbrauch der dienstlichen Befugnisse fällt auch die Unterlassung einer durch eine Dienstpflicht gebotenen Handlung. Soweit bei bestimmten militärischen Delikten, wie in §§ 114—126, 129 Nr. 2, 141, 143 MStrGB. besondere Vorschriften über den Mißbrauch der dienstlichen Befugnisse (Dienstgewalt) getroffen sind, kann eine Straferhöhung aus § 55 Nr. 2 MStrGB. wegen Mißbrauchs der dienstlichen Befugnisse nicht eintreten, vgl. Note 3 oben.

10) Der Begriff „Ausübung des Dienstes" umfaßt alle militärischen Verrichtungen, gleichviel ob sie auf besonderen, für den einzelnen Fall oder aus speziellem Anlaß gegebenem Befehl vorgenommen werden oder ob sie auf allgemeiner Vorschrift über die aus Dienstgrad oder Dienstfunktion entspringenden Obliegenheiten beruhen. Es kommt also nicht etwa nur ein ausdrücklich angesetzter Dienst oder eine besonders befohlene Dienstverrichtung in Betracht.

Die Anwendung des § 55 Nr. 2 MStrGB. setzt voraus, daß der Thäter sich in Ausübung des Dienstes befindet. Ob die Person, gegen welche die That verübt ist, in Ausübung des Dienstes war, oder nicht, kommt für die Anwendung dieser Gesetzesbestimmung nicht in Betracht. RMGer. PE. I Nr. 118.

Es wird die Ausübung einer speziellen Dienstverrichtung zur Zeit der Begehung der That vorausgesetzt. RMGer. PE. II Nr. 149 b.

Vgl. ferner Note 5 zu § 49 MStrGB.

Hinsichtlich des Begriffes „Dienst" vgl. Note 3 zu § 12 und Note 2 zu § 49 MStrGB.

Der eine Truppe führende Vorgesetzte befindet sich in Ausübung des Dienstes von der Uebernahme bis zur Entlassung der Truppe, also auch während des Heimführens der Truppe nach der Kaserne. Die dienstlich angeordnete und beaufsichtigte Putz- und Flickstunde erfüllt den Begriff „während Ausübung des Dienstes". Die gerichtlichen Zeugenaussagen, Vernehmungen sind nicht als Ausübung des Dienstes anzusehen.

11) Bei Gendarmen, welche in Ausübung oder bei Gelegenheit der Ausübung des Dienstes sich des Mißbrauchs ihrer Dienstgewalt schuldig machen (§ 188 Pr. MStrGB. v. 3. April 1845. Vgl. RMGer. I 10. Febr. 1902. E. 2, 193), so wie bei militärischen Wachen, welche eine der im § 125 MStrGB. bezeichneten Handlungen begehen, ist eine Straferhöhung aus § 55 Nr. 2 stets erforderlich, sofern unter gleichen Verhältnissen ein militärischer Vor-

gesetzter aus dem Grunde, weil die strafbare Handlung während der Ausübung des Dienstes begangen wurde, mit erhöhter Strafe zu belegen gewesen wäre. RMGer. PE. III Nr. 121, vgl. auch Note 1 zu § 2 EG. z. MStrGB.

12) Es genügen zwei Personen, es müssen aber Personen des Soldatenstandes sein.

13) Zusammenrottung setzt ein räumliches Zusammentreten oder Zusammensein von mindestens 2 Personen voraus; es muß nach außen sich erkennen lassen, daß die Theilnehmenden zu gemeinschaftlichen, gleichzeitigen, in seiner Rechtswidrigkeit erkennbarem Zusammenwirken entschlossen sind. RG. III 29. April 1886. R. 8, 322. I 22. Okt. 1885. E. 13, 17. R. 7, 606. II 1. Juni 1880. E. 2, 80. III 25. Sept. 1880. E. 3, 1.

14) Ob eine größere Zahl von Personen eine Menge von Menschen bildet, ist Sache thatsächlicher Feststellung und hängt von den Umständen des konkreten Falles, insbesondere von den Verhältnissen des Ortes, der Zeit, den zur Aufrechterhaltung der öffentlichen Ruhe und Ordnung vorhandenen Kräften der Obrigkeit ab. Auf eine ungezählte Menge oder eine ungemessene Vielheit von Menschen ist der Begriff der „Menschenmenge" nicht beschränkt. RG. II 23. Okt. 1883. E. 9, 143. Zwei Personen genügen für den Begriff der Menschenmenge nicht. Daß die Menschenmenge ausschließlich aus Personen des Soldatenstandes besteht, ist nicht erforderlich, ebensowenig die Oeffentlichkeit der Handlung.

15) D. h. in bewußtem und gewolltem Zusammenwirken. Eine vorausgegangene Abrede ist nicht erforderlich; der Einzelne muß sich nur bewußt sein, daß mehrere zusammenwirkend thätig sind. RG. III 8. Mai 1880. R. 1, 742. II 26. September 1882. R. 4, 715. RMGer. PE. III Nr. 141.

Zweiter Theil.

Von den einzelnen Verbrechen und Vergehen und deren Bestrafung.

Erster Titel.

Militärische Verbrechen und Vergehen der Personen des Soldatenstandes.

Erster Abschnitt.[1] [2])

Hochverrath, Landesverrath, Kriegsverrath.

§. 56.[3])

(KG. §§. 62[1], 45 MStGO.) Auf eine Person des Soldatenstandes, welche sich eines Hochverraths oder eines Landesverraths schuldig macht, finden die Vorschriften des Deutschen Strafgesetzbuches (§§. 80—93) Anwendung.[4])

1) Die Vorschriften des ersten Abschnitts finden im Felde auch auf Militärbeamte Anwendung; § 153 MStrGB.

2) In Untersuchungen wegen Landesverraths sind militärische Gutachten stets durch Vermittelung des Kriegsministeriums einzuholen. AB. zu § 218 MStrGO.

3) Die Vorschrift des § 56 MStrGB. enthält lediglich ein gemeinstrafrechtliches Reat.

4) Vgl. bezügl. der neuen Fassung des §§ 89 und 90 RStrGB. § 11 des Reichsges. betreffend den Verrath militärischer Geheimnisse v. 3. Juli 1893. Bezüglich minder schwerer Fälle vgl. § 90 Abs. 2 RStrGB.

Fahnenflüchtige, in fremde Kriegsdienste getretene Personen des Soldatenstandes, welche nach Ausbruch eines Krieges zwischen dem Staate, in dem sie Kriegsdienste genommen haben, und dem Deutschen Reiche in diesem Kriegsdienste verbleiben, begehen einen Landesverrath im Sinne des § 88 RStrGB. § 52 RStrGB. findet Anwendung.

Das Verbrechen des Hochverraths oder Landesverraths, von einer Militärperson begangen, enthält eine Verletzung besonders heiliger militärischer Pflichten, welche hinsichtlich der bei der Straffestsetzung zwischen Zuchthaus und Festungshaft gelassenen Wahl im Hinblick auf § 20 RStrGB. zu berücksichtigen sein werden.

5) In prozessualer Hinsicht ist auf §§ 158, 252 MStrGO. zu verweisen.

§. 57.

(KG. §§. 62[1], 45 MStrGO.) Wer im Felde [1]) einen Landesverrath [2]) begeht, wird wegen Kriegsverraths [3]) mit Zuchthaus nicht unter zehn Jahren oder mit lebenslänglichem Zuchthaus bestraft.

1) Vgl. §§ 9 u. 10 MStrGB.

2) §§ 87—92 RStrGB.; der im Felde begangene Hochverrath ist ein bürgerliches Verbrechen und nach § 56 MStrGB., §§ 80—86 RStrGB. strafbar. Auch Ausländer, welche im Deutschen Heere stehen (Kriegsfreiwillige), können Landesverrath im Sinne der §§ 87 u. 89 RStrGB. begehen. Olsh. Note 2 zu § 87 RStrGB. Kriegsverrath im Sinne des § 57 MStrGB. und § 88 RStrGB. kann von Ausländern nicht begangen werden.

3) Kriegsverrath ist ein militärisches Verbrechen; als Thäter kommen außer Militärpersonen, das sog. Gefolge der Armee, sowie Ausländer und Deutsche in Betracht, sofern sie die Handlung auf dem Kriegsschauplatz begehen. §§ 155—157, 160 MStrGB.

§. 58.

(KG. §§ 62[1], 45. MStrGO.) Wegen Kriegsverraths [1]) (§. 57) wird mit dem Tode bestraft, wer [2]) mit dem Vorsatze,[3]) einer feindlichen Macht [4]) Vorschub zu leisten [5]) oder den deutschen oder verbündeten Truppen [6]) Nachtheil zuzufügen,

1) eine der im §. 90 des Deutschen Strafgesetzbuches bezeichneten strafbaren Handlungen begeht,[7])
2) Wege oder Telegraphenanstalten zerstört oder unbrauchbar macht,
3) das Geheimniß [8]) des Postens, das Feldgeschrei oder die Losung [9]) verräth,[10])
4) vor dem Feinde [11]) Meldungen oder dienstliche Mittheilungen falsch macht, oder richtige zu machen unterläßt,
5) dem Feinde als Wegweiser zu einer militärischen Unternehmung gegen deutsche oder verbündete Truppen dient, oder als Wegweiser kriegführende deutsche oder verbündete Truppen irre leitet,
6) vor dem Feinde,[11]) in einer Weise, welche geeignet [12]) ist, die Truppen zu beunruhigen oder irre zu leiten, militärische Signale oder andere Zeichen gibt,[13]) zur Flucht auffordert oder das Sammeln zerstreuter Mannschaften verhindert,
7) einen Dienstbefehl ganz oder theilweise unausgeführt läßt oder eigenmächtig abändert,
8) es unternimmt,[14]) mit Personen im feindlichen Heer, in der feindlichen Marine oder im feindlichen Lande über Dinge, welche die Kriegführung

betreffen,[15]) mündlich oder schriftlich Verkehr zu pflegen oder einen solchen Verkehr zu vermitteln,

9) feindliche Aufrufe oder Bekanntmachungen im Heer verbreitet,[16])

10) die pflichtmäßige Fürsorge für die Verpflegung der Truppen unterläßt,

11) feindliche Kriegsgefangene freiläßt,[17]) oder

12) dem Feinde ein Signalbuch[18]) oder einen Auszug aus einem solchen mittheilt.

In minder schweren Fällen[19]) tritt Zuchthaus nicht unter zehn Jahren oder lebenslängliches Zuchthaus ein.

1) Durch den Hinweis auf § 57 MStrGB. ergiebt sich, daß die That unter einer der Voraussetzungen der §§ 9, 10 MStrGB., also „im Felde“ begangen sein muß.

2) Vgl. Note 3 zu § 57 MStrGB.

3) Der Thäter muß die Handlung gewollt haben; er muß sich ferner bei Vornahme der Handlung bewußt sein, daß dieselbe geeignet ist, einer feindlichen Macht Vorschub zu leisten oder den deutschen oder verbündeten Truppen Nachtheil zuzufügen; eine dahin gehende Absicht wird nicht erfordert, auch nicht der Eintritt eines derartigen Erfolges.

4) Unter feindlicher Macht ist nicht nur die Kriegsmacht des Feindes zu verstehen; unter den Begriff fällt jede Kraft, welche im Kriege gegen das Deutsche Reich zur Verwendung kommen kann; auch staatlich nicht anerkannte Freischaren gehören zur feindlichen Macht. Vgl. Olsh. Note 1 und Oppenhf. Note 3 zu § 89 RStrGB.

5) Vorschubleisten ist jede Förderung, günstigere Gestaltung der (militärischen, politischen oder materiellen) Verhältnisse der feindlichen Macht.

6) Zu den Truppen gehören auch die militärischen Behörden und Angehörige der Deutschen oder verbündeten Kriegsmacht; in der engen Bedeutung einer Anzahl organisirter Militärpersonen ist der Begriff der Truppe hier nicht aufzufassen.

7) § 90 RStrGB. lautet:

Lebenslängliche Zuchthausstrafe tritt im Falle des §. 89 ein, wenn der Thäter

1) Festungen, Pässe, besetzte Plätze oder andere Vertheidigungsposten, imgleichen Theile oder Angehörige der deutschen oder einer verbündeten Kriegsmacht in feindliche Gewalt bringt;
2) Festungswerke, Schiffe oder Fahrzeuge der Kriegsmarine, öffentliche Gelder, Vorräthe von Waffen, Schießbedarf oder anderen Kriegsbedürfnissen, sowie Brücken, Eisenbahnen, Telegraphen und Transportmittel in feindliche Gewalt bringt oder zum Vortheile des Feindes zerstört oder unbrauchbar macht;
3) dem Feinde Mannschaften zuführt oder Angehörige der deutschen oder einer verbündeten Kriegsmacht verleitet, zum Feinde überzugehen;
4) Operationspläne oder Pläne von Festungen oder festen Stellungen dem Feinde mittheilt;
5) dem Feinde als Spion dient oder feindliche Spione aufnimmt, verbirgt oder ihnen Beistand leistet, oder
6) einen Aufstand unter Angehörigen der deutschen oder einer verbündeten Kriegsmacht erregt.

In minder schweren Fällen kann auf Zuchthaus nicht unter zehn Jahren erkannt werden.

Sind mildernde Umstände vorhanden, so tritt Festungshaft nicht unter fünf Jahren ein.

Neben der Festungshaft kann auf Verlust der bekleideten öffentlichen Aemter, sowie der aus öffentlichen Wahlen hervorgegangenen Rechte erkannt werden.

Zu 1: Festung ist ein für längere Dauer künstlich verstärkter Platz, wenn er auch nur sturmfrei, Waffen- oder Sammelplatz ist. Auch feindliche von Deutschen oder verbündeten Truppen besetzte Festungen gehören hierher. Pässe sind Wegeengen in sonst ungangbarem Gelände. Vertheidigungsposten sind zur Abwehr des Feindes besetzte Geländepunkte, Oertlichkeiten. (Vorübergehende Feldbefestigungen, Verschanzungen.)

Zu 1, 3, 6: Die Zugehörigkeit zur Kriegsmacht beurtheilt sich nach den militärischen Einrichtungen des Deutschen Reichs, nicht nach denen des Feindes.

Zu 2: Festungswerke sind Theile von Festungen (z. B. Forts). Zu den Schiffen gehören auch Kauffahrteischiffe. Unter Vorrath ist eine erhebliche Menge zu verstehen, welche zur Versorgung des Heeres (Marine) für den Bedürfnißfall zusammengebracht ist. Als Eisenbahnen im Sinne des § 90 Nr. 2 RStrGB. kommen alle Eisenbahnen ohne Rücksicht auf die Art der Betriebskraft in Betracht (auch Pferdebahnen).

Kriegsbedürfnisse sind Gegenstände aller Art, welcher das Heer (Marine) bedarf (Lebensmittel, Fourage, Munition rc.). Die Zerstörung und Unbrauchbarmachung muß zum Vortheile des Feindes geschehen; die Zerstörung rc. dieser Gegenstände ist nicht strafbar, wenn durch sie verhütet werden soll, daß die Gegenstände in die Hand des Feindes fallen.

Zu 3: Mannschaften sind eine Mehrheit von Militär- oder Civilpersonen, welche entweder schon disziplinirt und bewaffnet sind oder es werden sollen. Auch Mannschaften des Feindes kommen in Betracht.

Die Verleitung muß das wirkliche Uebergehen zum Feinde zur Folge haben. RG. I 10. Nov. 1881. E. 5,125. Andernfalls kommt nur Versuch in Frage.

Der Begriff „Angehörige“ umfaßt auch die einzelne Person.

Zu 4: Operationspläne sind alle allgemeinen oder

speziellen Anordnungen für die Leitung des kriegführenden Heeres.

Zu 5: Als Spion ist zu erachten, wer zur Begünstigung des Feindes heimlich (bei einer Militärperson unter Verbergung dieser Eigenschaft) militärisch wichtige Umstände (z. B. den Zustand des Heeres, des Lagers, der Befestigungen, der Magazine, ferner die Stärke, Stellungen, Bewegungen des Deutschen oder des verbündeten Heeres (Marine) oder den Angriff oder die Vertheidigung betreffende Umstände) zu erspähen sucht. RS. des Pr. Gen.-Audit. v. 25. Juli 1870.

8) D. i. die besondere geheime Instruktion über Zwecke und Aufgabe des Postens (auch Doppelpostens, der Vorposten, Unteroffizier- und Offizierposten). Unter den Begriff „Posten" fällt jede Postirung, d. h. auch gegebenen Falls ein Detachement.

9) Loosung, Feldgeschrei sind insgeheim ausgegebene Erkennungsworte (Worte — Gegenworte), durch deren Kenntniß die Zugehörigkeit zur Deutschen oder verbündeten Streitmacht dargethan wird.

10) Der Verrath wird begangen durch Kenntnißgabe der geheim zu haltenden Thatsachen, nicht nur an den Feind, sondern an jede Person, welche von der Kenntnißnahme ausgeschlossen ist. Die fahrlässige Kundgabe der erwähnten Thatsachen fällt unter die Vorschrift der §§ 62, 141 MStrGB.

11) Vgl. § 11 MStrGB.

12) Der Eintritt einer Beunruhigung oder eine thatsächlich erfolgte Irreleitung wird nicht erfordert.

13) Militärische Signale: durch Hörner, Trommel, Trompete, Flaggen ꝛc.

Andere Zeichen: Fanale, Raketen, Feuerzeichen ꝛc.

14) Unternehmen umfaßt jede Handlung, die zur Erreichung des in § 58 MStrGB. bezeichneten Vorhabens vorgenommen wird; es genügt jede vorbereitende Handlung, eine Versuchshandlung, d. h. eine Handlung, welche

den Anfang der Ausführung jenes Vorhabens enthält, ist nicht erforderlich. Versuch und Vollendung des bezeichneten Vorhabens fallen selbstverständlich auch unter den Begriff des Unternehmens.

15) Z. B. Mittheilungen über Stärke, Stellung, Bewegung der Truppen, Beschaffung des Proviants, Ersatz der Munition rc.

16) Unter Verbreiten ist das Zugänglichmachen an eine größere Anzahl von, wenn auch der Zahl und Individualität nach bestimmten Personen zu verstehen. RG. F.S. 10. Sept 1897, E. 30, 224. Die Uebersendung des Aufrufs rc. an eine einzelne Person ist als Verbreitung anzusehen, wenn sie mit der Absicht erfolgt, daß die Schrift einem größeren Personenkreise zugänglich gemacht werden soll. RG. II 28. Sept. 1880. E. 2, 270. II 28. Sept. 1883. E. 9, 71. II 5. Okt. 1882. E. 7, 113. III 10. Okt. 1887. E. 16, 245. Gefordert wird aber ein Mittheilen von Hand zu Hand, bloßes Verlesen des Inhalts der Schrift allein genügt nicht. RG. III. 24. Nov. 1884. E. 11, 382.

17) Es genügt die Freilassung eines Kriegsgefangenen.

18) Signalbücher sind in der Kais. Marine eingeführt.

19) Hinsichtlich der Voraussetzungen eines „minder schweren Falles" im Sinne des MStrGB. ist die Strafthat nicht ausschließlich nach ihrer objektiven Seite, sondern in allen ihren Beziehungen, also auch nach ihrer subjektiven Seite einer Prüfung zu unterziehen. Es sind demnach auch die in der Person des Thäters liegenden, eine mildere Auffassung rechtfertigenden Umstände nicht außer Acht zu lassen. RMGer. I 14. Febr. 1901. E. 1, 35.

§. 59.

(KG. §§. 62[1], 45 MStrGO.) Haben Mehrere [1]) einen Kriegsverrath verabredet,[2]) ohne daß es zur

Ausführung oder zu einem strafbaren Versuche desselben gekommen ist, so tritt Zuchthaus nicht unter fünf Jahren ein.

1) Es genügen zwei Personen. Als Thäter kommen auch Civilpersonen in Betracht, die Kriegsverrath begehen können. Vgl. Note 3 zu § 57 MStrGB.

2) Die an sich eine straflose Vorbereitungshandlung darstellende Verabredung des Kriegsverraths (§§ 57, 58 MStrGB.) ist als selbstständiges Delikt mit Strafe bedroht. Einen strafbaren Versuch dieses Verbrechens giebt es nicht. Vgl. Olsh. Note 2a zu § 83 RStrGB. Auf den Rücktritt von der Verabredung des Kriegsverraths finden, abgesehen von der Bestimmung des § 61 MStrGB., die Strafbefreiungsgründe für den Rücktritt vom Versuche (§ 46 RStrGB.) keine Anwendung. RG. II 29. April 1884. E. 10, 324.

Eine Verabredung liegt erst vor, wenn es durch Einigung der Berathenden zu einem Entschlusse, und zwar zu dem Entschlusse, einen bestimmten, konkreten Kriegsverrath zu begehen, gekommen ist. Daß Art, Ort, Zeit der Ausführung der That bestimmt sind, wird nicht erfordert. Welche Rolle die Verabredenden bei der That spielen sollen, ob alle Thäter, oder ob der eine Thäter, der andere Gehülfe sein soll, ist unerheblich. Wird der Kriegsverrath verübt, so finden §§ 57, 58 MStrGB. Anwendung.

Die Beihülfe zum Verbrechen der Verabredung eines Kriegsverraths ist aus § 49, die Anstiftung aus § 48 RStrGB., § 2 MStrGB. strafbar.

§. 60.

(KG. §§ 62[1], 45 MStrGO.) Wer[1]) von dem Vorhaben[2]) eines Kriegsverraths (§§. 57 bis 59) zu einer Zeit, in welcher die Verhütung des Verbrechen möglich ist,[3]) glaubhafte Kenntniß erhält[4]) und es unterläßt,[5]) hiervon[6]) rechtzeitig[7]) Anzeige[8]) zu machen, ist, wenn das Verbrechen oder ein strafbarer Versuch desselben begangen worden,[9]) mit der Strafe des Mitthäters zu belegen.[10])

1) Als Thäter kommt jede Person des Soldatenstandes in Betracht, gleichgiltig, ob sie im Felde steht oder nicht. Militärbeamte und das Gefolge des Heeres sind zur Anzeige nur verpflichtet, wenn sie sich „im Felde" befinden; §§ 153, 155 MStrGB. Voraussetzung für die Thäterschaft ist die Nichtbetheiligung (Thäterschaft, Mitthäterschaft, Beihülfe, Anstiftung) an dem Vorhaben des Kriegsverraths. Vgl. § 61 MStrGB. Dagegen begründet eine Begünstigung (§ 257 RStrGB.) des Kriegsverraths durch einen Anzeigepflichtigen für diesen eine Straflosigkeit der unterlassenen Anzeige nicht.

2) Ein „Vorhaben" des Kriegsverraths liegt vor, so lange die Absicht besteht, einen solchen zu verüben, mag sich die Absicht auch bereits in Vorbereitungs- oder Versuchshandlungen bethätigt haben.

Auch nach Begehung des Kriegsverraths besteht ein Vorhaben desselben noch weiter, so lange die Fortsetzung der verrätherischen Thätigkeit durch ein und dieselbe Handlung beabsichtigt wird. § 73 RStrGB. RG. I 7. Juni 1886. E. 14,214. Olsh. Note 2 zu § 139 RStrGB.

3) Es ist dies nach den vorliegenden gesammten Umständen zu beurtheilen, die subjektive Meinung des Thäters ist nicht maßgebend.

4) Der Thäter muß mindestens selbst an die Wirklichkeit und Ernstlichkeit des Vorhabens geglaubt haben. RG. II 13. Nov. 1894. GA. 42,394. Ob der Thäter gewußt hat, daß in dem zu seiner Kenntniß gekommenen Thatbestand die Kriterien des Kriegsverraths zu erblicken sind, ist unerheblich.

5) Nicht nur die vorsätzliche, auch die fahrlässige Unterlassung erfüllt den Thatbestand des § 60 MStrGB. Olsh. Note 12 zu § 139 RStrGB. Daß die Anzeigeerstattung mit pers"nlicher Gefahr für den Anzeigenden verbunden ist, schützt den Thäter nicht. § 49 MStrGB.

6) D. h. von dem Vorhaben des Kriegsverraths. Die Weigerung, die Namen der Betheiligten zu nennen, ist nur dann nach § 60 strafbar, wenn diese Angabe zur Verhütung der That erforderlich ist.

7) D. h. zu einer Zeit, in welcher die Verhütung der That noch möglich ist; insofern trägt der Thäter die Verantwortung für eine Verzögerung der Anzeige.

8) Es genügt die Anzeige bei dem dienstlich Vorgesetzten oder einer auch nicht militärischen Behörde (Polizei ꝛc.).

9) Verhindert der Anzeigepflichtige die Ausführung der That, so entfällt eine Anzeigepflicht. In der Begehung des Kriegsverraths liegt nicht ein Thatbestandsmoment, sondern lediglich eine Bedingung der Strafbarkeit der nach § 60 MStrGB. strafbaren Handlung. Ob der Kriegsverrath bestraft wird, oder aus irgend einem Grunde straflos bleibt (§ 46 RStrGB. § 61 MStrGB.), ist für die Strafbarkeit der Unterlassung der Anzeige ohne Einfluß.

10) Vollendet ist die That mit der Unterlassung der Anzeige bis zu dem Zeitpunkte, in welchem dieselbe nicht mehr rechtzeitig erfolgen kann. Die Strafe des Mitthäters ist die des Thäters; § 47 RStrGB.

§. 61.

Straflosigkeit tritt für den an dem Vorhaben[1]) eines Kriegsverraths Betheiligten[2]) ein,[3]) wenn er von demselben zu einer Zeit, wo die Dienstbehörde[4]) nicht schon anderweit davon unterrichtet ist, in einer Weise Anzeige macht,[5]) daß die Verhütung des Verbrechens möglich ist.[6])

1) Vgl. Note 2 zu § 60 MStrGB.

2) Betheiligte sind Thäter, Mitthäter, Anstifter, Gehülfen. Vgl. §§ 47—49 RStrGB.

3) Der im § 61 MStrGB. anerkannte Strafausschließungsgrund der thätigen Reue tritt nur für den Anzeigenden ein.

4) Es kommt hier jede zum Einschreiten zuständige Dienststelle in Betracht.

5) Vgl. Note 8 zu § 60 MStrGB. Es genügt die Anzeige des Vorhabens des Kriegsverraths. Nennung der Namen ist nur erforderlich, wenn von derselben die Möglichkeit der Verhütung des Verbrechens abhängt.

6) Vgl. Note 3 zu § 60 MStrGB. Die thatsächlich erfolgte Verhütung des Verbrechens wird zur Anwendbarkeit des § 61 MStrGB. nicht vorausgesetzt.

Zweiter Abschnitt.

Gefährdung der Kriegsmacht im Felde.

§. 62.

(KG. §§. 62¹, 45 MStrGO.) Wer [1]) im Felde [2]) eine Dienstpflicht [3]) vorsätzlich [4]) verletzt und dadurch bewirkt,[5]) daß die Unternehmungen des Feindes befördert [6]) werden oder den kriegführenden deutschen oder verbündeten Truppen Gefahr [7]) oder Nachtheil bereitet wird, ist mit Zuchthaus [8]) bis zu zehn Jahren oder mit Gefängniß oder Festungshaft bis zu zehn Jahren zu bestrafen.[9]) In minder schweren Fällen,[10]) ingleichen wenn die Verletzung der Dienstpflicht nicht vorsätzlich geschehen ist,[11]) tritt Freiheitsstrafe [12]) bis zu drei Jahren ein.

Auch kann neben Gefängniß auf Versetzung

in die zweite Klasse des Soldatenstandes erkannt werden.

1) Der Bestimmung des § 62 MStrGB. sind nicht nur Deutsche Militärpersonen, sondern auch das Gefolge des kriegführenden Heeres unterworfen, §§ 153, 155—157 MStrGB.

2) „Im Felde" (§§ 9, 10 MStrGB.) muß die Dienstpflicht verletzt sein; steht der Thäter nicht im Felde, so ist § 62 MStrGB. nicht anwendbar, auch wenn die nicht im Felde verübte Dienstpflichtverletzung die im § 62 cit. aufgeführten Wirkungen gehabt hat.

3) Vgl. Note 2 zu § 49 und Nr. 3 zu § 12 MStrGB.

4) Der Thäter muß mit dem Bewußtsein der Rechtswidrigkeit seines Handelns (das in einem Thun oder Unterlassen bestehen kann) die Verletzung der Dienstpflicht gewollt haben. Bezüglich fahrlässiger Verletzung der Dienstpflicht vgl. Note 12.

5) Vorausgesetzt ist nur ein ursächlicher Zusammenhang zwischen der Verletzung der Dienstpflicht und der Beförderung der Unternehmungen des Feindes ꝛc.; die eingetretene Beförderung ꝛc. muß die nothwendige, wenn auch nicht direkte Folge der Verletzung der Dienstpflicht sein. Hat sich der Vorsatz des Thäters auf die Beförderung der Unternehmungen des Feindes ꝛc. erstreckt, so kann der Thatbestand des § 58 MStrGB. in Frage kommen.

6) Unternehmungen sind Handlungen des Feindes, welche die militärischen, politischen und materiellen Zwecke des Feindes fördern sollen. Es kommen nicht bloß militärische Unternehmungen in Betracht. Vgl. auch Note 5 zu § 58 MStrGB.

7) Es muß eine Gefährdung der Truppen herbeigeführt worden sein, d. h. die Möglichkeit und begründete Besorgniß des Eintritts eines Nachtheils für die Deutschen oder verbündeten kriegführenden Truppen; der Nachtheil kann auch ein moralischer, mittelbarer sein.

8) Die Verhängung der Zuchthausstrafe setzt die Feststellung voraus, daß die That einer ehrlosen Gesinnung entsprungen ist; § 20 RStrGB.

9) Der Mindestbetrag der Strafe ist ein Jahr Zuchthaus, oder 43 Tage Gefängniß, oder 43 Tage Festungshaft.

10) Vgl. Note 19 zu § 58 und Note 5 zu § 1 MStrGB.

11) Die fahrlässige Verletzung der Dienstpflicht ist ein Vergehen. Fahrlässigkeit liegt vor, wenn der Thäter bei Aufwendung gehöriger Aufmerksamkeit und Umsicht die Verletzung der Dienstpflicht, die er als mögliche Folge seines Handelns voraussehen konnte, vermieden hätte. Vgl. ferner Note 3 zu § 142 MStrGB.

12) Freiheitsstrafe: Arrest von 1 Tag bis 6 bezw. 4 Wochen oder Gefängniß oder Festungshaft von je 43 Tagen bis 3 Jahren.

§. 63.[1])

(KG. §§. 62[1], 45 MStrG.O.) Mit dem Tode wird bestraft

1) der Kommandant eines festen Platzes,[2]) welcher denselben dem Feinde übergibt,[3]) ohne zuvor alle Mittel zur Vertheidigung des Platzes erschöpft zu haben;
2) der Befehlshaber,[4]) welcher im Felde mit Vernachlässigung der ihm zu Gebote stehenden Vertheidigungsmittel den ihm anvertrauten Posten[5]) verläßt[6]) oder dem Feinde übergibt;
3) der Befehlshaber, welcher auf freiem Felde[7]) kapitulirt, wenn dies das Strecken[8]) der Waffen für die ihm untergebenen Truppen zur Folge gehabt und er nicht zuvor Alles gethan hat, was die Pflicht[9]) von ihm erfordert;

4) der Befehlshaber eines Schiffes[10]) der Marine, welcher dasselbe oder dessen Bemannung dem Feinde übergibt, ohne zuvor zur Vermeidung dieser Uebergabe Alles gethan zu haben, was die Pflicht von ihm erfordert.

In minder schweren Fällen[11]) der Nummern 2 und 3 tritt Festungshaft nicht unter fünf Jahren oder lebenslängliche Festungshaft ein.[12])

1) Vorausgesetzt wird, daß die strafbaren Handlungen des § 63 MStrGB. „im Felde" begangen sind.

2) „Fester Platz" ist ein für längere Dauer künstlich verstärkter Platz (z. B. Festung, Festungswerk, Fort, Brückenkopf ꝛc.).

3) Die Uebergabe muß erfolgt sein, andernfalls kann nur ein Versuch in Frage kommen. Ob der Kommandant vorsätzlich oder fahrlässigerweise nicht alle Vertheidigungsmittel erschöpft hat, ist für den Thatbestand des § 63 cit. unerheblich. Ob ferner alle Vertheidigungsmittel erschöpft worden sind, ist Thatfrage, welche mit Hülfe militärischer Gutachten festzustellen ist.

4) D. h. der in der fraglichen Stellung Höchstkommandirende.

5) Als „Posten" kommt eine jede Stellung in Betracht; anvertraut ist der Posten, wenn derselbe auf Befehl eingenommen und zu halten ist. Selbstgewählte Stellungen sind nicht anvertraute Posten im Sinne dieser Vorschrift.

6) Vorausgesetzt wird ein Verlassen mit den Truppen.

7) „Freies Feld" ist jedes nicht befestigte Gelände.

8) D. h. Abliefern der Waffen mit oder ohne Gefangenschaft.

9) D. h. militärische Dienstpflicht. Vgl. Note 2 zu § 49 und Note 3 zu § 12 MStrGB.

10) Vgl. § 163 MStrGB.

11) Vgl. Note 19 zu § 58 und Note 5 zu § 1 MStrGB.

12) Es kann auf Dienstentlassung erkannt werden. § 34 Abs. 2 Nr. 1 MStrGB.

Dritter Abschnitt.

Unerlaubte Entfernung und Fahnenflucht.[1])

§. 64.

(KG. bezw. StG. §§. 16[1], 62[1], 45 MStrGO.) Wer[2]) von seiner Truppe oder von seiner Dienststellung[3]) sich eigenmächtig[4]) entfernt[5]) oder vorsätzlich fern bleibt,[6]) oder wer den ihm ertheilten Urlaub[7]) eigenmächtig überschreitet, wird wegen unerlaubter Entfernung[8]) mit Freiheitsstrafe bis zu sechs Monaten bestraft.[9]) [10])

1) Gemeinsam ist der unerlaubten Entfernung und der Fahnenflucht der verbrecherische Wille, sich der Machtsphäre der militärischen Vorgesetzten zu entziehen; das Unterscheidende zwischen beiden Delikten ist, daß bei der Fahnenflucht dieser Wille darauf gerichtet ist, sich dauernd dem Dienste zu entziehen. RMGer. II 23. September 1901. E. 2, 3.

2) Den Strafvorschriften dieses Abschnitts unterliegen — abgesehen von den zum aktiven Heer (Marine) gehörigen Personen des Soldatenstandes (vgl. Note 4 A. 1—3, B. zu § 4 MStrGB.), zu welchen auch die zum Dienst einberufenen Personen des Beurlaubtenstandes gehören, — von den nicht zum Dienst einberufenen Personen des Beurlaubtenstandes

a) die vorläufig in die Heimath beurlaubten Rekruten und Freiwilligen,

b) die bis zur Entscheidung über ihr ferneres Militärverhältniß zur Disposition der Ersatzbehörden entlassenen Mannschaften,

c) die vor erfüllter aktiver Dienstpflicht zur Disposition der Truppentheile beurlaubten Mannschaften. §§ 56 Nr. 2—4, 60 RMG.

Die Anwendbarkeit der Strafbestimmung der §§ 64 ff. MStrGB. auf diese Personen ist von einer vorhergegangenen Einberufung zum Dienste nicht abhängig; die genannten Personen haben ihre Dienststellung bei dem sie kontrolirenden Bezirkskommando. RMGer. III 8. Januar 1902. E. 2, 119. Mit dem Zeitpunkte, in welchem ein beurlaubter Rekrut seinen Aufenthaltsort, bezw. seine Wohnung verläßt, um hierdurch seine Einberufung zum Dienste unmöglich zu machen oder zu erschweren, ist die Entfernung eine unerlaubte und sind §§ 64 ff. anwendbar. RMGer. PE. II Nr. 150.

Im Auslande befindliche Militärpflichtige ohne vorherige persönliche Gestellung vor den Ersatzbehörden für einen Truppentheil auszuheben, widerspricht den Bestimmungen des § 42 Nr. 1, § 26 Nr. 1 WO. und des Art. 11 § 10 des Gesetzes vom 6. Mai 1880. Auch wenn solchen tauglichen Militärpflichtigen ein Rekrutenurlaubspaß oder ein Gestellungsbefehl zugestellt worden war, ist eine Verurtheilung wegen unerlaubter Entfernung oder Fahnenflucht gesetzlich nicht zulässig (vgl. KM. v. 21. März 1900).

Personen des Beurlaubtenstandes können während der Zeit ihrer Einberufung zum militärischen Dienst unabhängig davon, ob sie der Einberufung Folge geleistet haben oder nicht, sich der unerlaubten Entfernung bezw. der Fahnenflucht schuldig machen. § 38 B. Nr. 1 RMG. RG. I 21. April 1892. E. 23, 81. Personen des Beurlaubtenstandes können, wenn sie der Einberufung zu einer Uebung nicht Folge leisten, nicht wegen Ungehorsams, sondern nur wegen unerlaubter Entfernung bestraft werden. Dauert die versäumte Uebung länger als 7 Tage, so ist § 66 MStrGB. anwendbar. RMGer. III 30. Jan. 1901. E. 1, 19.

Den Bestimmungen dieses Abschnitts unterstehen ferner im Felde die Militärbeamten (§ 153 MStrGB.), sowie das Gefolge des kriegführenden Heeres (§ 155 MStrGB.).

Bezüglich der Offiziere à la suite der Armee oder eines Kontingents vgl. Note 4 II 1 zu § 4 MStrGB. Kriegsgefangene können sich der unerlaubten Entfernung, nicht aber der Fahnenflucht schuldig machen (§ 158 MStrGB.).

3) Dienststellung bezeichnet das militärische Verhältniß, in dem nicht regimentirte Personen des Soldatenstandes und Militärbeamte zu militärischen Dienststellen und Behörden stehen. Bezüglich der im § 56 Nr. 2—4 RMG. bezeichneten Personen des Beurlaubtenstandes vgl. Note 2.

4) Eigenmächtig ist jede vorsätzliche, bewußt rechtswidrige d. h. ohne Erlaubniß der Vorgesetzten erfolgende Entfernung von der Truppe oder der Dienststellung. Wesentlich für den Thatbestand der unerlaubten Entfernung ist die Entziehung vom Dienstbetrieb. Daß der Thäter seinen Garnisonort (Ortsunterkunft rc.) verläßt, ist für den Begriff der unerlaubten Entfernung unwesentlich. Wer sich jedoch soweit von seiner Garnison rc. entfernt, daß er ein Allarm-Signal nicht hören und durch etwaige Dienstbefehle nicht erreicht werden kann, entzieht sich objektiv der Verfügung seiner Vorgesetzten und somit auch dem Dienst.

Gleichgültig ist ferner, ob die Entfernung heimlich erfolgte.

5) Die Pflichtverletzung, die Entziehung vom Dienst setzt sich nach der Entfernung von der Truppe durch das demnächstige vorsätzliche Fernbleiben fort und bildet mit der Entfernung nur ein militärisches Delikt. RMGer. PE. III Nr. 122; die unerlaubte Entfernung und Fahnenflucht ist ein Dauerdelikt, vgl. auch § 76 MStrGB. und die Motive zu § 90 des Entwurfs d. MStrGB. und Olsh. Note 3 zu § 141. Ein Versuch der unerlaubten Entfernung ist rechtlich gegeben, aber nicht strafbar. (Ein Gefangener bricht aus der Zelle aus, wird aber noch innerhalb des Gefängnisses ergriffen.) RMGer. II 19. Juli 1901

Nr. 78 (nicht publizirt). In dem Ausbruch eines festgenommenen Fahnenflüchtigen aus einem Civilgefängniß ist eine erneute Entfernung von der Truppe ꝛc. dann zu erblicken, wenn der Thäter bereits wieder der Gewalt der militärischen Oberen unterworfen worden war. Vgl. auch RMGer. II 2. August 1902. E. 3, 169.

6) Das Fernbleiben setzt — als selbstständige Strafthat s. Note 5 — eine vorhergegangene berechtigte Entfernung (z. B. Urlaub, Kommando ꝛc.) voraus; das Fernbleiben muß ein vorsätzliches und bewußt rechtswidriges sein; die Rechtswidrigkeit wird durch unabhängig von dem Willen des Thäters eintretende Umstände (z. B. Erkrankung, Verkehrsstockungen ꝛc.) ausgeschlossen. RMGer. I 14. Okt. 1901 Nr. 96 (nicht publizirt).

7) Urlaub ist die für eine bestimmte Zeit erfolgende Entbindung einer Militärperson von dem aktiven Dienst oder der Dienststellung verbunden mit der Erlaubniß sich von der Dienststelle zu entfernen; erfolgt die Ueberschreitung des Urlaubs rechtswidrig d. h. ohne Erlaubniß der Vorgesetzten und vorsätzlich, so ist sie eine eigenmächtige; die Rechtswidrigkeit wird auch hier durch vom Willen des Thäters unabhängige Umstände (vgl. Note 6) ausgeschlossen.

Der Thatbestand der eigenmächtigen Urlaubsüberschreitung ist erfüllt, wenn der Beurlaubte die ihm für den Urlaub bewilligte Frist nicht einhält, die Entfernung von seinem Truppentheil vielmehr länger ausdehnt. Das strafbare Thun setzt sich so lange fort, als die Ueberschreitung des Urlaubs schuldhafter Weise aufrecht erhalten wird und wird erst beendigt, wenn der Thäter in den Machtbereich seiner Truppe wieder eintritt. RMGer. II 7. Mai 1901. E. 1, 123. So lange begeht er das Delikt in fortdauernder Ausübung. Eine Hülfeleistung zu demselben ist daher so lange möglich, als die Urlaubsüberschreitung fortdauert. RG. I 8. April 1895. E. 27, 158.

Das eigenmächtige Ueberschreiten eines bis zu einer bestimmten Nachtstunde ertheilten Urlaubs, das Ausbleiben über Zapfenstreich fällt, da es in diesem Falle an der Absicht mangelt, sich dem Dienstbetrieb zu entziehen, nicht unter die Vorschrift des § 64 cit., sondern unterliegt der Bestrafung aus § 92 MStrGB. bezw. der Disziplinarbestrafung.

8) Der Thatbestand der unerlaubten Entfernung wird durch Dienstuntauglichkeit zur Zeit der Entfernung nicht ausgeschlossen. RMGer. I 13. Juni 1901. E. 1,184.

9) Bei Freiheitsstrafe von mehr als 6 Wochen ist auf Gefängniß oder Festungshaft zu erkennen; Gefängniß unter 43 Tagen kann nicht verhängt werden. §§ 17, 21 MStrGB. Strenger Arrest kann nur unter der Voraussetzung des § 22 MStrGB. erkannt werden.

In wiederholtem Rückfall, sowie im Rückfall im weiteren Sinne kann auf Versetzung in die 2. Klasse des Soldatenstandes erkannt werden. §§ 13, 37 Abs. 2 Nr. 1 und 38 MStrGB. Vorgängige Bestrafungen wegen Fahnenflucht begründen für die unerlaubte Entfernung einen Rückfall. Vgl. Note 6 zu § 13 MStrGB. Disziplinarbestrafung leichterer Fälle ist zulässig. § 3 EG. z. MStrGB. Ist gerichtliche Bestrafung erfolgt, so bleibt die Zeit der unerlaubten Entfernung ohne Rücksicht auf ihre Dauer von der Anrechnung auf die Dienstzeit ausgeschlossen. § 13 Nr. 1 Anm. 2a HO.

10) Zwischen dem Vergehen der eigenmächtigen Entfernung und dem Vergehen des Ungehorsams gegen einen Befehl in Dienstsachen durch Nichtbefolgung ist sowohl Gesetzeskonkurrenz als auch ideale oder reale Konkurrenz rechtlich möglich. RMGer. PE. II Nr. 157b.

§. 65.

(KG. bezw. StG. §§. 16[1], 62,[1] 45 MStrGO.) Der unerlaubten Entfernung wird es gleich geachtet, wenn eine Person des Soldatenstandes im Felde[1]) es unterläßt,[2])

1) der Truppe, von welcher sie abgekommen ist,[3]) oder der nächsten[4]) Truppe sich wieder anzuschließen, oder

2) nach beendigter Kriegsgefangenschaft sich unverzüglich[5]) bei einem Truppentheile zu melden.[6])

Dasselbe gilt, wenn eine Person der Marine, welche außerhalb der heimischen Gewässer[7]) von einem Schiffe abgekommen ist, es unterläßt, sich bei demselben oder einem anderen Deutschen Kriegsschiffe oder dem nächsten Deutschen Konsulate unverzüglich zu melden.[8])

1) Vgl. §§ 9, 10 MStrGB.

2) Das Unterlassen kann vorsätzlich oder fahrlässig geschehen.

3) Es wird im Gegensatz zu § 64 MStrGB. ein unfreiwilliges Abkommen (Versprengen, Verirren, Erkrankung) vorausgesetzt.

4) Das Anschließen hat, sobald der Thäter nach Lage der Sache dazu im Stande ist, an die nächstbefindliche Truppe zu erfolgen. Die Truppe kann auch einer verbündeten Macht angehören.

5) D. h. sobald nach den obwaltenden Umständen der Thäter eine Meldung erstatten kann.

6) Es genügt, wenn ein Truppentheil nicht gleich nach beendigter Kriegsgefangenschaft zu erreichen ist, die Meldung bei einer Civilbehörde.

7) Unter heimischen Gewässern ist das Gebiet der Ost- und Nordsee — die Letztere im Norden durch 60° N. Br., im Westen nördlich von Schottland durch den Meridian von 3° W. Lg. von Greenwich und südlich von England von der Linie Dover-Calais begrenzt — zu verstehen. Ausf.-Best. v. 13. Mai 1902 zur AO. v. 3. Mai 1902 (MVBl. S. 157).

8) Dauert die ungerechtfertigte Abwesenheit nicht länger als 3 Tage, so ist Disziplinarbestrafung zulässig. § 3 EG. z. MStrGB., §§ 64, 66 MStrGB.

§. 66.

(KG. §§. 62[1], 45 MStrGO.) Dauert[1]) durch Verschulden[2]) des Abwesenden die Abwesenheit länger als sieben Tage, im Felde[3]) länger als drei Tage,[4]) so tritt Gefängniß oder Festungshaft[5]) bis zu zwei Jahren ein.[6])

1) Die Dauer der Abwesenheit ist nicht a momento ad momentum, sondern nach vollen Kalendertagen von Mitternacht zu Mitternacht der Art zu berechnen, daß derjenige Tag, an welchem die Abwesenheit (bezw. im Falle des § 65 MStrGB. das Unterlassen) beginnt, in die Frist nicht eingerechnet wird. RMGer. III 23. September 1902. E. 3, 268; PE. II Nr. 151. Für die Beendigung der unerlaubten Entfernung bezw. Fahnenflucht ist nicht die Rückverbringung zum Truppentheil das Entscheidende; vielmehr der Umstand, daß der Thäter derart der Gewalt der militärischen Oberen, sei es mittelbar, sei es unmittelbar, wieder unterworfen worden ist, daß das Sich-Entfernen bezw. Fernbleiben in körperlicher und geistiger Hinsicht aufgehört hat. RMGer. II 2. August 1902. E. 3, 169.

2) Vgl. Note 6 u. 7 zu § 64 MStrGB. Verschulden umfaßt Vorsatz und Fahrlässigkeit. Von dem Willen des Thäters unabhängige Umstände (Verkehrsstockungen, Erkrankung 2c.) schließen die Verschuldung aus.

3) Vgl. §§ 9, 10 MStrGB.

4) Jedoch nicht mehr als 7 Tage, vgl. § 67 MStrGB.

5) Der Mindestbetrag ist 43 Tage. § 17 MStrGB. wegen Dienstentlassung, Degradation vgl. §§ 34, 40 MStrGB.

6) § 66 enthält einen vom Gesetze besonders vor-

gesehenen straferhöhenden Umstand zu §§ 64, 65 MStrGB., vgl. auch §§ 318, 323, 326 MStrGO.

§. 67.

(KG. §§. 62[1], 45 MStrGO.) Freiheitsstrafe[1]) von sechs Monaten bis zu fünf Jahren tritt ein, wenn die Abwesenheit im Felde[2]) länger als sieben Tage dauert.[3]) [4])

1) Gefängniß oder Festungshaft. §§ 17, 21 MStrGB.

2) §§ 9, 10 MStrGO.

3) Wegen Dienstentlassung, Degradation vgl. §§ 34, 40 MStrGB.

4) § 67 MStrGB. enthält einen straferhöhenden Umstand zu §§ 64, 65 MStrGB.; vgl. auch §§ 318, 323, 326 MStrGO.

§. 68.

(KG. §§. 62[1], 45 MStrGO.) Gleiche Strafe (§. 67) trifft eine Person des Beurlaubtenstandes,[1]) welche nach bekannt gemachter Kriegsbereitschaft oder nach angeordneter Mobilmachung ihrer Einberufung[2]) zum Dienste oder einer öffentlichen Aufforderung zur Stellung nicht binnen drei Tagen[3]) nach Ablauf der bestimmten Frist Folge leistet.[4]) [5])

1) Ueber die Zugehörigkeit zum Beurlaubtenstande vgl. Note 1 zu § 6 MStrGB. Bezügl. der Unterstellung der Personen des Beurlaubtenstandes unter Militärstrafgerichtsbarkeit vgl. § 5 Nr. 1 MStrGO.

2) Aus dem Wortlaut des § 68 folgt, daß die stattgehabte Einberufung zum Kriegsdienst nach angeordneter Mobilmachung 2c., d. h. die Behändigung der Einberufungsordre oder die öffentliche Aufforderung zur Stellung zu einem bestimmten Tage die unbedingte nothwendige Voraus-

setzung zur Anwendung der Strafvorschrift des § 67 MStrGB. auf eine Person des Beurlaubtenstandes ist. (Beschluß d. fr. Pr. Generalauditoriums v. 28. März 1873).

3) Die Frist von 3 Tagen beginnt mit Ablauf des in der Einberufungsordre oder in der öffentlichen Aufforderung zur Stellung bestimmten Tages, vgl. Note 1 zu § 66.

4) Jedes schuldhafte, gleichgültig ob vorsätzliche oder fahrlässige Nichtfolgeleisten fällt unter die Strafvorschrift des § 68 MStrGB. Ein fahrlässiges Nichtfolgeleisten liegt auch vor, wenn der Thäter es schuldhaft verabsäumt hat, sich rechtzeitig Kenntniß von der öffentlichen Aufforderung zu verschaffen.

Der Einberufung u. s w. ist Folge geleistet, wenn die Person des Beurlaubtenstandes, in der Absicht zu ihrem Truppentheile befördert zu werden, sich bei einer Deutschen Militär- oder Civilbehörde (auch im Auslande) meldet.

5) Gestellen sich im Frieden Personen des Beurlaubtenstandes nicht rechtzeitig oder überhaupt nicht zu Uebungen, so sind die Strafvorschriften der §§ 64, 66 event. auch 69 ff. MStrGB., nicht aber § 92 das. anwendbar. Vgl. auch § 6 MStrGB., § 38 B. RMG. und § 25 DStO., § 28 MDStO.; RMGer. III 30. Januar 1901. E. 1, 19.

§. 69.

(KG. §§. 62[1], 45 MStrGO.) **Wer[1]) sich einer unerlaubten Entfernung[2]) (§§. 64, 65, 68) in der Absicht,[2a]) sich seiner gesetzlichen oder von ihm übernommenen Verpflichtung zum Dienste[3]) dauernd zu entziehen, schuldig macht, ist wegen Fahnenflucht (Desertion)[4]) zu bestrafen.[5])**

1) Vgl. Note 2 und 3 zu § 64 und § 68 MStrGB. Die zum aktiven Heer (Marine) gehörigen Personen des Soldatenstandes, sowie die in § 56 Nr. 2—4 RMG. und § 68 MStrGB. aufgeführten Personen des Beurlaubten-

standes machen sich durch unerlaubte Auswanderung der Fahnenflucht schuldig.

Die übrigen Personen des Beurlaubtenstandes, welche ohne Erlaubniß auswandern, fallen und zwar:

a) die Offiziere und Sanitätsoffiziere des Beurlaubtenstandes

unter die Strafvorschrift des § 140 Nr. 2 RStrGB. (vgl. auch § 60 Nr. 2 RMG.: § 15 des Ges. v. 1. Juni 1870),

b) die Mannschaften der Reserve, Marinereserve, Landwehr, Seewehr, Ersatzreserve, Marineersatzreserve, ferner die nach Aufruf des Landsturms davon betroffenen Landsturmpflichtigen, sowie die nach freiwilliger Meldung in die Listen des Landsturms eingetragenen Personen

unter die Strafvorschrift des § 360 Nr. 3 RStrGB., vgl. auch §§ 26, 30 des Ges. v. 11. Febr. 1888. Wehrmänner des 2. Aufgebots und die erwähnten Landsturmpflichtigen haben nur von der vorstehenden Auswanderung der Militärbehörde Anzeige zu machen.

Zuständig sind die Civilgerichte. KM. 18. Juni 1875 und Pr. Justizmin. v. 1. Febr. 1875.

2) Die ein Thatbestandsmerkmal der Fahnenflucht bildende unerlaubte Entfernung verlangt, objektiv ein eigenmächtiges Sichtrennen des zum militärischen Dienste Verpflichteten von der Machtsphäre der ihm militärisch Uebergeordneten und subjektiv den Willen des Thäters, diese Trennung — um sich dem Dienste zu entziehen — in die That umzusetzen. RMGer. II 2. August 1902. E. 3,169.

2a) Unter „Absicht" ist nicht der bloße Vorsatz, sondern der auf den Erfolg gerichtete Wille zu verstehen; neben dieser Absicht kann eine andere Absicht (z. B. die einer Gefängnißstrafe zu entgehen) bestehen. RG. IV 1. November 1884. R. 6,680.

Die Absicht, sich der Dienstverpflichtung dauernd zu entziehen, kann auch nach Vollendung der unerlaubten

Entfernung (§§ 64, 65, 68 MStrGB.) eintreten (dolus superveniens). Für den subjektiven Thatbestand des § 69 cit. genügt es auch, wenn sich der Thäter von der Truppe oder Dienststellung entfernt oder fernhält in der bewußten oder gewollten Möglichkeit, sich dauernd hierdurch seiner Verpflichtung zum Dienst zu entziehen (dolus eventualis). Die Absicht, der Verpflichtung zum Dienst sich dauernd zu entziehen, enthält zugleich die Absicht zum Dienst nicht zurückzukehren. Aus einer beabsichtigten Auswanderung ins Ausland oder dem Eintreten in fremden Heeresdienst kann die Absicht, sich dauernd der Dienstpflicht zu entziehen, mit Recht gefolgert werden. Ob die unerlaubte Entfernung in dieser Absicht erfolgte und mit welchen Handlungen diese Absicht zur äußern Erscheinung kam, ist eine von den Umständen des einzelnen Falles beeinflußte und der Nachprüfung in der Revisionsinstanz entzogene Thatfrage. RG. I 3. Febr. 1881. R. 3,3.

3) Die gesetzliche Verpflichtung zum Dienst entspringt aus der Wehrpflicht (§§ 5 ff. WO.); gleichgültig ist, ob derselben in Folge der Aushebung oder des freiwilligen Eintritts genügt wird. Die übernommene Dienstpflicht beruht auf Vertrag (Kapitulation, Anstellung als Beamter § 153 MStrGB.).

Hinsichtlich bereits eingestellter Soldaten ist unter Verpflichtung zum Dienst im Sinne des § 69 MStrGB. die den Fahnenflüchtigen obliegende konkrete Dienstpflicht zu verstehen, d. h. die Verpflichtung, bei demjenigen Truppentheil zu verbleiben, dem sie durch den Befehl der vorgesetzten Behörde zugetheilt wurden. RMGer. I 9. Januar 1902. E. 2,126. Diese Dienstpflicht wird auch verletzt durch eine in der Absicht, bei einem anderen deutschen Truppentheil (z. B. Ostasiatischer Besatzungsbrigade, Schutztruppen, Ersatztruppen ꝛc.) einzutreten oder — falls es sich um einen an Bord Kommandirten handelt — um die Ausreise mit dem Schiffe zu vermeiden, unternommene Entfernung von der Truppe ꝛc. Beschl. d. fr. Pr.

Generalaudit. v. 12. Sept. 1900. RMGer. PE. III Nr. 43.

Eingestellte Dienstuntaugliche sind so lange zum Heeresdienst verpflichtet, bis ihre ordnungsmäßige Entlassung erfolgt; vor dieser Entlassung machen sie sich der Fahnenflucht schuldig, wenn sie in der vom § 69 cit. geforderten Absicht eine unerlaubte Entfernung begehen. RMGer. I 13. Juni 1901. E. 1,184. Das Gleiche gilt für in das Heer eingestellte Rekruten, welche später dienstuntauglich werden. RMGer. II 12. März 1902. E. 2,222. Ein irrthümlich eingestellter Ausländer kann keine Fahnenflucht begehen. RMGer. II 9. Nov. 1901. E. 2,53.

4) Ob die Fahnenflucht vollendet ist, hängt davon ab, ob die Thatbestandsmerkmale der Entfernung, des Fernbleibens, der Urlaubsüberschreitung u. s. w. bereits gegeben oder noch in der Ausführung begriffen sind. Die Frage ist thatsächlicher Natur. Das Verlassen der Garnison ist kein nothwendiges Erforderniß des Thatbestandes der Fahnenflucht; die Vollendung der Fahnenflucht kann ferner erst mit der Entfernung ins Ausland ohne Rechtsirrthum angenommen werden. RG. III 31. März 1880. R. 1,511. E. 6,7. Begeht der Thäter Handlungen, welche sich als Anfang der Entfernung von dem ihm dienstlich angewiesenen Aufenthaltsorte darstellen, so liegt hierin — die subjektiven Strafvermerke vorausgesetzt — eine Willensbethätigung, die den vom Gesetzgeber im Allgemeinen bedrohten Thatbestand der Fahnenflucht verwirklichen soll, d. h. ein strafbarer Versuch. RMGer. II 19. April 1902. E. 2,287. Hat ein Militärgefangener seine Zelle erbrochen und sich aus derselben — wenn auch nicht aus dem Gefängniß — in der Absicht dauernder Dienstpflicht-Entziehung entfernt, so hat mit dieser Entfernung schon die Ausführung der Fahnenflucht begonnen. RMGer. II 23. September 1901. E. 2,3.

5) Die Dauer einer Fahnenflucht ist auf die Dienstzeit nicht anzurechnen. § 13 Nr. 1 Anm. 2a. HO. Bezüglich

der Beendigung einer Fahnenflucht vgl. Note 1 zu § 66 MStr.GB.

§. 70.

(KG. §§. 62[1], 45 MStrGO.) Die Fahnenflucht wird mit Gefängniß[1]) von sechs Monaten bis zu zwei Jahren, im ersten Rückfalle[2]) mit Gefängniß von Einem Jahre bis zu fünf Jahren, im wiederholten Rückfalle[2]) mit Zuchthaus von fünf bis zu zehn Jahren bestraft.

Der Versuch ist strafbar.[3])

1) Neben der Gefängnißstrafe ist auf Versetzung in die 2. Klasse des Soldatenstandes zu erkennen. § 74 MStrGB.

2) Bezüglich des ersten und wiederholten Rückfalls vgl. § 13 MStrGB. In Friedenszeiten verübte Fahnenflucht im ersten Rückfalle ist ein militärisches Vergehen, im wiederholten Rückfalle ein militärisches Verbrechen. Eine Vorbestrafung wegen unerlaubter Entfernung oder wegen Vergehens, Verbrechens gegen § 78 MStrGB. begründet für eine spätere Fahnenflucht, da nicht militärische Delikte gleicher Art vorliegen, keinen Rückfall. Bei Beurtheilung der Rückfälligkeit der That steht der Bestrafung als Thäter die Bestrafung wegen Versuchs oder Theilnahme (Anstiftung, Beihülfe) an der Fahnenflucht gleich. Vgl. Note 1a zu § 13 MStrGB.

3) Neben der Versuchsstrafe ist die Versetzung in die 2. Klasse des Soldatenstandes zulässig. §§ 74, 76 MStrGB.

§. 71.

(KG. §§. 62[1], 45 MStrGO.) Die Fahnenflucht im Felde[1]) wird mit Gefängniß[2]) von fünf bis zu zehn Jahren bestraft; im Rückfalle[3]) tritt, wenn die frühere Fahnenflucht[4]) nicht im Felde begangen ist, Zuchthaus nicht unter fünf Jahren und, wenn die frühere Fahnenflucht im Felde begangen ist, Todesstrafe ein.[5])

1) Vgl. §§ 9, 10 MStrGB. Wer in Friedenszeiten fahnenflüchtig geworden ist, unterliegt auch bei einem bis zu seiner Bestrafung ausgebrochenen Kriege der Strafvorschrift des § 71 MStrGB. Da der Fahnenflüchtige Person des aktiven Dienststandes im Sinne des § 10 Abs. 1 MStrGB. bleibt und die Fahnenflucht ein Dauerdelikt ist, begeht der Fahnenflüchtige, falls er nach der Mobilmachung nicht zurückkehrt, Fahnenflucht im Felde. Vgl. auch § 52 MStrGB.

2) Neben der Gefängnißstrafe ist auf Versetzung in die 2. Klasse des Soldatenstandes zu erkennen.

3) Sowohl der erste wie der wiederholte Rückfall kommt in Betracht.

4) Liegt Fahnenflucht im Felde im wiederholten Rückfall vor, so tritt Todesstrafe ein, wenn auch nur eins der früheren Fahnenfluchtsdelikte im Felde begangen ist.

5) Die Strafbestimmung des § 71 MStrGB. tritt im Falle des § 68 in Verbindung mit dem Falle des § 69 MStrGB. ein.

§. 72.

(KG. §§. 62[1], 45 MStrGO.) Haben Mehrere[1]) eine Fahnenflucht verabredet[2]) und[3]) gemeinschaftlich ausgeführt, so wird die an sich verwirkte[4]) Zuchthausstrafe oder Gefängnißstrafe um die Dauer von Einem Jahre bis zu fünf Jahren erhöht.[5])

Ist die Handlung im Felde[6]) begangen, so tritt statt des Gefängnisses[7]) Zuchthaus von gleicher Dauer, gegen den Rädelsführer[8]) und gegen den Anstifter[9]) Todesstrafe ein.

1) Es genügen zwei Personen.

2) „Verabredung" setzt voraus, daß durch die schließ-

liche Einigung der Berathenden es zu dem Entschluß, die Fahnenflucht auszuführen, gekommen ist. Eine mündliche Aussprache ist nicht nothwendig, die Verabredung kann auch durch Zeichen, konkludente Handlungen erfolgen. RMGer. PE. II Nr. 153. Mittel, Art, Ort und Zeit der Ausführung brauchen nicht bestimmt zu sein.

3) Zur Verabredung der Fahnenflucht muß noch die gemeinschaftliche Ausführung der That hinzutreten, um den Thatbestand des § 72 MStrGB. zu erfüllen; jeder der an der Verabredung betheiligten Komplottanten (auch der Anstifter und Rädelsführer) müssen fahnenflüchtig werden. Liegt Verabredung Mehrerer zur Fahnenflucht eines Einzelnen vor, so greift eventuell § 78 MStrGB. Platz.

Die That muß gemeinschaftlich ausgeführt sein, d. h. in bewußtem und gewolltem Zusammenwirken; jeder Einzelne muß sich bewußt sein, daß mehrere zusammenwirkend thätig sind und thätig sein wollen. RG. III 8. Mai 1880. R. 1,742. II 26. Sept. 1882. R. 4,718. RMGer. PE. III Nr. 141. Gleichzeitigkeit der Ausführung, oder Ausführung der That an demselben Orte wird nicht erfordert.

4) Die an sich verwirkte Strafe ist die für den einzelnen Fall unter Berücksichtigung der strafmindernden und straferhöhenden Momente (§§ 70, 71, 72 MStrGB., §§ 318, 323, 326 MStrGO.) ausgemessene Strafe. Befindet sich unter den Thätern ein Vorgesetzter, so ist bei der für diesen an sich verwirkten Strafe zunächst die Straferhöhung aus § 55 Nr. 1 event. § 115 MStrGB. zu berücksichtigen.

5) Das Vergehen der Fahnenflucht kann durch die Straferhöhung zum Verbrechen werden. RMGer. II. 19. Sept. 1901. E. 1,290; PE. III. Nr. 110.

6) Vgl. §§ 9 und 10 MStrGB.

Absatz 2 enthält einen straferschwerenden Umstand, vgl. auch §§ 318, 323 Abs. 2, 326 MStrGO.

7) Abs. 1 § 72 MStrGB. setzt allgemein für die verabredete und gemeinschaftlich verübte Fahnenflucht, gleichgültig, ob das Delikt im Felde oder nicht im Felde

begangen ist, eine Straferhöhung fest. Abs. 2 § 72 cit. normirt keine Erhöhung dieser Strafe, sondern verhängt an Stelle der nach § 71 MStrGB. an sich verwirkten Gefängnißstrafe eine schärfere Strafart, Zuchthaus. Verabredete, gemeinschaftlich ausgeführte Fahnenflucht im Felde im ersten Begehungsfall ist sonach mit 5—15 Jahren Zuchthaus bedroht. Ist dies Delikt im Rückfall begangen und die den Rückfall begründende Bestrafung wegen in Friedenszeiten verübter Fahnenflucht erfolgt, so erhöht sich der Strafrahmen gemäß § 72 Abs. 1 MStrGB. auf 6—15 Jahre Zuchthaus. Vgl. auch § 14 RStrGB.

8) Rädelsführer ist derjenige, welcher die Führung der die Fahnenflucht verabredenden und ausführenden Personen hat; diese Führung kann sich in dem Zusammenbringen, Zusammenhalten der Thäter, in der Bestimmung der Ausführung des Delikts, der geistigen Leitung dessen u. s. w. bethätigen.

9) Der Begriff der Anstiftung im Sinne des § 48 RStrGB. erfordert die vorsätzliche Bestimmung eines Anderen zu dem von demselben begangenen Delikt durch Geschenke, Drohung ꝛc. Im Falle des § 72 Abs. 2 MStrGB. wird der Andere zur Theilnahme (Mitthäterschaft) an der eigenen, gemeinschaftlich mit dem Angestifteten zu begehenden That des Anstifters bestimmt, es fehlt mithin zur Anwendung des § 48 RStrGB. und zur Strafbarkeit des Anstifters das Thatbestandsmerkmal der von einem Anderen begangenen That. RG. IV 31. Mai 1895. E. 27,273. Abs. 2 § 72 cit. sieht daher für die außerhalb der Thäterschaft des Anstifters liegende Thätigkeit der Anstiftung zu dem im Felde begangenen Delikt gegen § 72 cit. eine besondere Strafe, die Todesstrafe, vor.

§. 73.

(KG. §§. 62[1], 45 MStrGO.) Die Fahnenflucht vom Posten[1]) vor dem Feinde oder aus einer belagerten[2]) Festung[3]) wird mit dem Tode bestraft.

Dieselbe Strafe trifft den Fahnenflüchtigen,[4]) welcher zum Feinde übergeht.[5])

1) Im militärischen Sinne bezeichnet „Posten" sowohl einen Ort, welcher zu halten ist, wie die diesen Ort haltenden Mannschaften; unter den Begriff „Posten vor dem Feinde" fallen alle in Gewärtigung eines Zusammentreffens mit dem Feinde zum Sicherheitsdienst erfolgten Postirungen. Z. B. Patrouillen, Feldwachen, Vorposten, Gros der Vorposten, vgl. auch § 165 MStrGB.

2) Die Erklärung einer Festung in Belagerungszustand genügt nicht, die Festung muß ganz oder theilweise vom Feinde umschlossen sein.

3) Erfordert ist nur, daß die Fahnenflucht aus einer belagerten Festung, nicht auch, daß sie vom Posten aus einer belagerten Festung erfolgte.

4) Die Fahnenflucht muß im Felde verübt sein. Auf vor dem Kriege fahnenflüchtig gewordene, in feindliche Militärdienste eingetretene Personen, welche nach Ausbruch des Krieges in diesen Diensten verbleiben, findet die Strafvorschrift des § 73 Abs. 2 MStrGB. Anwendung. Vgl. Note 1 zu § 71 MStrGB. Daß die Fahnenflucht vor dem Feinde begangen wurde und der Fahnenflüchtige unmittelbar zum Feinde übergeht, ist nicht nothwendig; ebenso wenig erfordert der Begriff des Uebergehens zum Feinde den Eintritt in feindliche Militärdienste.

5) § 73 MStrGB. findet auch auf Militärbeamte, welche aus einer belagerten Festung desertiren oder zum Feinde übergehen, Anwendung; § 153 MStrGB.

§. 74.

Neben dem wegen Fahnenflucht verwirkten[1]) Gefängniß ist[2]) auf Versetzung in die zweite Klasse des Soldatenstandes zu erkennen.[3])

1) D. h. erkannten Gefängnißstrafe. Unerheblich ist,

ob die erkannte Strafe durch die Untersuchungshaft für verbüßt erachtet wird.

2) Auf die Ehrenstrafe muß, abgesehen von der im § 75 MStrGB. gegebenen Ausnahme erkannt werden, und zwar auch dann, wenn gleichzeitig wegen eines konkurrirenden Verbrechens Zuchthaus und Entfernung aus dem Heere verhängt wird. RMGer. PE. II Nr. 154. Beim Versuch der Fahnenflucht ist die Ehrenstrafe nicht geboten, nur zulässig; § 46 MStrGB. Befindet sich der Thäter bereits in der 2. Klasse des Soldatenstandes, so ist auf erneute Versetzung in die 2. Klasse des Soldatenstandes zu erkennen.

3) Gegen Offiziere ist statt der Versetzung in die 2. Klasse d. S. Entfernung aus dem Heere (§ 31 Abs. 1 Nr. 2 MStrGB.), gegen Unteroffiziere neben der Versetzung in die 2. Kl. d. S. Degradation (§ 40 Abs. 1 Nr. 2 MStrGB.), gegen Militärbeamte Amtsverlust (§ 153 MStrGB.) auszusprechen.

§. 75.

(KG. §§. 62[1], 45 MStrGO.) **Stellt[1]) sich ein Fahnenflüchtiger[2]) innerhalb sechs Wochen[3]) nach erfolgter Fahnenflucht,[4]) so kann, wenn dieselbe nicht im Felde begangen ist, die an sich verwirkte[5]) Zuchthausstrafe oder Gefängnißstrafe bis auf die Hälfte ermäßigt, auch kann, wenn kein Rückfall vorliegt, von der Versetzung in die zweite Klasse des Soldatenstandes abgesehen werden. Gegen Unteroffiziere muß jedoch auf Degradation erkannt werden.[6])**

1) Die Absicht, zum Truppentheil zurückzukehren, muß dadurch erfüllt sein, daß der Fahnenflüchtige sich in den Machtbereich des Truppentheils oder einer sonstigen zuständigen Behörde (z. B. militärische Wache, Polizeibehörde, Konsulat) begiebt und sich unter Meldung des Sachverhalts

zur Verfügung stellt. Es kann im Einzelfalle zweifelhaft sein, wann diese Gestellung als vollendet angesehen werden kann. Dies namentlich dann, wenn nach Eintritt in den Machtbereich der zuständigen Behörde der Fahnenflüchtige überraschend verhaftet wird, bevor er die beabsichtigte Meldung zu erklären in der Lage war. In solchen Fällen wird unter Umständen die Gestellung als vor der Verhaftung zur Ausführung gebracht erachtet werden können. RMGer. II 7. Mai 1901. E. 1, 123. Im Auslande kann die Gestellung eines Fahnenflüchtigen im Sinne des § 75 MStrGB. nicht nur bei einer deutschen Gesandtschaft oder Konsularbehörde, sondern auch bei einer Behörde des betreffenden ausländischen Staates erfolgen, wenn diese Behörde auf Grund besonderer Staatsverträge zur umgehenden Zurückführung des Fahnenflüchtigen verpflichtet ist (wie z. B. in Dänemark, Oesterreich). RMGer. I 3. April 1902. E. 2, 255.

Die Gestellung muß eine persönliche und freiwillige sein; eine solche liegt auch vor, wenn der Fahnenflüchtige mit seinem Willen von dritten Personen (Verwandten, Vormund) seiner Truppe zugeführt wird.

2) Auf die unerlaubte Entfernung (§§ 64—68 MStrGB.) findet § 75 cit. nicht Anwendung.

3) Der Lauf der Frist beginnt mit Ablauf des Tages, an welchem die Entfernung ꝛc. erfolgte. RMGer. PE. II Nr. 151. Vgl. auch Note 1 zu § 66 u. Note 3 zu § 68 MStrGB.

4) Die Vorschrift gilt auch für die erste im Komplott verübte Fahnenflucht im Frieden. Abs. 1 § 72 MStrGB.

5) Vgl. Note 4 zu § 72 MStrGB. In den Urtheilsgründen ist zunächst die an sich verwirkte Strafe auszusprechen und sodann die Ermäßigung zu bestimmen. RMGer. PE. III Nr. 123. Die an sich verwirkte Strafe im Sinne des § 75 MStrGB. ist bei der im Komplotte begangenen Fahnenflucht nicht nur die nach § 70 das. zu verhängende Strafe, sondern diese Strafe einschließlich der nach § 72

das. verwirkten Straferhöhung. Hiernach ist die niedrigste gesetzlich zulässige Strafe für das erwähnte Delikt in den Fällen des § 75 das. neun Monate Gefängniß. RMGer. PE. II Nr. 152. Ist die an sich verwirkte Zuchthausstrafe auf weniger, als 1 Jahr zu ermäßigen, so tritt an die Stelle derselben Gefängniß von gleicher Dauer; § 17 MStrGB.

6) Gegen einen Offizier muß im gleichen Falle auf Dienstentlassung erkannt werden; § 34 Abs. 1 Nr. 2 MStrGB.

§. 76.

Die Verjährung der Strafverfolgung[1]) wegen Fahnenflucht beginnt mit[2]) dem Tage, an welchem der Fahnenflüchtige, wenn er die Handlung nicht begangen hätte, seine gesetzliche[3]) oder von ihm übernommene Verpflichtung zum Dienste erfüllt haben würde.

1) Es kommt nicht darauf an, daß der Thäter auch noch zur Zeit der Strafverfolgung deutscher Reichsangehöriger ist oder ob er die Staatsangehörigkeit durch zehn- bezw. fünfjährigen Aufenthalt im Auslande inzwischen verloren hat. RG. III 20. Januar 1896. E. 28,127. Eine Ausnahme enthält der Vertrag zwischen dem Norddeutschen Bund und den Vereinigt. Staaten von Nordamerika v. 22. Febr. 1868, Art. 112 (Bancroft-Vertrag), sowie die diesem nachgebildeten Verträge der Vereinigten Staaten mit Bayern, Württemberg, Baden, Hessen. Nach demselben kann ein naturalisirter Amerikanischer Staatsbürger, welcher sich ununterbrochen 5 Jahre in den Vereinigten Staaten aufgehalten hat, wegen einer durch die Auswanderung verübten Strafthat nach seiner Rückkehr und selbst nach Verlust der Amerikanischen Staatsangehörigkeit nicht mehr bestraft werden. RG. I 18. Febr. 1897. E. 29,391 und III 20. Jan. 1896. E.

28,127, vgl. auch § 21 Abs. 3 des Indigenatsges. v. 21. Juni 1870, Olsh. Note 10 zu § 140.

Wegen der Verjährungsfristen vgl. § 67 RStrGB. Die Verjährung der Strafvollstreckung regeln §§ 70, 72 RStrGB.

2) Die Fahnenflucht ist ein Dauerdelikt; bei diesem beginnt die Verjährung erst dann, wenn die Thätigkeit (Unterlassung) aufgehört hat. RG. II 2. November 1883. E. 9,152. Der Lauf der Verjährungsfrist beginnt daher **mit Ablauf** des Tages, an welchem die Verpflichtung **zum Dienst erfüllt ist. Die Frist vollendet sich** mit Ablauf des letzten zu der Frist **gehörigen Tages. RG. III 16.** Nov. 1881 R. 3,716. Bei der gesetzlichen Verpflichtung zum Dienst beginnt die Verjährungsfrist mit dem 1. April desjenigen Kalenderjahres, in welchem der Thäter das 39. Lebensjahr vollendet. § 3 des Ges. v. 11. Febr. 1888 § 5 Nr. 2 WO.

Hinsichtlich der Offiziere und Fähnriche des aktiven Dienststandes verjährt das Verbrechen der Fahnenflucht nicht, so lange nicht die freiwillig übernommene Dienstpflicht eines solchen Offiziers durch Dienstentlassung oder Verabschiedung ihr Ende erreicht hat. Für den Beginn der Verjährung ist es in diesem Falle gleichgiltig, ob eine daneben etwa bestehende gesetzliche Dienstpflicht des Fahnenflüchtigen erfüllt ist oder nicht. Die Streichung des Offiziers aus der Armeeliste und aus dem Etat der Truppe ist mit Entlassung aus dem Dienst nicht gleichbedeutend, zieht auch eine solche Maßregel nicht nach sich.

Bei Kapitulanten, welche ihrer gesetzlichen Dienstpflicht noch nicht genügt haben, beginnt die Verjährung der Fahnenflucht am 1. April desjenigen Kalenderjahres, in welchem der Thäter das 39. Lebensjahr vollendet. Hat der Kapitulant die gesetzliche, nicht aber die übernommene Dienstpflicht erfüllt, so beginnt die Verjährung **mit dem Ablauf** des Tages der eingegangenen Kapitulation. Hat der Kapitulant die gesetzliche Dienstpflicht noch nicht vollständig erfüllt, und fällt der Ablauf der Kapitulation später, als das Ende der gesetzlichen Dienstpflicht, so beginnt der Lauf der Verjährungsfrist mit dem Ablauf des Tages, an welchem die Kapitulationszeit ihr Ende erreicht.

3) Unter die gesetzliche Verpflichtung zum Dienst im Sinne dieser Vorschrift fällt nicht die Pflicht zum Dienst im Landsturm. Die „Verpflichtung zum Dienst" ist stets nur die dem Fahnenflüchtigen obliegende konkrete Dienstpflicht. Ist ein Fahnenflüchtiger zu einer Zeit entwichen, zu welcher eine längere, als z. B. 12jährige Gesammtdienstpflicht bestand, so kommt ihm eine vor dem Zeitpunkte, an welchem er die längere Dienstpflicht erfüllt haben würde, erfolgte Herabsetzung jener Dienstpflicht nur in dem Maße zu Gute, in welchem sie für die Mannschaften seiner Altersklasse bestand.

War vor dem Inkrafttreten des Ges. v. 11. Febr. 1888 die Verjährung mit Rücksicht auf die frühere Dauer der gesetzlichen Dienstpflicht bereits vollendet, so ist eine Strafverfolgung auf Grund der durch das cit. Gesetz verlängerten Dienstzeit ausgeschlossen. Hatte die Verjährung vor dem Inkrafttreten des besagten Gesetzes noch nicht begonnen, so ist für den Beginn derselben die durch das Ges. v. 11. Febr. 1888 festgesetzte Dauer der gesetzlichen Dienstpflicht maßgebend. Das Gleiche gilt auch dann, wenn unter der Herrschaft des früheren Gesetzes zwar die gesetzliche Voraussetzung des Beginns der Verjährung erfüllt, die gesetzliche Verjährungsfrist aber bei dem Inkrafttreten des Ges. v. 11. Febr. 1888 noch nicht abgelaufen war. Rundschr. d. fr. Pr. Gen. Auditoriats v. 25. Mai 1889. § 3 Abs. 2 des Ges. v. 11. Febr. 1888.

§. 77.

(KG. bezw. i. F. StG. §§. 62[1], 45, 16[1] MStrGO.) **Wer von dem Vorhaben[1]) einer Fahnenflucht[2]) zu einer Zeit, in welcher deren Verhütung möglich ist,[3]) glaubhafte Kenntniß[4]) erhält und es unterläßt,[5])** hiervon[6]) seinem Vorgesetzten rechtzeitig[7]) Anzeige zu machen, ist, wenn die Fahnenflucht begangen worden,[8]) mit Freiheitsstrafe[9]) bis zu sechs Monaten und, wenn die Fahnenflucht im Felde begangen worden, mit Freiheitsstrafe[10]) von Einem Jahre bis zu drei Jahren zu bestrafen.[11])

1) Vgl. Note 2 zu § 60 MStrGB.
2) Vgl. §§ 70—73 das.
3) Vgl. Note 3 § 60 das.
4) Vgl. Note 4 § 60 das.
5) Vgl. Note 5 § 60 das.
6) Vgl. Note 6 § 60 das.
7) Vgl. Note 7 § 60 das.
8) Vgl. Note 9 § 60 das. Es muß vollendete Fahnenflucht vorliegen; Fahnenfluchtsversuch genügt nicht.

9) Arrest 1 Tag bis 6 bezw. 4 Wochen Gefängniß, Festungshaft 43 Tage bis 6 Monate. Bezüglich des strengen Arrestes vgl. § 22 Abs. 3 MStrGB.

10) Gefängniß oder Festungshaft. Wegen Degradation und Dienstentlassung vgl. §§ 34, 40 MStrGB.

11) Der Strafvorschrift des § 77 MStrGB. unterstehen auch die in § 56 Nr. 2—4 benannten Personen des Beurlaubtenstandes. § 60 Nr. 3 RMG. Vgl. auch Note 2 zu § 64 MStrGB.

§. 78.

(KG. §§. 62[1], 45 MStrGO.) Wer[1]) einen Anderen[2]) zur Fahnenflucht[3]) vorsätzlich[4]) verleitet[5]) oder die Fahnenflucht desselben vorsätzlich befördert,[5]) wird, wenn die Fahnenflucht erfolgt ist,[6]) mit Gefängniß von sechs Monaten bis zu zwei Jahren, im Felde mit Gefängniß von fünf bis zu zehn Jahren bestrast; zugleich kann auf Versetzung in die zweite Klasse des Soldatenstandes erkannt werden.

Der Versuch[7]) ist strafbar.[8]) [9])

1) § 6 MStrGB. ist durch § 60 Nr. 3 RMG. ergänzt, so daß auf die in § 56 Nr. 2—4 RMG. genannten Personen des Beurlaubtenstandes auch § 78 MStrGB. (und nicht § 141 RStrGB.) Anwendung findet. Vgl. Note 3 und 1 zu § 6 MStrGB.

2) Während § 72 MStrGB. Platz greift, wenn eine Anstiftung zu einer verabredeten und gemeinschaftlich und zwar auch vom Anstifter ausgeführten Fahnenflucht, stattgefunden hat, bedroht § 78 MStrGB. die Anstiftung und Beförderung zur Fahnenflucht eines Anderen, d. h. einer Militärperson des deutschen oder verbündeten Heeres. Begeht der Anstifter für sich und unabhängig von der That, zu der er angestiftet hat, Fahnenflucht, so liegt Realkonkurrenz zwischen § 69 und § 78 MStrGB. vor. Auch die Anstiftung mehrerer fällt unter die Strafvorschrift des § 78 MStrGB.

3) Bei Verleitung und Beförderung der unerlaubten Entfernung wird § 48, § 49 RStrGB. in Verbindung mit §§ 64 ff. MStrGB. anwendbar.

4) Der Wille des Thäters muß auf Verleitung bezw. Beförderung der Fahnenflucht gerichtet sein; Wissen und Wollen des Thatbestandes genügt.

5) Unter Verleitung ist Anstiftung im Sinne des § 48 RStrGB. unter Befördern Beihülfe im Sinne des § 49 RStrGB., zu verstehen. Im § 78 MStrGB. sind die Anstiftung und Beihülfe zu selbstständigen Delikten erhoben. Daß auf Seiten des zu Verleitenden schon eine gewisse Geneigtheit zur Begehung der That vorhanden ist, schließt den Begriff der „Verleitung“ nicht aus. Die Beförderung bezieht sich wie die Beihülfe nur auf die Begehung der Fahnenflucht, im Gegensatz zu der nach der Begehung der Fahnenflucht geleisteten Begünstigung

(§ 257 RStrGB.). Aus der Natur der Fahnenflucht als eines Dauerdelikts ergiebt sich, daß die nach Vollendung der Fahnenflucht, so lange der Zustand der letzteren besteht, geleistete Beförderung (als Beihülfe) aus § 78 MStrGB. und nicht etwa als Begünstigung strafbar ist.

6) Die Fahnenflucht muß die Folge der Verleitung sein; hat der Fahnenflüchtige aus eigenem selbstständigen Entschluß gehandelt, so kann nur ein Versuch des Delikts des § 78 MStrGB. in Frage kommen.

7) Versuch der Verleitung bezw. Beförderung der Fahnenflucht liegt in der Anstiftung und Beihülfe zum Versuch der Fahnenflucht. RG. I 10. November 1881. R. 3,704. E. 5,125. Versuchte Verleitung zur Fahnenflucht ist ferner gegeben, wenn die Anstiftung erfolglos geblieben ist.

8) Ist der Verleitende ein Vorgesetzter, so liegt ideale Konkurrenz mit §§ 115 und 116 MStrGB. vor.

9) Gegen Offiziere ist Entfernung aus dem Heere (§ 31 Abs. 2 MStrGB.), gegen Unteroffiziere Degradation zulässig (§ 40 Abs. 1 Nr. 2 MStrGB.).

§. 79.[1a])

(KG. i. F. StG. §§. 62[1], 45, 16[1] MStrGO.) Ein Gefangener,[1]) welcher sich selbst befreit,[2]) wird, wenn nicht die härtere Strafe der Fahnenflucht verwirkt ist,[3]) mit Freiheitsstrafe[4]) bis zu sechs Monaten bestraft.[5])

1a) Als Thäter kommen unter den Voraussetzungen des § 6 MStrGB. auch Personen des Beurlaubtenstandes in Betracht. Auf Militärbeamte und das Gefolge des Heeres findet § 79 cit. nur im Felde Anwendung. §§ 153, 155—157 MStrGB.

1) Gefangener ist jede rechtmäßig in militärischen Gewahrsam genommene Person; Gefangene im S. des § 79 MStrGB. sind auch vorläufig Festgenommene (§ 7 DStO.,

§ 180 MStrGO., vgl. auch RMGer. I 20. Januar 1902. E. 2,170), Untersuchungsgefangene (§§ 175 ff. MStrGO.), Strafgefangene, gleichgiltig ob die Strafe gerichtlich oder disziplinarisch verhängt ist; dadurch, daß sich der Gefangene auf dem Transport befindet oder in ein Garnisonlazareth Aufnahme findet, wird an der Gefangeneneigenschaft nichts geändert; § 36 MStrVB. Als durch eine Wache, Posten, festgenommen gilt eine Person erst dann, wenn ihr unter Handauflegen oder Berühren mit der Waffe ausdrücklich eröffnet ist, daß sie festgenommen sei. Der bloße Zuruf „Halt“ oder „Sie sind verhaftet, festgenommen rc.“ genügt nicht. Nr. 122 GV. Geschärften Stubenarrest verbüßende Offiziere sind Gefangene im Sinne dieser Vorschrift, dagegen nicht im Quartier- oder Kasernen-Arrest befindliche Soldaten.

Von einer Civilbehörde oder einem Gendarmen in Gewahrsam genommene Personen sind nur dann als in militärischer Haft befindlich anzusehen, wenn die Inhaftirung auf Ersuchen der Militärbehörde erfolgte, oder sonst militärdienstlichen Interessen dient; der Ausbruch eines Fahnenflüchtigen aus einem Civilgefängniß fällt daher unter den Thatbestand des § 79 MStrGB.

2) Vollendet ist die That erst, wenn eine auch nur vorübergehende Entfernung aus der Gewalt der militärischen Vorgesetzten stattgefunden hat. Eine solche Gewalt liegt schon vor, wenn eine Verhaftung in Ausführung militärischer Anordnungen von Civilpersonen stattgefunden hat, letztere also als Organe der militärischen Obrigkeit anzusehen sind.

3) Zwischen dem Vergehen des § 79 MStrGB. und der unerlaubten Entfernung bezw. der Fahnenflucht §§ 64, 69 das. besteht Gesetzeskonkurrenz. Ist die härtere Strafe der Fahnenflucht verwirkt, so kann der Gefangene nicht auch wegen Selbstbefreiung bestraft werden. RMGer. PE. III Nr. 124. Zwischen §§ 66, 67 und § 79 MStrGB. besteht ideale Konkurrenz.

4) Arrest bis 6 bezw. 4 Wochen, Gefängniß, Festungs-

haft von 43 Tagen bis 6 Monate; neben Gefängniß ist gegen Offiziere Dienstentlassung, gegen Unteroffiziere Degradation zulässig; § 34 Abs. 2 Nr. 2, § 40 Abs. 2 Nr. 1 MStrGB.

5) Versuch der Selbstbefreiung ist an sich straflos, ein Handeln zum Zwecke der Selbstbefreiung bleibt jedoch nur dann straflos, wenn das zu diesem Zwecke angewendete Mittel nicht selbst eine strafbare Handlung in sich schließt. RMGer. I 20. Jan. 1902. E. 2,170.

§. 80.

(KG. §§. 62, 45 MStrGO.) Ein Offizier, welcher während der Verbüßung des Stubenarrestes[1]) eigenmächtig[2]) seine Wohnung[3]) verläßt, wird mit Freiheitsstrafe[4]) bis zu sechs Monaten bestraft; zugleich ist auf Dienstentlassung zu erkennen.

Ein Offizier, welcher während der Verbüßung des Stubenarrestes dem Verbot des §. 23 zuwider Besuche[5]) annimmt, wird mit Freiheitsstrafe bis zu sechs Monaten bestraft; in schweren Fällen[6]) ist zugleich auf Dienstentlassung zu erkennen.[7])

1) Bei der Marine: Kammerarrest. Geschärfter Stubenarrest wird in besonderen Offizier-Arrestzimmern vollstreckt (§ 17 MStrVB.) und kommt hier nicht in Betracht. Eine Selbstbefreiung aus demselben fällt unter § 79 MStrGB.

2) d. h. vorsätzliche, ohne Erlaubniß des zuständigen Vorgesetzten. §§ 52—54 RStrGB. finden Anwendung (Erkrankung, Feuersgefahr 2c.).

3) Vgl. Note 2 zu § 23 MStrGB.

4) Stubenarrest, geschärfter Stubenarrest bis 6 Wochen, Gefängniß, Festungshaft von 43 Tagen bis 6 Monate.

5) Aufgedrängte Besuche sind nicht „angenommene“ und erfüllen den Thatbestand des § 80 MStrGB. nicht.

6) Mit schwereren Fällen ist der Gegensatz zu minder schweren Fällen bezeichnet. Vgl. Note 19 zu § 58 MStrGB.

7) Die Vorschrift des § 80 MStrGB. findet auf obere Militärbeamte im Felde Anwendung; die Ehrenstrafe der Dienstentlassung entfällt; auf Amtsverlust darf an Stelle derselben nicht erkannt werden. § 153 MStrGB.

Vierter Abschnitt.

Selbstbeschädigung und Vorschützung von Gebrechen.

§. 81.

(KG. §§. 62[1], 45 MStrGO.) Wer[1]) sich vorsätzlich[2]) durch Selbstverstümmelung oder auf Andere Weise[3]) zur Erfüllung seiner gesetzlichen oder von ihm übernommenen Verpflichtung[4]) zum Dienste untauglich macht[5]) oder durch einen Anderen untauglich machen läßt,[6]) wird mit Gefängniß von Einem Jahre bis zu fünf Jahren bestraft; zugleich ist auf Versetzung in die zweite Klasse des Soldatenstandes zu erkennen.[7]) [8])

Wird durch die Handlung die Unfähigkeit zu Arbeiten für militärische Zwecke verursacht, so ist die an sich verwirkte[9]) Gefängnißstrafe um die Dauer von drei Monaten bis zu Einem Jahre zu erhöhen; zugleich ist auf Entfernung aus dem Heer oder der Marine zu erkennen.[10])

Der Versuch ist strafbar.[11])

1) Als Thäter kommen nur Personen des Soldatenstandes in Betracht und zwar außer den Personen des aktiven Dienststandes auch die in § 56 Nr. 2—4 RMG. aufgeführten Personen des Beurlaubtenstandes. Vgl. Note 1 sub b—d zu § 6 MStrGB.

Andere Mannschaften des Beurlaubtenstandes, sowie Offiziere, Aerzte des Beurlaubtenstandes unterliegen der Strafbestimmung des § 81 MStrGB. nur im Falle des § 6 MStrGB., sind diese Voraussetzungen nicht gegeben, so finden auf diese Personen §§ 142, 143 RStrGB. Anwendung. Auf Militärbeamte erstreckt sich § 81 cit. nicht. Unerheblich ist, ob der Thäter an sich diensttauglich oder dienstuntauglich ist, da auch der dienstuntaugliche eingestellte Mann so lange zum Dienst im Heere verpflichtet ist, bis seine ordnungsmäßige Entlassung erfolgt. RMGer. I 13. Juni 1901. E. 1,184.

2) Die Selbstbeschädigung erfordert, wie die Fahnenflucht, die Absicht, sich der Erfüllung der Dienstpflicht dauernd zu entziehen; beide Delikte unterscheiden sich durch die Art der zur Erreichung der Absicht gewählten Mittel; durch die Worte „zur Erfüllung" soll auch der Fall unter das Delikt subsumirt werden, daß der Thäter in der Absicht handelt, sich bestimmten Dienstleistungen zu entziehen. Der Vorsatz ist darauf gerichtet, sich zur Erfüllung der Dienstpflicht untauglich zu machen. RG. IV 15. Mai 1900. 33,280 u. FS. 26. Juli 1883. E. 9,96.

3) Jede Beschädigung des Körpers, welche die Untauglichkeit zum militärischen Dienste zur Folge hat, kommt in Betracht, gleichviel ob sie äußerlicher oder innerlicher Art ist.

4) Vgl. Note 3 zu § 69 MStrGB.

5) Die Herbeiführung einer absoluten Dienstuntauglichkeit bei einer vorher absolut diensttauglichen Person wird nicht erfordert; es genügt die Herbeiführung des Erfolges, daß eine Person nicht mehr in derjenigen Art und in demjenigen Umfange zum Dienst tauglich ist, in welchem sie es vorher war, also nicht mehr demjenigen Dienst genügen kann, welchem sie vorher gewachsen war. RG. III 5. April 1883. E. 8,214.

Selbstverstümmelung liegt vor, wenn die Selbstbeschädigung auch nur die Untauglichkeit zum Felddienst zur Folge hat. RMGer. PE. III Nr. 125.

Die Untauglichkeit braucht keine derartig für das Leben andauernde zu sein, wie sie regelmäßig die Verstümmelung nach sich zieht. Andererseits begründet die Unfähigkeit, Dienst zu thun, nicht ohne Weiteres die Untauglichkeit, die Dienstpflicht zu erfüllen. Nicht schon jede ganz geringfügige und vorübergehende Gesundheitsstörung, die ohne Weiteres erkennen läßt, daß sie in kurzer Zeit, ohne bleibenden Nachtheil zu hinterlassen, zur Heilung gelangt, fällt unter den Begriff der Untauglichkeit, die Dienstpflicht zu erfüllen; gegebenenfalls wird in solchen Fällen § 83 MStrGB. anwendbar.

Das Delikt kann so lange begangen werden, bis die gesetzliche oder übernommene Verpflichtung zum Dienst noch nicht völlig erfüllt ist, also auch von demjenigen, der einen Theil der gesetzlichen Dienstpflicht, z. B. den Dienst bei der Fahne, bereits Genüge geleistet hat, sich der weiteren Erfüllung der Dienstpflicht durch Untauglichmachung entzieht. RG. IV 15. Mai 1900. E. 33, 280.

6) Daß der Andere schuldhaft handele, ist nicht nothwendig. Ist der Andere eine Civilperson, so findet gegebenen Falls § 142 Abs. 2 RStrGB. auf ihn Anwendung; zuständig ist das Civilgericht.

7) Die zu Arbeiten für militärische Zwecke fähig gebliebenen Soldaten genügen ihrer Dienstpflicht in Arbeiterabtheilungen. Vgl. § 3 Nr. 2 der Dienstvorschrift für Arbeiter-Abtheilungen v. 31 August 1881.

8) Gegen Offiziere muß auf Entfernung aus dem Heere § 31 Abs. 1 Nr. 2, gegen Unteroffiziere auf Degradation § 40 Abs. 1 Nr. 2 MStrGB. erkannt werden.

9) Die an sich verwirkte Strafe ist die für den einzelnen Fall unter Berücksichtigung der strafmildernden und strafschärfenden Umstände ausgemessene Strafe; sie ist zum Zwecke der Straferhöhung im Urtheil festzustellen.

10) Die Strafvollstreckung geht auf die bürgerlichen Behörden über; § 15 Abs. 3 MStrGB., §§ 5, 45 MStrBB.

11) Die Vorschrift bezieht sich nur auf den Abs. 1 des

§ 81 cit.; Abs. 2 des § 81 setzt eine vollendete Handlung voraus. Ueber den Versuch vgl. §§ 43 ff. RStrGB. Beim Versuch ist die Versetzung in die 2. Klasse des Soldatenstandes zulässig, nicht geboten; § 46 MStrGB.

§. 82.[1])

(KG. §§. 62[1], 45 MStrGB.) Dieselben Freiheitsstrafen[2]) (§. 81) treffen denjenigen,[3]) welcher einen Anderen[4]) auf dessen Verlangen[5]) zur Erfüllung[6]) seiner gesetzlichen oder von ihm übernommenen Verpflichtung[7]) zum Dienste untauglich macht; zugleich kann auf Versetzung in die zweite Klasse des Soldatenstandes erkannt werden.[8]) [9])

1) Nur insoweit in der Handlung des § 82 MStrGB. eine Beihülfe im Sinne des § 49 RStrGB. liegt, wird die Anwendung dieser letzteren Vorschrift durch die Spezialvorschrift des § 82 cit. ausgeschlossen, andere Fälle der Beihülfe bleiben nach § 49 RStrGB. in Verbindung mit § 81 MStrGB. strafbar.

2) Und zwar, gegebenen Falles, auch die in § 81 Abs. 2 angedrohte Strafe, wenn die Handlung die Unfähigkeit zu Arbeiten zu militärischen Zwecken verursacht hat.

3) Vgl. Note 1 zu § 81 MStrGB. Civilpersonen unterstehen der Vorschrift des § 142 Abs. 2 RStrGB.

4) Der Andere muß eine Person des Soldatenstandes sein; die an einer wehrpflichtigen Civilperson von einem Soldaten begangene Untauglichmachung zur Erfüllung der Wehrpflicht ist nach § 142 Abs. 2 RStrGB. strafbar.

5) Es genügt das stillschweigende Verlangen, d. h. die Zustimmung, Einwilligung. Fehlt die Zustimmung des untauglich Gemachten, so sind §§ 223 ff. RStrGB. anwendbar.

6) Die Handlung muß vorsätzlich begangen sein; der Thäter muß wissen und wollen, daß ein Anderer zur Erfüllung der Dienstpflicht untauglich gemacht werden soll.

7) Vgl. Note 3 zu § 69 MStrGB.

8) Der Versuch ist nur strafbar im Falle des Abs. 2 des § 81 MStrGB., da die dort angedrohte Strafe 5 Jahr Gefängniß übersteigt; § 1 Abs. 1 MStrGB., § 43 Abs. 1 RStrGB.

9) Gegen Offiziere ist Entfernung aus dem Heere (§ 31 Abs. 3 MStrGB.) zulässig, gegen Unteroffiziere muß neben Versetzung in die 2. Klasse des Soldatenstandes Degradation (§ 40 Abs. 1 Nr. 2 MStrGB.) erkannt werden.

§. 83.

(KG. i. F. StG. §§. 62[1], 45, 16[1] MStrGO.) Wer[1]) in der Absicht,[2]) sich der Erfüllung seiner gesetzlichen oder von ihm übernommenen Verpflichtung zum Dienste[3]) ganz oder theilweise[3]) zu entziehen, ein auf Täuschung berechnetes Mittel[4]) anwendet,[5]) wird mit Freiheitsstrafe[6]) bis zu fünf Jahren bestraft; zugleich kann auf Versetzung in die zweite Klasse des Soldatenstandes erkannt werden.[7])

Dieselbe Strafvorschrift findet auf den Theilnehmer[8]) Anwendung.

1) Vgl. Note 1 zu § 83 MStrGB.

2) Die Absicht kann auf eine andere, etwa spätere Dienstzeit (z. B. sich während eines Krieges, Manövers, einer Landwehrübung oder einer Seereise rc. dem Dienste zu entziehen) oder auf eine andere, dem Thäter angenehmere oder bequemere Art des Dienstes gerichtet sein. RG. F.-S. 26. Juli 1883. E. 9, 96. Erfordert wird jedoch stets die Absicht, sich der Verpflichtung zum Dienst zu entziehen. Handelte der Thäter nur in der Absicht, sich vorübergehend von einer oder mehreren einzelnen, befohlenen Dienstverrichtungen zu entziehen, so findet nicht

§ 83, sondern gegebenen Falls §§ 90, bezw. 139 MStrGB. Anwendung.

3) Vgl. Note 3 zu § 69 MStrGB. § 83 MStrGB. setzt als Thatbestandsmerkmal nur die Verpflichtung zum Dienst voraus. Die Dienstbrauchbarkeit ist für den Thatbestand unerheblich und § 83 das. findet auch Anwendung, wenn anderweit wirkliche Befreiungsgründe bestehen. RMGer. II 21. Mai 1901. E. 1, 142.

4) Vgl. RMGer. II 30. Nov. 1901. E. 2, 74 u. 21. Mai 1901 Nr. 41. E. 1, 142. Hiernach gelten bloße Lügen, allgemeine Angaben ohne Hinzutritt besonderer Handlungen, die zur Herbeiführung einer Täuschung geeignet sind, nicht als Mittel im Sinne dieser Vorschrift. Als zur Täuschung geeignete Handlung stellt sich jedoch das unrichtige Behaupten von Krankheitssymptomen dar. (Vgl. auch RG. IV 4. Dez. 1896. E. 29, 218.) Unter das Gesetz fallen nicht allein solche unerlaubten Mittel, durch welche angebliche Leiden in die äußere Erscheinung gebracht werden, sondern die Geltendmachung unrichtiger Thatsachen über vorhandene oder angebliche Leiden bezw. befreiende Verhältnisse genügt, sobald durch diese falschen Angaben Behörden, Sachverständige, Vorgesetzte über den wahren Zustand in die persönlichen Verhältnisse des Dienstpflichtigen irregeführt werden sollen. Ob diese unrichtigen Behauptungen sich auf die Vorspiegelung eines überhaupt nicht vorhandenen Leidens oder auf die Uebertreibung eines thatsächlich vorhandenen Leidens beziehen, ist unerheblich. Geschah die Uebertreibung in der Absicht, sich der Dienstverpflichtung zu entziehen, so ist der Thatbestand des § 83 MStrGB. gegeben.

Zum Unterschiede von § 81 MStrGB., welcher objektiv eine wirkliche Untauglichkeit des Militärpflichtigen zum Dienen voraussetzt, erfordert § 83 das. wie § 143 RStrGB. nicht die Hervorrufung eines krankhaften Zustandes; zur Erfüllung des Thatbestandes des § 83 MStrGB. genügt vielmehr die Anwendung irgend eines Mittels, welches geeignet ist, den Behauptungen über das Bestehen einer

Krankheit oder eines die Entlassung im aktiven Dienste befindlicher Mannschaften begründenden Verhältnisses (vgl. §§ 83, 32 WO.) den Schein der Wahrheit zu geben und eine Täuschung der Behörden, Sachverständigen und Vorgesetzten herbeizuführen. Welches Mittel zur Herbeiführung der Täuschung angewandt wird, insbesondere ob ein betrügerisches Mittel im Sinne des § 263 RStrGB. vorliegt, ist gleichgiltig. Das Mittel muß nur auf eine Irrthumserregung über thatsächliche, vergangene oder gegenwärtige Verhältnisse berechnet sein. Berechnet auf Täuschung sind Mittel, wenn sie unter Umständen und je nach Lage des Falles dahin führen können, eine Täuschung herbeizuführen; nicht erforderlich ist ein Mittel, welches nothwendig unter allen Umständen zur Täuschung in der Richtung seiner Anwendung führen muß. Rechtlich gleichgiltig ist, ob die Militärbehörde ꝛc. genau in der beabsichtigten Weise, oder ob sie auch nach einer anderen Richtung hin durch die gegen sie angewandten Täuschungsmittel irregeleitet werden kann. RG. I 3. Nov. 1884. R. 6, 682.

5) Eine Anwendung des Mittels liegt erst vor, wenn von demselben gegenüber einer Behörde, Sachverständigen oder Vorgesetzten, welche mit der Frage der Dienstfähigkeit des Thäters befaßt sind, Gebrauch gemacht worden ist. RMGer. II 30. Nov. 1901. E. 2, 74. RG. F.S. 26. Juli 1883. E. 9, 97. FS. 10. Sept. 1886. R. 8, 538.

6) Arrest bis 6 bezw. 4 Wochen (strenger Arrest nur unter der Voraussetzung des § 22 Abs. 3 MStrGB.), Gefängniß oder Festungshaft von 43 Tagen bis 5 Jahren §§ 17, 21 MStrGB.

7) Gegen Offiziere ist Entfernung aus dem Heere, § 31 Abs. 3 MStrGB., zulässig, gegen Unteroffiziere muß neben der Versetzung in die 2. Klasse des Soldatenstandes auf Degradation erkannt werden; § 40 Abs. 1 Nr. 2 das.

8) Theilnehmer sind der Mitthäter, Anstifter, Gehülfe. §§ 47 ff. RStrGB. Die Vorschrift enthält eine Ausnahme

des § 49 RStrGB. Ist der Theilnehmer eine Civilperson, so findet § 143 Abs. 2 RStrGB. Anwendung; zuständig ist das Civilgericht.

Fünfter Abschnitt.[1])

Feigheit.

§. 84.

(KG. §§. 62[1], 45 MStrGO.) Wer während des Gefechts[2]) aus Feigheit[3]) die Flucht ergreift[4]) und[5]) die Kameraden[6]) durch Worte oder Zeichen[7]) zur Flucht verleitet,[8]) wird mit dem Tode bestraft.

1) Der Abschnitt findet nur auf Personen des Soldatenstandes Anwendung; bezgl. der Offiziere à la suite vgl. § 2 Abs. 3 EG. z. MStrGB. §§ 84—86 behandeln die Feigheit vor dem Feinde, § 87 die im Felde wie in Friedenszeiten begangene Feigheit.

2) Daß der Thäter selbst sich im Gefecht befindet ist nicht erforderlich, er muß nur dienstlich zum Gefecht in Beziehung stehen; es muß seine Truppe bestimmt sein, eventuell in das Gefecht einzugreifen.

3) Feigheit ist Furcht vor persönlicher Gefahr. Das Motiv zur That muß Feigheit sein; es bedarf dies thatsächlicher Feststellung. Vgl. auch § 49 MStrGB.

4) Fluchtergreifen erfordert ein eigenmächtiges Verlassen des Gefechtsfeldes, d. h. ein Verlassen ohne Befehl oder Erlaubniß; ein momentanes Zurückweichen auf dem Gefechtsfelde erfüllt das Thatbestandsmerkmal der Flucht nicht.

5) Zum Thatbestande des § 84 MStrGB. gehört außer dem Ergreifen der Flucht die Verleitung von Kameraden zur Flucht; beide Merkmale müssen kopulativ vorliegen.

6) Unter Kameraden sind nicht etwa lediglich die Angehörigen des gleichen Dienstgrades im Heere oder einzelner Truppentheile zu verstehen; dieser Begriff umfaßt vielmehr

die gesammte Kameradschaft, wie sie für die Personen des Soldatenstandes durch den militärischen Dienst im Heere und durch die Zugehörigkeit zur bewaffneten Macht bedingt ist. **RMGer. I 19. Dezbr. 1901.** E. 2,101.

7) Dahin gehören auch Signale.

8) Es genügt die Verleitung eines Kameraden; die erfolglose Verleitung stellt, wenn der Thäter selbst die Flucht ergreift, einen Versuch des Verbrechens gegen § 84 MStrGB. dar.

§. 85.

(KG. §§. 62[1], 45 MStrGO.) Mit Zuchthaus[1]) bis zu fünf Jahren wird bestraft, wer aus Feigheit[2])

1) bei dem Vormarsche zum Gefecht,[3]) während des Gefechts[4]) oder auf dem Rückzuge[5]) von seinem Truppentheile heimlich zurückbleibt,[6]) von demselben sich wegschleicht[6]) oder sich versteckt hält,[6]) die Flucht ergreift[7]) seine Waffen[8]) oder Munition wegwirft oder im Stiche läßt,[9]) oder sein Pferd oder seine Waffen unbrauchbar macht, oder

2) durch Vorschützung[10]) einer Verwundung oder eines Leidens, oder durch absichtlich[11]) veranlaßte Trunkenheit sich dem Gefechte oder vor dem Feinde[12]) einer sonstigen, mit Gefahr für seine Person[13]) verbundenen Dienstleistung zu entziehen sucht.[14])

In minder schweren Fällen[15]) tritt Gefängniß von Einem Jahre bis zu fünf Jahren und Versetzung in die zweite Klasse des Soldatenstandes ein.[16])

1) Bezüglich der Zuchthausstrafe vgl. §§ 14, 19, 31, 32, 34—36 RStrGB. § 31 Abs. 1 u. 2 MStrGB.

2) Vgl. Note 3 zu § 84 MStrGB.

3) Auf dem Vormarsche zum Gefecht ist eine Truppe, wenn sie in Gefechtsbereitschaft eine taktische Bewegung gegen den Feind zum Zwecke des Gefechts macht.

4) Vgl. Note 2 zu § 84 MStrGB.

5) Darunter fällt jede Bewegung, durch die sich die Truppe vom Feinde entfernt; aus welchem Grunde und zu welchem Zwecke die Bewegung erfolgt, — ob z. B. zur Täuschung des Feindes oder in Folge feindlicher Bewegungen — ist unerheblich.

6) Es ist ein eigenmächtiges, d. h. ohne Befehl oder ohne Erlaubniß erfolgendes Handeln vorausgesetzt. Wer beim Rückzuge von seiner Truppe abgekommen, aus Feigheit sich der nächsten Truppe nicht anschließt, bleibt heimlich zurück und verfällt der Strafbestimmung des § 85 MStrGB.

7) Vgl. Note 4 zu § 84 MStrGB.

8) Zu den Waffen gehören nicht die Ausrüstungsgegenstände, z. B. Helm, Tornister ꝛc. Es kommen nur die Waffen des Thäters in Betracht, zu diesen gehört beim Artilleristen auch das Geschütz mit Bespannung.

9) Im Stichelassen der Bagage, Vorräthe ꝛc. Seitens des Trains fällt unter § 87 MStrGB. soweit nicht Kriegsverrath § 58 das. vorliegt.

10) D. h. unwahre Behauptung.

11) Die Trunkenheit muß in der Absicht veranlaßt sein, sich zur Verwendung für das Gefecht oder für eine Dienstleistung vor dem Feinde untauglich zu machen.

12) Vgl. §§ 11, 165 MStrGB.

13) Es genügt, daß bei der Dienstleistung ein Zusammentreffen mit dem Feinde zu vermuthen ist.

14) Der Versuch ist durch diese Vorschrift zum selbstständigen Delikt erhoben, auf welches §§ 43 ff. RStrGB. keine Anwendung finden. Ob eine Entziehung gelungen ist, bleibt für den Thatbestand des § 85 MStrGB. gleichgültig, kann aber für die Strafzumessung erheblich sein.

15) Vgl. Note 19 zu § 58 MStrGB.

16) Bei Offizieren tritt Entfernung aus dem Heere § 31 Abs. 2 Nr. 2 MStrGB., bei Unteroffizieren Degradation § 40 Abs. 1 Nr. 2 ein.

§. 86.[1])

(KG. §§. 62[1], 45 MStrGO.) Ist in den Fällen des §. 85 durch die Feigheit ein erheblicher Nachtheil[2]) verursacht worden, so tritt Zuchthaus[3]) nicht unter fünf Jahren, und wenn der Tod eines Menschen verursacht worden, Zuchthaus nicht unter zehn Jahren oder lebenslängliches Zuchthaus ein.

1) § 86 MStrGB. enthält einen straferschwerenden Umstand zu § 85 MStrGB., vgl. auch §§ 318, 323 Abs. 2, 326 Abs. 2 MStrGO.

2) Es muß eine Schädigung der deutschen oder verbündeten Truppen vorliegen, dieselbe muß durch die Feigheit (§ 85 MStrGB.) verursacht und eine erhebliche (Aufgeben einer Stellung, Verlust von Waffen, Munition 2c.) sein; letzteres ist Thatfrage und event. auf Grund sachverständiger Gutachten festzustellen.

3) Vgl. §§ 14, 19, 31, 32, 34—36 RStrGB., § 31 Abs. 1 u. 2 MStrGB.

§. 87.[1])

(KG.; i. F. StG. §§. 62[1], 45, 16[1] MStrGO.) Wer in anderen, als den in den §§. 84 und 85 benannten Fällen aus Besorgniß vor persönlicher Gefahr eine militärische Dienstpflicht[2]) verletzt, wird mit Freiheitsstrafe[3]) bis zu drei Jahren bestraft; zugleich kann auf Versetzung in die zweite Klasse des Soldatenstandes erkannt werden.[4])

1) Vgl. Note 1 zu § 84 MStrGB.; § 87 daselbst

kann mit anderen im MStrGB. unter Strafe gestellten Verletzungen der Dienstpflicht (z. B. §§ 60, 62, 63, 77, 104 u. X. Abschnitt MStrGB.) ideal konkurriren.

2) Unter militärischen Dienstpflichten im Sinne des § 87 MStrGB. sind nicht nur solche zu verstehen, welche auf bestimmten, schriftlich oder mündlich gegebenen Befehlen oder Anordnungen beruhen, sondern auch solche, welche aus militärdienstlichen Grundsätzen sich ergeben. RMGer. I 19. Dez. 1901. E. 2, 101 u. II 12. Febr. 1901. E. 1, 30. Vgl. Note 2 zu § 49 MStrGB. Der § 7 Abs. 2 DStO. hat auch nach Einführung der MStrGO. seine Geltung behalten. Ein Offizier oder Unteroffizier, welcher auf Grund der Berechtigung des § 7 Abs. 2 DStO. eingeschritten ist, hat die dienstliche Pflicht, seinen Forderungen und Befehlen mit allem Nachdruck Geltung zu verschaffen. RMGer. I 19. Dez. 1901. E. 2, 101.

3) Arrest von 1 Tag bis 6 bezw. 4 Wochen (strenger Arrest nur im Falle des § 22 MStrGB.) Gefängniß, Festungshaft von 43 Tagen bis zu 3 Jahren, §§ 16, 17, 24 MStrGB.

4) Gegen Offiziere Entfernung aus dem Heere zulässig; § 31 Abs. 3 MStrGB. Wegen Dienstentlassung und Degradation vgl. §§ 34, 40 MStrGB.

§. 88.

Hat der Thäter in den Fällen der §§. 85 und 86 nach der That[1]) hervorragende Beweise[2]) von Muth abgelegt, so kann die Strafe unter den Mindestbetrag[3]) der angedrohten Freiheitsstrafe[4]) ermäßigt und in den Fällen der §§. 85 und 87 von der Bestrafung gänzlich abgesehen werden.[5])

1) Für das Gericht kommen naturgemäß nur die vor rechtskräftiger Feststellung der Thatfrage abgelegten Beweise von Muth in Betracht. Dem Gerichtsherrn steht aber

ein eventuelles Milderungsrecht zu. Vgl. AB. Nr. 5 zu § 418 MStrGB.

2) Erfordert sind hervorragende Beweise von Muth; die Gelegenheit, diese zu erbringen, kann der Vorgesetzte freiwillig oder auf Bitten des Thäters diesem gewähren.

3) An die angedrohte Strafart ist die Ermäßigung nicht gebunden; es kann statt der angedrohten Zuchthaus- bezw. Gefängnißstrafe die Strafe bis auf 1 Tag Arrest ermäßigt werden.

4) Der Ausdruck Freiheitsstrafe ist im weiteren Sinne zu verstehen und begreift die Zuchthausstrafe in sich.

5) Wird die Strafe unter den Mindestbetrag der angedrohten Strafe ermäßigt, so ist Versetzung in die 2. Klasse des Soldatenstandes zulässig. Vgl. auch § 87 MStrGB.

Im Tenor des Urtheils ist im Falle des § 88 cit. letzter Satz auszusprechen, daß der Angeklagte rc. schuldig, von Bestrafung aber abzusehen sei.

Sechster Abschnitt.

Strafbare Handlungen gegen die Pflichten der militärischen Unterordnung.

§. 89.

(StG. bezw. KG. §§. 1, 15 Nr. 1 Abs. 2 u. 3 MStrGO.)

Wer[1]) im[2]) Dienste[3]) oder in Beziehung auf eine Diensthandlung[4]) die dem Vorgesetzten[5]) schuldige Achtung[6]) verletzt,[7]) insbesondere laut Beschwerde[8]) oder gegen einen Verweis Widerrede[8]) führt, wird mit Arrest[9]) bestraft.

(KG. bezw. StG. §§. 16[1], 62[1], 45 MStrGO.) Wird die Achtungsverletzung unter dem Gewehr[10]) oder vor versammelter Mannschaft[11]) begangen, oder stellt sich dieselbe als eine Drohung[12]) dar,[13]) so ist auf strengen Arrest[14]) nicht unter vierzehn Tagen, oder auf Gefängniß[15]) oder Festungshaft[15]) bis zu drei Jahren zu erkennen.

1) Personen des Beurlaubtenstandes unterstehen den Vorschriften dieses Abschnitts, sofern sie sich nicht im Dienst befinden (§ 6 MStrGB.), nur unter den im § 113 MStrGB. angegebenen Voraussetzungen, Militärbeamte nur im Felde, § 153 MStrGB. Die Vorschriften dieses Abschnitts finden ferner Anwendung auf Kriegsgefangene, § 158 MStrGB., und das Gefolge des kriegführenden Heeres, §§ 155, 157 MStrGB.

2) Achtungsverletzungen außer Dienst ohne Beziehung auf eine Diensthandlung sind reine Disziplinarvergehen und ausschließlich disziplinarisch zu bestrafen. § 1 Nr. 1 DStO.

3) Vgl. Note 3 zu § 12, Note 2 zu § 49 und Note 10 zu § 55 MStrGB. Erfordert wird nur, daß der Thäter im Dienst war; unerheblich ist, ob der Vorgesetzte im Dienst sich befand oder überhaupt anwesend war.

Bei der Achtungsverletzung im Dienst kann der Erschwerungsgrund: „während der Ausübung des Dienstes" (§ 55 Nr. 2 MStrGB.) nicht Platz greifen RMGer. PE. II Nr. 155b. Vgl. auch Note 3 zu § 55 MStrGB.

4) In Betracht kommen nicht nur den engeren militärischen Dienst betreffende Handlungen, sondern auch solche Handlungen des Vorgesetzten, welche sich auf das außerdienstliche Verhalten des Untergebenen beziehen und der Pflicht des Vorgesetzten, dieses Verhalten zu überwachen, entspringen. Daß die Diensthandlung des Vorgesetzten zum Thäter in Beziehung steht, ist nicht erforderlich; auch eine gegen einen Andern sich richtende Diensthandlung des Vorgesetzten kann durch die Achtungsverletzung betroffen werden.

Ob die Diensthandlung bereits geschehen ist oder erst künftig erfolgen soll, ob sie der Art und der Zeit nach oder sonst eine schon bestimmte ist oder nicht, ist rechtlich unerheblich. RMGer. I 13. Juni 1901. E. 1,185.

Immer setzt aber die Achtungsverletzung „in Beziehung auf eine Diensthandlung" eine Diensthandlung des Vorgesetzten voraus. RMGer. PE. III Nr. 126.

5) Der Begriff „Vorgesetzter" im militärischen Sinne erfordert die Befugniß, für den gegebenen Fall Befehle zu ertheilen. Die Frage, wer Vorgesetzter eines Andern ist, ist im Einzelnen zwar Sache der thatsächlichen Feststellung, unterliegt aber nach Maßgabe der Heeresverfassung und der auf derselben beruhenden Dienstordnungen der Nachprüfung des Revisionsgerichts; §§ 399 Abs. 2, 400 Nr. 9 MStrGO. Vgl. auch die Klasseneintheilung der Militärpersonen Anl. A zu MStrGB. und RMGer. II 25. Juni 1901. E. 1,200 u. PE. II Nr. 161, sowie Note 7 zu § 47 MStrGB.

Offiziere, Sanitätsoffiziere des Heeres und der Marine, die Ingenieure des Soldatenstandes (Marine-, Torpedo-Ingenieurskorps), ferner die Feuerwerks-, Zeug- und Torpederoffiziere (vgl. Note 2 zu § 5 MStrGB.) sind Vorgesetzte der Mannschaften des Heeres und der Marine.

Die Klassifikation der Militärpersonen v. 17. Juli 1862 und die Instruktion über das dienstliche und außerdienstliche Verhältniß des Landheeres und der Marine v. 30. Oktober 1865 (§ 13) bestimmen das Vorgesetztenverhältniß ohne jede Rücksicht auf dienstliche, außerdienstliche oder gesellschaftliche Zustände. Danach befindet sich in jeder Lage ein Offizier der höheren Hauptklasse in dem Verhältnisse eines militärischen Vorgesetzten zu allen Offizieren einer nachstehenden Hauptklasse und zwar im Dienst, wie außer Dienst. RMGer. II 25. Mai 1901 (nicht publizirt).

Jeder jüngere Offizier ist dem älteren Respekt und Achtung schuldig. Innerhalb einer Hauptklasse besteht nur das Respektverhältniß von im Dienstrange Niederen zum im Dienstrange Höheren; jeder Ranghöhere ist befugt, in wie außer Dienst in allen Fällen, in welchen der Rangniedere den Standespflichten entgegenhandelt, sich zu ihm in das Verhältniß des Vorgesetzten zu setzen. AKO. v. 30. Okt. 1865 (MWBl. S. 421); §§ 1, 15 v. 6. Februar 1873 (AVBl. S. 103), § 3 Org.-Bestimmungen f. d. Marine, DStO. § 7 Abs. 2, vgl. auch RMGer. I 19. Dez. 1901. E. 2,101 und Note 2 zu § 87 MStrGB.

Im Dienste befindlichen Landgendarmen gegenüber haben die denselben im militärischen Range übergeordneten Militärpersonen nur insoweit Befehlsbefugniß von Vorgesetzten, als sie die wirklichen Vorgesetzten der Landgendarmen sind, d. h. dem Gendarmeriekorps angehören oder sich im Dienste bei demselben befinden. AKO. v. 19. Juli 1873 (AVBl. S. 219).

Sämmtliche Offiziere und Unteroffiziere des Heeres der Marine und der Schutztruppen sind Vorgesetzte der Gefreiten und Gemeinen des Heeres der Marine und der Schutztruppen. Zwischen den zur Kontrolversammlung einberufenen Unteroffizieren und Gemeinen des Beurlaubtenstandes besteht das aus dem Dienstgrade sich ergebende Vorgesetztenverhältniß nicht blos während der Kontrolversammlung, sondern während der ganzen Dauer des betreffenden Tages. RMGer. I 5. Mai 1902. E. 3, 28. I 18. Nov. 1901. E. 2,59. KA. 11.

Zwischen den einzelnen Dienstgraden der Unteroffiziere besteht an sich nicht das Verhältniß von Vorgesetzten zu Untergebenen. (Ausnahmen siehe unten.)

Unteroffiziere mit Offizier-Seitengewehr (Unterärzte, Einjährig-Freiwillige Aerzte) sind Ranghöhere und von den anderen Unteroffizieren zu grüßen (KM. v. 10. Febr. 1885, AVBl. S. 34 und AKO. v. 16. Juni 1899, AVBl. S. 268); den Unteroffizieren steht die Befugniß zu, sich gegebenen Falls dem dienstjüngern Unteroffizier gegenüber in das Verhältniß als Vorgesetzter zu setzen.

Durch die besondere Dienststellung wird ein Vorgesetztenverhältniß begründet:

1. Bei den im mobilen Verhältnisse in Offizierstellen verwendeten Unteroffizieren (Offizierstellvertreter); sie sind in und außer Dienst Vorgesetzte sämmtlicher Unteroffiziere.
2. Feldwebel (Wachtmeister) sind in und außer Dienst Vorgesetzte der Unteroffiziere derselben Kompagnie (Eskadron, Batterie), nicht aber der Offizierstellvertreter (vgl. ad 1) und der Stabshoboisten (Stabshornisten, Stabstrompeter); letztere stehen in und außer Dienst zu den Hoboisten ꝛc. des betreffenden Musikkorps in demselben Verhältniß wie der Feldwebel zu den Unteroffizieren derselben Kompagnie.
3. Innerhalb der übrigen Dienstgrade der Unteroffiziere tritt derjenige, welchem, sei es durch allgem. Dienstvorschriften, sei es durch besondere Anordnung in Bezug auf einen bestimmten Dienst, der Befehl über andere Unteroffiziere übertragen und dies den letzteren bekannt gegeben ist, zu den ihm unterstellten Unteroffizieren (Sergeanten) für die Dauer und den Umfang des Dienstes in das Verhältniß eines Vorgesetzten. RMGer. I 12. Juli 1901. E. 1,212.
4. Fähnriche, welche das Offizierseitengewehr führen, sind dadurch ohne Weiteres mit Wahrnehmung von Offizierdienst beauftragt und rangiren vor den Vizefeldwebeln. Sie sind ebenso wie die mit Offizierdienst betrauten Vizefeldwebel (Vize-Wachtmeister) des Beurlaubtenstandes (HO. § 46,8) und Vizefeldwebel (Vizewachtmeister), welche vorübergehend Offizierdienst versehen, nur während der Dauer der Diensthandlung Vorgesetzte der anderen Unteroffiziere der Kompagnie (Eskadron, Batterie), bleiben aber stets Untergebene des Feldwebels (Wachtmeisters).
5. Fähnriche ohne Offizier-Seitengewehr rangiren vor den Sergeanten.

AKO. v. 30. Okt. 1865 (Milit.Woch.Bl. S. 421), AKO. v. 17. Nov. 1887 (AVBl. S. 332), § 15 Org. Best. f. d. Marine, Kriegs-Art. 16. § 7 Abs. 2 DStO.

Unterärzte, Einjährig-Freiwillige Aerzte treten zu den Unteroffizieren und Gemeinen in ein Vorgesetztenverhältniß, sobald sie in unmittelbare dienstliche Beziehung zu diesen Personen gesetzt werden. AKO. v. 6. Febr. 1873 (AVBl. S. 104) § 15, § 22 HO. § 5 Friedens-Sanitäts-Ordnung v. 16. Mai 1891 RMGer. II 25. Juni 1901. E. 1,200.

Gendarmen sind in denjenigen Bundesstaaten, in welchen sie zu den Militärpersonen gehören (Preußen, Baden, Hessen, Mecklenburg-Schwerin, Waldeck, Schaumburg-Lippe, Lippe, Elsaß-Lothringen) und im Range von Unteroffizieren stehen, als solche in und außer Dienst Vorgesetzte der im Range ihnen nachstehenden Militärpersonen (Gefreiten und Gemeinen). AKO. v. 19. Juli 1873 (AVBl. S. 219) Ordre-Buch § 10 Abs. 14.

Der „Feldwebeldienstthuer" hat die gesammten Funktionen eines Feldwebels; diese erstrecken sich auch auf außerdienstliche Zeiten und Verhältnisse. Der Feldwebeldienstthuer ist also nicht blos für die Dauer und den Umfang des Dienstes, sondern auch außer Dienst Vorgesetzter der Unteroffiziere seiner Kompagnie. RMGer I. 10. Sept. 1901. E. 1,268.

Die Frage, ob und in welchem Umfange Gefreite als Vorgesetzte gegenüber Gemeinen anzusehen sind, ist nach den thatsächlichen Verhältnissen, nach Maßgabe der Dienstordnung bezw. des hierüber ergangenen, gehörig bekanntgemachten Befehls zu beurtheilen. RMGer. PE. II Nr. 161. Unteroffizierdienst thuende Gefreite haben die Befugnisse eines Unteroffiziers nur für die Dauer und den Bereich der ihnen zugewiesenen Unteroffizierdienststellung. Ein speziell nur mit den Funktionen eines Korporalschafts- (Beritt- und Geschütz-) Führers beauftragter Gefreiter ist zwar innerhalb der ihm übertragenen Korporalschaft ꝛc. als Vorgesetzter der derselben angehörenden Leute zu betrachten, es kann ihm aber auf Grund dieser Dienststellung den übrigen

Gefreiten und Gemeinen der Kompagnie gegenüber Vorgesetzteneigenschaft nicht beigelegt werden. KM. v. 18. März 1874.

Die als Unteroffiziere vom Tagesdienst kommandirten Gefreiten sind nicht als Wachmannschaften anzusehen, sie sind Vorgesetzte der Gemeinen und Gefreiten des betreffenden Kasernements. AKO. v. 20. Dez. 1862. MGS. VII 5, 57. Zu Stubenältesten (dauernd oder vertretungsweise) ernannte Gefreite und Gemeine sind Vorgesetzte der zur Stube gehörigen Mannschaften, nicht aber auch anderer Leute, welche sich zufällig auf der Stube aufhalten; die Gemeinen ferner auch nur gegenüber den Stubengenossen gleichen Ranges. AO. v. 11. Juni 1874 (AVBl. S. 120) und v. 29. August 1874 (für die Marine) MVBl. S. 189. Der strafrechtliche Schutz des Stubenältesten als Vorgesetzten (§§ 89, 90, 91, 96, 97, 103, 106, 107) tritt nur dann ein, wenn zwischen der Strafthat und der dienstlichen Thätigkeit des Stubenältesten als solchen (d. h. der Aufrechterhaltung der Stubenordnung) ein Zusammenhang besteht. RMGer. PE. II Nr. 155a.

Der Gefreite ist in einem gemeinschaftlichen Dienstverhältnisse, so lange kein gemeinschaftlicher höherer Vorgesetzter zugegen ist, Vorgesetzter der Gemeinen. Das gemeinsame Liegen auf ein und derselben Stube begründet kein gemeinschaftliches Dienstverhältniß, somit kein Vorgesetztenverhältniß zwischen Gefreiten und Gemeinen in Bezug auf die Stubenordnung. Hierzu gehört die ausdrückliche Ernennung des Gefreiten zum Stubenältesten, die in rechtswirksamer Weise grundsätzlich nur durch den Kompagnie- (Batterie-, Eskadron-) Chef, in Ausnahmefällen auch durch den Feldwebel (Wachtmeister) erfolgen kann.

Derartige Ausnahmefälle liegen vor, wenn im Interesse der militärischen Disziplin unverzüglich Anordnungen zu treffen sind, ohne daß es thunlich wäre vorher den Befehl des Kompagnie- 2c. Chefs einzuholen (z. B. im Manöver, bei Mobilmachungen, im Felde); hier ist der Feldwebel (Wachtmeister) berechtigt und verpflichtet, die erforderlichen Maßnahmen mit voller rechtlicher Wirkung selbstständig zu treffen, dem Kompagnie- 2c. Chef bleibt eine nachträgliche Aenderung des Angeordneten unbenommen. Unter vorstehenden Voraussetzungen ist auch der Feldwebel zur Ernennung von Stubenältesten berechtigt und verpflichtet und beim Vorliegen dieser Voraussetzungen wird auch durch die vom Feldwebel vorgenommene Ernennung zum Stubenältesten die Vorgesetzteneigenschaft desselben begründet. Erfordert wird ferner, daß der Stubenmannschaft von der Bestimmung des Stubenältesten ausdrücklich Kenntniß gegeben wird, AO. v. 11. Juni 1874 (AVBl. S. 120); eine besondere Form für diese Kenntnißgabe, von deren Beobachtung die Giltigkeit der Ernennung abhängig sei, ist nirgends vorgeschrieben; eine Bestimmung, daß die in der Stube aufzuhängende den Namen des Stubenältesten tragende Tafel von einem Vorgesetzten zu unterschreiben sei, besteht nicht. RMGer. I 3. April 1901. E. 1, 72 und II 19. Sept. 1901. E. 1, 290.

Ein vom Kompagnie-Chef in Gemäßheit bestehender Bestimmung zur Unterstützung des Schießlehrers als Hülfsabrichter aufgestellter Gemeiner hat während des betreffenden Dienstes die Eigenschaft eines direkten Vorgesetzten. RMGer. III 9. Oktober 1901. E. 2, 27.

Ein Unterordnungsverhältniß, wie es der 6. Abschnitt MStrGB. voraussetzt, besteht zwischen Personen des Soldatenstandes und Militärbeamten nicht; so steht der Zahlmeister zu den Zahlmeisteraspiranten nicht in einem militärischen Vorgesetztenverhältniß, er ist auch nicht „im Dienstrange höher" im Sinne des § 91 MStrGB., sondern er ist lediglich als ihr Verwaltungsvorgesetzter zu betrachten. Gegen Militärbeamte kann somit eine Achtungsverletzung im Sinne des § 89 MStrGB. nicht verübt werden.

Der Irrthum des Thäters über die Vorgesetzteneigenschaft einer Person des Soldatenstandes ist, sofern ihm Thatsachen bekannt gewesen sind, aus denen nach den gesetzlichen und Dienstvorschriften die Vorgesetzteneigenschaft folgt, ein Irrthum im Gebiete des Strafrechts und schützt den Thäter nicht. RMGer. I 5. Mai 1902. E. 3, 28.

Den Vorgesetzten sind die Wachen gleichgestellt § 111 MStrGB.

6) Die Achtungsverletzung besteht in der Verletzung der durch die militärische Disziplin gebotenen Pflicht der Achtung und Ehrerbietung gegen den Vorgesetzten; sie kann auch durch Unterlassung begangen werden. Der in der Achtungsverletzung zu Tage getretene Mangel an Achtung verstärkt sich bei der Beleidigung (§ 91 MStrGB.) zum Ausdruck der Geringschätzung und Mißachtung.

Welche Achtung dem Vorgesetzten geschuldet wird, bestimmt sich nach den Dienstvorschriften, militärischen Grundsätzen. Vgl. auch § 399 Abs. 2 MStrGO.

7) Das Vergehen der Achtungsverletzung kann nur vorsätzlich begangen werden. MRGer. I 25. April 1901. E. 1,108.

Es genügt das Bewußtsein des Thäters, daß die Handlung objektiv geeignet ist, die schuldige Achtung zu verletzen.

Ob die als Achtungsverletzung sich darstellende Handlung direkt gegen den Vorgesetzten gerichtet war oder nicht, ist rechtlich unerheblich.

Nach der Entsch. d. RMGer. v. 25. April 1901 E. 1,108 muß bei der Achtungsverletzung in Beziehung auf eine Diensthandlung der Untergebene wissen oder aus der Sachlage erkannt haben, daß eine Diensthandlung des Vorgesetzten vorliegt, mit Bezug auf welche er die demselben schuldige Achtung verletzt. Inwieweit diese Entscheidung aus dem Gesichtspunkte des auch für die militärischen Delikte in Betracht kommenden Eventualdolus haltbar ist, dürfte nicht unzweifelhaft sein. Jede Handlung eines Vorgesetzten muß als Diensthandlung erachtet werden, wenn sie aus dienstlicher Veranlassung erfolgt; ob dies der Fall ist, wird der Untergebene in vielen Fällen nicht zu beurtheilen vermögen, da ihm die innern Gründe, welche den Vorgesetzten bei seiner Handlung leiten, nicht immer erkennbar sind und eine Eröffnung der Gründe der Aufrechterhaltung der militärischen Autorität widersprechen würde. Wenn der Untergebene nunmehr in einem solchen Falle in Bezug auf diese Handlung die dem Vorgesetzten schuldige Achtung verletzt, so muß er immer mit der Möglichkeit rechnen, daß sie auf dienstlicher Veranlassung beruht, d. h. eine Diensthandlung ist. Er nimmt also diese Eventualität in seinen Willen mit auf und muß, falls sich demnächst die Heilung objektiv als eine Diensthandlung herausstellt, die strafrechtlichen Folgen seines Verhaltens tragen.

Unerheblich ist, ob der Vorgesetzte von der Achtungsverletzung Kenntniß erhielt; es genügt ein Handeln hinter dem Rücken des Vorgesetzten. Vgl. Note 3 oben.

8) Laut Beschwerdeführen, Widerredeführen (d. h. sich verantworten) sind nur besondere Beispiele der Achtungsverletzung; Zurredestellen über einen Verweis fällt unter § 94 MStrGB.

9) (Gelinder, mittlerer, strenger) Arrest von 1 Tag bis 6 bezw. 4 Wochen; strenger Arrest nur unter der Voraussetzung des § 22 Abs. 3 MStrGB.

In „leichteren Fällen" ist Disziplinarbestrafung zulässig; § 3 Abs. 2 d. EG. z. MStrGB.

10) „Unter Gewehr" befindet sich der Soldat, sobald er dienstmäßig — wenn auch nur mit Seitengewehr — bewaffnet unter das Kommando eines Vorgesetzten zum Dienst getreten ist.

11) Vgl. § 12 MStrGB. und Noten dazu.

12) Unter Drohung im Sinne des MStrGB. ist jede Inaussichtstellung irgend eine Uebels, auch wenn die Zufügung desselben sich al^s ein berechtigtes Handeln darstellt, zu verstehen.

Unter den Begriff der Drohung fällt daher auch das Inaussichtstellen einer Beschwerde, selbst wenn der Drohende ein Recht zu der Beschwerde hat, sofern die in Aussicht gestellte Beschwerde als ein Uebel angesehen werden kann, dem Bedrohten es also nicht erwünscht ist, daß der Vorfall, welcher den Gegenstand der Beschwerde bildet, klar gestellt und sein Verhalten gerechtfertigt wi d. RMGer. II 19. Okt. 1901. E. 2,37, I 26. Mai 1902. E. 3,62, II 15. Februar 1902. E. 2,197.

Der Begriff der Drohung im Sinne des MStrGB. erfordert nicht, daß der Bedrohte Kenntniß von der Kundgebung erhält oder daß der Drohende mit der Absicht handelt, daß die Kundgebung zur Kenntniß des Bedrohten gelangt. Erforderlich aber ist der Wille des Thäters, daß die Drohung von Anderen wahrgenommen wird oder wenigstens das Bewußtsein, daß sie von Anderen wahrgenommen werden kann. RMGer. I 26. Mai 1902. E. 3,62. PE. II Nr. 155c, I Nr. 119.

13) Der Abs. 2 des § 89 MStrGB. enthält die Strafbarkeit erhöhende Umstände im Sinne der §§ 318, 323 Abs. 2, 326 MStrGB.

14) 14 bis 28 Tage.

15) Von 43 Tagen bis zu 3 Jahren; nach § 98 MStrGB. ist Strafermäßigung zulässig. Wegen Dienstentlassung und Degradation vgl. §§ 34, 40 MStrGB.

§. 90.

(StG. bezw. KG. §§. 14, 15[1] u. Abs. 2 u. 3 MStrGO.)

Wer[1]) auf Befragen[2]) in dienstlichen Angelegenheiten dem Vorgesetzten[3]) wissentlich die Unwahrheit[4]) sagt, wird mit Arrest[5]) bestraft.

1) Vgl. Note 1 zu § 89 MStrGB.

2) Das Befragen kann in wie außer Dienst geschehen; vorausgesetzt wird aber, daß eine Frage Seitens eines Vorgesetzten ergangen ist und daß diese Frage eine dienstliche Angelegenheit betrifft. Giebt eine Militärperson auf dienstliches Befragen eines ihr militärisch vorgesetzten Landgendarmen einen falschen Namen an, so ist der Thatbestand des § 90 (nicht etwa des § 139) MStrGB. erfüllt. RMGer. PE. III Nr. 127. Unwahre Angaben eines nicht befragten Untergebenen sind nicht aus § 90 MStrGB., sondern disziplinarisch oder gegebenen Falls aus § 139 MStrGB. strafbar, wenn zu der Angabe eine spezielle dienstliche Verpflichtung bestand und sich der Thäter dessen bewußt war. RMGer. I 8. Sept. 1902. E. 3,219. Auf unwahre Angaben in Privatangelegenheiten findet § 90 MStrGB. nicht Anwendung, es ist nur Disziplinarbestrafung zuläſſig, § 1 Nr. 1 DStO.

3) Vgl. Note 5 zu § 89 MStrGB. Das Belügen einer Wache ist, soweit nicht Achtungsverletzung vorliegt, nur disziplinarisch strafbar. Ein „Belügen eines Vorgesetzten" liegt nicht vor, wenn ein Mann in einer nicht zur Zuständigkeit des als Stubenältesten bestellten Gefreiten gehörigen Angelegenheit auf eine Frage desselben wissentlich die Unwahrheit sagt. RMGer. PE. III Nr. 127.

4) Wer einem Vorgesetzten gegenüber auf dessen Befragen eine von ihm begangene, gerichtlich strafbare aber noch nicht rechtskräftig abgeurtheilte Handlung ableugnet, macht sich des Vergehens gegen § 90 MStrGB. nicht schuldig. RMGer. PE. II Nr. 156.

5) Vgl. Note 9 zu § 89 MStrGB. Nach § 98 ist Strafermäßigung zulässig.

§. 91.[1a])

(KG. bezw. StG. §§. 16[1], 62[1], 45 MStrGO.) Wer[1]) einen Vorgesetzten[2]) oder im Dienstrange Höheren[3]) beleidigt,[4]) wird mit Freiheitsstrafe bis zu zwei Jahren und, wenn die Beleidigung im Dienste[5]) oder in Beziehung auf eine Diensthandlung[6]) begangen, mit Freiheitsstrafe[7]) bis zu drei Jahren bestraft.

(KG. §§. 62[1], 45 MStrGO.) Ist die Beleidigung[8]) durch Verbreitung[9]) von Schriften, Darstellungen oder Abbildungen begangen,[10]) so ist auf Gefängniß oder Festungshaft[11]) bis zu fünf Jahren zu erkennen.

(KG. §§. 62[1], 45 MStr.GO.) Ist die Beleidigung eine verleumderische,[12]) so tritt Gefängniß bis zu fünf Jahren ein[13])

1a) Wegen der Zuständigkeit des Militärgerichts vgl. § 11 MStrGO.

1) Vgl. Note 1 zu § 89 MStrGB.

2) Vgl. Note 5 zu § 89 MStrGB. Hinsichtlich der Vorgesetzteneigenschaft der Wachen: vgl. § 111 MStrGB. Beleidigungen, welche seitens eines Postens gegen Vorgesetzte in ihrer Allgemeinheit ausgesprochen werden, sind nach § 91 MStrGB. nicht nach § 121 das. zu ahnden. RMGer. PE. I Nr. 120.

Beleidigungen unter Militärpersonen, zwischen denen ein Vorgesetztenverhältniß oder eine Verschiedenheit des Dienstranges nicht besteht, werden auf Antrag nach §§ 185ff. RStrGB. bestraft; sie sind keine militärischen Delikte.

3) Im Dienstrange höher als ein Anderer ist Derjenige, welcher bei gleichem Dienstgrade einen höheren Rang einnimmt. Vgl. Anlage A z. MStrGB. Zwischen den Angehörigen einer jeden der dort bezeichneten Hauptklassen besteht, sofern nicht der Eine dauernd oder vorübergehend unter den Befehl des Anderen gestellt ist, nicht ein Vorgesetzten-, sondern nur ein Respektsverhältniß. Vgl. auch Note 5 zu § 89.

Unteroffiziere, welche das Seitengewehr tragen, gelten

als im Dienstrange Höhere. AKO. v. 16. Juni 1899 (AVBl. S. 268). Sergeanten stehen an sich zu den übrigen Unteroffizieren als solchen nicht in dem Verhältniß als Höhere im Dienstrange und bekleiden keinen höheren Dienstgrad als sie. RMGer. I 12. Juli 1901. E. 1,212. Gendarmen, welche das Portepee tragen, sind im Dienstrange Höhere. AKO. v. 27. Sept. 1899 (AVBl. S. 443). Militärbeamte — auch mit bestimmtem Offizierrang — sind Unteroffizieren und Gemeinen gegenüber nicht als im Dienstrang Höhere im Sinne des § 91 MStrGB. anzusehen. RMGer. I 8. Sept. 1902. E. 3,224.

4) Die im § 91 MStrGB. vorgesehene Beleidigung theilt die allgemeinen Voraussetzungen der Strafbarkeit mit den gemeinstrafrechtlichen Beleidigungen nach §§ 185—187 RStrGB. RMGer. Plenarbeschl. v. 17. Mai 1901. E. 1,134. Formell kommen für das MStrGB. diese Strafvorschriften nicht in Anwendung; die in ihnen enthaltenen Vergehen sind in § 91 MStrGB. als eigene Deliktsform zusammengefaßt. RMGer. I 14. Mai 1902. E. 3,36.

Beleidigung im Sinne des § 91 MStrGB. ist jede vorsätzliche und rechtswidrige, gegen die Ehre eines Anderen gerichtete Kundgebung der Geringschätzung oder Mißachtung, mag dieselbe in einer mündlichen oder schriftlichen Erklärung, oder in einer Handlung bestehen. RG. III 16. März 1881. E. 3,433. RMGer. I 14. Mai 1902. E. 3,36. Eine besondere „Absicht, zu beleidigen" ist nicht erforderlich; es genügt das Bewußtsein von dem ehrverletzenden Charakter der Kundgebung. RG. II 5. Dezember 1879. R. 1,115 II 16. Dez. 1881. E. 5,239. Hat der Thäter nicht die ausdrückliche Absicht gehabt, zu beleidigen (z. B. im Scherz gehandelt), so muß doch eine Bestrafung wegen Beleidigung eintreten, wenn die Aeußerung eine ehrenkränkende war und der Thäter sich dieses Umstandes bewußt war. RG. III 13. April 1885. E. 12,140. Die thätliche Beleidigung wird durch eine Handlung begangen, welche rechtswidrig auf den Körper eines Anderen einwirkt; an einem Vorgesetzten begangen, stellt sie sich immer als militärisches Verbrechen gegen § 97 MStrGB. dar; unter die Vorschrift des § 91 das. fällt nur die an einem im Dienstrange Höheren verübte thätliche Beleidigung.

Die Beleidigung kann sich auf dienstliche Vorgänge oder auf das Privatleben des Vorgesetzten ꝛc. beziehen; die Anwesenheit des Beleidigten bei der That ist nicht erforderlich. Vollendet ist die Beleidigung, sobald die ehrverletzende Kundgebung zur Kenntniß eines Anderen gekommen ist; die Kenntnißnahme der Kundgebung seitens des Beleidigten ist nicht erforderlich.

Unter die Beleidigung im Sinne des § 91 Abs. 1 und 2 MStrGB. fällt auch der Thatbestand der sog. üblen Nachrede (§ 186 RStrGB.). *) Der Untergebene, welcher

---

*) RMStrGB.:

§ 186. Wer in Beziehung auf einen Anderen [a]) eine Thatsache [b]) behauptet [c]) oder verbreitet [d]), welche denselben verächtlich zu machen oder in der öffentlichen Meinung herabzuwürdigen geeignet ist, wird, wenn nicht diese Thatsache erweislich wahr [e]) ist, wegen Beleidigung [f]) mit Geldstrafe bis zu sechshundert Mark oder mit Haft oder mit Gefängniß bis zu Einem Jahre und, wenn die Beleidigung öffentlich oder durch Verbreitung von Schriften, Abbildungen oder Darstellungen begangen ist, mit Geldstrafe bis zu eintausendfünfhundert Mark oder mit Gefängniß bis zu zwei Jahren bestraft.

a) Der Beleidigte ist dabei als dritte Person gedacht, und die Behauptung ehrenrühriger Thatsachen muß, wenn auch nicht nothwendig hinter seinem Rücken, vielmehr möglicherweise auch in seiner Gegenwart, doch nothwendig so geschehen, daß irgend welche andere Personen, außer dem Beleidigten selbst, unmittelbar davon Kenntniß erhalten. RG. III 29. Juni 1881. E. 4,401. II 24. Okt. 1879 R. 1,14.

in Beziehung auf einen Vorgesetzten oder im Dienstrange Höheren eine beleidigende Thatsache behauptet oder verbreitet, verstößt gegen § 91 MStrGB. Ist die Thatsache erweislich wahr, so liegt hierin ein Strafausschließungsgrund.

Der Beweis der Wahrheit der behaupteten oder verbreiteten Thatsache schließt die Bestrafung aus § 91 MStrGB. indeß nicht aus, wenn die Behauptung oder Verbreitung in der Absicht der Beleidigung erfolgt ist und diese Absicht aus der Form der Beleidigung oder aus den begleitenden Umständen hervorgeht.

Beim Mangel des Beweises der Wahrheit der behaupteten oder verbreiteten Thatsache wird die Bestrafung aus § 91 MStrGB. weder durch das mangelnde Bewußtsein der Unwahrheit, noch durch den Glauben an ihre Wahrheit ausgeschlossen. RMGer. I 14. Mai 1902. E. 3,36.

Die bloße Möglichkeit der Kenntnißnahme von Seiten dritter Personen außer dem Beleidigten genügt nicht. RG. I 29. Okt. 1885. R. 7,626.

b) Zu den „Thatsachen" im Sinne des § 186 cit. gehören auch Aeußerungen und Urtheile, welche die Behauptung eines konkreten Vorgangs enthalten; allgemeine Urtheile und Reflektionen trifft § 185 RStrGB. RG. II. 29. Okt. 1886, R. 8,649 und II 9. Okt. 1880. E. 1,52.

c) Es genügt die Form der Denunziation. RG. I 8. Dezember 1879. E. 1,233.

d) Vgl. Note 9 zu § 91 MStrGB.

e) Der Beweis der Wahrheit ist Strafausschließungsgrund. RG. III 23. Sept. 1889. E. 19,386, I 2. Nov. 1882 R. 4,782. Der Beweis der Wahrheit darf nicht abgeschnitten werden, weil doch immer noch eine Bestrafung aus § 185 RStrGB. gerechtfertigt sei. RG. III 11. Febr. 1880. R. 1,339 und E. 1,260. Festgestellt werden muß, daß die üble Nachrede objektiv nicht erweislich wahr ist, auch wenn der Angeklagte keinen

Nach den Motiven zum Entwurf des MStrGB. ist das MStrGB. nur soweit dem RStrGB. zu assimiliren, als die Rücksicht auf die Erhaltung der Disziplin im Heer damit vereinbar erscheint. Alle Bestimmungen, welche dieser Anforderung nicht entsprechen, sind von der Anwendbarkeit des § 2 MStrGB. ausgeschieden. Die Seitens einer Person des Soldatenstandes verübte Verletzung der Ehre und Achtung, welche der militärische Vorgesetzte und der im Dienstrange Höhere vermöge seiner Stellung zu beanspruchen hat, bedeutet eine Beeinträchtigung der Disziplin. Mit Rücksicht hierauf müssen die Ausnahmevorschriften des § 193 RStrGB. bei Vergehen gegen § 91 MStrGB. außer Betracht bleiben. RMGer. I 14. Okt. 1901. E. 2,34 und Plen.-Beschl. v. 15. Mai 1901. E. 1,134,

Dagegen finden die allgemeinen Rechtsgrundsätze, die dem § 193 RStrGB. zu Grunde liegen, auf § 91 MStrGB. Anwendung. Ist die Behauptung der für den Vorgesetzten ꝛc. beleidigenden Thatsache zum Zwecke der Ausübung eines Rechtes erfolgt, so macht der Untergebene, auch wenn die Thatsache unwahr oder nicht erweislich wahr ist, sich des

---

Versuch des Beweises macht. RG. III 8. Dez. 1884. R. 6,788. Eine materiell wahre Thatsache steht im Sinne des § 186 RStrGB. der „erweislich wahren" Thatsache mindestens gleich und das Bewußtsein der Wahrheit enthält zugleich das Bewußtsein der Erweislichkeit. RG. III 23. Sept. 1889. E. 19,386.

f) Die Absicht der Beleidigung wird für die Anwendung des § 186 RStrGB. ebensowenig vorausgesetzt, wie die Kenntniß der Unwahrheit oder Nichtbeweisbarkeit der behaupteten Thatsachen, vielmehr genügen zur Feststellung des subjektiven Thatbestandes, abgesehen von der Rechtswidrigkeit, die Vorsätzlichkeit der Handlung und das Bewußtsein des ehrenkränkenden Charakters der aufgestellten Behauptungen. RG. I 27. April 1894. E. 25,355, ebenso R. 8,681. E. 5,211, E. 9,150.

Vergehens gegen § 91 MStrGB. nicht schuldig, sofern er in dem guten Glauben an Wahrheit handelte. So RMGer. I 14. Mai 1902. E. 3,36.

Zutreffend wird in den vorstehend erwähnten Urtheilen ausgeführt, daß § 193 RStrGB. weder der Form, noch seinem Inhalte nach auf den § 91 MStrGB. anwendbar ist, daß aber aus der Begriffsbestimmung der Beleidigung als einer rechtswidrigen, die Kränkung der Ehre eines Anderen enthaltenden Kundgebung folgt, daß im Rechtssinne von einer Beleidigung keine Rede sein kann, wenn der Thäter zur Vornahme der objektiv beleidigenden Handlung ein Recht hat. Nur in einem solchen Falle, — wenn also die Beleidigung (üble Nachrede) kraft eines besonderen Rechts zum Zwecke der Ausübung des Rechts erfolgt — bleibt der in gutem Glauben an die Wahrheit seiner Behauptung handelnde Thäter straflos. c/a. I. Senat. E. 3,36.

§ 193 RStrGB. giebt für die Fälle der civilstrafrechtlich zu ahndenden Beleidigung dem Thäter einen weitergehenden Schutz. Nach dem bürgerlichen Strafrechte bleibt der Thäter, vorbehaltlich der Bestimmung des § 192 RStrGB., straffrei, wenn er zum Zwecke der Ausübung seines Rechts, bezw. bei Wahrnehmung berechtigter Interessen die ehrenkränkende Behauptung ausspricht und zwar auch dann, wenn er nicht kraft eines Rechts handelt. Im bürgerlichen Strafrecht gilt also der Satz, daß der Zweck die Mittel heiligt; im militärischen u. P. nicht.

Im Uebrigen wird für § 91 MStrGB. bei Prüfung der Frage, ob dem Untergebenen ein Recht zu der objektiv beleidigenden Aeußerung zusteht, die ihm obliegende besondere Pflicht zur Ehrerbietung gegenüber dem Vorgesetzten, zur besonderen Achtung vor dessen dienstlicher Autorität, zur Vermeidung jeder frivolen Verletzung der Disziplin zu berücksichtigen sein.

Der Soldat ist — bevor er eine den Vorgesetzten objektiv beleidigende, thatsächliche Behauptung aufstellt —

zur sorgfältigen Erwägung verpflichtet, ob seine Behauptung der Wahrheit entspricht. Unterläßt er diese Prüfung, so handelt er widerrechtlich und unterliegt der strafrechtlichen Verantwortung aus § 91 MStrGB. Dies ergiebt sich namentlich aus dem Beschwerderecht. Jede Beschwerde — selbst wenn sie keine Beleidigung des Vorgesetzten enthält — welche sich „leichtfertig" auf unwahre Behauptungen stützt, ist disziplinarisch strafbar; die wiederholte Einbringung derartiger Beschwerden ist nach § 152 MStrGB. zu ahnden. Leichtfertige, d. h. ohne sorgfältige Prüfung der ihr zu Grunde liegenden Thatsachen erhobene Beschwerden sind hiernach militärisch gemißbilligt und verboten. Gilt dieser Grundsatz aber schon für die Ausübung des dem Soldaten ausdrücklich von dem obersten Kriegsherrn zugebilligten Rechts zur Beschwerde, so muß er für die Ausübung sonstiger Rechte mindestens die gleiche Bedeutung haben.

Die im § 91 MStrGB. unter Strafe gestellten Handlungen sind als eine eigene Deliktsform den Verfehlungen gegen die Pflicht der militärischen Unterordnung beigezählt und als selbstständige militärische Vergehen qualifizirt; daher ist die Heranziehung der Vorschrift über Straffreierklärung bei einer auf der Stelle erwiderten Beleidigung nach § 199 RStrGB. und ebenso der Vorschrift über Zuerkennung oder Publikationsbefugniß bei öffentlicher Beleidigung nach § 200 RStrGB. für das militärische Vergehen der Beleidigung unbedingt ausgeschlossen. RMGer. Plen.-Beschl. v. 17. Mai 1901. E. 1,140. Vgl. auch Note 2 und 3 zu § 2 MStrGB.

Die Verfolgung des Vergehens gegen § 91 MStrGB. ist unabhängig von einem Strafantrage des Verletzten oder einer anderen zum Antrage berechtigten Person; § 51 MStrGB. Eine Aeußerung, in welcher die Beleidigung mehrerer Vorgesetzten enthalten ist, kann nur ein ideales, nicht ein reales Zusammentreffen mehrerer Beleidigungen begründen. RG. I 14. Juli 1881 R. 3,485.

5) Vgl. Note 3 zu § 12, Note 2 zu § 49, Note 10 zu § 55, Note 3 zu § 89 MStrGB. Der Thäter muß im Dienst sein, nicht auch der Vorgesetzte, dessen Anwesenheit sogar rechtlich unerheblich ist. Bei Beleidigungen im Dienst kann der Erschwerungsgrund: „während der Ausübung des Dienstes" (§ 55 Nr. 2 MStrGB.) nicht Platz greifen. RMGer. PE. II Nr. 155 b, vgl. auch Note 3 zu § 55 MStrGB.

6) Vgl. Note 4 zu § 89 MStrGB. Zwischen der Beleidigung und der Diensthandlung wird ein Zusammenhang erfordert.

7) Arrest (gelinder, mittlerer, strenger) von 1 Tag bis zu 6 bezw. 4 Wochen (strenger Arrest nur unter der Voraussf. des § 22 Abs. 3 MStrGB.).

Gefängniß, Festungshaft von 43 Tagen mit bis zu 2 bezw. 3, 4 bezw. 5 Jahren. Wegen Dienstentlassung und Degradation vgl. §§ 34, 40 MStrGB.

In den leichteren Fällen des § 91 Abs. 1 MStrGB. ist Disziplinarbestrafung zulässig. § 3 Nr. 1 EG. z. MStrGB.

8) Sowohl im Sinne des § 185 wie des § 186 RStrGB.

9) Verbreitung ist ein „In Verkehr setzen" der Schrift ꝛc., d. h. eine Handlung, durch welche die Schrift einem größeren Personenkreis — mögen dabei auch bestimmte Personen ins Auge gefaßt sein — zugänglich gemacht wird; eine Verbreitung liegt nicht vor, wenn der Thäter die Schrift nur einer, oder wenigen einzelnen Personen vertraulich mittheilte d. h. mit der Absicht, die Mittheilung auf diese Personen zu beschränken und die Schrift nicht in den Verkehr zu bringen. RG. II, III 5. Okt. 1882 E. 7,113, III 27. Sept. 1882 R. 4,716. Die Versendung einer Schrift durch die Post erfüllt den Begriff der Verbreitung, wenn die Absicht ausgeschlossen ist, daß nur der Adressat die Schrift lese und es kommt alsdann nicht darauf an, ob die Schrift wirklich in die Hände des Adressaten gelangt ist. RG. II, III 10. Okt. 1887. E. 16,245 R. 9,490.

10) Unerheblich ist für den Thatbestand, ob die That im Dienst oder außer Dienst, oder in Beziehung auf eine Diensthandlung begangen wurde, diese Umstände können bei der Strafausmessung berücksichtigt werden.

11) Gefängniß oder Festungshaft von 43 Tagen bis zu 5 Jahren.

12) Vgl. § 187 RStrGB.*)

13) Strafermäßigung ist zulässig; § 98 MStrGB.

§. 92.[1])

(StG. bezw. KG. §§. 15, 14 MStrGO.) **Ungehorsam[2]) gegen einen Befehl[3]) in Dienstsachen[4]) durch Nichtbefolgung[5]) oder durch eigenmächtige Abänderung oder Ueberschreitung desselben wird mit Arrest[6]) bestraft.[7])**

1) Die Strafvorschriften der §§ 92—95 MStrGB. finden Anwendung auf die zum aktiven Heer (Marine) ge-

---

*) **§. 187.** Wer wider besseres Wissen[a]) in Beziehung auf einen Anderen eine unwahre Thatsache behauptet oder verbreitet, welche denselben verächtlich zu machen oder in der öffentlichen Meinung herabzuwürdigen oder dessen Kredit zu gefährden geeignet ist, wird wegen verleumderischer Beleidigung mit Gefängniß bis zu zwei Jahren und, wenn die Verleumdung öffentlich oder durch Verbreitung von Schriften, Abbildungen oder Darstellungen begangen ist, mit Gefängniß nicht unter Einem Monat bestraft.

Sind mildernde Umstände vorhanden, so kann die Strafe bis auf Einen Tag Gefängniß ermäßigt, oder auf Geldstrafe bis zu neunhundert Mark erkannt werden.

a) Der Thäter muß wissen, daß die von ihm behaupteten Thatsachen unwahr sind, diese Kenntniß muß ihm bewiesen werden. Vgl. Note a, b, c, d zu § 186 RStrGB. und Note 4 zu § 91 MStrGB.

hörigen Personen des Soldatenstandes; auf Kriegsgefangene (§ 158 MStrGB.); auf Militärbeamte nur im Felde (§ 153 MStrGB.); auf Personen des Beurlaubtenstandes außerhalb der Zeit, in welcher sie sich im Dienste befinden (vgl. Note 2 zu § 6 MStrGB.) nur unter den in § 113 MStrGB. aufgestellten Voraussetzungen; ferner auf das Gefolge des Heeres § 155 MStrGB.

2) Vorsätzlichkeit der Handlung wird nicht erfordert, der militärische Ungehorsam im Sinne des § 92 MStrGB. kann auch fahrlässig begangen werden. **RMGer.** II 19. Sept. 1901. E. 1, 290 u. II 15. Febr. 1902. E. 2, 200.

3) Der spätere Befehl eines höheren Vorgesetzten hebt immer den Befehl eines niederen Vorgesetzten auf; tritt ein Befehl eines anwesenden Vorgesetzten mit dem Befehl eines abwesenden Vorgesetzten in Widerspruch, so ist, auch wenn der anwesende dem abwesenden Vorgesetzten untergeordnet ist, die Sachlage dem anwesenden Vorgesetzten zu melden und wenn letzterer den Befehl aufrecht erhält, dieser Befehl auszuführen. Der anwesende Vorgesetzte übernimmt damit die Verantwortlichkeit.

Der Befehl soll so ertheilt werden, daß das Auftreten als Vorgesetzter und die Eigenschaft der Willensäußerung desselben als Befehl, d. h. als einer dienstlichen Anordnung, welcher unverzüglich Folge geleistet werden muß, dem Untergegebenen klar ersichtlich ist; der Untergebene muß von dem Vorhandensein des Befehls Kenntniß gehabt oder mindestens Kenntniß gehabt haben können. **RMGer.** I 15. Mai 1901 (nicht publizirt). Mahnungen sind keine Befehle.

4) Vgl. bezügl. des „Befehls in Dienstsachen" Note 2 zu § 47 u. bezügl. des „Vorgesetzten" Note 5 zu § 89 MStrGB.

Die Bestrafung aus § 92 MStrGB. setzt die Ertheilung eines dienstlichen Befehls oder Verbots seitens eines zuständigen Befehlshabers voraus. **RMGer.** II 16. Sept. 1901. E. 1, 286. Dieser Befehl kann auch in allgemeinen Dienstvorschriften enthalten sein, er muß aber ein bestimmtes Thun oder Unterlassen vorschreiben. RMGer. PE. II Nr. 157a. Belehrungen in der Instruktionsstunde ergänzen die Dienstvorschrift und dem Untergebenen gegenüber stellt sich die Letztere als Befehl in Dienstsachen in der Auslegung dar, welche ihr in der Instruktionsstunde gegeben wurde. RMGer. II 29. März 1902. E. 2, 244.

Ein gerichtliches Urtheil ersetzt ein dienstliches Verbot nicht; das unbefugte Tragen der Nationalkokarde ist durch § 25 Nr. 1 der MStrVV. verboten und daher auf Grund des § 92 MStrGB. gerichtlich oder disziplinarisch zu bestrafen; § 3 Nr. 1 EG. z. MStrGB.

Die Verfügung des Kriegsministers v. 24. Jan. 1894 ertheilt an die Kommandobehörden nur die Ermächtigung, die Bethätigung revolutionärer oder sozialdemokratischer Gesinnung zu verbieten. Der Erlaß hat daher nicht selbst die Bedeutung eines Befehls (Verbots) in Dienstsachen und eine Bestrafung aus § 92 MStrGB. ist nur zulässig, wenn auf Grund jener Ermächtigung ein besonderer diesbezüglicher Befehl (Verbot) ergangen ist.

Eine Zuwiderhandlung gegen die Kriegsartikel gehört an sich zu den in § 1 Nr. 1 DStO. bezeichneten Handlungen, unterliegt lediglich der Disziplinarbestrafung und ist nur dann als Ungehorsam aus § 92 MStrGB. strafbar, wenn in Anwendung der in den Kriegsartikeln enthaltenen allgemeinen militärischen Pflichtenlehre auf konkrete Verhältnisse Seitens der zuständigen Befehlshaber besondere Befehle gegeben und diese nicht beachtet worden sind. RMGer. II 16. Sept. 1901. E. 1, 286. Trunkenheit außer Dienst kann nur auf Grund des § 1 DStO. nie gerichtlich, bebestraft werden. RMGer. PE. II Nr. 157a.

Die Frage, ob ein den Voraussetzungen des § 92 MStrGB. entsprechender Befehl vorliegt, ist zwar an sich thatsächlicher Natur, unterliegt aber in allen Fällen, wo es sich um die Verletzung einer militärischen Dienstvorschrift oder eines militärdienstlichen Grundsatzes handelt, der

Nachprüfung durch das Revisionsgericht; § 399 Abs. 2 MStrGO. Ein nicht zu den Personen des Soldatenstandes des aktiven Heeres (Marine) gehöriger Angeklagter, welcher zur Hauptverhandlung entgegen der Vorschrift des § 267 MStrGO. nicht schriftlich geladen ist, sondern nach § 266 das. einen Gestellungsbefehl erhalten hat, macht sich durch sein Nichterscheinen in der Hauptverhandlung des Vergehens des § 92 MStrGB. nicht schuldig. RMGer. PE. II 157c.

Erhält ein als Bursche kommandirter Soldat periodisch einen Vorschuß mit dem Befehle zur Bezahlung gewisser Posten, so kann er wegen Nichtbezahlung eines Postens auf Grund des § 92 MStrGB. nur bestraft werden, wenn festgestellt ist, daß der erhaltene, noch nicht verbrauchte Vorschuß zur Bezahlung des Postens ausgereicht haben würde. Zu Vorschüssen aus eigenen Mitteln ist kein Bursche verpflichtet. RMGer. PE. III Nr. 128. Befehle, die am Tage der Kontrolversammlung außerhalb der letzteren von Gendarmen an Kontrolpflichtige zur Aufrechterhaltung der Ruhe und Ordnung ertheilt werden, stellen sich als Befehle in Dienstsachen dar. RMGer. I 28. Nov. 1901. E. 2, 70.

Ungehorsam gegen militärische Wachen fällt unter § 92 MStrGB., vgl. § 111 MStrGB. Ungehorsam gegen einen Dienstbefehl ist ein reines Disziplinarvergehen und nur disziplinarisch strafbar. RMGer. PE. II Nr. 157a.

5) Langsame lässige Ausführung eines Befehls in Dienstsachen charakterisirt sich als Ungehorsam, wenn der Befehl ausdrücklich auf schnelle militärisch prompte Ausführung lautet. RMGer. II 13. Sept. 1902. E. 3, 286.

Zwischen dem Vergehen eines Ungehorsams gegen einen Befehl in Dienstsachen durch Nichtbefolgung und dem Vergehen der eigenmächtigen Entfernung ist sowohl Gesetzeskonkurrenz, als auch ideale oder reale Konkurrenz rechtlich möglich. RMGer. PE. II Nr. 157b. Ideale Konkurrenz zwischen § 92 und § 138 MStrGB. liegt vor, wenn ein

Mann der Kompagnie entgegen dem Kompagniebefehle, überzählige scharfe Patronen alsbald abzuliefern, solche sich rechtswidrig zueignet. RMGer. PE. III Nr. 128.

6) Von 1 Tag bis 4 bezw. 6 Wochen, strenger Arrest nur unter den Voraussetzungen des § 22 MStrGB.

7) Leichtere Fälle können im Disziplinarwege geahndet werden; § 3 Nr. 1 EG. z. MStrGB., vgl. auch § 23 DStO.

§. 93.

(KG. bezw. StG. §. 16¹ MStrGO.) Wird durch den Ungehorsam [1]) ein erheblicher Nachtheil [2]) verursacht, so tritt strenger Arrest [3]) nicht unter vierzehn Tagen oder Gefängniß [4]) oder Festungshaft [4]) bis zu zehn Jahren, (KG. §§. 62¹, 45 MStrGO.) im Felde [5]) Freiheitsstrafe [6]) nicht unter Einem Jahre oder lebenslängliche Freiheitsstrafe ein.

(KG. bezw. StG. §. 16¹ MStrGO.) Wird durch den Ungehorsam die Gefahr [7]) eines erheblichen Nachtheils herbeigeführt, so tritt Freiheitsstrafe [8]) bis zu zwei Jahren, (KG. §. 62¹, 45 MStrGO.) im Felde Freiheitsstrafe [9]) von drei Monaten bis zu drei Jahren ein. [10])

1) § 93 MStrGB. setzt einen Ungehorsam gegen einen „Befehl in Dienstsachen" voraus (RMGer. I 25. April 1901. E. 1, 105) und enthält straferhöhende Umstände im Sinne der §§ 318, 323, 326 MStrGO. zu dem Ungehorsam aus §§ 92, 94, 95 MStrGB. Auch ein fahrlässiger Ungehorsam aus § 92 das. genügt zur Anwendung des § 93 das. RMGer. II 15. Febr. 1902. E. 2, 200.

2) Der Nachtheil muß ein erheblicher sein; dies ist Thatfrage. Der Nachtheil muß ferner durch den Ungehorsam verursacht sein. Daß ein Nachtheil „für den Dienst"

eingetreten ist, wird nicht erfordert, es genügt der Eintritt eines jeden Nachtheiles, sofern er nur ein erheblicher ist.

3) Die Voraussetzungen des § 22 Abs. 3 MStrGB. greifen nicht Platz.

4) Von 43 Tagen ab.

5) Vgl. §§ 9 u. 10 MStrGB.; weiterer straferhöhender Umstand im Sinne der §§ 318, 323, 326 MStrGO.

6) Gefängniß, Festungshaft von 1 bis zu 15 Jahren.

7) „Gefahr" bedeutet die größere oder geringere Wahrscheinlichkeit eines nach menschlicher Erfahrung und den Gesetzen der Kausalität zu erwartenden, schädlichen Ereignisses. RG. III 14. Juni 1882. E. 6, 397.

8) Arrest (gelinder, mittlerer, strenger Arrest, letzterer nur unter den Voraussetzungen des § 22 Abs. 3 MStrGB.) von 1 Tag bis 6 bezw. 4 Wochen, Gefängniß, Festungshaft von 43 Tagen bis zu 2 Jahren.

9) Gefängniß, Festungshaft.

10) Wegen Strafermäßigung bei Reizung vgl. § 98 MStrGB. Wegen Entfernung a. d. H. vgl. § 31 Abs. 3, wegen Dienstentlassung, Degradation §§ 34, 40 MStrGB.

§. 94.

(KG. bezw. StG. §§. 16¹, 62¹, 45 MStrGO.) Wer [1]) den Gehorsam ausdrücklich verweigert [2]) oder seinen Ungehorsam sonst durch Worte, Geberden oder andere Handlungen zu erkennen gibt, ingleichen wer den Vorgesetzten [3]) über einen von ihm erhaltenen Dienstbefehl [4]) oder Verweis [5]) zur Rede stellt, [6]) oder auf wiederholt erhaltenen Befehl in Dienstsachen im Ungehorsam beharrt, [7]) [8]) wird mit strengem Arrest nicht unter vierzehn Tagen oder mit Gefängniß oder Festungshaft bis zu drei Jahren bestraft. [9]) [10])

1) Vgl. Note 1 zu § 92 MStrGB.

2) Die ausdrückliche Gehorsamsverweigerung, das Erkennengeben des Ungehorsams durch Worte ꝛc. begreift jede Aeußerung des Willens, dem Befehle nicht zu gehorchen, in sich; es wird eine vorsätzliche Handlung erfordert.

Nicht wesentlich ist, daß der Befehl ein ausdrücklich ertheilter ist. Nur die Gehorsamsverweigerung muß eine ausdrückliche sein; in dieser Hinsicht ist nicht sowohl der Umstand entscheidend, daß der Befehl unter allen Umständen dem Ungehorsam unmittelbar vorhergeht, sondern die Art und Weise, in welcher der Untergebene seinen Vorsatz, den Gehorsam zu verweigern, zu erkennen giebt. RMGer. PE. III Nr. 129.

Stellt sich nach Lage der Sache eine vom Vorgesetzten an den Untergebenen gerichtete Frage als ein Befehl dar, und ist dieselbe auch als solcher vom Untergebenen aufgefaßt, so ist die Entgegnung des Gefragten: „Das sage ich nicht" eine ausdrückliche Gehorsamsverweigerung. RMGer. PE. I Nr. 121.

Die ausdrückliche Gehorsamsverweigerung, das Erkennengeben des Ungehorsams durch Worte ꝛc., das Beharren im Ungehorsam setzen die Nichtbefolgung eines „Befehls in Dienstsachen" voraus. Die auf einen Befehl in Dienstsachen gegebene Antwort des Untergebenen: „Wenn ich mag, schon" bildet daher, wenn der Befehl nicht ausgeführt wird, ein Zuerkennengeben des Ungehorsams durch Worte und erfüllt den Thatbestand des § 94 MStrGB., wird der Befehl ausgeführt, den der Achtungsverletzung nach § 89 MStrGB. RMGer. I 25. April 1901. E. 1, 105. PE. I Str. 121.

3) Vgl. Note 5 zu § 89 MStrGB.

4) „Befehl in Dienstsachen" ist nicht erforderlich; das Zurebestellen über einen einem Dritten ertheilten Befehl fällt nicht unter § 94 MStrGB.

5) Der Begriff des Verweises ist nicht auf den Verweis im Sinne des § 3 der DStO. beschränkt, es genügt jede Rüge, Tadel ꝛc.

6) Erfordert wird eine vorsätzliche Handlung. „Sich verantworten," „Raisonniren" oder eine „Widerrede" erfüllen den Begriff des Zuredestellens nicht; sie sind aus § 89 MStrGB. strafbar. Widerrede gegen erhaltenen Verweis ist nur dann ideal konkurrirend als Gehorsamsverweigerung gegenüber dem erhaltenen Befehle, zu schweigen, strafbar, wenn mit der Widerrede die Absicht, den Ungehorsam gegen diesen Befehl zu erkennen zu geben, verbunden war. Daß die Widerrede objektiv eine Gehorsamsverweigerung enthielt, ist nicht ausreichend, um den Thatbestand des § 94 MStrGB. zu erfüllen. RMGer. II 24. Mai 1902. E. 3, 50.

7) Der Thatbestand des Beharrens im Ungehorsam verlangt einen wiederholt gegebenen Befehl in Dienstsachen; dabei wird selbstverständlich vorausgesetzt, daß die Wiederholung des Befehls erst dann erfolgt, wenn feststeht, daß der vorhergehende Befehl unbefolgt geblieben ist. RMGer. II 30. September 1901. E. 2, 15. Das bloße passive Verhalten nach dem wiederholt ertheilten Befehl in Dienstsachen genügt. Die dauernde Gegenwart des befehlenden Vorgesetzten bei der That ist ebenso wenig erforderlich, wie daß die Befehle von demselben Vorgesetzten ertheilt worden sind.

8) Vollendet ist das Delikt des Beharrens im Ungehorsam mit der Nichtbefolgung des zweiten gleichen Befehles und die auf weitere Wiederholung stattfindende Befolgung des Befehls ist nur als Strafausmessungsgrund zu berücksichtigen. RMGer. VE. II Nr. 158 b.

Ist ein wiederholt ertheilter Befehl nicht befolgt worden, so ist das Vergehen des Beharrens im Ungehorsam vollendet und kann durch nachträgliche Befolgung nicht rückgängig und straflos gemacht werden. RMGer. II 13. Sept. 1902. E. 3, 237.

Wenn ein Untergebener einen Befehl in Dienstsachen nicht befolgt und diesen Befehl auch nach Wiederholung unter ausdrücklicher Verweigerung des Gehorsams unbefolgt läßt, so liegt nur ein Vergehen des erschwerten Ungehorsams durch Beharren im Ungehorsam und durch ausdrückliche Verweigerung des Gehorsams vor. RMGer. II PE. Nr. 158 c.

9) Die Strafe ist (auch im Felde) 14 bis 28 Tage strenger Arrest (§ 22 Abs. 3 MStrGB. findet nicht Anwendung), oder Gefängniß oder Festungshaft von 43 Tagen bis zu 3 Jahren. Wegen Dienstentlassung bezw. Degradation vgl. §§ 34, 40 MStrGB.

10) Wenn festgestellt ist, daß sich der Angeklagte in mehreren verschiedenen Fällen des Ungehorsams aus § 92 MStrGB. schuldig gemacht hat, kann die Strafe nicht aus § 94 MStrGB. bemessen werden. RMGer. PE. II Nr. 158 a.

§. 95.[1])

(KG. §§. 62[1], 45 MStrGO.) Wird eine der in dem §. 94 bezeichneten Handlungen vor versammelter Mannschaft[2]) oder gegen den Befehl, unter das Gewehr zu treten,[3]) oder unter dem Gewehr[4]) begangen, so tritt Gefängniß oder Festungshaft bis zu fünf Jahren,[5]) im Felde[6]) Gefängniß oder Festungshaft nicht unter Einem Jahre ein.

Ist eine solche[7]) Handlung vor dem Feinde[8]) begangen, so tritt Freiheitsstrafe nicht unter zehn Jahren ein. Besteht die Handlung darin, daß der Gehorsam gegen einen vor dem Feinde ertheilten Befehl[9]) durch Wort oder That[10]) ausdrücklich verweigert wird, so tritt Todesstrafe, in minder schweren Fällen[11]) Freiheitsstrafe[12]) nicht unter zehn Jahren oder lebenslängliche Freiheitsstrafe ein.[13]) [14])

1) § 95 Abs. 1 u. 2 MStrGB. enthält straferhöhende Umstände (§§ 318, 323, 326 MStrGO.) zu § 94 MStrGB.

2) Vgl. Note 1—7 zu § 12 MStrGB.

3) „Unter das Gewehr treten“ bezeichnet das Antreten zum Dienst mit der Waffe; ein Antreten in Reih und Glied ist nicht erforderlich, der straferhöhende Umstand d. u. d. G. T. ist auch gegeben, wenn nur ein Einzelner dem Befehle nicht gehorcht. Erfordert wird, daß der Thäter an dem Orte, wo der Befehl, unter das Gewehr zu treten, ausgeführt werden soll, schon anwesend ist.

4) Die Truppe oder der Einzelne muß zum Dienst mit der Waffe angetreten sein. Vgl. Note 10 zu § 89 MStrGB.

Eine Straferhöhung auf Grund des § 55 Nr. 2 MStrGB., weil die That während des Dienstes ausgeführt wurde, ist ausgeschlossen. Vgl. Note 3 zu § 55 MStrGB.

5) Von 43 Tagen bis zu 5 Jahren. In der Publikation des MStrGB. v. 25. Juni 1872 RGBl. Nr. 18, sind in Folge eines Druckversehens die Worte „bis zu fünf Jahren, im Felde Gefängniß oder Festungshaft“ zwischen „Festungshaft“ und „nicht“ fortgelassen worden. Das Versehen ist im RGBl. v. 19. Juni 1873 berichtigt worden.

6) Vgl. §§ 9 u. 10 MStrGB.

7) Unter „solche Handlung“ ist jede im § 94 MStrGB. bezeichnete Handlung zu verstehen, zu welcher ein straferhöhender Umstand des § 95 MStrGB. getreten ist.

8) Vgl. § 11 MStrGB.

9) Es muß ein Befehl in Dienstsachen vorliegen; vgl. § 94 MStrGB.

10) Es genügt auch ein Unterlassen; das Beharren im Ungehorsam auf wiederholt vor dem Feinde erhaltenen Befehl in Dienstsachen ist daher auch eine ausdrückliche Gehorsamsverweigerung „durch That“ im Sinne des Abs. 2 § 95 MStrGB.

11) Vgl. Note 19 zu § 58 MStrGB.

12) Gefängniß, Festungshaft von 10 bis zu 15 Jahren, bezw. lebenslängliches Gefängniß oder Festungshaft.

13) Zu Abs. 1 u. 2 § 95 MStrGB. vgl. wegen Entfernung aus dem Heere § 31 Abs. 3, wegen Dienstentlassung bezw. Degradation §§ 34, 40 MStrGB.; wegen Strafermäßigung vgl. § 98 das.

14) Die straferhöhenden Umstände des § 95 MStrGB. können dem Thäter nicht zugerechnet werden, wenn derselbe deren Vorhandensein bei Begehung der strafbaren Handlung nicht kannte; § 59 RStrGB. § 2 MStrGB. Eventualdolus genügt.

§. 96.

(KG. §§. 62[1], 45 MStrGO.) Wer[1]) es unternimmt,[2]) einen Vorgesetzten[3]) mittels Gewalt[4]) oder Drohung[5]) an der Ausführung eines Dienstbefehls[6]) zu hindern oder zur Vornahme oder Unterlassung einer Diensthandlung[7]) zu nöthigen,[8]) wird wegen Widersetzung mit Freiheitsstrafe[9]) von sechs Monaten bis zu zehn Jahren, im Felde[10]) mit Gefängniß nicht unter zwei Jahren bestraft.[11])

Dieselbe Strafe tritt ein, wenn die Handlung gegen die zur Unterstützung[12]) des Vorgesetzten befehligten oder zugezogenen[13]) Mannschaften[14]) begangen wird.

1) § 96 MStrGB. findet Anwendung auf die zum aktiven Heere (Marine) gehörigen Personen des Soldatenstandes, im Felde auch auf Militärbeamte (§ 153 MStrGB.), ferner auf Kriegsgefangene (§ 158 das.), auf das Gefolge des Heeres (§§ 155ff. das.), auf Personen des Beurlaubtenstandes außer der Zeit, während welcher sie sich im Dienste befinden (§ 6 das.), nur unter der Voraussetzung des § 113 MStrGB.

2) Durch § 96 soll die Autorität der Diensthandlung des Vorgesetzten geschützt werden; er richtet sich gegen Ge-

walthandlungen bezw. Drohungen, welche einer Diensthandlung des Vorgesetzten entgegentreten sollen und den Vorgesetzten nöthigen, seinerseits entweder durch Gewalt das Hinderniß zu beseitigen, oder von der Diensthandlung einstweilen abzusehen.

Der Ausdruck „Unternehmen" umfaßt alle Handlungen, welche auf Erreichung des in § 96 MStrGB. bezeichneten Erfolges gerichtet sind, auch die sog. Vorbereitungshandlungen; ob der Erfolg des Vorhabens erreicht wird, ob durch die Handlung das Vorhaben unmittelbar zur Ausführung gebracht werden soll, ist unerheblich. RG. II 9. Nov. 1880. E. 3,26. III 4. Juni 1883. E. 8,354. Ein Versuch des Verbrechens gegen § 96 MStrGB. ergiebt es nicht. Vgl. Note 1 a. E. zu § 46 MStrGB.

In subjektiver Hinsicht genügt es, wenn dem Angeklagten bewußt war, daß der Vorgesetzte die Vornahme einer Diensthandlung beabsichtige und daß der Untergebene dem mit Gewalt rc. entgegen wirken will. Ob die Annahme des Untergebenen, daß der Vorgesetzte eine bestimmte Diensthandlung vornehmen würde, sich mit dessen wirklicher Absicht deckte, ist unerheblich. RMGer. II 11. Juni 1902. E. 3,97.

Dolus eventualis genügt. RMGer. II 2. August 1902. E. 3,171.

3) Vgl. Note 5 zu § 89 und Note 7 zu § 47 MStrGB. Ist dem Thäter die Vorgesetzteneigenschaft nicht bekannt, so mangelt es an dem erforderlichen Dolus. Hat der Thäter den Vorgesetzten als solchen erkannt, so ist es unerheblich, ob der Vorgesetzte in Uniform war oder nicht. RMGer. I 10. März 1902. E. 2,210. Wachen haben nur dann Vorgesetzteneigenschaft, wenn sie als solche äußerlich erkennbar sind; § 111 MStrGB.

4) Der Begriff „Gewalt" erfordert nothwendig die Anwendung physischer Kraft (z. B. Gegenstemmen der Füße gegen den Boden, Anklammern an Gegenstände, Entreißen des Seitengewehrs, das der Vorgesetzte festhält rc.) und

zwar in dem Maße, daß dadurch die Ausführung des Dienstbefehls Seitens des Vorgesetzten erschwert oder aufgehoben wird, und der Vorgesetzte, wenn auch nicht zur Abstandnahme von der Ausführung des Befehls, so doch seinerseits zu einer erhöhten Kraftaufwendung genöthigt wird. Die körperlichen Kraftanwendungen können sich unmittelbar oder mittelbar gegen die Ausführung des Befehls durch den Vorgesetzten richten. Unerheblich ist, ob der Thäter die physische Kraft persönlich anwendete oder ob er sich dazu eines leblosen oder willenlosen Gegenstandes als Werkzeug (z. B. Einschließen des Vorgesetzten) bedient. Vgl. auch RG. III 5. Februar 1881. R. 3,12. III 11. Januar 1883. R. 5,24. III 7. Mai 1885. R. 7,280. IV 5. Nov. 1895. E. 27,405.

Bloßer passiver Widerstand (bloßes passives Verhalten, z. B. Weigerung, eine verschlossene Thür zu öffnen 2c.) erfüllt den Begriff der Gewalt nicht, RG. III 5. Febr. 1885, R. 7,85, kann aber als Ungehorsam (§§ 92 ff. MStrGB.) sich qualifiziren.

Besteht die Gewalt in einer direkten Einwirkung auf den Körper des Vorgesetzten, liegt ideale Konkurrenz des § 96 Abs. 1 mit § 97 MStrGB. vor. Vgl. § 97 Note 3 a. E.

5) Drohung mit Gewalt ist nicht erforderlich, es genügt jede Drohung, d. h. die Inaussichtstellung irgend eines Uebels, auch wenn die Zufügung desselben als ein berechtigtes Handeln sich darstellt. (Drohung mit dienstlicher Beschwerde.) RMGer. II 10. Oktober 1901. E. 2,37. II 15. Februar 1902. E. 2,197. I 26. Mai 1902. E. 3,62. Vgl. auch Note 12 zu § 89 MStrGB. Die Drohung braucht nicht gegen den Vorgesetzten direkt gerichtet zu sein; es genügt, wenn die Drohung einen Zwang auf den Willen des Vorgesetzten durch Einschüchterung ausüben sollte; es kann daher die Drohung dahin gehen, gegen einen Dritten etwas zu verüben. Nicht nöthig ist, daß die Drohung eine ernstlich gemeinte war, es reicht aus, wenn sie auf den Vorgesetzten den Eindruck einer ernstlich

gemeinten machen sollte. RG. III 21. Mai 1884 R. 3,317. Die Drohung braucht an sich nicht geeignet zu sein, einen Zwang gegen den Vorgesetzten auszuüben, es genügt jede Drohung; vgl. auch RG. VStrS. 24. Mai 1880. E. 1,439.

6) Auf den Befehl in Dienstsachen ist § 96 MStrGB. nicht beschränkt. Ob der Dienstbefehl sich auf den Thäter oder auf eine andere Person bezog, ist belanglos.

7) Vgl. Note 2 a. E. Unerheblich ist, ob durch die Diensthandlung eine Dienstpflicht verletzt werden sollte. Der Transport eines vorläufig Festgenommenen durch einen Wirthshauspatrouilleur zu dem nächsten Wachtgebäude ist eine „Diensthandlung", mag die vorläufige Festnahme gerechtfertigt gewesen sein oder nicht. RMGer. I 20. Jan. 1902. E. 2,170.

8) d. h. einen Zwang ausüben (durch Gewalt oder Drohung) auf den Willen des Vorgesetzten, eine Diensthandlung vorzunehmen oder zu unterlassen. Erfolgt die Anwendung von Gewalt oder Drohung nicht in dieser Absicht, so liegt Widersetzung nicht vor.

9) Gefängniß oder Festungshaft.

10) §§ 9 u. 10 MStrGB. Gefängniß von 2 bis 15 Jahren.

11) Wegen Straferhöhung vgl. § 55 Nr. 2 und wegen Strafermäßigung § 98 MStrGB. Wegen Entfernung aus dem Heere vgl. § 31 Abs. 3, wegen Dienstentlassung und Degradation §§ 34, 40 MStrGB.

12) § 96 MStrGB. schützt nur die zur Unterstützung des Vorgesetzten zugezogenen oder befehligten Mannschaften, nicht aber Mannschaften, denen der Vorgesetzte von vornherein die selbstständige Ausführung des Dienstbefehls übertragen hat, noch auch solche, welche freiwillig den Vorgesetzten unterstützen. Anwesenheit des Vorgesetzten ist nicht nothwendig, der Thäter muß nur wissen oder als möglich in seinen Willen mit aufnehmen, daß die Mannschaften auf Befehl des Vorgesetzten zur Unterstützung desselben zugezogen sind.

13) Damit sollen die im Range mit dem zuziehenden Vorgesetzten gleichgestellten Personen des Soldatenstandes gemeint sein.

14) d. s. Unteroffiziere und Gemeine. Widersetzung gegen militärische Wachen bezw. im Dienste befindliche Wachmannschaften steht der Widersetzung gegen Vorgesetzte gleich; § 111 MStrGB.

§. 97.

(KG. §§. 62[1], 45 MStrGO.) Wer[1]) sich an einem Vorgesetzten[2]) thätlich vergreift[3]) oder einen thätlichen Angriff gegen denselben unternimmt,[4]) wird mit Freiheitsstrafe[5]) nicht unter drei Jahren, in minder schweren Fällen mit Freiheitsstrafe[6]) nicht unter Einem Jahre bestraft. Wird die Handlung unter dem Gewehr[7]) oder sonst im Dienste,[8]) oder vor versammelter Mannschaft,[9]) oder mit einer Waffe[10]) oder einem anderen gefährlichen Werkzeuge[11]) ausgeführt, so tritt Freiheitsstrafe[12]) [13]) nicht unter fünf Jahren, in minder schweren Fällen[14]) Freiheitsstrafe nicht unter zwei Jahren ein.

Statt[15]) auf Gefängniß oder Festungshaft ist auf Zuchthaus von gleicher Dauer zu erkennen, wenn die Thätlichkeit eine schwere Körperverletzung[16]) oder den Tod des Vorgesetzten verursacht hat.[17])

Ist die Thätlichkeit im Felde[18]) begangen, so tritt Todesstrafe, in minder schweren Fällen[19]) oder wenn die Thätlichkeit außer dem Dienste begangen ist, Freiheitsstrafe[20]) nicht unter zehn Jahren oder lebenslängliche Freiheitsstrafe ein.

Neben Gefängniß und neben Festungshaft ist auf Dienstentlassung zu erkennen.[1] [2])

1) Vgl. Note 1 zu § 96 MStrGB.

2) Vgl. Note 5 zu § 89 u. Note 7 zu § 47 MStrGB. Zu den Vorgesetzten gehören auch die militärischen Wachen; § 111 MStrGB.

Im Dienstrange Höhere schützt § 97 MStrGB. nicht gegen Thätlichkeiten; letztere sind aus § 91 MStrGB. und aus §§ 223, 223a, 224 RStrGB. strafbar.

3) Durch § 97 MStrGB. soll die Unantastbarkeit der Person des Vorgesetzten geschützt werden. Als thätliches Vergreifen stellt sich jede vorsätzliche, unberechtigte Einwirkung auf den Körper des Vorgesetzten oder einer dem Vorgesetzten gesetzlich gleichgestellten Person dar, wobei es gleichgiltig ist, ob dadurch eine Verletzung, ein Schmerzgefühl, ein Mißbehagen oder eine Störung des körperlichen Wohlbefindens, wie es § 223 RStrGB. voraussetzt, herbeigeführt wird. RMGer. I 20. Juni 1902. E. $3_{,108}$. Eine unmittelbare Berührung des Körpers des Vorgesetzten ist nicht unbedingt erforderlich; der absichtliche Schlag oder Stoß auf den durch Ausrüstungs- bezw. Kleidungsstücke geschützten Körper des Vorgesetzten (z. B. Schlag auf den Helm) erfüllt objektiv den Thatbestand des § 97 MStrGB. RMGer. I 8. September 1902. E. $3_{,220}$. Eine besondere Anwendung von Gewalt oder eine Widerstandsleistung Seitens des Vorgesetzten ist nicht erforderlich; es genügt das unberechtigte Handanlegen an den Vorgesetzten.

Subjektiv ist aber erforderlich, daß die Einwirkung auf den Körper in feindseliger Willensrichtung erfolgt oder mindestens mit dem Bewußtsein der Rechtswidrigkeit und der Absicht des Antastens der dienstlichen Autorität des Vorgesetzten oder der diesem gleichgestellten Person verbunden ist. Ob die Thätlichkeit des Untergebenen den erforderlichen feindseligen Charakter an sich trägt, wird regelmäßig aus der bei Vornahme der Handlung auf Seiten des Untergebenen bestehenden Absicht zu entnehmen sein. Vgl. RMGer. I 8. September 1902. E. 3,229, I 20. Juni 1902. E. 3,106.

Es genügt dolus eventualis. RMGer. II 2. August 1902. E. 3,171.

Zum Dolus gehört ferner neben der Vorsätzlichkeit der Handlung das Bewußtsein des Untergebenen, daß sich seine Thätigkeit gegen einen Vorgesetzten richtet. Befindet sich der Vorgesetzte in Civilkleidung oder ist er sonst äußerlich als solcher nicht kenntlich, so macht der Untergebene sich doch des Verbrechens gegen § 97 MStrGB. schuldig, wenn er in Kenntniß der Thatsache, daß es ein Vorgesetzter ist, an diesem sich thätlich vergreift oder einen thätlichen Angriff unternimmt. RMGer. I 10. März 1902. E. 2,210. Vgl. auch Note 3 zu § 96 MStrGB.

Wird der thätliche Angriff auf den Vorgesetzten im Sinne des § 97 MStrGB. vorgenommen, um den letzteren an der Durchführung eines Dienstbefehls zu hindern oder ihn zur Vornahme einer Diensthandlung ꝛc. zu nöthigen, also zu dem im § 96 Abs. 1 MStrGB. unter Strafe gestellten Endzweck, so liegt ideale Konkurrenz, nicht Gesetzeskonkurrenz vor. Die Strafe ist nach § 73 RStrGB. aus § 97 MStrGB. zu entnehmen. Gesetzeskonkurrenz liegt nur dann vor, wenn die in Betracht kommenden Strafgesetze sich in den begrifflichen Merkmalen der ihren Gegenstand bildenden Strafthaten vollständig decken, sodaß das eine Delikt sich nur als das speziellere, das andere sich als das allgemeinere darstellt. RG. Urth. v. 16. April 1889. E. 19,252. 26. Juni 1896. E. 29,11. 27. April 1894. E. 25,321. 1. November 1895. Golt d. Archiv. 43,392.

Diese Voraussetzungen liegen bei den §§ 96 Abs. 1, 97 MStrGB. nicht vor:

§ 97 a. a. O. stellt lediglich die in aggressiver Absicht bezw. in feindseliger Willensrichtung gegen die

Person des Vorgesetzten gerichtete aktive Gewalt unter Strafe.

Das durch ihn geschützte Rechtsgut ist die in der Person des Vorgesetzten sich verkörpernde dienstliche Autorität und die aus ihr entspringende Unantastbarkeit des Vorgesetzten.

§ 96 Abs. 1 MStrGB. hat in erster Linie nur die passive, jeder Aggressive entbehrende Gewaltanwendung im Auge und auch diese Gewalt nur insofern, als mittelst derselben die Hinderung des Vorgesetzten an der Ausführung eines Dienstbefehls oder die Nöthigung des Vorgesetzten zur Vornahme oder Unterlassung einer Diensthandlung bezweckt wird.

Das geschützte Rechtsgut ist hier die Freiheit des Vorgesetzten, seinem eigenen pflichtmäßigen Ermessen entsprechend, dienstliche Entschlüsse zu fassen und für deren Durchführung zu sorgen (Autorität der Diensthandlung).

Hiernach ist der kriminalpolitische Zweck der beiden Gesetzesbestimmungen ein durchaus verschiedener.

Es ist ferner die aggressive Absicht bezw. feindselige Willensrichtung der aktiven Gewalt bei § 97 unentbehrlich, bei § 96 Abs. 1 mindestens unnöthig,

anderseits der verbrecherische Zweck der Hinderung oder Nöthigung des Vorgesetzten bei § 96 unbedingt erforderlich, bei § 97 ohne rechtliche Bedeutung.

Unter diesen Umständen kann von einem Ausschlusse der einen Gesetzesvorschrift durch die andere, d. h. von einer Gesetzeskonkurrenz nicht die Rede sein.

Es liegt vielmehr, da durch dieselbe Handlung mehrere Strafgesetze, die sich nicht decken, verletzt sind, ein rechtlicher Zusammenfluß im Sinne des § 73 RStrGB. vor. Vgl. RG. I 3. Dezember 1883. E. 9, 261. R. 5, 749.

4) Vgl. Note 2 zu § 96 MStrGB. Es genügen einen thätlichen Angriff vorbereitende Handlungen, dagegen reichen

wörtliche oder thätliche Drohungen (z. B. Greifen des Thäters nach dem Säbelgriff) nicht aus. Bezüglich des dolus vgl. Note 3 zu §§ 96 u. 97 MStrGB.

Einen Versuch des Unternehmens des thätlichen Angriffs giebt es nicht. Vgl. Note 2 zu § 96 MStrGB.

In subjektiver Hinsicht wird beim ähnlichen Angriff stets eine feindselige Absicht vorausgesetzt. RMGer. I 20. Juni 1902. E. 3, 106.

5) Gefängniß oder Festungshaft von 3—15 Jahren.

6) Gefängniß oder Festungshaft von 1—15 Jahren.

7) Vgl. Note 10 zu § 89 u. Note 4 zu § 95 MStrGB.

8) Unerheblich ist, ob der Thäter sich allein oder mit anderen im Dienste befindet; daß auch der Vorgesetzte sich im Dienst befindet, wird nicht erfordert. Eine Straferhöhung aus § 55 Nr. 2 MStrGB. kann bei dem erschwerenden Umstande „im Dienste“ und „unter dem Gewehr“ nicht eintreten. Vgl. Note 3 zu § 55 MStrGB.

9) Vgl. § 12 MStrGB.

10) Der Begriff der Waffe im Sinne des § 97 MStrGB. ist auf die Dienstwaffe (vgl. Note 8 zu § 55 MStrGB.) nicht beschränkt RMGer. I 6. Dez. 1900 (nicht publizirt), umfaßt solche aber. Es kann daher, auch wenn die Handlung mit einer Dienstwaffe ausgeführt ist, Straferhöhung aus § 55 Nr. 2 MStrGB. nicht eintreten. Eine ideale Konkurrenz mit § 149 MStrGB. ist ausgeschlossen, weil § 97 MStrGB. den Thatbestand des § 149 in sich aufgenommen und somit außer Anwendung gestellt hat.

11) Der Begriff des gefährlichen Werkzeugs ist derselbe wie im § 223a RStrGB. RG. III 5. April 1894. E. 25,234; gefährliches Werkzeug ist ein Gegenstand, welcher nach seiner Beschaffenheit oder der Art seiner Benutzung geeignet ist, erheblichere Verletzungen herbeizuführen; die Art der Verwendung im konkreten Falle kommt nicht in Betracht. RG. II 12. Nov. 1880. R. 2,496 III 10. März 1880 R. 1,442, II 8. Juli 1881. E. 4,397. Das gefährliche Werkzeug muß ein beweglicher Gegenstand sein. RG. I.

2. Nov. 1893. E. 24,372. Ein auf einen Menschen gehetzter Hund ist kein gefährliches Werkzeug. RG. II 1. Juni 1883 R. 5,393. Ein Bajonettirgewehr ist ein gefährliches Werkzeug, keine Waffe; ein Zielgewehr ist eine Waffe.

12) Gefängniß oder Festungshaft von 5 bis 15 Jahren.

13) Dem Zusammentreffen mehrerer der angeführten erschwerenden Momente ist bei der Strafausmessung Rechnung zu tragen; ideale Konkurrenz liegt nicht vor; § 73 RStrGB.

14) Vgl. Note 19 zu § 58 MStrGB. und RMGer. I 14. Febr. 1901 E. 1,35. Ein minder schwerer Fall kann auch im Falle des Abs. 2 angenommen werden.

15) Es ist nicht etwa zunächst auf Gefängniß oder Festungshaft zu erkennen und die Strafe nach § 21 RStrGB. in Zuchthaus zu verwandeln, es ist vielmehr lediglich Zuchthaus in den Strafrahmen des Abs. 1 angedroht.

16) Der Deliktsbegriff ist vom RStrGB. zu unternehmen. RMGer. Plen.-Beschl. v. 17. Mai 1901. E. 1,134. § 224 RStrGB.: „Hat die Körperverletzung zur Folge, daß der Verletzte ein wichtiges Glied des Körpers, das Sehvermögen auf einem oder beiden Augen, das Gehör, die Sprache oder die Zeugungsfähigkeit verliert, oder in erheblicher Weise dauernd entstellt wird, oder in Siechthum, Lähmung oder Geisteskrankheit verfällt, so ist auf Zuchthaus bis zu 5 Jahren oder Gefängniß nicht unter einem Jahre zu erkennen." Vgl. auch Note 2 zu § 123 MStrGB.

17) Es wird nur erfordert, daß die schwere Körperverletzung oder der Tod in ursächlichem Zusammenhang mit der Thätlichkeit steht. War der Tod beabsichtigt, so kommt in idealer Konkurrenz mit § 97 MStrGB. §§ 211, 212 RStrGB. zur Anwendung.

18) Vgl. §§ 9, 10 MStrGB.

19) Vgl. Note 14.

20) Bei einer im Felde entweder außer Dienst oder

in minder schwerem Falle begangenen Thätlichkeit, welche die in Abs. 2 des § 97 MStrGB. bezeichneten Folgen gehabt hat, ist auf Zuchthaus von 10—15 Jahren oder auf lebenslängliches Zuchthaus zu erkennen.

21) Wegen Strafermäßigung vgl. § 98 MStrGB. Wegen Entfernung aus dem Heere vgl. § 31 Abs. 1, 2, 3, wegen Degradation § 40 MStrGB.

22) Die Anstiftung einer Militärperson zu dem Verbrechen des § 97 MStrGB. durch eine Nichtmilitärperson ist nach § 48 RStrGB., § 97 MStrGB. strafbar, weil § 97 MStrGB. ein rein militärisches Verbrechen ist, dessen Strafbarkeit durch die persönlichen Eigenschaften und Verhältnisse des Thäters als Militärperson und Untergebener des Verletzten begründet wird und es sich nicht um eine That handelt, deren Strafbarkeit nach den persönlichen Eigenschaften oder Verhältnissen des Thäters sich erhöht oder vermindert, so daß die Anwendbarkeit des § 50 RStrGB. ausgeschlossen ist. RG. III 5. April 1894. E. 25,234.

§. 98.

Ist ein Untergebener dadurch, daß der Vorgesetzte [1]) ihn vorschriftswidrig behandelt [2]) oder die Grenzen seiner Dienstgewalt [3]) [3a]) überschritten hat, gereizt und [4]) und auf der Stelle [4]) zu einer der in den §§. 89 bis 97 bezeichneten strafbaren Handlungen hingerissen worden, so ist, [5]) wenn die Handlung mit dem Tode oder mit lebenslänglicher Freiheitsstrafe [6]) bedroht ist, auf Freiheitsstrafe [6]) nicht unter drei Jahren zu erkennen; ist zeitige Freiheitsstrafe [7]) angedroht, so kann die Strafe bis zur Hälfte des Mindestbetrages [8]) der angedrohten Freiheitsstrafe, und wenn diese Hälfte mehr als Ein Jahr beträgt, bis auf die Dauer Eines Jahres ermäßigt, gegen Offiziere auch von der Dienstentlassung[9]) abgesehen werden.

Stellt sich die Handlungsweise des Vorgesetzten als eine Mißhandlung[10]) oder sonst als herabwürdigende Behandlung[11]) des Untergebenen dar, so kann die Strafe,[12]) wo die Hälfte des Mindestbetrages der angedrohten Strafe mehr als sechs Monate beträgt, auf die Dauer von sechs Monaten ermäßigt werden; die Strafe darf nicht den dritten Theil des Höchstbetrages der angedrohten Strafe übersteigen.[13]) [14]) [15])

1) Vgl. Note 5 zu § 89 u. Note 7 zu § 47 MStrGB.

2) Vgl. §§ 121, 122, MStrGB.

Zum Thatbestande der vorschriftswidrigen Behandlung eines Untergebenen wird die Verletzung einer positiven dienstlichen Vorschrift nicht erfordert. Es ist in vielen, vielleicht den meisten Fällen nicht möglich, die Behandlung des Untergebenen Seitens des Vorgesetzten durch positive Vorschriften zu regeln. Mangels spezieller Vorschrift ist aus der Stellung und den Aufgaben des Vorgesetzten, den Zwecken des militärischen Dienstes im allgemeinen und im besonderen Falle, den zur Erreichung dieser Zwecke zulässigen Mitteln, den an die Untergebenen berechtigterweise zu stellenden Anforderungen, aus der Leistungsfähigkeit der Untergebenen und ähnlichen, der Natur des militärischen Berufs zu entnehmenden Gesichtspunkten zu beurtheilen, ob eine Behandlung eine vorschriftswidrige ist. Die vorschriftswidrige Behandlung kann auch fahrlässiger Weise begangen werden. RMGer. I 29. Mai 1901. E. 1,167.

Vorschriftswidrig ist eine Behandlung auch dann, wenn sie gegen einen militärischen Grundsatz verstößt. Sie wirkt ferner auch dann strafmindernd, wenn der Untergebene nur objektiv vorschriftswidrig behandelt worden ist, ohne daß der Vorgesetzte sich nach § 121 MStrGB. strafbar macht. RMGer. I 10. Juni 1901. E. 1,178. Eine vorschriftswidrige Behandlung kann auch durch Unterlassung begangen werden. Eine solche liegt z. B. vor, wenn der Vorgesetzte seiner Pflicht, einen unter seinem Kommando stehenden Untergebenen, gegen welchen in seiner Gegenwart strafbare Handlungen begangen werden, zu schützen, nicht nachkommt; erfüllt der Vorgesetzte diese Pflicht nicht, so ist ein etwa außer ihm noch anwesender dienstälterer Vorgesetzter — sofern seine eigene Machtvollkommenheit nicht ausreicht, um den Untergebenen zu schützen — verpflichtet darauf hinzuwirken, daß der dienstjüngere Vorgesetzte der ihm obliegenden Pflicht nachkommt. RMGer. I 17. Febr. 1902. E. 2,202. Eine vorschriftswidrige Behandlung liegt objektiv in der Anwendung von Mitteln, welche das persönliche Ehrgefühl des Untergebenen zu kränken geeignet sind und ihn der persönlichen Freiheit in einer seine Person gefährdenden Weise beraubten. RMGer. II 13. Sept. 1902. E. 3,241.

3) Vgl. auch §§ 114 ff. MStrGB. Eine Ueberschreitung der Grenzen der Dienstgewalt liegt in jeder Verletzung der Rechte, welche dem Vorgesetzten zur Handhabung des Dienstes und Aufrechterhaltung der militärischen Zucht und Ordnung gegeben sind.

3a) Eine innerhalb einer sich als einheitliches d. h. als sogenanntes fortgesetztes Delikt, darstellenden Insubordination liegende Handlung des Vorgesetzten kann niemals die Anwendung des § 98 MStrGB. begründen. RMGer. I 26. Mai 1902. E. 3, 62.

4) § 98 MStrGB. erfordert, daß der Untergebene gereizt und durch die Reizung zur That hingerissen wurde; zwischen beiden Erfordernissen muß nicht nur ursächlicher Zusammenhang, sondern auch zeitliche Kontinuität bestehen. Ob eine solche Kontinuität, ein „Hinreißen auf der Stelle" vorliegt, ist Thatfrage.

5) Die Strafermäßigung muß eintreten, wenn die Handlung mit dem Tode oder lebenslänglicher Freiheitsstrafe bedroht ist.

6) Darunter fällt bei § 97 Abs. 2 und 3 auch Zuchthausstrafe. Vgl. Note 20 zu § 97 MStrGB.

7) Vorausgesetzt ist die Androhung zeitiger Freiheitsstrafe; zu letzterer gehört im Falle des § 97 Abs. 2 MStrGB. auch die Zuchthausstrafe. Wegen der unter die Vorschriften der §§ 94, 95 MStrGB. fallenden Ungehorsamshandlungen kann unter den Voraussetzungen des § 98 MStrGB., wenn gegen Gemeine auf Arrest zu erkennen ist, nur auf strengen, nicht auf mittleren Arrest, erkannt werden.

8) Ermäßigt wird der Strafrahmen der angedrohten Strafe, nicht die im konkreten Falle verwirkte Freiheitsstrafe. Ermäßigt sich die angedrohte Zuchthausstrafe unter ein Jahr, so ist statt auf Zuchthaus auf Gefängniß von gleicher Dauer zu erkennen; § 17 Abs. 2 MStrGB.

Die Hälfte des Mindestbetrages der Gefängnißstrafe (43 Tage) ist 3 Wochen Arrest, der Bruchtheil von $^1/_3$ Tag Arrest kommt zu Gunsten des Angeklagten in Wegfall; § 16 Abs. 2 MStrGB., § 16 RStrGB.

9) Bei Androhung zeitiger Freiheitsstrafe tritt an Stelle der nach § 34 Abs. 1 MStrGB. obligatorischen Androhung der Dienstentlassung nach § 98 Satz 2 die fakultive, auch wenn die erkannte Gefängnißstrafe mehr als ein Jahr betragen würde.

10) Vgl. § 122 MStrGB.

11) Herabwürdigende Behandlung bezeichnet jedes Verhalten des Vorgesetzten, durch welches nach allgemeiner Anschauung das militärische oder persönliche Ehrgefühl des Untergebenen verletzt wird, z. B. durch Beschimpfen, geringere Thätlichkeiten. Die Heranziehung eines Unteroffizieres zu körperlicher Arbeitsleistung gemeinschaftlich mit seinen Untergebenen kann eine herabwürdigende Behandlung enthalten, z. B. dann wenn die Arbeit nach Zählen

der einzelnen Arbeitsakte unter dem Befehl eines Gefreiten erfolgt. RMGer. II 30. Nov. 1901. E. 2,82.

12) In Bezug genommen ist nur der Fall des Abs. 1 § 98 MStrGB., also wenn zeitige Freiheitsstrafe angedroht ist.

13) Gegen Offiziere kann selbstverständlich auch im Falle des Abs. 2 d. § 98 MStrGB. von der Dienstentlassung abgesehen werden.

14) Bei Annahme eines minder schweren Falles wird die für diesen angedrohte Strafe beim Vorliegen des § 98 MStrGB. nach Maßgabe dieser Vorschrift ermäßigt. Die Reizung im Sinne des § 98 MStrGB. kann bei Anwendung dieser Vorschrift nicht auch noch zur Begründung eines minder schweren Falles herangezogen werden.

15) Sobald ein Angeklagter mehrere sebstständige Strafthaten der in den §§ 89—97 bezeichneten Art verübt hat, ist der § 98 MStrGB. nicht bei Abmessung der Gesammtstrafe in Betracht zu ziehen; er darf vielmehr nur bei der Festsetzung der betreffenden Einzelstrafe Berücksichtigung finden, welche für das Vergehen eingesetzt ist, das der Angeklagte, gereizt durch das Verhalten des Vorgesetzten, verübt hat. RMGer. PE. I Nr. 122.

§. 99.[1])

(KG. bezw. StG. §§. 62^1, 45, 16 MStrGO.) Wer[2]) eine Person des Soldatenstandes[3]) zur Verweigerung des Gehorsams,[4]) [5]) [8]) zur Widersetzung[6]) [8]) oder zu einer Thätlichkeit[7]) [8]) gegen den Vorgesetzten[9]) auffordert[10]) oder anreizt,[11]) ist gleich[12]) dem Anstifter zu bestrafen, wenn die Aufforderung oder Anreizung die strafbare Handlung oder einen strafbaren Versuch derselben zur Folge gehabt hat.[13])

(KG. bezw. i. F. StG. §§. 62^1, 45, 16 Abs. 2 MStrGO.) Ist die Aufforderung oder Anreizung ohne Erfolg[13a]) geblieben, so ist auf Freiheitsstrafe[14]) bis zu zwei Jahren, im Felde[15]) auf mittleren oder strengen Arrest[15a]) oder auf Gefängniß oder Festungshaft bis zu fünf Jahren zu erkennen. Die Strafe darf jedoch, der Art oder dem Maße nach, keine schwerere sein, als die auf die Handlung selbst angedrohte.[16])

1) § 99 MStrGB. stellt die Aufforderung oder Anreizung einer Person des Soldatenstandes zur Verweigerung des Gehorsams u. s. w. unter Strafe, § 100 das. trifft für den Fall Bestimmung, daß der Thäter mehrere Personen des Soldatenstandes zur gemeinschaftlichen Verübung der gleichen Delikte auffordert.

2) Vgl. Note 1 zu § 96.

3) Eine an einen Militärbeamten im Felde ergehende Aufforderung oder Anreizung erfüllt den Thatbestand des § 99 MStrGB. nicht; das gleiche gilt — abgesehen von den Fällen des § 113 MStrGB. — für eine Aufforderung rc. an eine Person des Beurlaubtenstandes, die sich nicht im Dienst befindet. Im letzten Falle kommt ev. § 112 RStrGB. zur Anwendung.

4) Die Strafbarkeit einer Aufforderung zu anderen, als den hier genannten Delikten bestimmt sich nach den Bestimmungen über die Anstiftung; § 48 RStrGB.

5) § 99 MStrGB. umfaßt nicht nur die ausdrückliche Verweigerung des Gehorsams, sondern auch den passiven Ungehorsam auf erhaltenen Dienstbefehl im Sinne des § 92 das. Voraussetzung dabei ist jedoch, daß zu einem Ungehorsam angereizt wird, dessen Spitze sich gegen die Autorität des Vorgesetzten richtet, der also demonstrativer Natur ist.

6) Vgl. § 96 MStrGB.

7) Vgl. § 97 MStrGB.

8) Vorausgesetzt ist ein in seiner Gestaltung bestimmtes, gegen die Bestimmungen der §§ 92, 94, 96, 97 MStrGB. gerichtetes Thun oder Unterlassen.

9) Vgl. Note 5 zu § 89: Note 7 zu § 47 MStrGB. Zu den Vorgesetzten gehören auch die militärischen Wachen; § 111 MStrGB.

10) Der Thatbestand der Aufwiegelung setzt in subjektiver Hinsicht voraus, daß der Thäter mit dem verbrecherischen Willen gehandelt hat, das dienstliche Ansehen des Vorgesetzten dessen Untergebenen gegenüber herabzusetzen. RMGer. I 14. April 1902. E. 2,280. Eine „Aufforderung" ist in jeder Kundgebung enthalten, welche eine Einwirkung auf den Willen Anderer bezweckt. RG. II 13. April 1881. E. 4,106. Neben der Spezialvorschrift des § 99 MStrGB. ist § 49a RStrGB. nicht anwendbar.

11) Bei der Anreizung wird die Bestimmung des Willens eines Anderen zu einem Handeln mittelbar durch eine Einwirkung auf die Sinne und Leidenschaften desselben versucht. Auch hier wird, wie bei der Aufforderung, der Vorsatz erfordert, den Andern zur Begehung des Ungehorsams ꝛc. zu veranlassen.

12) D. h. nach demjenigen Gesetze, welches auf die Handlung Anwendung findet, zu welcher wissentlich angestiftet worden ist; § 48 RStrGB.

13) Es ist die begangene strafbare Handlung (gegen §§ 92, 94, 96, 97 MStrGB.) im Urtheile als Folge der Aufforderung oder Anreizung thatsächlich festzustellen.

13a) Ist die Aufforderung ꝛc. ohne Erfolg geblieben, so ist es unerheblich, ob die Aufgeforderten die Aufforderung gehört haben; es genügt, daß sie dieselbe hören konnten.

14) Arrest bis 6 bezw. 4 Wochen Gefängniß oder Festungshaft von 43 Tagen bis zu 2 Jahren.

15) Vgl. §§ 9, 10 MStrGB., ein straferhöhender Umstand im Sinne der §§ 318, 323, 326 MStrGO.

15a) § 22 Abs. 3 MStrGB. findet keine Anwendung.

16) Im Falle des Abs. 1 § 99 MStrGB. sind alle Ehrenstrafen zuläßig bezw. geboten, welche nach dem für die Handlung, zu welcher aufgefordert wurde, gegebenen Gesetze zuläßig oder geboten sind. Im Falle des Abs. 2 des

§ 99 MStrGB. sind lediglich die nach den allgemeinen Bestimmungen der §§ 30—42 MStrGB. gebotenen oder zulässigen Ehrenstrafen anwendbar.

§. 100.[1])

(KG. §§. 62[1], 45 MStrGO.) Wer mehrere[2]) Personen des Soldatenstandes auffordert oder anreizt, gemeinschaftlich entweder dem Vorgesetzten den Gehorsam zu verweigern oder sich ihm zu widersetzen oder eine Thätlichkeit gegen denselben zu begehen, wird ohne Rücksicht darauf, ob ein Erfolg[3]) eingetreten ist, wegen Aufwiegelung mit Gefängniß[5]) nicht unter fünf Jahren bestraft.[4])

Ist durch die Handlung ein erheblicher Nachtheil[6]) für den Dienst verursacht worden, so tritt Gefängniß[5]) nicht unter zehn Jahren ein; im Felde[7]) kann auf lebenslängliches[8]) Gefängniß erkannt werden.[9])

1) Vgl. zu diesem Paragraphen die Noten 2—11 zu § 99 MStrGB. Der Vorsatz des Thäters muß im Falle des § 100 MStrGB. darauf gerichtet sein, daß die Strafthat, zu der aufgefordert, angereizt wird, von mehreren Personen gemeinschaftlich verübt werden soll.

2) Es genügen zwei Personen. Werden mehrere zeitlich unabhängig von einander ein jeder für sich zur Gehorsamsverweigerung aufgefordert, ohne daß eine gemeinschaftliche Gehorsamsverweigerung erfolgen soll, so kommt lediglich § 99 MStrGB. zur Anwendung, sei es, daß eine fortgesetzte Handlung vorliegt, sei es, daß mehrere selbstständige Delikte gegen § 99 MStrGB. realiter konkurriren und zwar so viele, als Personen des Soldatenstandes aufgefordert wurden.

3) Ist die Aufforderung ꝛc. von Erfolg begleitet, so wird dies für die Strafzumessung erheblich.

4) Wegen Erhöhung vgl. §§ 53, 55 (bei Verübung der That während Ausübung des Dienstes) u. § 115 MStrGB. Idealkonkurrenz des § 115, wie § 116 MStrGB. mit § 100 das. kann vorliegen. RMGer. I 14. April 1902. E. 2, 280.

5) Gefängniß von 5—15 Jahren, im Falle des Abs. 2 Gefängniß von 10—15 Jahren.

6) Vgl. Note 2 zu § 86 MStrGB. Die Verursachung der Gefahr eines Nachtheils genügt nicht. Abs. 2 Satz 1 enthält einen straferhöhenden Umstand zu Abs. 1 § 100 MStrGB. im Sinne der §§ 318, 323, 326 MStrGB.

7) Vgl. §§ 9, 10 MStrGB. Die Begehung im Felde enthält einen weiteren straferhöhenden Umstand. Vgl. Note 6 zu § 100 MStrGB.

8) Wegen Verjährung in diesem Falle vgl. Note 1 zu § 52 MStrGB.

9) Wegen Entfernung aus dem Heere vgl. § 31, wegen Dienstentlassung, Degradation §§ 34, 40 MStrGB.

§. 101.

(KG. bezw. i. F. StG. §§. 62[1], 45, 16[1] Abs. 2 MStrGO.)

Wer [1]) unbefugt [2]) eine Versammlung [3]) von Personen das Soldatenstandes [4]) behufs Berathung [5]) über militärische Angelegenheiten oder Einrichtungen veranstaltet [6]) oder zu einer gemeinsamen Vorstellung oder Beschwerde über solche Angelegenheiten oder Einrichtungen Unterschriften sammelt,[7]) wird mit Freiheitsstrafe [8]) bis zu drei Jahren bestraft; zugleich kann auf Dienstentlassung [9]) erkannt werden.

Die an einer solchen Versammlung, Vorstellung oder Beschwerde Betheiligten [10]) werden mit Freiheitsstrafe [11]) bis zu sechs Monaten bestraft.

1) Als Thäter kommen in Betracht Personen des

Soldatenstandes, Personen des Beurlaubtenstandes, auch wenn sie sich nicht im Dienst befinden (§§ 6, 113 MStrGB.), Militärbeamte nur im Felde, Kriegsgefangene und das Gefolge des Heeres (§§ 158, 155 ff. MStrGB.).

2) d. h. ohne Erlaubniß des zuständigen, militärischen Vorgesetzten oder entgegen den bestehenden Dienstvorschriften; ob die Veranstaltung (Versammlung) eine unbefugte ist, gehört zur Thatfrage.

3) Eine Versammlung im Sinne des § 101 MStrGB. liegt vor bei dem Zusammentritt von mindestens drei Personen des Soldatesstandes (dem Veranstalter und zwei anderen, welche der Einberufung gefolgt sind) zu dem Zwecke der Berathung über militärische Angelegenheiten und Einrichtungen. Findet eine solche Berathung gelegentlich einer zu einem anderen Zwecke veranstalteten Versammlung statt, so ist § 101 MStrGB. nicht anwendbar.

4) Es muß sich um Versammlungen von Personen des Soldatenstandes handeln. Die Theilnahme einer Person des Soldatenstandes an einer Versammlung von Nichtmilitärpersonen, in welcher militärische Angelegenheiten &c. berathen werden, fällt nicht unter § 101 MStrGB.; sie ist vielmehr, da nach § 49 des RMG. die Theilnahme an politischen Versammlungen und Vereinen den zum aktiven Heere gehörigen Personen des Soldatenstandes untersagt ist, ev. aus § 92 MStrGB. strafbar.

5) Es genügt die Berathung; eine Beschlußfassung wird nicht erfordert.

6) Die Versammlung muß stattgefunden haben, Zusammenrufung als solche reicht zum Thatbestande des § 101 MStrGB. nicht aus. Ein Versuch des Vorgehens des § 101 MStrGB. ist nicht strafbar.

7) Das Sammeln der Unterschriften muß ein unbefugtes sein, vgl. Note 2 zu § 101 MStrGB. Die die Unterschrift Leistenden sind Betheiligte im Sinne des Abs. 2 zu § 101 MStrGB.

8) Arrest von 1 Tag bis 6 bezw. 4 Wochen, strenger Arrest nur im Falle des § 22 Abs. 3 MStrGB. oder Gefängniß oder Festungshaft von 43 Tagen bis zu 3 Jahren.

9) d. h. wenn gegen einen Offizier auf Festungshaft bis zu einem Jahre oder auf Stubenarrest erkannt wird, bei anderen Strafen treten die allgem. Bestimmungen des § 34 Abs. 1 Nr. 2, Abs. 2 Nr. 1, § 40 Abs. 1 Nr. 1, Abs. 2 Nr. 1 ein.

10) In Betracht kommt nur eine Betheiligung, die sich nicht als Theilnahme im Sinne der §§ 47—49 MStrGB. darstellt und dann als solche strafbar ist.

11) Arrest von 1 Tag bis 6 bezw. 4 Wochen (strenger Arrest nur im Falle des § 22 Abs. 3 MStrGB.), oder Gefängniß oder Festungshaft von 43 Tagen bis 6 Monaten. Bei Offizieren ist Dienstentlassung neben Gefängniß zulässig § 34 Abs. 2 Nr. 2 MStrGB. Bei Vorgesetzten, welche gemeinschaftlich mit Untergebenen gegen § 101 MStrGB. verstoßen, ist auf erhöhte Strafe zu erkennen; §§ 53, 55 MStrGB.

§. 102.

(KG. bezw. StG. §§. 45, 62[1], 16[1] MStrGO.) Wer[1]) es unternimmt,[2]) Mißvergnügen[3]) in Beziehung auf den Dienst unter seinen Kameraden[4]) zu erregen, wird, wenn dies durch mündliche Aeußerungen geschieht, mit Freiheitsstrafe[5]) bis zu drei Jahren bestraft.

Ist[6]) die Handlung durch Verbreitung[7]) von Schriften, Darstellungen oder Abbildungen oder ist sie im Felde[8]) begangen, so ist auf mittleren oder strengen Arrest[9]) nicht unter vierzehn Tagen oder auf Gefängniß oder Festungshaft bis zu fünf Jahren zu erkennen.[10]) [11])

1) § 102 MStrGB. findet Anwendung auf Personen des Soldatenstandes; auf Personen des Beurlaubtenstandes, während sie sich nicht im Dienst befinden, nur unter den Voraussetzungen des § 113 MStrGB., auf Militärbeamte im Felde (§ 153 MStrGB.), auf Kriegsgefangene (§ 158 MStrGB.), auf das Gefolge des Heeres (§§ 155 ff. das.).

2) Der Ausdruck „Unternehmen" umfaßt alle Handlungen, welche auf Erreichung des in § 102 bezeichneten Erfolges gerichtet und geeignet sind, diesen Erfolg herbeizuführen (RMGer. PE. I Nr. 123), ohne Rücksicht darauf, ob der Erfolg des Vorhabens erreicht wird oder nicht und ob durch die Handlung das Vorhaben unmittelbar zur Ausführung gebracht werden soll. RG. II. 9. Nov. 1880. E. 3,26, III. 4. Juni 1883. E. 8,354. Das Delikt ist mit dieser Handlung vollendet; die Grundsätze über den Versuch bleiben ausgeschlossen, da der Versuch der Vollendung gleichgestellt ist. Der Thäter muß mit dem Vorsatz handeln, Mißvergnügen bezügl. des Dienstes zu erregen. RMGer. PE. I. Nr. 123.

3) Mißvergnügen ist gleichbedeutend mit Unzufriedenheit; der Begriff des Dienstes umfaßt alle dienstlichen Beziehungen, wie solche sich aus der übernommenen oder gesetzlichen Dienstpflicht ergeben.

4) Der Begriff „Kameraden" umfaßt die gesammte Kameradschaft, wie sie für die Person des Soldatenstandes durch den militärischen Dienst im Heere und durch die Zugehörigkeit zur betreffenden Macht bedingt ist. RMGer. I. 19. Dez. 1901. E. 2,101. Es genügt die Einwirkung auf einen Kameraden.

5) Arrest von 1 Tag bis 6 bezw. 4 Wochen (strenger Arrest nur im Falle des § 22 Abs. 3 MStrGB.) oder Gefängniß oder Festungshaft von 43 Tagen bis zu drei Jahren.

6) Abs. 2 § 102 MStrGB. enthält straferhöhende Umstände im Sinne der §§ 318, 323, 326 MStrGO. zu Abs. 1 des § 102 MStrGB.

7) Vgl. Note 9 zu § 91 MStrGB.

8) §§ 9, 10 MStrGB.

9) Mittlerer oder strenger Arrest von 14 Tagen bis 6 bezw. 4 Wochen oder Gefängniß oder Festungshaft von 43 Tagen bis zu 5 Jahren. Strenger Arrest kann ohne Rücksicht auf § 22 Abs. 3 MStrGB. verhängt werden.

10) Erhöhte Strafe tritt ein, wenn das Vergehen gegen § 102 unter dem Gewehr oder sonst in Ausübung des Dienstes oder von einem Vorgesetzten gemeinschaftlich mit Untergebenen ausgeübt ist; §§ 53, 55 MStrGB.

11) Zu Abs. 1 und 2 § 102 MStrGB. vgl. wegen Dienstentlassung bezw. Degradation §§ 34, 40 MStrGB.

§. 103.

(KG. §§. 62[1], 45 MStrGO.) Verabreden [1]) Mehrere [2]) eine gemeinschaftliche [3]) Verweigerung des Gehorsams [4]) oder eine gemeinschaftliche Widersetzung oder Thätlichkeit [5]) gegen den Vorgesetzten, so werden dieselben wegen Meuterei bestraft. Die Strafe [6]) ist nach demjenigen Gesetze festzusetzen, welches auf die Handlung Anwendung findet, deren Begehung verabredet worden ist, und zugleich um die Dauer von drei Monaten bis zu zwei Jahren zu erhöhen.

Ist in Folge [7]) der Verabredung die strafbare Handlung begangen [8]) worden, so ist die Strafe, mit welcher die Handlung bedroht ist, nach §. 53 zu erhöhen, [9]) wenn die hiernach zulässige Strafe höher ist, als die nach den Bestimmungen des ersten Absatzes verwirkte [10]) Strafe.

1) Vgl. Note 2 zu § 59 und Note 2 zu § 72 MStrGB. Mit der Verabredung ist das Delikt vollendet. Sind die Thäter oder einer von ihnen von der Verabredung zurück-

getreten, ohne der Vorschrift des § 105 MStrGB. zu genügen, so ist dessenungeachtet die Strafe des § 103 Abs. 1 MStrGB. verwirkt.

2) Bezüglich der als Thäter in Betracht kommenden Personen vgl. Note 1 zu § 102 MStrGB. Für den Begriff „mehrere" genügen zwei Personen. RMGer. II. 11. Jan. 1902. E. 2,163.

3) Die Abrede muß dahin gehen, gemeinschaftlich die Verweigerung des Gehorsams 2c. auszuführen. Gemeinschaftlich, d. h. in bewußtem und gewolltem Zusammenwirken; jeder Einzelne muß sich bewußt sein, daß mehrere zusammenwirkend thätig werden sollen und wollen. RG. III 8. Mai 1880. R. 1,742. II. 26. Sept. 1882. R. 4,718. Vgl. auch Note 3 a. E. zu § 72 MStrGB. RMGer. PE. III. Nr. 141.

4) Der Thatbestand der Meuterei kann zwar unter Umständen auch dann vorliegen, wenn es sich um einen einfachen Ungehorsam im Sinne des § 92 MStrGB. handelt; derselbe muß jedoch, wie sich aus dem im § 103 gebrauchten Ausdrucke „gemeinschaftliche Verweigerung des Gehorsams" ergiebt, in demonstrativer Absicht verübt werden sollen. Vgl. auch Note 5 zu § 99 MStrGB.

5) Auch die Verabredung zur gemeinschaftlichen Begehung eines militärischen Aufruhrs (§ 106 MStrGB.) fällt unter § 103 cit.; bei Verabredung anderer, als der in §§ 92—97 MStrGB. vorgesehenen Subordinationsdelikte (z. B. der in §§ 89—91 cit. unter Strafe gestellten Delikte) ist § 103 cit. nicht anwendbar.

6) Dazu gehören auch die Ehrenstrafen.

7) Ist die Begehung der verabredeten Gehorsamsverweigerung 2c. nicht in Folge der Verabredung erfolgt, sondern durch andere Umstände veranlaßt worden, so ist Abs. 1 § 103 MStrGB. in realer Konkurrenz mit der Strafbestimmung, unter welche die ausgeführte That fällt, anzuwenden.

8) In den Fällen der §§ 92—95 ist der Versuch nicht denkbar; in den Fällen der §§ 97 ff. ist schon das „Unternehmen" als konsumirte Strafthat zu ahnden.

Ein „Versuch" der hier in Frage stehenden Delikte kann also nicht in Betracht kommen.

9) Vgl. aber Note 3 zu § 55 MStrGB. Die erhöhte Strafe darf den gesetzlich zulässigen Höchstbetrag der zu verhängenden Strafart nicht übersteigen (§§ 16, 17, 24 MStrGB.).

10) D. h. der gemäß Abs. 1 § 103 MStrGB. angedrohten Strafe.

§. 104.

(KG. bezw. i. F. StG. §§. 62[1], 45, 16[1] MStrGO.)

Wer [1]) von einer Meuterei [2]) zu einer Zeit, in welcher die Verhütung der verabredeten strafbaren Handlung möglich ist,[3]) glaubhafte Kenntniß [4]) erhält und es unterläßt,[5]) hiervon [6]) rechtzeitig [7]) Anzeige [8]) zu machen, wird, wenn die verabredete strafbare Handlung begangen [9]) [10]) worden ist, mit Freiheitsstrafe [11]) bis zu drei Jahren bestraft.[12])

1) Vgl. Note 2 zu § 103 und Note 1 zu § 60 MStrGB.

2) Es muß mindestens eine Verabredung zu gemeinschaftlicher Verweigerung des Gehorsams 2c. (§ 103 MStrGB.) vorliegen. Vgl. ferner Note 5 zu § 103 MStrGB.

3) Vgl. Note 3 zu § 60 MStrGB.

4) Vgl. Note 4 zu § 60 MStrGB.

5) Vgl. Note 5 zu § 60 MStrGB.

6) Vgl. Note 6 zu § 60 MStrGB.

7) Vgl. Note 7 zu § 60 MStrGB.

8) Vgl. Note 8 zu § 60 MStrGB.

9) Vgl. Note 9 zu § 60 MStrGB.

10) Vgl. Note 8 zu § 103 MStrGB.

11) Arrest bis 6 bezw. 4 Wochen (strenger Arrest nur im Falle des Abs. 3 § 22 MStrGB.), Gefängniß, Festungs-

haft von 43 Tagen bis zu 3 Jahren. Wegen Degradation und Dienstentlassung vgl. §§ 34, 40 MStrGB.

12) Vgl. Note 10 zu § 60 MStrGB.

§. 105.

Straflosigkeit tritt für den an der Meuterei Betheiligten[1]) ein,[2]) welcher von der Meuterei[3]) zu einer Zeit, wo die Dienstbehörde[5]) nicht schon anderweit davon unterrichtet ist, in einer Weise Anzeige macht,[4]) daß die Verhütung der verabredeten Handlung möglich[6]) ist.

1) Betheiligte sind Thäter, Mitthäter, Anstifter, Gehülfen, vgl. §§ 47—49 RStrGB.

2) Vgl. Note 2 zu § 104 MStrGB.

3) Der im § 105 MStrGB. anerkannte Strafausschließungsgrund tritt nur für den Anzeigenden ein.

4) Vgl. Note 4 zu § 61 MStrGB.

5) Vgl. Note 5 zu § 61 MStrGB.

6) Vgl. Note 6 zu § 61 MStrGB.

§. 106.

(KG. §§. 62[1], 45 MStrGO.) Wenn Mehrere[1]) sich zusammenrotten[2]) und mit vereinten Kräften[3]) es unternehmen,[4]) [5]) dem Vorgesetzten[6]) den Gehorsam zu verweigern, sich ihm zu widersetzen oder eine Thätlichkeit[7]) gegen denselben zu begehen, so wird jeder, welcher an der Zusammenrottung theilnimmt,[8]) wegen militärischen Aufruhrs mit Gefängniß nicht unter fünf Jahren, im Felde mit Gefängniß nicht unter zehn Jahren[9]) bestraft; zugleich ist auf Versetzung in die zweite Klasse des Soldatenstandes zu erkennen.[10])

1) Vgl. Note 1 zu § 102 und Note 2 zu § 103 MStrGB.

2) Zusammenrotten setzt ein vorsätzliches räumliches Zusammentreten oder Zusammensein von mindestens zwei Personen voraus; es muß nach außen sich erkennen lassen, daß die Theilnehmenden zu gemeinsamem, in seiner Rechtswidrigkeit erkennbarem Zusammenwirken entschlossen sind. RG. II. 1. Juni 1880, E. 2,80, III. 25. Sept. 1880, E. 3,1, III. 29. April 1886. R. 8,322, I. 22. Okt. 1885. E. 13,17, R. 7,606. Eine Zusammenrottung Mehrerer im Sinne des § 106 MStrGB. liegt auch dann vor, wenn mindestens zwei Personen des Soldatenstandes — gleichgiltig aus welchem Grunde — bereits vor der That zusammen waren und sich nun zu gemeinsamem, in der Richtung des § 106 MStrGB. bewegenden Handeln, nach Außen erkennbar, verbinden. RMGer. II. 2. Juli 1902. E. 3,128.

Beruht die Zusammenrottung auf Verabredung, so liegt nicht militärischer Aufruhr, sondern nach § 103 Abs. 2 MStrGB. strafbare Meuterei vor.

3) Der Begriff „mit vereinten Kräften“ setzt nicht voraus, daß alle Theilnehmenden bei dem Unternehmen der Gehorsamsverweigerung u. s. w. thätig geworden sind, oder daß der Theilnehmende nachweisbar selbst eine Thätlichkeit begangen hat, sondern nur, daß die Theilnehmenden als Einheit aufgetreten sind; wird dem Theilnehmenden eine Thätlichkeit nachgewiesen, so tritt Verurtheilung nach § 107 MStrGB. ein. In subjektiver Beziehung genügt die Feststellung, daß jedem der Thäter bereits vor Beginn der Thätlichkeiten das gleichzeitige Handeln des anderen Theiles klar geworden ist und er dieses gleichzeitige Handeln gebilligt hat, dasselbe also in seinem Willen lag. RMGer. II. 2. Juli 1902. E. 3,128. RG. III. 18. Dez. 1886. R. 8,764. E. 15,217, II. 2. Jan. 1888. E. 17,47, R. 10,47, I. 6. März 1890. E. 20,303.

Handelt es sich um passiven Ungehorsam, so liegt das Thatbestandsmerkmal „mit vereinten Kräften“ nur dann vor, wenn irgend wie aus konkludenten Handlungen zu folgern ist, daß die Thäter in dem Bewußtsein der gegenseitigen Unterstützung gegen den Vorgesetzten gemeinsame Sache machen und ihren Ungehorsam durch gemeinschaftliches Zusammenwirken durchsetzen wollen.

4) Zur Zusammenrottung müssen, um den Thatbestand des § 106 MStrGB. zu erfüllen, noch aus der vereinigten Mehrheit heraus unternommene Handlungen hinzutreten, welche die Absicht, sich mit vereinten Kräften zu widersetzen rc., erkennen lassen. Der Ausdruck „Unternehmen" umfaßt alle Handlungen, welche auf Erreichung des in § 106 MStrGB. bezeichneten Erfolges gerichtet und geeignet sind, den Erfolg herbeizuführen ohne Rücksicht darauf, ob der Erfolg des Vorhabens erreicht wird oder nicht, und ob durch die Handlung die Gehorsamverweigerung rc. unmittelbar zur Ausführung gebracht werden soll. RG. II. 9. Nov. 1880. E. 3,26, III. 4. Juni 1883. E. 8,354. Das Delikt ist mit dieser Handlung vollendet; die Grundsätze über den Versuch bleiben ausgeschlossen, da der Versuch der Vollendung gleichgestellt ist.

5) Als dolus des § 106 MStrGB. genügt das Bewußtsein, sich in einer zusammengerotteten Mehrheit zu befinden, welche die in § 106 verzeichneten Subordinationsdelikte begeht oder begehen will, verbunden mit dem Willen in dieser Mehrheit, als ein Theil derselben und zur Mitwirkung bereit zu bleiben; § 106 MStrGB. ist nicht schon dann ohne Weiteres anwendbar, wenn zwei Untergebene die unter einem Vorgesetzten exerziren, einen für Beide zweimal gegebenen Befehl nicht ausführen. RMGer. PE. II. Nr. 160.

6) Vgl. Note 5 zu § 89 und Note 7 zu § 47 MStrGB.

7) Zusammenrottungen zum Zwecke der Begehung anderer als der in § 106 MStrGB. aufgeführten Subordinationsdelikte fallen nicht unter § 106 cit.

8) Theilnehmer im Sinne des § 106 MStrGB. sind alle Personen, welche sich mit der erforderlichen Absicht der Zusammenrottung angeschlossen haben. Der Anstifter unter-

fällt dem § 107 MStrGB., falls er persönlich am Aufruhr theilnimmt, sonst kommt § 48 RStrGB. event. § 115 MStrGB. zur Anwendung.

9) 5—15 Jahre Gefängniß, im Felde (§§ 9 und 10 MStrGB.) 10—15 Jahre Gefängniß.

10) Gegen Offiziere muß auf Entfernung aus dem Heere (§ 31 Abs. 2 MStrGB.), gegen Unteroffiziere auf Degradation erkannt werden (§ 40 Abs. 2 MStrGB.).

§. 107.

(KG. §§. 62, 45 MStrGO.) Die Rädelsführer[1]) und Anstifter[2]) eines militärischen Aufruhrs, sowie diejenigen Aufrührer,[3]) welche eine Gewaltthätigkeit[4]) gegen den Vorgesetzten[5]) begehen, werden mit Zuchthaus nicht unter fünf Jahren[6]) oder mit lebenslänglichem Zuchthaus, und wenn der Aufruhr im Felde[7]) begangen wird, mit dem Tode bestraft.

1) Rädelsführer ist derjenige, welcher die Führung der Aufrührer hat; diese Führung kann sich in dem Zusammenrufen, Zusammenhalten der Aufrührer, in der Bestimmung der Ausführung der That, der geistigen Leitung derselben rc. bethätigen.

2) Den Begriff des Anstifters im Sinne des § 107 MStrGB. erfüllt jede Einwirkung, um die anderen Thäter zum gemeinsamen Handeln zu bestimmen; der Anstifter muß Mitthäter des militärischen Aufruhrs sein. Vgl. auch Note 9 zu § 72 und Note 8 zu § 108 MStrGB.

3) D. h. jeder am Aufruhr Betheiligte; bei dem Rädelsführer und Anstifter Strafzumessungsgrund.

4) Unter Gewaltthätigkeit ist jede Kraftaufwendung, die sich gegen die Person des Vorgesetzten richtet, zu verstehen. Gewalt „gegen“ eine Person erfordert nur, daß die Vergewaltigung der Person bezielt worden ist, es ist nicht nöthig, daß die Gewaltshandlung die Person selbst

betroffen hat, daß also auf letztere eine Einwirkung geschehen ist; letzteres wird nur erfordert für die Gewalt „an" einer Person. RG. II. 28. Juni 1887. E. 16,172.

5) Vgl. Note 7 zu § 47 und Note 5 zu § 89 MStrGB. Dem Vorgesetzten stehen die zur Unterstützung befehligten oder zugezogenen Mannschaften gleich. Vgl. auch § 96 Abs. 2 MStrGB.

6) 5—15 Jahre Zuchthaus; daneben ist auf Entfernung aus dem Heere zu erkennen, § 31 MStrGB.

7) Im Felde: §§ 9 und 10 MStrGB.

§. 108.

(KG. §§. 62[1], 45 MStrGO.) Wird der militärische Aufruhr vor dem Feinde[1]) begangen, so tritt gegen sämmtliche Betheiligte die Todesstrafe ein.

1) Vgl. § 11 MStrGB.

§. 109.

(KG. §§. 62[1], 45 MStrGO.) Die an einem militärischen Aufruhr[1]) Betheiligten,[2]) welche zur Ordnung[3]) zurückkehren, bevor es zu einer Gewaltthätigkeit[4]) gegen den Vorgesetzten[5]) gekommen, werden mit Gefängniß oder Festungshaft bis zu zwei Jahren[6]) bestraft, wenn sie nicht Anstifter[7]) oder Rädelsführer[7]) sind.

Ist in einem solchen Falle die Rückkehr zur Ordnung von allen an dem Aufruhr Betheiligten erfolgt, so ist gegen Anstifter[7]) und Rädelsführer[7]) auf Gefängniß oder Festungshaft von zwei bis zu fünf Jahren zu erkennen.[8])

1) § 109 MStrGB. bezieht sich auch auf den im Felde und vor dem Feinde verübten Aufruhr.

2) Am Aufruhr betheiligt ist Jeder, der mit der im § 106 MStrGB. vorausgesetzten Absicht unter den Zusammengerotteten sich befindet. Vgl. auch Note 8 zu § 106 MStrGB.

3) Die Rückkehr zur Ordnung muß äußerlich erkennbar sein, z. B. durch Entfernung vom Thatorte, Unterstützung des Vorgesetzten, Verhinderung der anderen Aufrührer an der That 2c.

Daß die Rückkehr zur Ordnung lediglich dem freien Entschlusse des Aufrührers entspringt, ist nicht erforderlich; sie kann auch durch einen Befehl des Vorgesetzten oder eine Drohung desselben mit Gewaltmaßregeln veranlaßt sein.

4) Vgl. Note 4 zu § 107 MStrGB. Es darf überhaupt noch nicht zu Gewaltthätigkeiten gekommen sein, auch nicht von Seiten der nicht zur Ordnung zurückkehrenden Aufrührer.

5) Vgl. Note 7 zu § 47 und Note 5 zu § 89 MStrGB.

6) Gefängniß von 43 Tagen bis zu 2 Jahren.

7) Vgl. Note 1 und 2 zu § 107 MStrGB.

8) Wegen Dienstentlassung und Degradation vgl. §§ 34, 40 MStrGB.

§. 110.

(KG. §§. 62[1], 45 MStrGO.) Dem Anstifter[1]) eines militärischen Aufruhrs gleich zu bestrafen ist derjenige an dem Aufruhr Betheiligte,[2]) welcher

1) persönlich[3]) von dem Vorgesetzten[4]) zum Gehorsam aufgefordert, diesen durch Wort oder That ausdrücklich[5]) verweigert,
2) durch Mißbrauch[6]) militärischer Signale[7]) oder durch Aufruhrzeichen[8]) den Aufruhr befördert,[9]) oder
3) unter den Aufrührern den höchsten Dienstrang[10]) einnimmt.

1) Vgl. Note 2 zu § 107 MStrGB.

2) Vgl. Note 2 zu § 109 MStrGB.

3) Namentliche Bezeichnung des zum Gehorsam Aufgeforderten ist nicht erforderlich; es genügt, daß der Aufrührer die Aufforderung als an seine Person gerichtet erkannt hat.

4) Vgl. Note 7 zu § 47 und Note 5 zu § 89 MStrGB.

5) Vgl. Note 10 zu § 95 MStrGB.

6) Mißbrauch ist eigenmächtiger Gebrauch in rechtswidriger Absicht.

7) Vgl. Note 13 zu § 58 MStrGB.

8) Daß die Zeichen unter den Aufrührern verabredet sind, ist nicht nöthig; erfordert wird nur, daß sie an sich geeignet sind, den Aufruhr zu fördern.

9) Werden Signale ꝛc. gegeben, um den Aufruhr hervorzurufen, so sind die die Signale Mißbrauchenden ohnehin Anstifter des Aufruhrs. Vgl. Note 2 zu § 107 MStrGB.

10) Haben sich mehrere Vorgesetzte von gleichem Range an dem Aufruhr betheiligt, so fällt unter die Vorschrift der Nr. 3 nur der dienstälteste Vorgesetzte, die übrigen Vorgesetzten trifft die Strafe der §§ 106, ev. 107, 109 und 55 Nr. 1 MStrGB.

§. 111.

Wer[1]) gegen eine militärische Wache[2]) die ihr schuldige Achtung[3]) verletzt oder sich einer Beleidigung,[4]) eines Ungehorsams,[5]) einer Widersetzung[6]) oder einer Thätlichkeit[7]) schuldig macht, wird ebenso bestraft, als wenn er die Handlung gegen einen Vorgesetzten begangen hätte.[8])

Als militärische Wache, im Sinne dieses Gesetzes, sind anzusehen alle zum Wacht- oder militärischen Sicherheitsdienste befehligten Personen des Soldatenstandes, mit Einschluß der Feldgendarmen[9]) und des

Personals der Stabswache der Marine,[10]) welche in Ausübung dieses Dienstes begriffen und als solche äußerlich erkennbar sind.[11])

1) Als Thäter kommen alle Personen des Soldatenstandes, die Personen des Beurlaubtenstandes nur unter den Voraussetzungen des § 113 MStrGB., ohne Unterschied des Dienstgrades in Betracht, mit Ausnahme der besonderen Vorgesetzten der militärischen Wache; zwischen diesen und der Wache ist auch hinsichtlich begangener strafbarer Handlungen nur das Verhältniß von Vorgesetzten zu Untergebenen maßgebend.

Die militärische Wache steht unter dem besonderen Befehl des kommandirenden Generals des Armeekorps, des Gouverneurs ꝛc., des Offiziers vom Ortsdienst, der Rondeoffiziere und der Wachthabenden. Der Platzmajor zählt nicht mit zu den Vorgesetzten der Wache; er ist nur berechtigt, im Auftrage des Gouverneurs ꝛc. Befehle an Wachen und Posten zu ertheilen. Die mit Disziplinarstrafgewalt beliehenen Offiziere des wachthabenden Truppentheils treten während der Ertheilung einer Belehrung oder Rüge zu den zu ihrem Truppentheil gehörigen, in Ausübung des Wachtdienstes befindlichen Mannschaften in das Verhältniß eines Vorgesetzten; im übrigen ruht während der Ausübung des Wachtdienstes das Vorgesetztenverhältniß auch dieser Offiziere. Nr. 31, 32, 41 u. Note dazu GV.

§ 111 MStrGB. findet auch auf Kriegsgefangene Anwendung. § 158 MStrGB. auf Militärbeamte nur im Felde § 153 das.

2) Hinsichtlich der Befugniß der Wachen zur vorläufigen Festnahme vgl. § 180 Abs. 1 MStrGO. u. Nr. 118 ff. GV. § 7 DStO. u. zum Waffengebrauch Nr. 134, 135 GV.

3) Vgl. § 89 MStrGB.

§ 111 MStrGB. hat das Belügen einer Wache nicht unter die in seinem Thatbestande aufgezählten Insubordinationen aufgenommen; diese Handlung kann daher aus § 111 das. nur bestraft werden, soweit sich das Belügen als eine Achtungsverletzung darstellt.

4) Vgl. § 91 MStrGB.

5) Vgl. §§ 92—95, 103 MStrGB.

6) Vgl. §§ 96, 103, 106 MStrGB.

7) Vgl. §§ 97, 103, 106 MStrGB.

8) § 111 MStrGB. stellt nur eine Rechtsfiktion dahin auf, daß die gegen militärische Wachen begangenen Achtungsverletzungen 2c. als gegen einen Vorgesetzten begangen zu erachten sind; damit sind jedoch den militärischen Wachen die Befugnisse eines Vorgesetzten an sich nicht beigelegt.

9) Die Feldgendarmen gelten, so lange sie in Ausübung des Dienstes begriffen und in dieser Eigenschaft durch ihren Dienstanzug äußerlich erkennbar sind, als militärische Wachen im Sinne des MStrGB. § 17 Abs. 1. Feldgendarmerie-Ordnung vom 10. Juni 1890 u. Nr. 529 Felddienst-Ordnung vom 1. Januar 1900. Sie sind unter diesen Voraussetzungen auch Offizieren gegenüber Vorgesetzte. Die Landgendarmen sind den Feldgendarmen nicht gleichgestellt, sie sind nur auf Grund ihres militärischen Ranges gegebenen Falls Vorgesetzte.

10) Die Stabswache der Marine ist durch ACO. v. 24. Mai 1881 (MVBl. S. 101) aufgelöst. Bezüglich des wachhabenden Offiziers an Bord vgl. Note 1 § 162 MStrGB.

11) Die Wache muß in Ausübung des Wachtdienstes begriffen und äußerlich als solche erkennbar sein. Die im Wachtlokale zum Zwecke späterer Verrichtung des Dienstes auf Wache versammelte Wachtmannschaft, ferner die von Wache ausgetretenen Wachtmannschaften befinden sich nicht in Ausübung des Wachtdienstes mit Ausnahme des Wachthabenden, welcher während der Dauer der Wache ununterbrochen im Dienst ist.

Ueber den Garnisonwachtanzug vgl. Nr. 22 ff. GB. und hinsichtlich des Anzugs der Wirthshauspatrouillen Nr. 116 GB. Der Thäter muß die militärische Wache als solche erkannt haben; andernfalls ist ihm der Umstand, daß die That gegen eine militärische Wache verübt wurde, nicht zuzurechnen; § 59 RStrGB.

Unteroffiziere vom Tagesdienst sind bei Revision der Kompagnie- ꝛc. Reviere nicht als Wachtmannschaften anzusehen. ACO. v. 20. Dez. 1862 (MGS. VII, 57).

Eine Stallwache ist als militärische Wache nur dann zu erachten, wenn dieselbe zur Beaufsichtigung und Bewachung eines Stalles bestimmt und in dienstmäßigem Anzug und Bewaffnung den Dienst zu verrichten hat; auf diejenigen, gewöhnlich mit dem Namen „Stallwache" bezeichneten Personen des Soldatenstandes, deren Bestimmung die ist, den Stall in Stand zu halten und die Pferde zu warten, welche Personen daher ihren Dienst unbewaffnet und im Stallanzuge verrichten, findet der Begriff der militärischen Wache keine Anwendung.

Unteroffiziere und Mannschaften, die als Patrouillen zum Ueberwachen von Wirthshäusern kommandirt werden, haben in Ausübung dieses Dienstes dieselben Befugnisse wie militärische Wachen. Nr. 116 GV. Eine Wirthshauspatrouille, die unbefugt den ihr zugewiesenen Bezirk verläßt und ein verbotenes Lokal betritt, ist der zuständigen Patrouille gegenüber zum Gehorsam verpflichtet. RMGer. PE. III. Nr. 130.

Die Eigenschaft einer militärischen Wache als solche tritt mit dem Augenblick ein, in welchem Vergatterung geschlagen wird. Nr. 44 GV.

§. 112.

(KG. §§. 62[1], 45 MStrGO.) Wer[1]) einen Vorgesetzten[2]) oder einen im Dienstrange Höheren[3]) aus dienstlicher Veranlassung[4]) zum Zweikampfe[5]) herausfordert,[6]) wird mit Freiheitsstrafe[7]) nicht unter Einem Jahre, und, wenn der Zweikampf vollzogen wird, mit Freiheitsstrafe[7]) nicht unter drei Jahren bestraft; zugleich ist auf Dienstentlassung[8]) zu erkennen.

Gleiche Strafen treffen den Vorgesetzten,[8]) [9]) welcher die Herausforderung annimmt oder den Zweikampf vollzieht.

1) § 112 MStrGB. findet Anwendung auf die zum aktiven Heere (Marine) gehörigen Personen des Soldatenstandes (wegen der Zuständigkeit des Militärgerichts innerhalb eines Jahres nach Beendigung der Zugehörigkeit zum aktiven Heere vgl. § 11 MStrGO.), im Felde auch auf Militärbeamte (§ 153 MStrGB.), auf Kriegsgefangene (§ 158 das.), auf das Gefolge des Heeres (§§ 155 ff. das.), auf Personen des Beurlaubtenstandes außer der Zeit, während welcher sie sich im Dienst befinden (§ 6 das.) nur unter der Voraussetzung des § 113 MStrGB.

2) Vgl Note 7 zu § 47 und Note 5 zu § 89 MStrGB.

3) Vgl. Note 3 zu § 91 MStrGB.

4) Es muß eine Diensthandlung des Herausgeforderten Veranlassung zur Herausforderung gegeben haben; Form und Zweck der Diensthandlung sind belanglos. Erfolgt die Herausforderung zum Zweikampf nicht aus dienstlicher Veranlassung, so kommen die Vorschriften der §§ 201 ff. RStrGB. zur Anwendung.

5) Eine Herausforderung zum Zweikampf mit tödtlichen Waffen (§ 201 RStrGB.) wird nicht erfordert.

6) Kartellträger, d. h. diejenigen, welche den Auftrag zu einer Herausforderung übernehmen und überbringen (§ 203 RStrGB.) sind als Gehülfen (§ 49 RStrGB.) zu dem militärischen Delikte des § 112 MStrGB. zu bestrafen, wobei es gleichgiltig ist, in welchem militärischen Verhältnisse sie zu dem Herausgeforderten stehen. Ist der Kartellträger ein Vorgesetzter des Herausfordernden, so ist gegen ihn auf erhöhte Strafe zu erkennen; §§ 55[1], 53 MStrGB. §§ 201—206, 208 RStrGB. finden neben § 112

MStrGB. keine Anwendung, wohl aber § 207 RStrGB. Die Vorschrift des § 209 RStrGB. greift gemäß § 59 RStrGB. nur Platz, wenn Zeugen, Sekundanten, Aerzte nicht wissen, daß die Herausforderung aus dienstlicher Veranlassung erfolgt ist. Auch unter dieser Voraussetzung tritt Straflosigkeit des Kartellträgers nach § 209 RStrGB. nur dann ein, wenn er nach Ausrichtung der Herausforderung ernstlich bemüht gewesen ist, den Zweikampf zu verhindern. Lehnt der Geforderte von vornherein die Herausforderung ab, so ist die Anwendung des § 209 RStrGB. ausgeschlossen. RMGer. I. 28. Januar 1901. E. 1,22.

7) Gefängniß, Festungshaft von 1 bezw. 3 bis zu 15 Jahren.

8) Die Dienstentlassung ist auch für den Fall vorgeschrieben, daß der Zweikampf nicht vollzogen wird. Gegen Unteroffiziere und Gemeine sind Ehrenstrafen nach Vorschrift der §§ 30—42 MStrGB. zu erkennen.

9) Nicht aber den im „Dienstrange Höheren"; gegen diesen sind nur die Vorschriften des RStrGB. anwendbar. Hat der Vorgesetzte keine Kenntniß, daß die Herausforderung aus dienstlicher Veranlassung erfolgt, so ist nach § 59 RStrGB. nicht § 112 MStrGB., sondern §§ 201 ff. RStrGB. gegen ihn anzuwenden.

§. 113.

Eine Person des Beurlaubtenstandes[1]) wird, auch während sie sich nicht im Dienste befindet,[2]) nach den Vorschriften dieses Abschnitts bestraft, wenn sie dem §. 101 zuwiderhandelt, oder eine andere der in diesem Abschnitte vorgesehenen strafbaren Handlungen im dienstlichen Verkehr[3]) mit dem Vorgesetzten oder in der Militäruniform[4]) begeht, oder wenn sie sich des Ungehorsams oder der Widersetzung gegen einen rechtmäßigen[5]) Befehl in dienstlichen Angelegenheiten schuldig macht.[6])

1) Vgl. Note 1 zu § 6 MStrGB.

2) Bezügl. der Frage, wann sich Personen des Beurlaubtenstandes im Dienste befinden vgl. Note 2 zu § 6 MStrGB.

3) Der dienstliche Verkehr mit dem Vorgesetzten muß eine dienstliche Angelegenheit (z. B. Gesuch, Anmeldung, Abmeldung 2c.) betreffen; ob er schriftlich oder mündlich stattfindet, ist unerheblich. Die Annahme eines dienstlichen Verkehrs im Sinne des § 113 MStrGB. ist auch bei freiwilligem Erscheinen vor dem Vorgesetzten nicht ausgeschlossen. Die irrige Annahme des Untergebenen, sich nicht im dienstlichen Verkehre mit dem Vorgesetzten zu befinden, ist als Rechtsirrthum nicht zu berücksichtigen. RMGer. I 20. Juni 1901. E. 1,199. Werden nach Beendigung des dienstlichen Verkehrs in Beziehung auf eine Diensthandlung des Vorgesetzten strafbare Handlungen gegen diesen Abschnitt begangen (z. B. Beleidigung, Thätlichkeit gegen den Vorgesetzten, Herausforderung desselben), so kommen die Vorschriften des RStrGB. zur Anwendung, sofern die in Rede stehende Handlung sich nicht als Ungehorsam oder Widersetzung gegen einen rechtmäßigen Befehl in dienstlichen Angelegenheiten (§§ 92, 94, 96 MStrGB.) darstellt.

4) Es genügt, daß die Person des Beurlaubtenstandes Uniformrock und Diensthose trägt; das Tragen einer Waffe (Seitengewehrs) ist nicht erforderlich.

5) Rechtmäßig ist der Befehl, wenn der Vorgesetzte vermöge seiner dienstlichen Stellung zum Erlaß eines solchen befugt ist.

6) Wegen der nach § 3 Abs. 2 EG. z. MStrGB. zulässigen Disziplinarbestrafung solcher Delikte vgl. §§ 23 bis 27 DStO., §§ 27 ff. MDStO. und § 6 des Reichsges. v. 15. Febr. 1875.

Siebenter Abschnitt.

Mißbrauch der Dienstgewalt.

§. 114.

(KG. §§. 62[1], 45 MStrGO.) Wer[1]) seine Dienstgewalt[2]) über einen Untergebenen[3]) zu Befehlen[4]) oder Forderungen,[4]) die in keiner Beziehung zum Dienste stehen, oder zu Privatzwecken[5]) mißbraucht,[6]) ingleichen wer von dem Untergebenen Geschenke[7]) fordert, (KG. bezw. StG. §§. 16[2], 62[1], 45 MStrGO.) von ihm, ohne Vorwissen[8]) des gemeinschaftlichen Vorgesetzten[9]) Geld borgt[10]) oder Geschenke annimmt, oder (KG. §§. 62[1], 45 MStrGO.) den Untergebenen sonst durch seine dienstliche Stellung veranlaßt,[11]) gegen ihn Verbindlichkeiten einzugehen, die demselben nachtheilig[12]) sind oder auf das gegenseitige Dienstverhältniß[13]) von nachtheiligem Einflusse sein können, wird mit Gefängniß[15]) oder Festungshaft[14]) bis zu zwei Jahren, in minder schweren Fällen[15]) mit Arrest[16]) bestraft.[17])

In schwereren Fällen,[18]) insbesondere im Rückfalle,[19]) kann zugleich auf Dienstentlassung oder Degradation erkannt werden.[20])

1) Als Thäter kommen nur zu den Personen des Soldatenstandes gehörige Vorgesetzte, und zwar im Beurlaubtenstande nur unter den Voraussetzungen des § 126 MStrGB. in Betracht; den Vorgesetzten gleichgestellt sind die militärischen Wachen. §§ 111 Abs. 2 und 125 MStrGB. Sind Kriegsgefangene durch die zuständige deutsche Kommandobehörde anderen Kriegsgefangenen als

Vorgesetzte bestellt, so findet in diesem Verhältniß der VII. Abschn. MStrGB. auf sie Anwendung.

Pflichtverletzungen enthaltende Verstöße der Militärbeamten gegen § 114 cit. unterliegen den Strafbestimmungen des 28. Abschn. d. RStrGB.

2) Dienstgewalt ist die in der Stellung des Vorgesetzten begründete Berechtigung, Befehle zu ertheilen.

3) Untergebene sind alle Personen des Soldatenstandes, welche gegenüber dem in Betracht kommenden Vorgesetzten zum Gehorsam verpflichtet sind.

4) Befehle und Forderungen, die auch nur indirekt, mit Rücksicht auf die allgemeinen Dienstverhältnisse des Untergebenen, zum Dienst Beziehung haben (z. B. Führung des Soldaten außer Dienst), erfüllen den Thatbestand des § 114 MStrGB. nicht.

Die in Mißbrauch der Dienstgewalt ergehenden Befehle sind keine Dienstbefehle, Ungehorsam gegen sie unterliegt weder der gerichtlichen noch der Disziplinarbestrafung.

5) D. s. rein persönliche, mit dem Dienstverhältniß nicht zusammenhängende Zwecke.

6) Vgl. Note 9 zu § 55 MStrGB. Mißbrauch der Dienstgewalt setzt den Mangel einer Berechtigung des Vorgesetzten zu den gegebenen Befehlen oder gestellten Forderungen voraus; es scheiden daher z. B. die Leistungen aus, die der Offizier von seinem Burschen zu fordern berechtigt ist.

7) Eine Zuwendung, durch die Jemand aus seinem Vermögen einen Andern bereichert, ist Schenkung, wenn beide Theile darüber einig sind, daß die Zuwendung unentgeltlich erfolgt. Vgl. § 516 BGB. Im Uebrigen sind die Vorschriften des BGB. für den Begriff Schenkung in seiner strafrechtlichen Bedeutung im Sinne des § 114 MStrGB. nicht anwendbar. Vgl. §§ 517 ff. BGB.

Werden Geschenke für eine Handlung, welche eine Verletzung einer Dienstpflicht enthält, gefordert oder angenommen, so wird § 140 MStrGB. (Bestechung) anwendbar.

8) D. h. Zustimmung des gemeinschaftlichen Vor-

gesetzten; die nachträglich ertheilte Zustimmung des gemeinschaftlichen Vorgesetzten schließt die Strafbarkeit nicht aus.

9) Bezüglich des Begriffs „Vorgesetzter" vgl. Note 7 zu § 47 und Note 5 zu § 89 MStrGB.

10) Nicht erforderlich ist, daß das Borgen unter einem zu ihm noch hinzugekommenen Mißbrauche der Dienstgewalt geschehen sei; das Gesetz sieht vielmehr in einem solchen Borgen oder Annehmen von Geschenken an sich schon einen Mißbrauch der Dienstgewalt; das Wort „sonst" drückt aus, daß nach der Meinung des Gesetzgebers Geschenke oder Gelddarlehn des Untergebenen an den Vorgesetzten immer durch die dienstliche Stellung des letzteren veranlaßt worden sind, wenn nicht der gemeinschaftliche Vorgesetzte darum gewußt hat. RG. III. 5. Dez. 1887. E. 16,$_{433}$.

11) Zum Dolus genügt das Bewußtsein des Thäters, daß die Verbindlichkeiten in Ansehung der dienstlichen Stellung des Thäters eingegangen worden sind.

12) Die Verbindlichkeit muß vom Untergebenen eingegangen und demselben ein Nachtheil erwachsen sein.

13) Es muß die Möglichkeit vorliegen, daß die Dienststellung des Vorgesetzten gegenüber dem in Betracht kommenden Untergebenen erschüttert wird, d. h. daß das dienstliche Ansehen des Vorgesetzten leidet, oder der Erfolg seiner dienstlichen Thätigkeit in Frage gestellt ist.

14) Von 43 Tagen bis zu 2 Jahren.

15) Vgl. Note 19 zu § 58 MStrGB.

16) Strenger Arrest nur unter den Voraussetzungen des § 22 Abs. 3 MStrGB.

17) Disziplinarbestrafung ist zugelassen, wenn die strafbare Handlung nur in dem Borgen von Geld oder in der Annahme von Geschenken ohne Vorwissen des gemeinschaftlichen Vorgesetzten besteht; § 3 Abs. 2 Nr. 2 EG. z. MStrGB.

18) Unter „schwereren" Fällen sind solche zu verstehen, bei denen in der Person des Thäters oder in der That selbst erschwerende Umstände vorliegen.

19) Von den im § 114 MStrGB. vorgesehenen Thatbeständen begründet ein jeder für den anderen den Rückfall, da ein jeder dieser Thatbestände einen Mißbrauch der Dienstgewalt darstellt. Bezüglich des „Rückfalls“ vgl. § 13 MStrGB.

20) Dienstentlassung bezw. Degradation muß erkannt werden neben Gefängniß von mehr als einem Jahre, auf diese Ehrenstrafen kann erkannt werden neben Gefängniß bis zu einem Jahre, auf Dienstentlassung außerdem neben Festungshaft von mehr als einem Jahre. § 34 Abs. 1 Nr. 1 u. 2, Abs. 2 Nr. 2. § 40 Abs. 1 Nr. 1, Abs. 2 Nr. 1 MStrGB. Auf Grund des Abs. 2 § 114 das. ist Dienstentlassung bezw. Degradation auch bei Festungshaft bis zu einem Jahre zulässig.

§. 115.

(KG. bezw. StG. §§. 62^1, 45, 15, 16 MStrGO.)

Wer [1]) durch [2]) Mißbrauch [3]) seiner Dienstgewalt oder seiner dienstlichen Stellung [3]) einen Untergebenen zu einer [4]) von demselben begangenen, [5]) mit Strafe bedrohten [6]) Handlung vorsätzlich [7]) bestimmt hat, wird als Thäter [8]) oder als Anstifter [9]) mit erhöhter Strafe [10]) belegt. [11])

1) Als Thäter kommen lediglich Personen des Soldatenstandes, welche Vorgesetzte sind, in Betracht; dem Beurlaubtenstande angehörige Vorgesetzte nur nach Maßgabe der §§ 6, 126 MStrGB. Bezüglich der Militärbeamten vgl. Note 1 zu § 114 MStrGB.

2) Der Entschluß des Thäters, die That zu begehen, muß von dem Vorgesetzten durch Mißbrauch seiner Dienstgewalt oder seiner dienstlichen Stellung hervorgerufen sein. War der Untergebene bereits zu der That entschlossen, sei es auf Grund eigenen Entschlusses oder in Folge der Anstiftung eines Anderen, so kann er nicht nochmals zur

That bestimmt werden. Die selbstständige, vollendete Anstiftung durch mehrere, unabhängig von einander handelnde Personen nach einander zu der nämlichen That, ist nicht denkbar. RG. I 7. Dez. 1885. E. 13,121, II 16. April 1886. E. 14,92.

3) Vgl. Note 2 u. 6 zu § 114 MStrGB.

4) Die Handlung, zu der der Vorgesetzte den Untergebenen bestimmt, muß eine konkret bestimmte sein; Aufforderungen allgemeiner Art genügen nicht. RG. III. 29. Nov. 1879. E. 1,110.

5) Während § 116 MStrGB. die Fälle der erfolglosen Anstiftung behandelt, bezieht sich § 115 das. auf die Fälle der gelungenen Anstiftung und setzt voraus, daß der Untergebene die Handlung, zu welcher ihn der Vorgesetzte bestimmt hat, auch begangen hat; begangen ist aber eine strafbare Handlung nur dann, wenn alle Thatbestandsmerkmale, die objektiven wie die subjektiven, in der Person des Thäters (Untergebenen) erfüllt sind. Wo gegen den Untergebenen nur der objektive, nicht aber der subjektive Thatbestand der strafbaren Handlung nachgewiesen ist, kann eine Verurtheilung wegen Anstiftung aus § 115 MStrGB. nicht eintreten. In diesem Falle ist der Vorgesetzte rechtlich als Thäter zu betrachten. RMGer. I 22. Mai 1901. E. 1,147.

Im Uebrigen genügt das Vorliegen eines strafbaren Versuches. RG. III 15. März 1886. E. 14,19. Gleichgiltig ist, ob die begangene strafbare Handlung aus thatsächlichen oder rechtlichen Gründen (z. B. Tod, Abwesenheit des Untergebenen, Verjährung, Mangel des erforderlichen Strafantrags, Rücktritt vom Versuch 2c.) nicht bestraft wird.

6) In Betracht kommen alle nach Militärstrafrecht oder sonstigem Reichs- und Landesstrafrecht strafbaren Handlungen, soweit sie sich nicht als Uebertretungen darstellen. Es folgt dies daraus, daß die im § 115 MStrGB. vorgesehenen Delikte militärische Verbrechen und Vergehen

sind, und sich unter den für letztere nach § 1 MStrGB. zulässigen Strafen, die Strafen für Uebertretungen nicht befinden (Geldstrafe, Haftstrafe), ferner auch eine Erhöhung im Sinne des § 53 MStrGB. nur bei für Verbrechen und Vergehen angedrohten Freiheitsstrafen eintreten kann. Anstiftung Untergebener zu Uebertretungen durch Vorgesetzte ist daher lediglich nach § 48 RStrGB. strafbar.

7) Der dolus des Anstifters besteht in dem Willen, den Untergebenen zur Begehung einer konkreten Handlung zu bestimmen und zwar in Kenntniß von deren Strafbarkeit; der dolus muß sich auf die That des Untergebenen in ihrem ganzen Umfange erstrecken. RG. II 14. Juni 1881. E. 4,$_{259}$, I 17. Febr. 1887. E. 15,$_{315}$, III 9. Juli 1881. E. 4,$_{367}$. Daß der Vorgesetzte die zu begehende That allen Einzelheiten ihrer konkreten Ausführung nach in sein Bewußtsein aufgenommen hat, ist nicht nöthig; es greifen auch hier die Grundsätze des dolus eventualis Platz. RG. II 8. Jan. 1895. E. 26,$_{361}$.

8) Durch die Vorschrift, daß der Vorgesetzte „als Thäter oder Anstifter" zu bestrafen sei, hat das Gesetz die Möglichkeit ins Auge gefaßt, daß der Untergebene, der in Folge der Einwirkung des Vorgesetzten dem Willen desselben entsprechend gehandelt hat, wegen Mangel des rechtswidrigen Vorsatzes straflos bleibt, so daß der Vorgesetzte als Anstifter nicht angesehen werden kann. Vgl. oben Note 5. In diesen Fällen soll der Vorgesetzte die strafrechtliche Verantwortung so tragen, als ob er selbst der Thäter sei; er ist zwar nicht physischer, aber doch mittelbarer — fingirter — Thäter, der die Rechtswidrigkeit des Handelns für den dafür nicht verantwortlich zu machenden Untergebenen zu vertreten hat und zwar auch in solchen Fällen, wo er selbst als unmittelbarer Thäter die strafbare Handlung nicht hätte begehen können. RMGer. I v. 22. Mai 1901. E. 1,$_{147}$.

9) Vgl. § 48 RStrGB. und Note 5 oben. Während nach den Bestimmungen des § 48 RStrGB. eine Be-

strafung des Mitthäters wegen Anstiftung zu der gemeinschaftlich begangenen That grundsätzlich ausgeschlossen ist (RG. IV 31. Mai 1895. E. 27,273), hat § 115 MStrGB. den Mißbrauch der Dienstgewalt oder der dienstlichen Stellung des Vorgesetzten gegenüber dem Untergebenen aus dem Rahmen der im § 48 RStrGB. gegebenen Mittel der Anstiftung herausgehoben und mit Rücksicht auf militärische Verhältnisse und Interessen gegenüber den anderweiten Mitteln der Anstiftung eines Untergebenen durch den Vorgesetzten gerade dieses Mittel nicht zu einem allgemeinen Straferhöhungsgrund, sondern zu einem selbstständigen militärischen Delikte gestaltet, dessen Begehung auch neben der Bestrafung wegen der dem anstiftenden Vorgesetzten zur Last fallenden Theilnahmehandlung besonders geahndet werden soll. Es ist daher u. A. zwischen § 223a RStrGB. u. § 115 MStrGB. und zwischen § 100 MStrGB. u. § 115 das. ideale Konkurrenz möglich. RMGer. I 10. März 1902. E. 2,212, I 14. April 1902. E. 2,280. PE. III Nr. 131.

10) Erhöht wird die im Gesetz — sei es im MStrGB. sei es im sonstigen Reichs- oder Landesstrafrecht — für die Strafthat, welche der Untergebene begangen hat, vorgesehene Strafe; beim Versuch ist dies die Strafe des Versuchs. Ist im Gesetz nach den persönlichen Eigenschaften oder Verhältnissen des Thäters die Strafbarkeit einer Handlung erhöht und liegen diese besonderen Thatumstände bei dem Anstifter vor, sind sie demselben mithin gemäß § 50 RStrGB. zuzurechnen, so ist die beim Vorliegen dieser Thatumstände vorgesehene Strafe zu erhöhen; läßt ein Vorgesetzter einen Untergebenen durch einen Untergebenen mißhandeln, so trifft ihn, falls er als Thäter zu bestrafen (vgl. Note 9 und 10 zu § 47 und Note 8 zu § 115 MStrGB.) ist, die erhöhte Strafe wegen Mißhandlung eines Untergebenen, und wenn er als „Anstifter“ zu erachten ist, die erhöhte Strafe des § 122 MStrGB. wegen Anstiftung zur Mißhandlung

eines Untergebenen (§ 115 MStrGB.), unabhängig davon, ob der verletzte Untergebene gegen den als Thäter in Betracht kommenden und aus §§ 223 ff. RStrGB. zu beurtheilenden Untergebenen Strafantrag gestellt hat oder nicht.

11) Ist durch eine und dieselbe Handlung sowohl der Thatbestand des § 100 MStrGB. als der Thatbestand des § 115 das. in Verbindung mit § 94 das. gegeben, so liegt Idealkonkurrenz vor.

§. 116.

(KG. bezw. i. F. StG. §§. 62^{1}, 45, 16_{1} MStrGO.)

Wer[1]) es unternimmt,[2]) durch Mißbrauch seiner Dienstgewalt[3]) oder seiner dienstlichen Stellung[3]) einen Untergebenen zur Begehung einer mit Strafe bedrohten Handlung[4]) zu bestimmen, wird mit Freiheitsstrafe[5]) bis zu Einem Jahre bestraft.

1) Vgl. Note 1 zu § 115 MStrGB.

2) Vgl. über den Begriff des Unternehmens Note 2 zu § 102 MStrGB.

3) Vgl. Note 2 und 6 zu § 114 MStrGB.

4) Es kommen alle nach Militär- oder sonstigem Reichs- oder Landesstrafrecht strafbaren Handlungen in Betracht, im Gegensatz zu § 115 MStrGB. auch die Uebertretungen.

5) Arrest von 1 Tag bis 6 bezw. 4 Wochen, strenger Arrest nur unter der Voraussetzung des Abs. 3 § 22 MStrGB., Gefängniß oder Festungshaft von 43 Tagen bis zu 1 Jahr. Wegen Dienstentlassung und Degradation vgl. § 34 Abs. 2 Nr. 2 und § 40 Abs. 2 Nr. 1 MStrGB.

§. 117.

(KG. bezw. i. F. StG. §§. 62^{1}, 45, 16^{1} MStrGO.)

Ein Vorgesetzter,[1]) welcher einen oder mehrere Untergebene mit Androhung[2]) nachtheiliger Folgen

oder durch andere widerrechtliche[2]) Mittel von dem Führen[3]) oder Verfolgen[3]) von Beschwerden[4]) abzuhalten[5]) sucht,[5]) oder eine an ihn vorschriftsmäßig[6]) gelangte Beschwerde, zu deren Weiterbeförderung oder Untersuchung er verpflichtet[6]) ist, unterdrückt[7]) [8]) oder zu unterdrücken versucht,[9]) wird mit Freiheitsstrafe[10]) bis zu fünf Jahren bestraft; zugleich kann auf Dienstentlassung oder Degradation erkannt werden.

1) Vgl. Note 7 zu § 47 und Note 5 zu § 89 und Note 1 zu § 115 MStrGB.

2) „Androhung nachtheiliger Folgen" bedeutet jede Inaussichtstellung eines Uebels. RMGer. I. 15. Febr. 1902. E. 2, 197 und II. 19. Okt. 1901. E. 2, 37. Die Drohung muß wie jedes andere Mittel eine widerrechtliche sein, d. h. das Beschwerderecht in rechtswidriger Weise beschränken; bloßer Hinweis auf die Folgen einer unbegründeten Beschwerde (§ 152 MStrGB.) erfüllt dieses Thatbestandsmerkmal nicht; dagegen stellt die Seitens eines Vorgesetzten erfolgende, bewußt rechtswidrige Zurückweisung einer Beschwerde, deren Entscheidung oder Weitergabe ihm obliegt, ein rechtswidriges Mittel im Sinne des § 117 MStrGB. dar. Ein solches ist auch die vom Vorgesetzten angewandte Ueberredung. RMGer. II. 13. Sept. 1902. E. 3, 245.

3) In welcher Weise Beschwerde zu führen und zu verfolgen, bezw. Anzeige zu erstatten ist, bestimmen die Beschwerde-Ordnungen I und II v. 30. März 1895 und 14. Juni 1894 und § 151 MStrGO.

4) Beschwerde ist jede dienstliche Meldung eines, durch einen Vorgesetzten oder Kameraden erlittenen Unrechts; Nr. 1 der Beschwerde-Ordnungen I u. II. Im weiteren Sinne gehört zur Beschwerde im Sinne des § 117 ferner jede Anzeige einer strafbaren Handlung eines Vorgesetzten

oder Kameraden behufs strafrechtlicher Verfolgungen. RMGer. II. 13. Sept. 1902. E. 3, 245.

5) Schon der erfolglose Versuch, den Untergebenen zu bestimmen, von der Anbringung seiner Beschwerde Abstand zu nehmen, erfüllt objektiv den Thatbestand des § 117 MStrGB. RMGer. II. 13. Sept. 1902. E. 3, 245. Der Ausdruck „sucht" ist aber noch weitergehend, er ist gleichbedeutend mit unternimmt; über diesen Begriff vgl. Note 2 zu § 102 MStrGB.

6) Daß die Beschwerde den Vorschriften entsprechend an den Vorgesetzten gelangt ist, wird nicht erfordert; vgl. Beschwerde-Ordnung I B Nr. 1 und II Nr. 3. Es genügt, daß der Vorgesetzte in irgend einer dienstlichen Form von der Beschwerde Kenntniß erhält und daß er zur Entgegennahme der Beschwerde zuständig ist. Unerheblich ist, ob der Vorgesetzte auch zur Entscheidung über die Beschwerde berufen ist.

7) Für den Begriff des Unterdrückens genügt jede Handlung, durch welche eine Beschwerde der weiteren dienstlichen Behandlung entzogen wird. RG. I. 4. April 1887. E. 15, 382.

8) Es müssen die Merkmale des Versuchs im Sinne des § 43 RStrGB. gegeben sein, es müssen also Handlungen vorliegen, welche den Anfang der Ausführung der Unterdrückung enthalten. Die Bestimmungen über den Rücktritt vom Versuch § 46 RStrGB. greifen Platz; der Versuch ist im § 117 MStrGB. mit der Strafe der vollendeten That bedroht.

9) Subjektiv gehört zum Thatbestand: Vorsätzlichkeit der Handlung, der Wille, den Untergebenen von dem Führen oder Verfolgen der als berechtigt erkannten Beschwerde abzuhalten und das Bewußtsein des Gebrauchs der Dienstgewalt zu widerrechtlichem Zwecke. RMGer. II. 13. Sept. 1902. E. 3, 245.

10) Arrest von 1 Tag bis 6 bezw. 4 Wochen, strenger Arrest nur unter der Voraussetzung des Abs. 3 § 22

MStrGB., oder Gefängniß oder Festungshaft von 43 Tagen bis 5 Jahren. Dienstentlassung und Degradation sind auch neben der Arreststrafe zulässig.

§. 118.

(KG. §§. 62[1], 45 MStrGO.) Wer[1]) vorsätzlich[2]) seine Strafbefugnisse[3]) überschreitet,[2]) insbesondere wer wissentlich[4]) unverdiente oder unerlaubte Strafen verhängt,[5]) wird mit Gefängniß[6]) bis zu fünf Jahren bestraft; zugleich kann auf Dienstentlassung erkannt werden.

1) § 118 MStrGB. findet nur auf Offiziere, denen Strafbefugnisse zustehen, Anwendung. Verstöße der Militärbeamten gegen § 118 MStrGB. sind nach den Strafvorschriften des 28. Abschn. d. RStrGB. zu beurtheilen.

2) Ein Ueberschreiten der Strafbefugnisse setzt voraus, daß dem Strafenden eine Strafgewalt über den Bestraften überhaupt zusteht; ist letzteres nicht der Fall, so liegt der Thatbestand des § 120 MStrGB. vor. Das Ueberschreiten der Strafbefugnisse muß vorsätzlich erfolgen, d. h. der Vorgesetzte muß die Strafe verfügen mit dem Bewußtsein, daß er zur Verhängung derselben nicht berechtigt ist. Eventualdolus genügt.

Eine fahrlässige Ueberschreitung der Strafbefugnisse ꝛc. ist nach § 118 MStrGB. nicht strafbar.

3) In Betracht kommen nur die aus der Disziplinarstrafgewalt hervorgehenden Strafbefugnisse. Welche Strafbefugnisse dem einzelnen militärischen Vorgesetzten zustehen, bestimmt DStO.

4) Der Vorgesetzte muß wissen, daß die Strafe unverdient (d. h. daß der Untergebene unschuldig oder minder schuldig), oder unerlaubt (d. h. daß die Strafe ihrer Art und Dauer nach — sei es überhaupt, sei es unter Berücksichtigung seiner Strafbefugniß — unzulässig) ist.

17*

5) Vollendet ist das Delikt schon mit der Verhängung der Strafe und Bekanntgabe derselben an die Truppe, nicht erst mit der Vollstreckung der Strafe.

6) Von 43 Tagen bis zu 5 Jahren. Die Dienstentlassung ist allgemein nach §§ 34 Abs. 2 Nr. 2 und 40 Abs. 2 Nr. 1 MStrGB. zulässig.

§. 119.

(KG. §§. 62[1], 45 MStrGO.) Wer[1]) vorsätzlich[2]) einen gesetzwidrigen[2]) Einfluß[3]) auf die Rechtspflege[4]) ausübt,[5]) wird mit Gefängniß[6]) bis zu fünf Jahren bestraft; zugleich kann auf Dienstentlassung oder Degradation erkannt werden.

In minder schweren Fällen[7]) ist auf Festungshaft[8]) bis zu fünf Jahren zu erkennen.

1) § 119 MStrGB. ist nur auf Personen des Soldatenstandes und zwar auf Personen des Beurlaubtenstandes nur unter den Voraussetzungen des § 126 MStrGB. anwendbar. Bezüglich der Militärbeamten vgl. § 154 MStrGB. und Abschn. 28 RStrGB.

2) Die Handlung muß eine gesetzwidrige und vorsätzliche sein; gesetzwidrig ist jeder Einfluß, der nicht durch das Gesetz oder sonstige Vorschriften dem Thäter eingeräumt ist. Der Thäter muß ferner vorsätzlich und nicht bloß fahrlässig handeln und sich der Unrechtmäßigkeit seines Handelns bewußt sein.

3) Der Einfluß kann auch von Personen ausgeübt werden, welche an der Rechtspflege betheiligt sind; stellt sich die Handlung als ein Verbrechen oder Vergehen im Amte dar, so werden die Bestimmungen des RStrGB. (vgl. insbes. §§ 341, 343, 344 das.) anwendbar; § 145 MStrGB.

4) In Betracht kommt nicht nur das militärgerichtliche Verfahren, sondern jede von Militärpersonen ausgeübte

Rechtspflege, auch bei Materien des bürgerlichen Rechts. Beeinflussungen des ehrengerichtlichen Verfahrens gegen Offiziere 2c. gehören nicht hierher.

5) Ob der ausgeübte Einfluß den beabsichtigten Erfolg gehabt hat, ist für den Thatbestand des § 119 MStrGB. unerheblich.

6) Von 43 Tagen bis zu 5 Jahren.

7) Vgl. Note 19 zu § 58 MStrGB.

8) Von 43 Tagen bis zu 5 Jahren; neben Festungshaft von mehr als einem Jahre ist Dienstentlassung, Degradation nur im wiederholten Rückfall zulässig. §§ 34 Abs. 2 Nr. 1, § 40 Abs. 2 Nr. 2 MStrGB.

§. 120.

(KG. i. F. StG. §§. 62[1], 45, 16[1] MStrGO.) Wer[1]) unbefugt[2]) eine Handlung vornimmt, die nur kraft einer Befehlsbefugniß[3]) oder Strafgewalt[4]) vorgenommen werden darf, wird mit Freiheitsstrafe[5]) bis zu Einem Jahre bestraft.

1) Vgl. Note 1 zu § 119 MStrGB.

2) Vorausgesetzt ist, daß dem Thäter eine Befugniß zur Befehlsertheilung oder eine Strafgewalt im gegebenen Falle nicht zusteht und daß derselbe das Bewußtsein von der Unrechtmäßigkeit seines Handelns hat. Ein Irrthum des Thäters über seine Befugnisse schließt den strafrechtlichen Vorsatz aus. Fahrlässige Anmaßung einer Befehlsbefugniß oder Strafgewalt ist nach § 120 MStrGB. nicht strafbar.

3) § 120 MStrGB. ist nur dann anwendbar, wenn an sich die in Frage stehende Handlung von einer mit der erforderlichen Befehlsbefugniß ausgestatteten Person vorgenommen werden durfte. RMGer. I 10. Sept. 1901. E. 1,278. Andernfalls kann § 121 MStrGB. in Frage kommen.

4) Es gehört hierher sowohl der Fall, daß der Thäter überhaupt eine Disziplinarstrafgewalt nicht hat, als auch der Fall, daß dem Thäter zwar eine solche Strafgewalt zusteht, jedoch nicht gegenüber demjenigen, gegen den er sie ausübt.

5) Arrest von 1 Tag bis 6 bezw. 4 Wochen, strenger Arrest nur im Falle des Abs. 3 § 22 MStrGB., Gefängniß, Festungshaft von 43 Tagen bis zu 1 Jahre. Hinsichtlich der Dienstentlassung und Degradation vgl. §§ 34, 40 MStrGB.

§. 121.

(KG. bezw. StG. §§ 62,[1] 45, 16[1] MStrGO.) Wer[1]) einen Untergebenen beleidigt[2]) oder einer vorschriftswidrigen Behandlung[3]) desselben sich schuldig macht, wird mit Freiheitsstrafe[4]) bis zu zwei Jahren bestraft.[5])

Ist die Beleidigung eine verleumderische, so tritt Gefängniß[6] bis zu fünf Jahren ein.

1) Vgl. Note 1 zu § 114 MStrGB.

2) Vgl. Note 4 zu § 91 MStrGB. Die Anwendbarkeit der §§ 199, 200 RStrGB. ist ausgeschlossen. RMGer. Plen.-Beschl. v. 17. Mai 1901. E. 1,184.

Die im § 121 MStrGB. vorgesehene Beleidigung des Untergebenen durch den Vorgesetzten ist stets als ein Mißbrauch der Dienstgewalt aufzufassen; so lange ein Mißbrauch der Dienstgewalt nicht vorliegt, kann auch von keiner Beleidigung die Rede sein.

Auf § 121 MStrGB. findet § 193 RStrGB. keine Anwendung. Zum Thatbestande der Beleidigung im Sinne des § 121 MStrGB. genügt in subjektiver Beziehung das Bewußtsein des Thäters, daß die Kundgebung geeignet ist, die Ehre des Anderen zu kränken. Der gute Glaube des Thäters, seine Dienstgewalt nicht zu überschreiten, kann ihn nicht schützen. RMGer. I. 2. Juni 1902. E. 3,84. (Vgl. auch I. 10. Juni 1901. E. 1,178.) Den Ausführungen dieses Urtheils kann im Wesentlichen zugestimmt werden, namentlich auch dahin, daß § 193 RStrGB. keine Anwendung findet, wohl aber der Grundsatz, daß eine objektiv beleidigende Aeußerung nicht rechtswidrig und damit nicht strafbar ist, wenn sie kraft des dem Vorgesetzten zustehenden Rechts (oder seiner Aufsichts- und Rügepflicht) erfolgt. Vgl. Note 4 zu § 91 MStrGB. Ueberschreitet hierbei der Vorgesetzte die Grenzen seiner Dienstgewalt, so wird er aus § 121 MStrGB. strafbar. Ueber diese Grenzen der Dienstgewalt lassen sich feste, für alle Fälle ausreichende Regeln nicht aufstellen. Immerhin muß sich der Vorgesetzte stets vor Augen halten, daß auch die an sich zulässigen, schärfsten Rügen und Vorhaltungen nicht in rohe Schimpfreden ausarten und nicht ohne Noth die Ehre des Untergebenen in einer den letzteren kompromittirenden Art und Weise angreifen dürfen. Soweit hierbei militärdienstliche Vorschriften oder militärische Grundsätze in Frage kommen, unterliegen sie der Nachprüfung durch das Revisionsgericht; § 403 MStrGO.

Beleidigungen, welche Seitens eines Postens gegen Vorgesetzte in ihrer Allgemeinheit ausgesprochen werden, sind nach § 91, nicht nach 121 MStrGB. zu ahnden. RMGer. PE. I. Nr. 120.

Ein Gendarm, welcher in oder bei Gelegenheit der Ausübung eines Dienstes sich der Beleidigung einer Civilperson schuldig macht, ist nicht auf Grund der §§ 185ff. RStrGB., sondern auf Grund des § 121 MStrGB. zu bestrafen. Die Verfolgung einer nach § 121 MStrGB. strafbaren Beleidigung ist unabhängig von dem Strafantrage des Verletzten. RMGer. I. 10. Febr. 1902. E. 2,193. § 51 MStrGB.

3) Eine vorschriftswidrige Behandlung im Sinne des § 121 MStrGB. ist zunächst jede den Dienstvorschriften zuwiderlaufende Behandlung. Unter Dienstvorschrift ist

hier nicht nur eine schriftliche oder mündlich ausdrücklich gegebene, allgemeine oder spezielle Dienstvorschrift zu verstehen, sondern auch eine solche, welche aus einem militärdienstlichen Grundsatze zu entnehmen ist. RMGer. I. 10. Juni 1901. E. 1,178.

Die vorschriftswidrige Behandlung setzt demnach das Bestehen dienstlicher Vorschriften nicht voraus. Es ist in vielen Fällen überhaupt nicht möglich, die Behandlung des Untergebenen Seitens des Vorgesetzten durch positive Vorschriften zu regeln. In Ermangelung einer speziellen Vorschrift muß daher die Frage nach dem Vorliegen einer vorschriftswidrigen Behandlung im einzelnen Falle aus der Stellung und den Aufgaben des Vorgesetzten, den Zwecken des militärischen Dienstes im Allgemeinen und des im konkreten Falle in Frage kommenden im Besonderen, den zur Erreichung dieser Zwecke zulässigen Mitteln, den an die Untergebenen in berechtigter Weise zu stellenden Anforderungen, deren Leistungsfähigkeit und ähnlichen, der Natur des militärischen Berufs zu entnehmenden Gesichtspunkten beantwortet werden. RMGer. I. 29. Mai 1901. E. 1,167 u. II. 25. Jan. 1902. E. 2,179. Objektiv liegt eine vorschriftswidrige Behandlung ferner in der Anwendung von Mitteln, welche das persönliche Ehrgefühl des Untergebenen zu kränken geeignet sind und ihn in der persönlichen Freiheit in einer seine Person gefährdenden Weise berauben; z. B. Anbinden eines Rekruten auf das Pferd. RMGer. II. 13. Sept. 1902. E. 3,241.

Nicht jeder lediglich ungeeignete Ausdruck aber stellt sich als vorschriftswidrige Behandlung, und nicht jede unerhebliche thätliche Berührung als Beleidigung dar; bei der Beurtheilung solcher Fälle ist der Erhaltung des Geistes militärischer Zucht und Ordnung Rechnung zu tragen. AKO. v. 31. Juli 1877.

Im Uebrigen bilden in Ermangelung besonderer Vorschriften für die vorschriftsmäßige Behandlung in letzter Linie die Bestimmungen der Strafgesetze die Grenze, innerhalb welcher der Vorgesetzte zur Erreichung des vorgeschriebenen Zweckes dem Untergebenen gegenüber vorgehen darf. RMGer. I. 12. Dezember 1901. E. 2,90.

Anfassen des Untergebenen entgegen einem ausdrücklichen dienstlichen Verbot enthält den Thatbestand der vorschriftswidrigen Behandlung. RMGer. II. 12. August 1901. E. 1,257. § 121 MStrGB. bezweckt nicht nur den Schutz der Untergebenen, sondern auch die Wahrung der Autorität des Vorgesetzten. Für die Strafbarkeit des Letzteren ist somit das etwaige Einverständniß des Untergebenen mit dem Uebergriffe bedeutungslos. RMGer. II. 29. März 1902. E. 2,240.

Eine vorschriftswidrige Behandlung kann auch durch eine Unterlassung begangen werden; eine solche liegt z. B. vor, wenn der Vorgesetzte seiner Pflicht, einen unter seinem Kommando stehenden Untergebenen, gegen welchen in seiner Gegenwart strafbare Handlungen begangen werden, zu schützen nicht nachkommt; erfüllt der Vorgesetzte diese Pflicht nicht, so ist ein etwa außer ihm noch anwesender dienstälterer Vorgesetzter — sofern seine eigene Machtvollkommenheit nicht ausreicht, um den Untergebenen zu schützen — verpflichtet, darauf hinzuwirken, daß der dienstjüngere Vorgesetzte dieser ihm obliegenden Pflicht nachkommt. RMGer. I. 17. Februar 1902. E. 2,202.

Für den subjektiven Thatbestand wird das Bewußtsein, den Untergebenen vorschriftswidrig zu behandeln, nicht erfordert. Es genügt, wenn die vom Beschuldigten vorgenommene Handlung oder Unterlassung eine Nichtanwendung der nach den konkreten Umständen gebotenen Sorgfalt und Umsicht, eine Nichterfüllung desjenigen Maßes von Aufmerksamkeit und von Beobachtung der ihm obliegenden Pflichten in sich schließt, deren Leistung von dem Vorgesetzten billiger Weise verlangt werden kann, so daß er, wenn er nach Maßgabe seiner Intelligenz und Erfahrung diese pflichtmäßige Sorgfalt angewandt hätte, er den eingetretenen rechtswidrigen Erfolg als Wirkung seiner Handlung oder Unterlassung hätte voraussehen können. Die vorschriftswidrige Behandlung kann also auch fahrlässig begangen werden. RMGer. I. 29. Mai 1901. E. 1,167. II. 13. Sept. 1902. E. 3,241. PE. III. Nr. 132. Immer ist aber eine vorschriftswidrige Behandlung nur dann strafbar, wenn den Thäter ein strafbares Verschulden trifft, wenn er also entweder vorsätzlich oder doch fahrlässig gehandelt hat. RMGer. I. 10. Juni 1901. E. 1,178. Handelt es sich um eine lediglich gegen ein ausdrückliches dienstliches Verbot begangene vorschriftswidrige Behandlung, so gehört zum objektiven Thatbestande der Nachweis, daß der Thäter dies Verbot gekannt hat. RMGer. II. 12. August 1901. E. 1,257, oder die Unkenntniß selbst durch Fahrlässigkeit verschuldet hat; § 59 Abs. 2 RStrGB.

4) Arrest von 1 Tage bis 6 bezw. 4 Wochen, strenger Arrest nur im Falle des Abs. 3, § 22 MStrGB., Gefängniß oder Festungshaft von 43 Tagen bis zu 2 Jahren. Wegen Dienstentlassung und Degradation vgl. §§ 34, 40 MStrGB.

5) Im Falle des Abs. 1 des § 121 MStrGB. ist in leichteren Fällen Disziplinarbestrafung zulässig; § 3 Abs. 2 EG. z. MStrGB.

6) Von 43 Tagen bis zu 5 Jahren.

§. 122.

(KG. §§ 62,[1] 45 MStrGO.) Wer[1]) vorsätzlich[2]) einen Untergebenen stößt oder schlägt, oder auf andere Weise körperlich mißhandelt[3]) oder an der Gesundheit beschädigt,[4]) wird mit Gefängniß[5]) oder Festungshaft[5]) bis zu drei Jahren bestraft;[6]) in minder schweren Fällen[7]) kann die Strafe bis auf eine Woche[8]) Arrest ermäßigt werden.

Auch kann,[9]) im wiederholten Rückfalle[10]) muß

neben Gefängniß oder Festungshaft, auf Dienstentlassung oder Degradation erkannt werden.

1) Vgl. Note 1 zu § 114 und Note 7 zu § 47 und Note 5 zu § 89 MStrGB.

2) Erfordert wird Vorsätzlichkeit der Handlung verbunden mit dem Bewußtsein, daß durch die Handlung das körperliche Wohlbefinden gestört werde. RMGer. II. 25. Januar 1902. E. 2,179. RG. I 9. November 1893. E. 24,369. dolus eventualis genügt. RMGer. II 28. Juni 1902. E. 3,119.

3) Die gegen Civilpersonen sowie gegen Kameraden begangenen Mißhandlungen unterfallen — vorbehaltlich der §§ 29, 127, 133, 136, 148, 149 MStrGB. — den Strafbestimmungen des RStrGB.

Das MStrGB. hat den Begriff der Mißhandlung nicht abweichend von den durch das RStrGB. aufgestellten Begriff der Körperverletzung bestimmen wollen. RMGer. Plen.-Beschl. v. 19. Mai 1901. E. 1,134. Mißhandlung ist nicht nur vorhanden, wenn dem Verletzten durch eine Thätlichkeit ein körperlicher Schmerz bereitet wird, sondern es liegt eine solche schon in jeder vorsätzlichen und unberechtigten Einwirkung auf den Körper eines Anderen, durch welche eine Störung des körperlichen Wohlbefindens hervorgerufen wird. RG. II. 18. Mai 1888. R. 10,407. II. 16. April 1889. E. 19,36. RMGer. II. 25. Januar 1902. E. 2,179. Die Einwirkung kann auch eine mittelbare sein, die Mißhandlung kann dadurch verübt werden, daß der Untergebene durch rechtswidrigen Befehl veranlaßt wird, selbst etwas sich zuzufügen, was die Störung seines Wohlbefindens zur Folge hat, z. B. Stehenlassen eines Untergebenen in der Kniebeuge längere Zeit hindurch. RMGer. II. 28. Juni 1902. E. 3,119. Unberechtigt ist aber jede Einwirkung, welche nicht durch das Gesetz (§ 124 MStrGB., §§ 53, 54 RStrGB., Gesetz über den Waffengebrauch des Militärs) oder durch einen militärdienstlichen

Grundsatz zugelassen ist. Einen militärdienstlichen Grundsatz, der dem Vorgesetzten gestattet, die Aufmerksamkeit des Untergebenen durch Schläge zu erwecken, giebt es nicht. RMGer. II. 25. Januar 1902. E. 2,179. Das exemplifizirend aufgestellte Stoßen und Schlagen des § 122 MStrGB. ist nur dann als Mißhandlung aufzufassen, wenn es eine nicht unwesentliche Störung des körperlichen Wohlbefindens hervorruft. Ist dies nicht der Fall, so stellt das Stoßen und Schlagen nur eine vorschriftswidrige Behandlung dar. RMGer. PE. II. 163.

§ 122 MStrGB. umfaßt den Thatbestand der §§ 223, 223a RStrGB. (Gesetzes-Konkurrenz); es ist daher Idealkonkurrenz zwischen beiden Vorschriften ausgeschlossen und es finden gegen Vorgesetzte, zu denen auch Gendarmen bei Ausübung ihres Dienstes gegenüber Civilpersonen zu rechnen sind, die §§ 122, 123 MStrGB. unter Ausschluß der Strafvorschriften des RStrGB., insbesondere des § 228 RStrGB. Anwendung. Vgl. auch RMGer. Plen.-Beschl. 17. Mai 1902. E. 1,134, welcher §§ 231, 233 RStrGB. neben § 122 MStrGB. für unanwendbar erklärt.

Wird im Falle des § 122 MStrGB. die Mißhandlung mittelst eines rechtswidrigen Gebrauchs einer Dienstwaffe (vgl. Note 8 zu § 55 und § 149 MStrGB.) begangen, so liegt ideale Konkurrenz des § 122 mit § 149 MStrGB. vor; bei Annahme eines minder schweren Falles darf aber das Strafminimum des § 149 das. — 43 Tage Gefängniß oder Festungshaft — nicht unterschritten werden. RMGer. I. 12. Juli 1901. E. 1,126. III. 9. Oktober 1902. E. 2,24. Ist in diesem Falle die That in Ausübung des Dienstes verübt, so ist 44 Tage Gefängniß oder Festungshaft der Mindestbetrag der Strafe.

4) Als Beschädigung der Gesundheit stellt sich nur diejenige Störung bezw. Verschlechterung des körperlichen oder geistigen Befindens dar, welche in einer Krankheit oder in einer Verschlimmerung einer Krankheit besteht. RGer. I. 26. Mai 1889. E. 19,226.

5) Von 43 Tagen bis zu 3 Jahren.

6) Die Strafverfolgung der im § 122 MStrGB. vorgesehenen strafbaren Handlung ist von einem Strafantrag nicht abhängig; § 51 MStrGB.

7) Für die Voraussetzung eines minder schweren Falles kommen nicht blos die objektiven, sondern auch die subjektiven Momente der Strafthat in Betracht. RMGer. I. 14. Febr. 1901. E. 1,53, vgl. auch Note 19 zu § 58 MStrGB.

8) Bei Annahme eines minder schweren Falles ist der Strafrahmen 1 Woche bis 6 bezw. 4 Wochen Arrest (strenger Arrest nur im Falle des Abs. 3 § 22 MStrGB.) oder Gefängniß oder Festungshaft von 43 Tagen bis zu 3 Jahren. Eine Woche sind 7 Tage; § 19 RStrGB. Bei Anwendung des § 55 MStrGB. ist auf 8 Tage Arrest zu erkennen.

9) Die Ehrenstrafen des Abs. 2 des § 122 MStrGB. können nicht nur neben Gefängniß oder Festungshaft erkannt werden, sondern auch, wenn unter Annahme eines minder schweren Falles auf Arrest erkannt wurde. Bestritten.

10) Vgl. § 13 MStrGB.

§. 123.

(KG. §§ 62,[1] 45 MStrGO.) Ist durch die Handlung [1]) eine schwere Körperverletzung [2]) des Untergebenen verursacht [3]) worden, so tritt Zuchthaus [4]) bis zu fünf Jahren, in minder schweren Fällen [5]) Gefängniß oder Festungshaft von sechs Monaten bis zu fünf Jahren ein.

War die schwere Körperverletzung beabsichtigt und eingetreten, so ist auf Zuchthaus von zwei bis zu zehn Jahren zu erkennen.

Ist durch die Körperverletzung (§. 122) der Tod

des Untergebenen verursacht[6]) worden, so tritt Zuchthaus[7]) nicht unter drei Jahren, in minder schweren Fällen Gefängniß oder Festungshaft[7]) nicht unter Einem Jahre ein.[8])[9])

1) Vgl. § 122 MStrGB.

2) Der Deliktsbegriff ist dem RStrGB. zu entnehmen. RMGer. Plen.-Beschl. 17. Mai 1901. E. 1, 134. Vgl. § 224 RStrGB. Eine schwere Körperverletzung liegt vor, wenn die Körperverletzung zur Folge hat, daß der Verletzte ein wichtiges Glied[a]) des Körpers, das Sehvermögen[b]) auf

---

a) Als Glied kommt nur ein solcher Theil des Körpers in Betracht, der eine in sich abgeschlossene Existenz mit besonderer Funktion im Gesammtorganismus hat. RG. I. 7. März 1881. R. 3, 126.

Ob ein Glied wichtig ist, entscheidet das Werthverhältniß, in welchem dasselbe zu dem Gesammtorganismus steht, ohne Rücksicht auf die im konkreten Falle durch den Verlust verursachten Folgen. RG. II. 9. Juni 1882. R. 4, 551. E. 6, 346. III. 19. Sept. 1902. E. 35, 2. Der Verlust zweier Glieder des rechten Zeigefingers ist nicht als Verlust eines wichtigen Gliedes des Körpers zu betrachten. RG. III. 4. Juni 1883. R. 5, 403. Die Annahme, daß die beiden äußersten Glieder des Daumens ein wichtiges Glied des Körpers sind, ist nicht rechtsirrthümlich. RG. III. 19. Sept. 1902. E. 35, 2. Es muß wirklicher Verlust des Gliedes, nicht nur Unbrauchbarkeit eingetreten sein. RG. I. 15. Nov. 1880. E. 3, 33.

b) Der Begriff des Sehvermögens ist wesentlich thatsächlich. Die Untauglichkeit des Auges zu praktischer Arbeit, bei auch noch so schwacher Funktion des Sehens, stellt einen Verlust des Sehvermögens nicht dar. RG. IV. 4. Mai 1886. R. 8, 342. E. 14, 118. Auch eine erst in Aussicht stehende Erblindung genügt nicht. RG. I. 25. März 1886. E. 14, 4.

einem oder beiden Augen, das Gehör,[c] die Sprache, oder die Zeugungsfähigkeit verliert, oder in erheblicher Weise dauernd entstellt[d] wird, oder in Siechthum,[e] Lähmung[f] oder Geisteskrankheit[g] verfällt.[h]

Verlust des Sehvermögens liegt auch dann vor, wenn die Möglichkeit offen gelassen ist, die Sehkraft des Auges durch Operation wiederherzustellen. RG. II. 6. März 1895. E. 27, 80.

c) Es muß der Verlust des Gehörs auf beiden Ohren vorliegen, falls der Verletzte nicht schon auf einem Ohr taub war.

d) Für den Begriff der Entstellung wie der Lähmung wird erfordert, daß dieselbe die Gesammterscheinung des Menschen bezw. die Bewegungsfähigkeit im Ganzen beeinträchtigt; Lähmung oder Entstellung eines Gliedes genügt allein nicht. RG. III. 1. Febr. 1882. R. 4, 102. Die erhebliche Entstellung verliert diese Eigenschaft nicht durch die Möglichkeit, sie durch künstliche Mittel zu verdecken. RG. II. 1. Okt. 1886. R. 8, 578. E. 14, 344.

e) Der Begriff des Verfallens in Siechthum erfordert einen chronischen Krankheitszustand, welcher, den gesammten Organismus des Verletzten ergreifend, eine erhebliche Beeinträchtigung des Allgemeinbefindens, ein Schwinden der Körperkräfte, Hinfälligkeit zur Folge hat, und dessen Heilung — wenn er auch nicht unheilbar zu sein braucht, — überhaupt oder doch der Zeit nach sich nicht bestimmen läßt. RG. II. 13. Januar 1888. R. 10, 32. III. 9. April 1885. R. 7, 221. E. 12, 127.

f) Vgl. das unter d Gesagte. „Verfallen in Lähmung“ erfordert, daß die Lähmung eingreifende Bewegungsstörungen für den Gesammtorganismus zur Folge hat. Die Beschränkung oder völlige Aufhebung der Gebrauchsfähigkeit irgend eines Gliedes genügt nicht. RG. I. 25. Sept. 1884. R. 6, 565. I 23. Febr. 1882. R. 4, 189. Lähmung erfordert die Unfähigkeit, einen bestimmten

3) Ein Verschulden des Vorgesetzten ist nicht erforderlich, es kommt lediglich auf den kausalen Zusammenhang der That mit dem eingetretenen Erfolg an. RG. III. 28. Sept. 1881. R. 3, 546. E. 5, 29. Daß der Eintritt des Erfolges vom Thäter vorausgesehen werden konnte, wird nicht erfordert. RG. III. 19. Sept. 1902. E. 35, 2.

4) Zuchthaus von einem bis zu fünf Jahren.

5) Vgl. Note 7 zu § 122, Note 19 zu § 58 MStrGB.

6) Auch hier kommt es lediglich auf den Erfolg an. Vgl. das cit. Erkennt. d. RG. zu Note 3.

7) Gefängniß, Festungshaft von 1 Jahre bis zu 15 Jahren, Zuchthaus von 3 bis zu 15 Jahren.

8) Alle drei Absätze des § 123 MStrGB. enthalten straferhöhende Umstände zu § 122 MStrGB. im Sinne der §§ 318, 323, 326 MStrGO.

Bewegungsapparat des Körpers zu denjenigen Bewegungen zu gebrauchen, für welche er von Natur eingerichtet ist; aber nicht jede derartige Unfähigkeit reicht zur Annahme einer Lähmung im Sinne des § 224 RStrGB. aus; es muß vielmehr die Störung einer wichtigen Funktion in dem Bewegungsapparate des Körpers, eine wesentliche, erhebliche Beeinträchtigung der Bewegungsfähigkeit vorliegen. Nicht erforderlich ist, daß die Krankheit unheilbar, es genügt ein lange andauernder Krankheitszustand, dessen Beseitigung sich entweder gar nicht, oder doch der Zeit nach nicht bestimmen läßt. RG. I. 8. Dez. 1890. E. 21, 223.

g) Daß die Geisteskrankheit eine unheilbare sei, wird nicht erfordert. RG. I. 29. Okt. 1883. R. 5, 649.

h) In dem Ausdruck „Verfallen" liegt, daß es sich um zur Zeit des Urtheils noch nicht abgeschlossene, d. h. um solche Krankheitszustände handelt, bezüglich deren nicht mit Sicherheit feststeht, ob sie überhaupt jemals beseitigt werden können und in welcher Frist das geschehen wird.

9) Wegen Entfernung aus dem Heere, Dienstentlassung und Degradation vgl. §§ 31, 34, 40 MStrGB.

§. 124.

Diejenigen Handlungen,[1]) welche der Vorgesetzte[2]) begeht,[5]) um einen thätlichen Angriff[3]) des Untergebenen abzuwehren,[4]) oder um seinen Befehlen im Fall der äußersten Noth und dringendsten Gefahr Gehorsam zu verschaffen,[6]) sind nicht als Mißbrauch der Dienstgewalt anzusehen.

Dies gilt namentlich auch für den Fall, wenn ein Offizier in Ermangelung anderer Mittel, den durchaus nothwendigen Gehorsam zu erhalten, sich in der Lage befunden hat, gegen den thätlich sich ihm widersetzenden Untergebenen von der Waffe Gebrauch zu machen.[7])

1) Es sind nur die in §§ 121—123 MStrGB. unter Strafe gestellten Handlungen in Bezug genommen. Persönliches Handeln des Vorgesetzten ist nicht erforderlich, es kann die Handlung auch auf Befehl des Vorgesetzten durch einen Untergebenen ausgeübt sein, der wie der Vorgesetzte als Werkzeug desselben straflos bleibt.

2) Bezüglich der subjektiven Anwendbarkeit des § 124 MStrGB. vgl. Note 1 zu § 114 und § 125 MStrGB. Ueber den Begriff des Vorgesetzten vgl. Note 7 zu § 47 und Note 5 zu § 89 MStrGB. § 124 MStrGB. findet auch Gendarmen gegenüber Anwendung. RMGer. PE. III. Nr. 133.

3) Vgl. Note 4 zu § 97 MStrGB. Der Angriff muß ein rechtswidriger und gegenwärtiger sein; § 53 RStrGB.

4) Ueberschreitet der Vorgesetzte die Grenzen der Abwehr, so liegt Mißbrauch der Dienstgewalt vor.

5) Die Feststellung, daß der Vorgesetzte sich zur Begehung der That (Gebrauch der Waffe) für berechtigt und verpflichtet gehalten hat, schließt den strafrechtlichen dolus und damit die Strafbarkeit selbst aus. RMGer. II. 20. April 1901. E. 1,91.

6) Vorausgesetzt für die 2. Alternative des Abs. 1 des § 124 MStrGB. wird das Vorliegen eines Befehls in Dienstsachen (bei einem Dienstbefehl kann ein Fall äußerster Noth 2c. nicht in Frage kommen), diesem Befehle muß der Untergebene den Gehorsam (passiv oder ausdrücklich) hartnäckig verweigert haben und es muß ein Fall der äußersten Noth und (kopulativ) der dringendsten Gefahr vorliegen. Erst dann kann von einem außerordentlichen Nothstande gesprochen werden, welcher es im Interesse der Aufrechterhaltung der Ordnung und der Beseitigung drohender Gefahr für die Disziplin dem Vorgesetzten zur Pflicht macht, die Befolgung seines Befehls um jeden Preis durchzusetzen. Die Thatsachen, aus denen auf die äußerste Noth und dringendste Gefahr geschlossen wird, sind festzustellen. RMGer. II. 20. April 1901. E. 1,91. „Aeußerste Noth“ bezieht sich auf die dem Vorgesetzten gegebenen Mittel, sich Gehorsam zu verschaffen, die „dringendste Gefahr“ auf die Gefährdung der Disziplin und der Person des Vorgesetzten. Abs. 1 des § 124 MStrGB. giebt jedem Vorgesetzten (auch Unteroffizier, Wachen, Feldgendarmen 2c.) unter den vorstehenden Voraussetzungen das Recht des Gebrauchs der Waffe.

7) Abs. 2 des § 124 MStrGB. enthält eine spezielle Vorschrift für Offiziere; zur Anwendbarkeit des Abs. 2 des § 124 das. gehört, daß die Erhaltung des Gehorsams durchaus nothwendig war, daß andere Mittel, als eine der in §§ 121—123 MStrGB. vorgesehenen Handlungen, um den Gehorsam zu erzwingen, nicht vorhanden sind und daß der Untergebene sich thätlich dem Vorgesetzten widersetzt; § 97 MStrGB. Bloßer Ungehorsam oder Gehorsamsverweigerung genügt nicht. Daß äußerste Noth und

dringendste Gefahr besteht, braucht im Falle des Abs. 2 des § 124 MStrGB. nicht besonders festgestellt werden. Beide Thatumstände liegen nach gesetzlicher Präsumtion vor, wenn der Thatbestand des Abs. 2 gegeben ist.

§. 125.

Eine militärische Wache,[1]) welche eine der in den §§. 114 bis 116, 118 bis 123 bezeichneten Handlungen[2]) begeht, wird ebenso bestraft, als wenn ein Vorgesetzter[3]) diese Handlung begangen hätte. Ist die Handlung gegen eine solche Person begangen, die außer dem Dienstverhältnisse der Wache deren Vorgesetzter ist, so tritt erhöhte[4]) Strafe ein.

Die in dem §. 124 enthaltene Vorschrift findet auch hier Anwendung.[5])

1) Vgl. Abs. 2 § 111 MStrGB. Vorausgesetzt wird auch hier, daß die militärische Wache in Ausübung des Dienstes begriffen und als militärische Wache äußerlich erkennbar ist. Vgl. auch Note 11 zu § 111 MStrGB.

2) § 125 MStrGB. begreift auch die Fälle in sich, in denen eine der bezeichneten Handlungen gegen eine Civilperson begangen wird; letztere wird als Untergebener aufgefaßt. Die dienstliche Stellung der Wachen als Vorgesetzter hat allen Militärpersonen gegenüber Geltung, unabhängig von dem Range derselben, soweit diese Personen nicht Wachtvorgesetzte der Wache sind.

3) Vgl. Note 7 zu § 47 und Note 5 zu § 89 MStrGB.

4) Vgl. § 53 MStrGB. Wird die Handlung von der Wache gegen einen Wachtvorgesetzten begangen, so finden die Vorschriften des VI. Abschn. MStGB. betreffend die Handlungen gegen die Pflichten der militärischen Unterordnung Anwendung.

5) Das Recht, im Falle des Abs. 2 § 124 MStrGB.

von der Waffe Gebrauch zu machen oder machen zu lassen, steht nur dem die Wache kommandirenden Offizier zu.

§. 126.

Eine Person des Beurlaubtenstandes [1]) wird, auch während sie sich nicht im Dienste [2]) befindet, nach den Vorschriften dieses Abschnitts bestraft, wenn sie eine der in demselben vorgesehenen strafbaren Handlungen im dienstlichen Verkehre [3]) mit dem Untergebenen oder in der Militäruniform [4]) begeht.[5])

1) Vgl. Note 1 zu § 6 MStrGB.

2) Bezüglich der Frage, wann sich eine Person des Beurlaubtenstandes im Dienste befindet, vgl. Note 2 zu § 6 MStrGB. Ist dies der Fall, so kommen die Vorschriften des VII. Abschn. ohne Einschränkung zur Anwendung.

3) Vgl. Note 3 zu § 113 MStrGB.

4) Vgl. Note 4 zu § 113 MStrGB.

5) Ob der Untergebene dem aktiven Heer (Marine) oder dem Beurlaubtenstande angehört, ist unerheblich.

Achter Abschnitt.

Widerrechtliche Handlungen im Felde gegen Personen oder Eigenthum.

§. 127.

Begeht [1]) eine Person des Soldatenstandes [2]) im Felde [3]) einen Diebstahl,[4]) eine Unterschlagung,[5]) eine Körperverletzung [6]) oder ein Verbrechen oder Vergehen wider die Sittlichkeit,[7]) so ist die Verfolgung der strafbaren Handlung unabhängig von dem Antrage des Verletzten oder einer anderen zum Antrage berechtigten Person.

1) § 127 MStrGB. findet ferner Anwendung auf Militärbeamte (§ 153 MStrGB.), das Gefolge des kriegführenden Heeres (§§ 155, 157 das.) und auf Kriegsgefangene, die unter den Kriegsgesetzen stehen (§§ 158, 159 Nr. 4 MStrGB.).

2) Vgl. Note 2 zu § 4 MStrGB.

3) Vgl. § 9 und 10 MStrGB. Strafantrag ist auch dann nicht erforderlich, wenn die Bestrafung nicht mehr „im Felde" erfolgt.

4) Die Deliktsbegriffe des Diebstahls, der Körperverletzung 2c. sind dem RStrGB. zu entnehmen. RG. III. 27. März 1884. E. 10, 330 und RMGer. Plen.-Beschl. 17. Mai 1901. E. 1, 134.

Vgl. § 242 RStrGB. Bei Uebertretungen gegen § 370 Nr. 5 RStrGB. ist Strafantrag erforderlich.

5) Vgl. § 246 RStrGB.

6) Vgl. §§ 223, 230 RStrGB.

7) Vgl. §§ 172, 179, 182 RStrGB.

§. 128.

(KG. i. F. StG. §§. 62[1], 45, 16[1] MStrGO.) Wer[1]) im Felde,[2]) um Beute[3]) zu machen,[4]) sich von der Truppe eigenmächtig entfernt,[5]) oder Sachen, welche an sich dem Beuterecht unterworfen sind,[6]) eigenmächtig[7]) zur Beute macht, wird mit Freiheitsstrafe[8]) bis zu drei Jahren bestraft; zugleich kann auf Versetzung in die zweite Klasse des Soldatenstandes[9]) erkannt werden.

Gleiche Strafe trifft denjenigen, welcher rechtmäßig von ihm erbeutetes Gut,[10]) das er abzuliefern verpflichtet ist,[11]) sich rechtswidrig zueignet.[12])

1) Auch Militärbeamte und das Gefolge des Heeres (§§ 153, 155, 157 MStrGB.) können sich des unerlaubten Beutemachens schuldig machen.

2) Vgl. §§ 9, 10 MStrGB.

3) Das Recht der Beute, d. h. die Befugniß feindliches Staats- und Privateigenthum durch Aneignung zu erwerben, ist dem Staate vorbehalten; in welchem Umfange, bestimmt sich nach dem Völkerrecht. Als Regel gilt, daß im Landkriege das Privateigenthum nicht dem Beuterecht unterliegt; wohl aber im Seekriege dem Seebeuterecht (cf. Perels, Internat. Seerecht 1902/3, § 36). Unter gegebenen Umständen wird auch im Landkriege Aneignung von Privateigenthum zulässig sein, wenn der Kriegszweck (Kriegsraison) dies erfordert. Andernfalls verlangt die Humanität (Kriegsmanier), von dem Beutemachen Abstand zu nehmen.

Staatseigenthum unterliegt immer dem Beuterecht. Strafrechtlich maßgebend sind lediglich die von dem kriegführenden Staate gegebenen Vorschriften. Der Staat wird durch den obersten Kriegsherrn vertreten. Giebt dieser keine besonderen Vorschriften, so richtet sich die Befugniß zum Erlaß von entsprechenden Befehlen nach der dem einzelnen Truppenführer ertheilten Vollmacht. Abstrakte Regeln lassen sich hierbei nicht aufstellen. Jeder Befehlshaber wird im einzelnen Falle zu prüfen haben, wie weit seine Vollmacht reicht. Jedenfalls ist ein Beutemachen zu persönlichen Zwecken ausgeschlossen.

Mangels besonderer Vorschriften kommen ev. die rechtlichen Bestimmungen der Landesgesetze in Betracht, z. B. Abschnitt 5 ALR. I. 9. Darnach sind als Beute zu betrachten das bewegliche feindliche Staatseigenthum, namentlich Waffen, Kriegs- und Mundvorräthe. Das Eigenthum feindlicher Unterthanen, die weder zur feindlichen Armee gehören, noch derselben folgen, kann nur auf Grund ausdrücklicher Erlaubniß des Befehlshabers der Truppen zur Beute gemacht werden.

4) Daß Beute gemacht wurde, ist nicht erforderlich.

5) Eigenmächtig ist jede bewußt rechtswidrige, d. h. ohne Erlaubniß des Vorgesetzten erfolgende Entfernung von der Truppe; gleichgiltig ist, ob an sich der Truppe ein Beuterecht gewährt war und ob der Thäter beabsichtigte, lediglich dem Beuterecht unterworfene Objekte zu erbeuten.

6) Vgl. Note 3 oben. Rechtswidrige Zueignung von Sachen, auf die das Beuterecht nicht ausgedehnt ist, fällt nicht unter § 128 MStrGB. Vgl. aber § 129 MStrGB., §§ 242 ff., 249 ff., 253 RStrGB.

7) Eigenmächtig ist jedes ohne Erlaubniß oder in Ueberschreitung einer ertheilten Erlaubniß des Vorgesetzten erfolgende Beutemachen an dem Beuterecht unterworfenen Sachen.

8) Arrest von 1 Tag bis 6 bezw. 4 Wochen, strenger Arrest nur nach Maßgabe des Abs. 3 § 22 MStrGB., Gefängniß oder Festungshaft von 43 Tagen bis zu 3 Jahren.

9) Versetzung in die 2. Klasse des Soldatenstandes ist auch neben Arrest und Festungshaft zulässig. Gegen Offiziere kann auch auf Entfernung aus dem Heere erkannt werden; § 31 Abs. 3 MStrGB. Wegen Dienstentlassung und Degradation vgl. §§ 34, 40 MStrGB.

10) Rechtmäßig erbeutet ist ein Gut, das dem Beuterecht unterworfen und das — nach ertheilter Erlaubniß des zuständigen Vorgesetzten zum Beutemachen — erbeutet ist.

11) Völkerrechtlich wird alle Beute dem Staat erworben; dieser kann in besonderen Befehlen durch seine Vertreter (vgl. Note 3 oben) bestimmen, welche Beutegegenstände dem Erbeutenden eigenthümlich verbleiben.

12) Ueber die gesetzlichen Merkmale der Unterschlagung an sich vgl. § 246 RStrGB., § 138 MStrGB.

§. 129.

Der Plünderung[1]) macht sich schuldig, wer[2]) im

Felde[3]) unter Benutzung des Kriegsschreckens[4]) oder unter Mißbrauch seiner militärischen Ueberlegenheit[4])

1) in der Absicht rechtswidriger Zueignung[5]) eine Sache der Landeseinwohner[6]) offen[7]) wegnimmt[8]) [9]) oder denselben abnöthigt,[8]) [9]) oder

2) unbefugt[10]) Kriegsschatzungen[11]) oder Zwangslieferungen[12]) erhebt oder das Maß der von ihm vorzunehmenden Requisitionen[13]) überschreitet, wenn dies des eigenen Vortheils wegen geschieht.[14]) [15]) [16])

1) Während beim eigenmächtigen Beutemachen der Regel nach dem zum feindlichen Heere oder dessen Gefolge gehörenden Personen oder dem im Felde getödteten Feinde bewegliche Sachen abgenommen werden, bilden bei der gemeinstrafrechtlich als Diebstahl, Raub oder Erpressung sich darstellenden Plünderung alle anderen Personen in Feindes- oder Freundesland das Objekt der That. (Note 107.)

2) Vgl. Note 1 zu § 128 MStrGB.

3) Vgl. §§ 9 und 10 MStrGB. Unter den Voraussetzungen dieser Bestimmung kann die Plünderung auch in Deutschland oder in einem verbündeten Staate begangen werden. Vgl. auch § 136 MStrGB.

4) Es sind dies stets festzustellende Thatbestandsmerkmale. Soweit der Kriegsschrecken oder der Mißbrauch der militärischen Ueberlegenheit die Landeseinwohner zum Verlassen ihrer Wohnungen veranlaßt hat, kann die That auch in verlassenen Wohnungen 2c. begangen werden.

5) Der Wille des Thäters muß darauf gerichtet sein, an den fremden, weggenommenen Sachen mit Ausschluß des Berechtigten die gesammten Befugnisse auszuüben, wie sie der Eigenthümer kraft seines Eigenthumsrechts ausübt. Vgl. auch RG. IV. 10. März 1885. E. 12,88; er muß die Absicht haben, den Berechtigten dauernd von

der Innehabung und dem Gebrauche der Sache auszuschließen und sie ihrer Substanz nach in die eigene Verfügungsgewalt zu überführen. Diese Absicht muß bei der Wegnahme bestehen; tritt sie erst nach der Wegnahme hinzu, so liegt ev. Unterschlagung vor.

6) Erfordert wird, daß die Sache im fremden Eigenthum steht; herrenlose Sachen sind nicht Gegenstand der Plünderung; daß die Sachen im Eigenthum der Landeseinwohner stehen, denen sie fortgenommen wurden, ist nicht nöthig. Die Sache kann auch Staats- oder Eigenthum eines Dritten sein, der Landeseinwohner muß sie nur im Besitz — thatsächlicher Gewalt — haben.

7) Die Handlung — und zwar die Wegnahme wie die Abnöthigung — muß „offen" geschehen, d. h. der Thäter darf die That nicht absichtlich der Wahrnehmung durch Andere entziehen oder zu entziehen suchen. Erfolgt die Wegnahme rc. offen, so liegt ein rein militärisches Delikt vor und es sind lediglich §§ 129—131 MStrGB. anwendbar; auch beim Vorliegen des mit schwererer Strafe bedrohten Thatbestandes der §§ 243, 244, 249 ff., 253 ff. MStrGB. ist die Anwendung dieser Strafbestimmungen, soweit nicht § 136 MStrGB. sie vorschreibt, ausgeschlossen. (Gesetzes-Konkurrenz.)

Fehlt das Thatbestandsmerkmal „offen", so greifen, soweit nicht § 138 MStrGB. Anwendung findet, die Bestimmungen des RStrGB. (§§ 242 ff., 249 ff., 253) Platz.

8) Unter Wegnahme ist die Aufhebung der thatsächlichen Gewalt (Gewahrsam) eines Anderen über eine Sache (vgl. §§ 864 ff. BGB.) unter gleichzeitiger eigener Erwerbung dieser Gewalt zu verstehen. Bei der Abnöthigung wird diese Gewalt mit dem Willen des Inhabers der thatsächlichen Gewalt übertragen, der Wille desselben ist aber durch Kriegsschrecken, Mißbrauch der militärischen Ueberlegenheit, Drohung mit Gewalt rc. erzwungen. Erfolgt die Abnöthigung durch Gewalt an der Person, so wird § 133 MStrGB. anwendbar.

9) Der Dolus besteht in dem Wissen und Wollen der gesammten Thatbestandsmerkmale; dazu gehört vor allem das Bewußtsein der Rechtswidrigkeit der Zueignung.

10) Unbefugt d. h. bewußt rechtswidrig, ohne Ermächtigung des hierzu berechtigten Vorgesetzten.

11) Kriegsschatzungen sind in Feindesland der Bevölkerung zur Strafe oder als Beitrag der Kriegskosten auferlegte Steuern, Geldsummen.

12) Gegenstand der Zwangslieferung können alle für die Heeresleitung nothwendigen Gegenstände sein, Fourage, Proviant, Waffen 2c.

13) Requisitionen sind Beitreibungen von Bedürfnissen jeder Art für einzelne Truppentheile.

14) Das Thatbestandsmerkmal der gewinnsüchtigen Absicht bezieht sich auch auf unbefugte Kriegsschatzungen 2c. Fehlt die gewinnsüchtige Absicht, so ist nur Disziplinarbestrafung zuläfsig. Daß eine Bereicherung des Thäters thatsächlich stattgefunden hat, ist nicht erforderlich.

15) Androhung oder Anwendung von Gewalt ist zum Thatbestand des § 129 Nr. 2 MStrGB. nicht nöthig. Liegt Anwendung von Gewalt gegen di Person vor, so greift § 133 MStrGB. Platz.

16) Der Versuch der Plünderung im Sinne der §§ 129, 131 MStrGB. ist nicht strafbar.

§. 130.

Als eine Plünderung ist es nicht anzusehen, wenn die Aneignung¹) nur auf²) Lebensmittel,³) Heilmittel, Bekleidungsgegenstände, Feuerungsmittel, Fourage oder Transportmittel sich erstreckt und nicht außer Verhältniß zu dem vorhandenen Bedürfnisse⁴) steht⁵)

1) Unter Aneignung ist jede der im § 129 MStrGB. vorgesehenen Arten des Erwerbes zu verstehen. Ob die Aneignung unter Bedrohung mit Gewalt oder mit Gewalt

gegen eine Person erfolgte, ist unerheblich und macht die Aneignung nicht strafbar. Im Falle des Abs. 1 des § 129 cit. muß die Aneignung „offen" geschehen (vgl. Note 7 zu § 129 MStrGB.) andernfalls kommt § 138 MStrGB. bezw. §§ 242, 249 ff., 360 Nr. 5 RStrGB. (vgl. auch § 51 MStrGB.) zur Anwendung. Das Vorliegen eines Nothstandes (§ 54 RStrGB.) schließt auch im letzteren Falle das Vorhandensein einer strafbaren Handlung aus.

2) Die Aufführung der folgenden Sachen ist erschöpfend, nicht beispielsweise; die Wegnahme anderer Sachen ist als Plünderung bezw. Diebstahl, Raub rc. strafbar.

3) Nach den Motiven gehören dazu auch Genußmittel, wie Taback, Wein, welche nur bei Einzelnen Lebensbedürfnisse bilden.

4) Der Thäter ist nicht auf die Befriedigung seines eigenen Bedürfnisses beschränkt; er darf auch, sofern er nicht gewinnsüchtig handelt, dem Bedürfnisse seiner Truppe und Kameraden Rechnung tragen.

5) § 130 MStrGB. bezieht sich nur auf die Fälle der Plünderung im Sinne der §§ 129, 131, 133, nicht auf die Delikte der §§ 132, 134, 135 MStrGB.

§. 131.

(KG. §§. 62[1], 45 MStrGO.) Die Plünderung wird mit Gefängniß[1]) bis zu fünf Jahren und mit Versetzung in die zweite Klasse des Soldatenstandes bestraft.[2])

1) Gefängniß von 43 Tagen bis zu 5 Jahren.

2) Wegen Dienstentlassung und Degradation vgl. §§ 34 und 40 MStrGB. Wegen Strafschärfung § 136 MStrGB.

§. 132.

(KG., i. F. StG. §§. 62[1], 45, 16[1] MStrGO.) Boshafte[1]) oder muthwillige[1]) Verheerung[2]) oder Verwüstung[2]) fremder[3]) Sachen im Felde[4])[5]) wird mit Freiheitsstrafe[6]) bis zu zwei Jahren, (KG. §§. 62[1], 45 MStrGO.) in schweren Fällen[7]) der Plünderung gleich[8]) bestraft.

1) Dadurch wird auch zum Ausdruck gebracht, daß die Handlung eine vorsätzliche, rechtswidrige sein muß; die Rechtswidrigkeit wird dadurch ausgeschlossen, daß der militärische Zweck — die Kriegsraison — die Handlung erfordert.

2) Verheerung und Verwüstung ist die Beschädigung oder Zerstörung im größeren Umfange. Die körperliche Unversehrtheit der Sachen muß aufgehoben sein. Beschädigung einer unbedeutenden Sache erfüllt den Thatbestand nicht.

3) Erfordert werden fremde, d. h. im (Staats- oder Privat-) Eigenthum eines Anderen stehende bewegliche oder unbewegliche Sachen. Stehen solche im Eigenthum eines Deutschen oder des Angehörigen eines verbündeten Staates, so ist § 136 MStrGB. anwendbar.

4) Vgl. §§ 9 und 10 MStrGB.

5) Als Thäter kommen außer den Personen des Soldatenstandes, auch Militärbeamte, das Gefolge des kriegführenden Heeres und Kriegsgefangene in Betracht; §§ 153, 155—158 MStrGB.

6) 1 Tag bis 6 bezw. 4 Wochen Arrest, strenger Arrest nur unter der Voraussetzung des Abs. 3 § 22 MStrGB., Gefängniß oder Festungshaft von 43 Tagen bis zu 2 Jahren. Wegen Degradation und Dienstentlassung vgl. §§ 34, 40 MStrGB.

7) Vgl. Note 19 zu § 58 MStrGB. Ist beim Vorliegen eines schweren Falles Gewalt gegen die Person verübt worden, so kommt § 133 und § 136 MStrGB. zur Anwendung.

8) Der Strafausschließungsgrund des § 130 MStrGB. findet auf § 132 das. keine Anwendung, da beim Vorliegen eines schweren Falles lediglich die Strafe der Straf-

bestimmung für die Plünderung zu entnehmen ist, die rechtliche Qualifikation der That sich aber dadurch nicht ändert.

§. 133.

(KG. §§. 62[1], 45 MStrGO.) Wird die Plünderung oder eine ihr gleich zu bestrafende[1]) Handlung unter[2]) Gewaltthätigkeit[3]) gegen eine Person[4]) begangen, so ist auf Zuchthaus[5]) bis zu zehn Jahren zu erkennen. Ist durch die Gewaltthätigkeit eine schwere Körperverletzung[6]) verursacht[7]) worden, so tritt Zuchthaus[8]) nicht unter zehn Jahren und, wenn der Tod eines Menschen verursacht[9]) worden ist, Todesstrafe, in minder schweren Fällen[10]) lebenslängliches Zuchthaus ein.[11])

In gleicher Weise werden die Rädelsführer[12]) bestraft, wenn die That von Mehreren[13]) begangen wird.[14]) Diejenigen, welche sich an einer solchen That[15]) betheiligen,[16]) ohne selbst eine Gewaltthätigkeit gegen eine Person zu begehen, trifft Gefängniß[17]) bis zu zehn Jahren; zugleich ist auf Versetzung in die zweite Klasse des Soldatenstandes zu erkennen.[18])[19])[20])

1) Vgl. Note 7 zu § 132 MStrGB.

2) Die Plünderung (Wegnahme, Abnöthigung) muß mittelst einer Gewaltthätigkeit gegen die Person begangen sein.

3) Unter Gewaltthätigkeit ist die Anwendung besonderer physischer Kraft zu verstehen. Für Gewalt „gegen“ eine Person ist im Gegensatze zu der Gewalt „an“ einer Person ausreichend, daß die Vergewaltigung der Person bezielt

worden ist; daß die Gewaltshandlung die Person selbst getroffen hat, daß also auf letztere eine Einwirkung geschehen ist, wird für die Gewalt „gegen" eine Person nicht erfordert, (wohl aber für die Gewalt „an" einer Person). RG. II. 28. Juni 1887. E. 16,172. Vgl. auch Note 4 zu § 107 MStrGB.

4) Gegen Sachen begangene Gewalt erfüllt das strafₑerhöhende Moment des § 133 MStrGB. nicht.

5) Von 1 bis zu 10 Jahren; auf Entfernung a. d. H. muß erkannt werden. Abs. 1 § 31 MStrGB. Wegen Verlust der bürgerlichen Ehrenrechte vgl. § 32 RStrGB.

6) Vgl. Note 2 zu § 123 MStrGB.

7) Vgl. Note 3 zu § 123 MStrGB.

8) Von 10 bis zu 15 Jahren, vgl. im Uebrigen Note 5 oben.

9) Vgl. Note 3 u. 6 zu § 123 MStrGB.

10) Vgl. Note 19 zu § 58 MStrGB. u. Note 7 zu § 122 das.

11) Der Versuch ist strafbar, § 43 Abs. 1 RStrGB. Ueber die Strafe des Versuchs und Zulässigkeit von Polizeiaufsicht vgl. § 44 RStrGB.

12) Vgl. Note 8 zu § 72 u. Note 1 zu § 107 MStrGB.

13) Die That muß gemeinschaftlich ausgeführt sein, d. h. in bewußtem und gewolltem Zusammenwirken; jeder Einzelne muß sich bewußt sein, daß mehrere zusammenwirkend thätig sind. RG. III. 8. Mai 1880. R. 1,742, II. 26. Sept. 1882. R. 4,715. RMGer. PE. III. Nr. 141. Für den Begriff „mehrere" genügen 2 Personen. RG. I. 4./11. Juli 1887. E. 16,173. Eine vorhergehende Verabredung ist nicht erforderlich.

14) Bei einer von mehreren mittelst Gewaltthätigkeit gegen eine Person verübten Plünderung oder Verheerung ꝛc. trifft diejenigen Theilnehmer, welche sich an der Gewaltthätigkeit selbst betheiligen, die Strafe des Abs. 1 § 133 MStrGB., diejenigen, welche an der Plünderung ꝛc. theilnehmen, ohne Gewalt gegen eine Person zu verüben, die

Strafe des Abs. 2 des § 133 MStrGB. Die Rädelsführer trifft stets, also auch wenn sie sich an den Gewaltthätigkeiten selbst nicht betheiligen, die Strafe des Abs. 1 des § 133 das.

15) d. h. an einer mittelst Gewaltthätigkeit gegen eine Person verübten Plünderung, Verheerung oder Verwüstung.

16) Darunter fällt jede Form der Theilnahme (Mitthäterschaft, Anstiftung, Beihülfe).

17) Von 43 Tagen bis zu 10 Jahren. Gegen Offiziere muß auf Entfernung a. d. H., Abs. 2 Nr. 2 § 31 MStrGB., gegen Unteroffiziere auf Degradation, Abs. 1 Nr. 2 § 40 das., erkannt werden. Gegen Unteroffiziere und Gemeine kann auf Entfernung a. d. H. neben Gefängniß von mehr als 5 Jahren erkannt werden; Abs. 3 § 31 MStrGB.

18) § 133 MStrGB. enthält straferhöhende Umstände zu §§ 129, 131, 132 MStrGB. im Sinne der §§ 318, 323, 326 MStrGO.

19) Vgl. Note 5 zu § 130 MStrGB. Wenn auch im Falle des § 130 cit. eine strafbare Plünderung nicht vorhanden ist, so können doch die bei einer solchen Aneignung verübten Gewaltthätigkeiten den Thatbestand einer Körperverletzung, Tödtung (§§ 223, 223a, 224, 226, 211, 212 RStrGB.) enthalten. Ein Strafantrag ist zur Strafverfolgung nicht nöthig; § 127 MStrGB.

20) Wegen Strafschärfung, falls die That gegen Deutsche rc. verübt wurde, vgl. § 136 MStrGB.

§. 134.

(KG. §§. 62[1], 45 MStrGO.) Wer[1]) im Felde[2]) in der Absicht rechtswidriger Zueignung[3]) einem auf dem Kampfplatze gebliebenen Angehörigen[4]) der deutschen oder verbündeten Truppen[4]) eine Sache abnimmt,[5]) oder einem Kranken[6]) oder Verwundeten[6]) auf dem Kampfplatze, auf dem Marsche, auf dem

Anordnung Kriegsgefangene anvertraut sind. Im Uebrigen ist das Eigenthum des Kriegsgefangenen stets, nicht nur auf dem Kampfplatz, dem Marsche ꝛc., durch §§ 242, 246, 252 ff. RStrGB., § 138 MStrGB. ꝛc. geschützt.

8) Vgl. Note 8 und 9 zu § 129 MStrGB.

9) Geschieht die Wegnahme unter Anwendung von Drohungen unter gegenwärtiger Gefahr für Leib und Leben oder mit Gewalt gegen die Person, erfolgt die Abnöthigung durch Gewalt oder Drohung, so liegt ideale Konkurrenz des § 134 MStrGB. mit Raub, oder Erpressung, §§ 249 ff., §§ 253 ff. RStrGB. vor.

10) Vgl. Note 5 und 11 zu § 133 MStrGB.

11) Vgl. Note 19 zu § 58 und Note 7 zu § 122 MStrGB.

12) Von 43 Tagen bis zu 5 Jahren.

13) Gegen Offiziere muß auf Entfernung aus dem Heere, Abs. 2 Nr. 2 § 31 MStrGB., gegen Unteroffiziere auf Degradation erkannt werden; Abs. 1 Nr. 2 § 40 MStrGB.

14) Vorausgesetzt ist, daß die Dauer der erkannten Gefängnißstrafe 3 Monate erreicht. § 2 MStrGB., § 32 RStrGB. Der Verlust der bürgerlichen Ehrenrechte ist ferner zuläßig neben Zuchthausstrafe (§ 32 RStrGB.), sowie, wenn beim Versuch des Delikts gegen § 134 MStrGB. auf Gefängniß von mindestens 3 Monaten erkannt wird. §§ 32, 43, 44, 45 RStrGB., § 17 Abs. 2 MStrGB. Wegen Entfernung aus dem Heere in diesen Fällen vgl. § 11 Abs. 1 und Abs. 2 Nr. 1 MStrGB. und wegen der Dauer des Verlustes der bürgerlichen Ehrenrechte vgl. § 32 RStrGB.

15) Die Strafschärfung des § 136 MStrGB. findet auf § 134 das. nicht Anwendung.

§. 135.

(KG. §§. 62[1], 45 MStrGO.) Wer[1]) im Felde[2]) als Nachzügler[3]) Bedrückungen[4]) gegen die Landes-

Anordnung Kriegsgefangene anvertraut sind. Im Uebrigen ist das Eigenthum des Kriegsgefangenen stets, nicht nur auf dem Kampfplatz, dem Marsche zc., durch §§ 242, 246, 252ff. RStrGB., § 138 MStrGB. zc. geschützt.

8) Vgl. Note 8 und 9 zu § 129 MStrGB.

9) Geschieht die Wegnahme unter Anwendung von Drohungen unter gegenwärtiger Gefahr für Leib und Leben oder mit Gewalt gegen die Person, erfolgt die Abnöthigung durch Gewalt oder Drohung, so liegt ideale Konkurrenz des § 134 MStrGB. mit Raub, oder Erpressung, §§ 249ff., §§ 253ff. RStrGB. vor.

10) Vgl. Note 5 und 11 zu § 133 MStrGB.

11) Vgl. Note 19 zu § 58 und Note 7 zu § 122 MStrGB.

12) Von 43 Tagen bis zu 5 Jahren.

13) Gegen Offiziere muß auf Entfernung aus dem Heere, Abs. 2 Nr. 2 § 31 MStrGB., gegen Unteroffiziere auf Degradation erkannt werden; Abs. 1 Nr. 2 § 40 MStrGB.

14) Vorausgesetzt ist, daß die Dauer der erkannten Gefängnißstrafe 3 Monate erreicht. § 2 MStrGB., § 32 RStrGB. Der Verlust der bürgerlichen Ehrenrechte ist ferner zulässig neben Zuchthausstrafe (§ 32 RStrGB.), sowie, wenn beim Versuch des Delikts gegen § 134 MStrGB. auf Gefängniß von mindestens 3 Monaten erkannt wird. §§ 32, 43, 44, 45 RStrGB., § 17 Abs. 2 MStrGB. Wegen Entfernung aus dem Heere in diesen Fällen vgl. § 11 Abs. 1 und Abs. 2 Nr. 1 MStrGB. und wegen der Dauer des Verlustes der bürgerlichen Ehrenrechte vgl. § 32 RStrGB.

15) Die Strafschärfung des § 136 MStrGB. findet auf § 134 das. nicht Anwendung.

§. 135.

(KG. §§. 62[1], 45 MStrGO.) Wer[1]) im Felde[2]) als Nachzügler[3]) Bedrückungen[4]) gegen die Landeseinwohner[5]) begeht, wird wegen Marodirens mit Gefängniß von sechs Monaten bis zu fünf Jahren bestraft; zugleich kann auf Versetzung in die zweite Klasse des Soldatenstandes erkannt werden.[6])

Wird die Handlung von Mehreren[7]) begangen, die sich zur fortgesetzten Bedrückung der Landeseinwohner verbunden haben,[8]) oder artet[9]) dieselbe in eine Plünderung oder in eine derselben gleich zu bestrafende Handlung[10]) aus, so tritt gegen jeden Betheiligten[11]) Zuchthaus bis zu zehn Jahren ein.[12])

1) Vgl. Note 1 zu § 128 MStrGB.

2) Vgl. §§ 9 und 10 MStrGB. und Note 3 zu § 129 das.

3) Nachzügler sind nur solche Personen (Note 1 oben), welche in der Absicht, gegen die Landesbewohner Bedrückungen zu begehen, sich rechtswidrig von der Truppe entfernt haben (vgl. auch Note 4 zu § 64 MStrGB.) oder welche von der Truppe abgekommen, in dieser Absicht es unterlassen, sich der nächsten Truppe wieder anzuschließen.

4) Es genügt jede Belästigung durch Stellung unberechtigter Anforderungen. Vollendet ist die That mit der Stellung der Forderung; ob der letzteren genügt wird, ist unerheblich.

5) Landesbewohner sind alle Einwohner des Landes, in dem die That begangen wird; die Staatsangehörigkeit kommt nicht in Betracht. Nur wenn die That gegen Deutsche oder Angehörige eines Deutschland verbündeten Staates begangen wird, so tritt Bestrafung aus § 136 MStrGB. ein.

6) Gegen Offiziere ist Entfernung aus dem Heere zulässig; Abs. 2 § 31 MStrGB. Wegen Dienstenlassung und Degradation vgl. §§ 34, 40 MStrGB.

7) Vgl. Note 13 zu § 133 MStrGB.

8) Der Ausdruck des Gesetzes giebt die Definition der „Bande“; die Verbindung zur Ausführung einer That, mag dieselbe auch in mehreren Akten verübt werden, genügt nicht; es muß vor Ausführung der That bereits bei der Verbindung die Absicht auf Verübung mehrfachen Marodirens gerichtet gewesen sein. Daß die einzelnen Fälle des Marodirens hierbei schon individuell nach Zeit und Ort bestimmt sind, ist nicht erforderlich. RG. II. 4.—11. Juli 1887. E. 16,178.

9) In Plünderung artet die That aus, wenn von der Bande Plünderungen im Sinne des § 129 Nr. 1 und 2 MStrGB. vorgenommen werden. Die Ausnahmebestimmung des § 130 MStrGB. kommt auch den Marodeuren zu Gute, so daß sie in diesem Falle nur wegen Marodirens nach Abs. 1 des § 135 MStrGB. zu bestrafen sind.

Artet das Marodiren in eine nach Satz 2 Abs. 1 § 133 MStrGB. strafbare Plünderung aus, so tritt die Strafe dieser Bestimmung ein; gegen die Rädelsführer findet die Vorschrift des Satz 1 Abs. 2 § 133 MStrGB. Anwendung.

10) Vgl. Note 16 zu § 133 MStrGB.

11) Vgl. § 132 MStrGB.

12) Der Versuch des Delikts des Abs. 2 § 135 MStrGB. ist strafbar; §§ 43, 44, 45 RStrGB.

Vgl. ferner §§ 32—34, 36 RStrGB. und § 31 MStrGB.

§. 136.

Wird eine nach den §§. 129 bis 133 und 135 strafbare Handlung gegen einen Deutschen[1]) oder einen Angehörigen eines verbündeten Staats begangen, so ist auf erhöhte[2]) Strafe und, wenn in den allgemeinen Strafgesetzen[3]) eine härtere[4]) Strafe angedroht ist, auf diese letztere zu erkennen.

1) Vgl. Gesetz über den Erwerb und Verlust der Bundes- und Staatsangehörigkeit v. 1. Juni 1870 und Gesetz betreffend Einführung dieses Gesetzes in Elsaß-Lothringen v. 8. Januar 1873, sowie § 9 Schutzgebietsgesetz v. 25. Juli 1900.

2) Vgl. § 53 MStrGB., insbes. Note 3 das.

3) Vgl. §§ 243 ff., 249 ff., 253 ff. RStrGB.

4) Die gemeinstrafrechtlichen Vorschriften (Note 3) kommen nur dann zur Anwendung, wenn sie eine der Art und dem Maße nach härtere Strafe als die erhöhte Strafe zulassen.

Neunter Abschnitt.

Andere widerrechtliche Handlungen gegen das Eigenthum.

§. 137.

(KG. bezw. StG. §§ 62,[1] 45, 16[1] MStrGO.) Wer[1]) vorsätzlich[2]) und rechtswidrig[3]) einen Dienstgegenstand[4]) beschädigt,[5])[7]) zerstört[6])[7]) oder preisgibt,[8]) wird mit Freiheitsstrafe[9]) bis zu zwei Jahren bestraft;[10]) in besonders schweren Fällen[11]) kann zugleich auf Versetzung in die zweite Klasse des Soldatenstandes erkannt werden.

1) § 137 MStrGB. findet Anwendung, außer auf Personen des Soldatenstandes (Personen des Beurlaubtenstandes nur wenn sie sich im Dienste befinden § 6 MStrGB.), auf das Gefolge des kriegführenden Heeres, auf Kriegsgefangene §§ 155—158 MStrGB., nicht aber auf Militärbeamte.

2) Das Gesetz erfordert vorsätzliches Handeln, d. h. ein solches, durch welches der Thäter mit Bewußtsein alle Deliktsmerkmale verwirklicht; eine auf Beschädigung

gerichtete Absicht wird nicht vorausgesetzt. RG. IV. 29. Okt. 1886. E. 15,12. Motiv, Zweck des Handelns ist rechtlich ohne Belang. Fahrlässiges Handeln begründet nur Disziplinarbestrafung, § 1 Nr. 1 DStO.

3) Die Handlung muß objektiv eine rechtswidrige sein, d. h. den bestehenden Gesetzen, Vorschriften, oder militärdienstlichen Grundsätzen widersprechen und der Thäter muß auch das Bewußtsein der Rechtswidrigkeit haben. Fehlt dem Thäter dies Bewußtsein, so ist nach § 59 Abs. 1 RStrGB. die Strafbarkeit aus § 137 ausgeschlossen. RG. II. 12. März 1889. E. 19,87 und IV. 26. März 1889. E. 19,209.

4) Dienstgegenstand ist jeder dem Militärfiskus gehörige, bewegliche oder unbewegliche (RG. IV. 4. März 1887. R. 9,171) Gegenstand, welcher unmittelbar oder mittelbar zum dienstlichen Gebrauch bestimmt ist. Ob derselbe dem Thäter oder einem Anderen oder allgemein zum Gebrauch dient, sowie ob er überhaupt bereits in Gebrauch genommen ist, bleibt rechtlich ohne Belang.

5) Unter Beschädigung ist nur eine solche Einwirkung auf die Sache zu verstehen, durch welche die Substanz der Sache alterirt, die Unversehrtheit der Sache aufgehoben wird; erfordert wird aber ferner, daß durch die Einwirkung auch die Brauchbarkeit der Sache für die ihr gegebene konkrete Zweckbestimmung herabgemindert oder sonst das Interesse des Militärfiskus an ihrer Unversehrtheit beeinträchtigt wird; der „Vorsatz" im Sinne des § 137 setzt demgemäß das Bewußtsein voraus, daß die Einwirkung diesen Erfolg herbeiführen wird oder kann. RG. III. 19. Oktober 1885. E. 13,27 und IV. 27. Februar 1900. E. 33,177. Der Versuch der Beschädigung ist strafbar. § 2 MStrGB. § 303 Abs. 2 RStrGB. RMGer. Plen.-Beschl. 17. Mai 1901. E. 1,184.

6) Zerstörung einer Sache ist eine soweit gehende Beschädigung derselben, daß sie dadurch für ihren Zweck völlig unbrauchbar, also ihrem Wesen nach aufgehoben

wird. RG. II. 9. Febr. 1883. E. 8,33. III. 4. Mai 1885, R. 7,274, III. 26. Juni 1884. R. 6,477. Der Versuch ist strafbar, vgl. Note 5 oben.

7) Strafantrag ist nicht erforderlich; § 51 MStrGB.

8) Preisgeben ist die rechtswidrige Aufgabe des Gewahrsams (der thatsächlichen Gewalt, §§ 854ff. BGB.) über einen Dienstgegenstand ohne gleichzeitige Uebertragung dieser Gewalt auf einen Andern; es genügt, wenn die Aufgabe in einer Art und Weise geschieht, daß die Gefahr eines Verlustes des Dienstgegenstandes für den Militärfiskus gegeben ist. Wird die thatsächliche Gewalt (Gewahrsam) auf einen Andern übertragen (z. B. durch Verkauf, Tausch, Schenkung, Verpfändung), so liegt Unterschlagung, § 138 MStrGB., vor. Wer einem Andern (auch dem Fiskus) einen Dienstgegenstand fortnimmt in der Absicht, diesen Gegenstand zunächst zu gebrauchen und ihn später preiszugeben, verfügt über den Gegenstand in einer Weise, wie sie nur dem Eigenthümer zusteht; er eignet sich damit den Dienstgegenstand zu und begeht einen Diebstahl. Eine Gesetzeskonkurrenz des Diebstahls und des Vergehens gegen § 137 MStrGB. liegt nicht vor. RMGer. I. 2. August 1901 (nicht publizirt). Nicht vorausgesetzt wird, daß der Thäter einen ihm selbst zu dienstlichem Zwecke übergebenen Dienstgegenstand preisgiebt; der Thatbestand des Preisgebens wird auch erfüllt durch Preisgeben eines jeden beliebigen Dienstgegenstandes, über den der Thäter momentan die thatsächliche Gewalt (Besitz) ausübt. RMGer. I. 19. Sept. 1900 (nicht publizirt).

9) Arrest von 1 Tag bis zu 6 bezw. 4 Wochen (strenger Arrest nur unter Voraussetzung des § 22 Abs. 3 MStrGB.) Gefängniß oder Festungshaft von 43 Tagen bis 2 Jahren. Wegen Dienstentlassung und Degradation vgl. §§ 34, 40 MStrGB.

10) In leichten Fällen ist die Disziplinarbestrafung zulässig; § 3 Abs. 2 Nr. 1 EG. z. MStrGB.

11) Unter besonders schweren Fällen sind solche zu

verstehen, bei denen bei der Person des Thäters oder bei der That selbst besonders erschwerende Umstände vorliegen. Vgl. auch Note 19 zu § 58 MStrGB. Gegen Offiziere ist Entfernung aus dem Heere zulässig; § 31 Abs. 2 Nr. 2 MStrGB.

§. 138.

(KG. bezw. i. F. StG. §§ 62,[1] 45, 16,[1] 63[2] MStrGO.) Wer[1]) bei Ausübung des Dienstes[2]) oder unter Verletzung eines militärischen Dienstverhältnisses[3]) sich eines Diebstahls[4]) oder einer Unterschlagung[4]) an Sachen[5]) schuldig macht, welche ihm vermöge[6]) des Dienstes oder jenes Verhältnisses zugänglich[7]) oder anvertraut[8]) sind, wird mit mittlerem oder strengem Arrest[9]) nicht unter vierzehn Tagen oder mit Gefängniß[10]) bis zu fünf Jahren bestraft; zugleich kann auf Verlust[10]) der bürgerlichen Ehrenrechte erkannt werden. Gleiche[11]) Strafe trifft denjenigen, welcher einen Diebstahl[12]) oder eine Unterschlagung gegen einen Vorgesetzten[13]) oder einen Kameraden,[14]) gegen seinen Quartierwirth[15]) oder eine zu dessen Hausstand gehörige Person begeht.[16]) [17])

(KG. §§ 62,[1] 45 MStrGO.) Ist die Handlung ein Verbrechen[18]) im Sinne der allgemeinen Strafgesetze, so ist auf die in diesen Gesetzen angedrohte Strafe zu erkennen.

1) Vgl. Note 1 zu § 137 MStrGB. Die militärisch qualif. Delikte des Diebstahls und der Unterschlagung des Satz 1 Abs. 1 § 138 MStrGB. können nur von Personen des Soldatenstandes (von Personen des Beurlaubtenstandes nur wenn sie sich im Dienst befinden) begangen werden.

Ist das Delikt vor der Einstellung begangen, so kann § 138 MStrGB. nicht in Frage kommen. **RMGer.** PE. I. Nr. 124 Abs. 4. Kriegsgefangene und das Gefolge des Heeres kommen als Thäter in Betracht, sobald zwischen letzterem und dem Bestohlenen rc. ein kameradschaftliches, oder ein Vorgesetzten-Verhältniß Platz greift, oder die That gegen den Quartierwirth rc. verübt wird. Auf Militärbeamte findet § 138 cit. nicht Anwendung § 154 MStrGB. (vgl. auch § 350 RStrGB.).

2) Vgl. Note 5 zu § 49 und Note 10 zu § 55 MStrGB. Es wird die Ausübung einer speziellen Dienstverrichtung zur Zeit der Begehung der That vorausgesetzt. **RMGer.** PE. II. Nr. 149[b].

Da die Begehung „während der Ausübung des Dienstes“ unter die Thatbestandsmerkmale des milit. qualif. Diebstahls rc. aufgenommen ist, so kann bezügl. dieses Umstandes nicht noch § 55 Nr. 2 MStrGB. Anwendung finden. **RMGer.** PE. II. Nr. 149[c].

3) Die Verletzung eines militärischen Dienstverhältnisses erfordert nicht nothwendig die Verletzung eines besonderen, dem Thäter durch seine Dienststellung und seinen dienstlichen Wirkungskreis auferlegten Verhältnisses zu der gestohlenen oder unterschlagenen Sache. Es genügt vielmehr unter Umständen auch die Verletzung der allgemeinen, durch die bloße Eigenschaft als Person des Soldatenstandes bedingten Dienstverhältnisses. **RMGer.** I. 21. April 1902. E. $2_{,291}$. PE. III. 134. Jede rechtswidrige Zueignung fiskalischen Gutes Seitens eines an Bord Kommandirten enthält die Verletzung eines militärischen Dienstverhältnisses. **RMGer.** PE. II. Nr. 165[a]. Der als Bursche zu einem Offizier kommandirte Soldat, welchem die Ehefrau des Offiziers ihr gehöriges Geld zur Bezahlung von Wirthschaftsschulden gegeben hat, begeht, wenn er das Geld sich rechtswidrig zueignet, eine Unterschlagung unter Verletzung eines militärischen Dienstverhältnisses. **RMGer.** I. 12. August 1902. E. $3_{,181}$.

4) Die Begriffe des „Diebstahls" und der „Unterschlagung" sind aus dem gemeinen Strafrecht (§§ 242, 246 RStrGB.) zu entnehmen; §§ 2, 10 MStrGB. RG. III. 27. März 1884. E. 10,300, R. 6,242. RMGer. Plen.-Beschl. v. 17. Mai 1901. E. 1,134 II. 24. Mai 1901 E. 1,155.

§ 242:

Wer eine fremde a) bewegliche b) Sache c) einem Anderen d) in der Absicht wegnimmt, d) dieselbe sich rechtswidrig zuzueignen e) wird wegen Diebstahls mit Gefängniß bestraft.

Der Versuch ist strafbar.

§ 246 f):

Wer eine fremde a) bewegliche b) Sache, c) die er in Besitz g) oder Gewahrsam g) hat, sich rechtswidrig zueignet, h) wird wegen Unterschlagung mit Gefängniß bis zu drei Jahren und, wenn die Sache ihm anvertraut i) ist, mit Gefängniß bis zu fünf Jahren bestraft.

Sind mildernde Umstände vorhanden, so kann auf Geldstrafe bis zu neunhundert Mark erkannt werden.

Der Versuch ist strafbar.

---

a) Die Sache muß zur Zeit der That im Eigenthum und im Gewahrsam (thatsächliche Gewalt über die Sache §§ 854 ff. BGB.) eines Anderen stehen; Eigenthümer und Gewahrsamsinhaber brauchen nicht dieselbe Person zu sein. Der Gewahrsam besteht lediglich in der physischen Möglichkeit, über die Sache mit Ausschluß Anderer zu verfügen. Den Gewahrsam einer Sache kann daher stets nur eine physische Person, niemals ein Truppentheil haben. RMGer. I. 19. Dezember 1901. E. 2,96. Durch die Einzahlung von Geld auf Grund einer Postanweisung wird der Postfiskus Eigenthümer des eingezahlten Geldes. Bei Auszahlung des Geldes durch die Post ist als deren Wille, auf wen das Eigenthum übertragen werden soll, der der Einzahlung erkennbar zu Grunde liegende Wille des Absenders anzusehen. RMGer. I. 9. Januar 1902. E. 2,130. Ob die Sache eine fremde oder Eigenthum des Thäters ist, entscheidet sich nach dem zur Zeit und am Orte der That geltenden Civilrecht. RG. II. 18. Dez. 1883. R. 5,792, RMGer. I. 19. Dezember 1901. E. 2,96. An herrenlosen Sachen kann ein Diebstahl nicht begangen werden. Um eine Sache herrenlos zu machen, ist die Absicht des Eigenthümers erforderlich, das Eigenthum schlechthin, nicht nur zu Gunsten einer bestimmten Person aufzugeben. Auch im ersten Falle muß der auf Aufgabe des Eigenthums gerichteten Willenserklärung die thatsächliche Lossagung von der Sache hinzutreten. Zur Aufgabe des Besitzes einer beweglichen Sache genügt regelmäßig die Erklärung des Besitzers, daß er die thatsächliche Gewalt nicht mehr haben wolle, nicht. Dies ist vielmehr nur ausnahmsweise dann der Fall, wenn der Besitz nur dadurch ausgeübt wird, daß der Besitzer in der Lage ist, die thatsächliche Gewalt auszuüben und den Willen, die Gewalt zu haben, besitzt. RMGer. I. 19. Dez. 1901. E. 2,96, I. 28. April 1902. E. 3,10. RG. II. 29. März 1881. R. 3,174. Der Miteigenthümer, welcher die im Miteigenthum stehende Sache aus dem Gewahrsam eines Anderen wegnimmt, ist wegen Diebstahls strafbar. RG. III. 27. März 1884. R. 6,239.

b) Die Vorschriften des Civilrechts über Unbeweglichkeit sind nicht maßgebend. Unbeweglich ist der Grund und Boden, abgesonderte Theile desselben (Torf z. B.) können Gegenstand des Diebstahls werden. RG. III. 7. Juli 1880. R. 2,166.

c) Objekt des Diebstahls kann jeder körperliche Gegenstand sein, ohne daß derselbe einen bestimmten Werth zu haben braucht; Leuchtgas RG. II. 8. Febr. 1881. R. 3,14. (Bezüglich des elektr. Stroms vgl. RGes. v. 9. April 1900, RGBl. S. 228). Die Entwendung von Nahrungs- oder Genußmitteln von unbedeutendem Werthe oder in geringer Menge zum alsbaldigen Verbrauche ist als Uebertretung strafbar. § 370 Nr. 5 RStrGB. Fehlt der erforderliche Strafantrag, so kann Disziplinarbestrafung erfolgen. Zu den Nahrungsmitteln gehören auch lebende Thiere. RG. II. 1. Juli 1884. R. 6,488. Zu den Genußmitteln gehört der Taback, RG. III. 31. Dez. 1881. R. 3,848, nicht aber Blumen, Brennmaterialien. RG. III. 9. April 1881. R. 3,220, I. 12. Juli 1883. R. 5,514. Die Frage, ob der entwendete Gegenstand von „unbedeutendem Werth" oder eine „geringe Menge" ist, liegt lediglich auf thatsächlichem Gebiet; RMGer. I. 14. Juli 1902. E. 3,135. Maßgebend ist der gemeine Werth zur Zeit der Entwendung; ein alsbaldiger Verbrauch wird nicht durch ein sofortiges und unmittelbares Verzehren bedingt und nicht dadurch ausgeschlossen, daß das entwendete Nahrungsmittel erst durch Zubereitung genießbar wird. Die Absicht des alsbaldigen Verbrauchs erfordert immer die Absicht, gerade nur dasjenige Bedürfniß bezw. Gelüste zu befriedigen, welches die That hervorgerufen hat. Die Anwendung des § 370 Nr. 5 RStrGB. ist daher ausgeschlossen, wenn der Thäter mit der Absicht gehandelt hat, Nahrungs- und Genußmittel zur Befriedigung eines etwaigen künftigen Bedürfnisses zu entwenden und als Vorrath für sich aufzubewahren. RMGer. I. 14. Juli 1902. E. 3,135. RG. II. 24. Febr. 1880. R. 1,386, II. 25. April 1884. R. 6,303. RMGer. II. 4. Nov. 1901. E. 2,50.

d) Vgl. Note 8 zu § 129 MStrGB. Die Sache muß aus dem Gewahrsam eines Anderen weggenommen sein; die fremde Sache muß sich zur Zeit der Wegnahme durch den Thäter in dem Gewahrsam eines Anderen befinden. Unkenntniß dieser Thatsache kann dem Thäter nicht zugerechnet werden. RMGer. I. 25. Sept. 1902. E. 3,270. Der Gewahrsam besteht lediglich in der thatsächlichen Gewalt über die Sache; den Gewahrsam kann daher nur eine physische Person, niemals ein Truppentheil haben. RMGer. I. 19. Dezember 1901. E. 2,96. Ob der Kompagnie-Chef den Gewahrsam an den zu den Kompagniebeständen gehörigen Sachen hat, ist Thatfrage. Ist dieses der Fall, so verliert er den Gewahrsam nicht schon dadurch, daß er die Beaufsichtigung oder die Verwendung der Sachen Untergebenen, z. B. dem Schieß- oder dem Kammerunteroffizier, überträgt, noch auch dadurch, daß ihm zur Zeit das Vorhandensein oder der Aufenthaltsort einer Sache nicht bekannt oder nicht erinnerlich ist. Der unbefugte Verkauf solcher Sachen durch den Schieß- oder Kammerunteroffizier rc. ist daher als Diebstahl, nicht als Unterschlagung anzusehen. RMGer. I. 25. April 1901. E. 1,101. Gleiches gilt für den Küchenunteroffizier bezüglich der in der Mannschaftsküche aufbewahrten Lebensmittel.

Durch die Entfernung des Inhabers einer Sache von dem Orte, wo sich letztere befindet, geht der Gewahrsam nicht verloren, derselbe dauert vielmehr so lange fort, als der Inhaber den Willen hat und zugleich in der Lage ist, zu der Sache zurückzukehren, um seine thatf. Gewalt über dieselbe auszuüben. Der Inhaber behält den Gewahrsam, wenn er das physische Vermögen hat, selbst oder durch andere die thatsächliche Gewalt über die Sache auszuüben, auch dann, wenn er zeitweilig keine Kenntniß davon hat, daß sich die Sache noch in demselben Raum befindet, wo er sie zurückgelassen hat. RMGer. I. 10. Sept. 1901. 1,267. Der Gewahrsam wird auch dadurch nicht aufgehoben, daß außer dem Inhaber noch andere Personen zu der Sache Zutritt haben und sich dadurch in der Lage befinden, physisch auf die Sache einzuwirken. RG. I. 24. Mai 1880. R. 1,818. An fremdem Orte liegen gelassene Gegenstände befinden sich noch im Gewahrsam des Eigenthümers, wenn der Verbleib noch nicht völlig aus dessen Gedächtniß entschwunden ist und auch keine äußeren Hindernisse der Wiedererlangung entgegenstehen. RMGer. I. 14. April 1902. E. 2,276. Eine Wegnahme — aber nicht immer eine „Zueignung" — liegt auch dann vor, wenn der Dieb die

Sache am Orte der That versteckt. RG. III. 9. Juli 1885. R. 7,479. Ein Dienstbote, welcher die ihm zum zeitweiligen Gebrauche innerhalb der eigenen Räume der Dienstherrschaft von dieser gegebenen Gegenstände sich rechtswidrig zueignet, begeht Diebstahl, keine Unterschlagung. RG. II. 11. Nov. 1881. R. 3,711. I. 5. April 1880. R. 1,540. Ebenso der Verkäufer an den im Laden befindlichen Waaren. RG. IV. 20. Juni 1890. E. 21,16, der Gefangene an Anstaltskleidern, die er rechtswidrig mitnimmt. RG. IV. 17. Juni 1884. R. 6,443. Der Zueignungswille erfordert in negativer Beziehung die Absicht, den Berechtigten von der Sache auszuschließen, ihm Besitz und Gebrauch zu entziehen, und ferner in positiver Beziehung die Absicht, die Sachen ihrer Substanz noch in das eigene Vermögen zu bringen, über sie wirthschaftlich zu verfügen. RMGer. II. 4. Oktober 1902. E. 3,284. Die Wegnahme aus dem Gewahrsam des Anderen muß von vornherein in der Absicht rechtswidriger Zueignung erfolgen. Tritt diese Absicht erst ein, nachdem der Thäter sich bereits in dem Gewahrsam befindet, so kann in der rechtswidrigen Zueignung nur eine Unterschlagung liegen. RMGer. I. 25. Sept. 1902. E. 3,270. Die Absicht rechtswidriger Zueignung liegt — unter anderem — vor, wenn — abgesehen von Geld (siehe unten) — die Sache mit dem Bewußtsein der Rechtswidrigkeit zur Deckung einer Forderung weggenommen wird. RG. I. 9. Febr. 1880. E. 1,193. Eine gewinnsüchtige Absicht wird nicht erfordert. RG. III. 26. Febr., 5. März 1894. E. 25,172.

Ausgeschlossen ist die Absicht der rechtswidrigen Zueignung, wenn die rechtswidrige Wegnahme lediglich in der Absicht erfolgt, die Sache zu vernichten, RG. III. 7. Juni 1882. R. 4,537. I. 11. Nov. 1884. R. 6,727, oder wenn der Thäter die Sache wegnimmt, um sich sofort als Dieb selbst anzuzeigen, und im Gefängniß Aufnahme zu finden, RG. II. 11. Juli 1884. R. 6,536, ferner bei eigenmächtiger Pfändung fremder Sachen für eine Forderung. RG. II. 1. Juli 1881. R. 3,453. RMGer. PE. 2,181. Die Absicht rechtswidriger Zueignung liegt nicht vor, wenn die Wegnahme von Geld lediglich erfolgt, um für eine Geldforderung Zahlung zu erhalten. RG. I. 17. Juni 1880. R. 2,73, E. 2,184, ferner, wenn es sich bei der Wegnahme nur um Zwecke des Gebrauchs handelt und nicht die Absicht vorliegt, dem Eigenthümer die Verfügung über die Sache dauernd zu entziehen. RMGer. I. 12. August 1902. E. 3,181. RG. III. 23. Febr. 1893. E. 24,22. Ferner, wenn bei der widerrechtlichen Wegnahme eines zum Dienstgebrauche bestimmten, in fiskalischem Eigenthume stehenden Gegenstandes Seitens eines Soldaten dieser nur die Absicht hatte, den Gegenstand seiner Bestimmung gemäß zum militärischen Gebrauche zu verwenden, also nicht die Absicht hatte, über diesen Gegenstand mit Ausschluß des Berechtigten als Eigenthümer zu verfügen. RMGer. PE. I. Nr. 124 Abs. 3. In dem Verbrauch (z. B. Verausgabung von Geld) liegt eine Zueignung. RMGer. I. 12. August 1902. E. 3,181.

f) Vgl. oben Note a, b, c.

g) Vgl. § 854 BGB. Gewahrsam ist die thatsächliche Gewalt über eine Sache. Die Unterschlagung setzt voraus, daß der Thäter den Besitz oder Gewahrsam der fremden Sache nicht erst durch die rechtswidrige Zueignung erwirbt, sondern zur Zeit derselben bereits hat. RMGer. I. 20. Januar 1902. E. 2,172.

h) Der Wille des Thäters muß darauf gerichtet sein, an der fremden, angeeigneten Sache mit Ausschluß des Berechtigten die gesammten Befugnisse auszuüben, wie sie der Eigenthümer kraft seines Eigenthumsrechts ausübt. Besteht die Zueignung der fremden Sache in ihrem Verkaufe, so muß diese Absicht bereits zur Zeit des Verkaufes vorhanden sein. RMGer. II. 30. April 1902. E. 3,17, vgl. auch RMGer. II. 4. Oktober 1902. E. 3,285. RG. IV.

10. März 1885. E. 12,88. Diese Absicht muß in einer äußeren Handlung oder einer Unterlassung zum Ausdruck gelangen. RG. II. 13. Juli 1881. E. 4,404. Eine solche Unterlassung kann in dem Vorenthalten einer abzuliefernden Sache gefunden werden, wenn das fremde Eigenthumsrecht nicht mehr anerkannt und die Sache der eigenen Herrschaft unterworfen werden soll. RG. IV. 22. Juni 1886. E. 8,481. In der Vermischung fremden Geldes mit eigenem kann nur dann eine Unterschlagung liegen, wenn der Thäter bereits bei Vornahme der Vermischung das Bewußtsein hatte, durch dieselbe in einer den Zueignungsbegriff erfüllenden Weise verletzend in die Rechte des Eigenthümers einzugreifen und wenn er zugleich in der Absicht handelte, durch die Vermischung sich die fremden Gelder rechtswidrig zuzueignen. RMGer. I. 9. Jan. 1902. E. 2,130. RG. IV. 8. Febr. 1895. E. 26,437. In dem Ableugnen des Besitzes einer Sache gegenüber dem Eigenthümer kann der Akt der Zueignung liegen, wenn in dem Ableugnen der Wille, das Recht des Eigenthümers nicht mehr anzuerkennen und die Sache der eigenen Herrschaft zu unterwerfen, zum Ausdruck gelangt. RMGer. I. 10. April 1902. E. 2,275. „Verheimlichung" einer fremden, im Besitz oder Gewahrsam des Thäters befindlichen Sache stellt dann einen Akt der Zueignung dar, wenn gerade in der Verheimlichung der den Umständen des konkreten Falles zu entnehmende, auf rechtswidrige Zueignung gerichtete Wille des Thäters sich ausspricht. RMGer. I. 4. Nov. 1901. E. 2,47. Die Absicht der rechtswidrigen Zueignung wird durch die Ersatzabsicht des Thäters in Verbindung mit der durch bereite Mittel gewährleisteten Ausführbarkeit derselben dann ausgeschlossen, wenn hierdurch in dem Thäter das Bewußtsein begründet werden kann und begründet wird, der Eigenthümer oder sonst Berechtigte werde bei Kenntniß dieser Verhältnisse mit der Zueignung der Sache einverstanden sein. RMGer. I. 20. Januar 1902. E. 2,172.

5) Es sind darunter alle körperlichen Sachen, nicht blos Dienstgegenstände, zu verstehen. Wegen der Uebertretung gegen § 370 Nr. 5 RStrGB. (Nahrungsmittel, Genußmittel) vgl. oben Note c. Aneignung verschossener Munition ist nicht nach § 138 MStrGB., sondern aus § 291 RStrGB. strafbar.

6) Es muß die Zugänglichkeit der Sache mit dem Dienst oder Dienstverhältniß in ursächlichem Zusammenhange stehen. Zugänglichkeit gelegentlich der Ausübung des Dienstes erfüllt den Begriff nicht.

7) Das Wort „zugänglich" bezieht sich nicht nur auf „Diebstahl", sondern auch auf „Unterschlagung". RMGer. PE. II. Nr. 165 a.

8) Der Thäter muß vermöge des Dienstes oder eines militärischen Dienstverhältnisses den Gewahrsam der Sache erhalten haben; ob hierbei gegen Dienstvorschriften verstoßen wurde, ist rechtlich unerheblich.

9) Auf strengen Arrest kann erkannt werden, auch wenn die Voraussetzungen des § 22 Abs. 3 MStrGB. fehlen.

10) Von 43 Tagen bis zu 5 Jahren. Der Verlust der bürgerlichen Ehrenrechte kann nicht neben Arrest, sondern nur neben Gefängniß und auch nur dann ausgesprochen werden, wenn die Gefängnißstrafe die Dauer von drei Monaten erreicht; § 32 RStrGB., § 2 MStrGB. Wird

---

Vgl. im Uebrigen auch oben Note e. Ein Fahnenflüchtiger, welcher während der Fahnenflucht seine Dienststiefel aufträgt, eignet sich dieselben dadurch nicht rechtswidrig zu.

Der dolus besteht in der Absicht der rechtswidrigen Zueignung mit dem Bewußtsein, daß die Sache eine fremde und die Zueignung eine rechtswidrige ist. RG. II. 11. Januar 1881. E. 3,184.

i) Anvertraut sind alle Sachen, deren Besitz oder Gewahrsam Jemand kraft eines Rechtsgeschäfts mit der Verpflichtung erlangt, sie zurückzugeben oder einem Dritten abzuliefern. RG. II. 12. Juli 1881. R. 3, 473. E. 4, 386.

auf mehr als 3 Jahre Ehrverlust erkannt, so muß gegen Unteroffiziere und Gemeine Entfernung a. d. H. ausgesprochen werden; § 31 Abs. 1 MStrGB. Uebersteigt die Dauer des Ehrverlusts 3 Jahre nicht, so muß neben demselben Versetzung in die 2. Kl. d. S. erkannt werden; § 37 Abs. 1 MStrGB. Neben Ehrverlust ist gegen Offiziere stets auf Entfernung a. d. H. zu erkennen; § 31 Abs. 2 MStrGB. Wird nicht auf Ehrverlust erkannt, so ist Versetzung in die 2. Kl. d. S. zulässig; § 37 Abs. 2 Nr. 2 MStrGB. Gegen Unteroffiziere ist, auch wenn nicht auf Versetzung in die 2. Kl. d. S. erkannt wird, Degradation, § 40 Abs. 2 Nr. 3 MStrGB., und gegen Offiziere, wenn von Ehrverlust abgesehen wird, Dienstentlassung zulässig; § 34 Abs. 2 Nr. 2 MStrGB. Vgl. ferner auch Note 9 zu § 37 MStrGB.

11) Dazu gehört auch der Ehrverlust.

12) Objekte des an einem Kameraden, Vorgesetzten verübten Diebstahls können auch Gegenstände sein, welche im Eigenthum des Fiskus sich befinden, aber im Besitz oder dem Gewahrsam eines Kameraden ꝛc. sind.

Ist der Diebstahl ꝛc. gegen Vorgesetzte, Kameraden ꝛc. in Ausübung des Dienstes verübt, so ist Straferhöhung gemäß §§ 53, 55 Abs. 2 MStrGB. ausgeschlossen. RMGer. PE. II. Nr. 149c.

13) Vgl. Note 7 zu § 49 und Note 5 zu § 89 MStrGB.

14) Vgl. Note 4 zu § 102 MStrGB. Zu den „Kameraden" gehören auch die Landgendarmen, soweit sie Personen des Soldatenstandes sind. Personen des Beurlaubtenstandes sind zu einander und zu Personen des aktiven Heeres (Marine) nur Kameraden, wenn sie sich im Dienste befinden. Vgl. Note 2 zu § 6 MStrGB.

15) Auch auf Quartierwirthe ꝛc. in Feindesland findet § 138 MStrGB. Anwendung.

16) Der Versuch des militärisch qualifizirten Diebstahls und Unterschlagung (§ 138 MStrGB.) ist strafbar; §§ 242 Abs. 2, 246 Abs. 3 RStrGB. und § 2 MStrGB. Die

Strafe des Versuchs ist aus § 138 MStrGB. und §§ 43, 44, 45 RStrGB. zu entnehmen. RMGer. Plen.-Beschl. 17. Mai 1901. E. 1, 134. 24. Mai 1901. E. 1, 154.

17) Eine auf Grund des § 138 MStrGB. ausgesprochene Verurtheilung wegen Diebstahls stellt eine zur Begründung der Rückfallsstrafe geeignete Vorbestrafung dar. RG. III. 27. März 1884. E. 10, 330. Wegen Begünstigung und Hehlerei zu § 138 MStrGB. vgl. §§ 257, 258, 259 RStrGB.

18) Schwerer Diebstahl (§ 243 RStrGB.), Diebstahl im Rückfall (§§ 244, 245 das.).

Die Vorschrift des Abs. 2 § 138 MStrGB. nimmt der That das Gepräge einer militärischen Strafthat nicht, (vgl. Weiffenbach, Milit. Erörterungen Heft 1 S. 55), sie droht nur für das Delikt, falls es ein Verbrechen ist, die Strafe des gemeinen Strafrechts an; es kann daher bei Ausführung des Verbrechens während der Ausübung des Dienstes der Straferhöhungsgrund der §§ 53, 55 Nr. 2 MStrGB., da einerseits das gemeine Strafrecht solchen nicht kennt, und andererseits dieser Umstand nur bei der Strafzumessung berücksichtigt wird, RMGer. PE. I. Nr. 124 Abs. 2, nicht zur Anwendung kommen; es stellt aber die Bestrafung aus Abs. 2 § 138 MStrGB. eine Vorbestrafung wegen eines militärischen Verbrechens dar im Sinne des § 22 Abs. 3 und des § 38 MStrGB. Vgl. auch Note 2 zu § 38 das.

Zehnter Abschnitt.

Verletzung von Dienstpflichten bei Ausführung besonderer Dienstverrichtungen.

§. 139.

(KG. §§ 62,[1] 45 MStrGO.) Wer[1]) vorsätzlich[2]) unrichtige Dienstatteste[3]) ausstellt oder Rapporte,[4]) dienstliche Meldungen[5]) oder dienstliche Berichte[6]) unrichtig abstattet,[7]) oder solche wissentlich[8]) weiter befördert, wird mit Gefängniß von sechs Monaten bis zu drei Jahren und mit Versetzung in die zweite Klasse des Soldatenstandes bestraft.[9]) In minder schweren Fällen[10]) tritt mittlerer[11]) oder strenger[11]) Arrest oder Gefängniß[11]) oder Festungshaft[11]) bis zu sechs Monaten ein.[12])

1) Der 10. Abschn. findet nur auf Personen des Soldatenstandes Anwendung; nicht auf Militärbeamte (§ 153 MStrGB.) oder das Gefolge des kriegführenden Heeres, Kriegsgefangene. Auf vorsätzliche Abstattung wissentlich falscher Meldungen Seitens der Personen des Beurlaubtenstandes, welche nicht Seitens der zuständigen Behörde zum Dienst einberufen sind, bezieht sich § 139 MStrGB. nicht. RMGer. II. 9. Nov. 1901. E. 2, 51, vgl. auch Note 2 zu § 6 MStrGB.

2) Auch das Abstatten und Weiterbefördern von Meldungen u. s. w. muß vorsätzlich sein; vorsätzlich ist die Handlung, wenn der Thäter sich bewußt ist, daß der materielle Inhalt der Meldung rc. ein unrichtiger ist, und den Willen hat, eine unrichtige Meldung rc. zu erstatten oder weiter zu befördern. Fahrlässiges Handeln (KA. 20) unterliegt nur der Disziplinarbestrafung; § 1 Nr. 1 DStO.

3) Darunter fällt jede schriftliche Beurkundung, welche auszustellen eine Person des Soldatenstandes zuständig ist, auch die militärärztlichen Atteste, Zeugnisse rc. § 139 MStrGB. schließt die Anwendung von § 278 RStrGB. aus. Der materielle Inhalt des Attestes muß ein unrichtiger sein.

4) Rapporte sind regelmäßig nach einer bestimmten Zeit zu erstattende dienstliche Meldungen.

5) Dienstlich sind Meldungen, Atteste rc., deren Erstattung bezw. Weiterbeförderung auf einer dienstlichen Obliegenheit oder Verpflichtung des Thäters beruht.

RMGer. II. 28. April 1902. E. 2, 294 u. I. 8. Sept. 1902. E. 3, 219.

Schießlisten charakterisiren sich als „Meldungen“ über die stattgehabte Ausführung und die Ergebnisse der in Gemäßheit der Schießvorschriften vorzunehmenden Uebungen und sind bestimmt, den Vorgesetzten die Möglichkeit einer Kontrole über die Handhabung des Schießdienstes bei den Kompagnien, über den Gang der Ausbildung des einzelnen Mannes im Schießen, über das Verfahren der Kompagnien beim Vorschreiten in der Uebung und über den von einer Kompagnie erreichten Grad der Schußfertigkeit zu gewähren. Sie sind Meldungen im Sinne des § 139 MStrGB. und haben als solche zwar die Bestimmung, in den vorstehend erwähnten Beziehungen Beweis zu erbringen, sind aber nicht bestimmt, rechtlich erhebliche Thatsachen, d. h. die Entstehung, Aufhebung oder Aenderung von Rechten oder Rechtsverhältnissen bewirkende Thatsachen zu beweisen. Den Charakter von Urkunden im Sinne des § 267 RStrGB. gewinnen Schießlisten nur in den Fällen, wo es sich, entsprechend den in Nr. 123 bis 140 der Schießvorschriften enthaltenen Bestimmungen, um die Erzielung besonderer Vortheile, insbesondere von Ehrenpreisen und Schießpreisen für den Schützen handelt. In diesen Fällen erbringt die Liste den Beweis von rechtlich erheblichen Thatsachen. **RMGer.** I. 3. August 1901 (nicht veröffentlicht).

Der eine Schießübung leitende Offizier ist dafür verantwortlich, daß die Schießkladde richtig geführt wird. Derjenige, der dienstlich mit der Führung der Schießkladde beauftragt ist, ist in erster Linie seinerseits für die richtige Führung derselben verantwortlich und meldet schon durch die Uebergabe der Kladde an den die Uebung leitenden Offizier diesem, daß die Schießresultate derartig gewesen, wie sie in der Kladde verzeichnet sind. Wird der Führer der Kladde zeitweise, z. B. während er selbst schießt, vertreten, dann ist der vertretende Führer der Kladde für die von ihm bewirkten Eintragungen verantwortlich und meldet durch die Uebergabe der Kladde an den die Uebung leitenden Offizier auch seinerseits die Schießresultate, die er eingetragen hat. Insoweit der Führer der Kladde von den Eintragungen seines Vertreters Kenntniß erhält, meldet er durch die Uebergabe der Kladde an den leitenden Offizier nicht nur die von ihm selbst, sondern auch die von seinem Vertreter eingetragenen Schießversuche und ist auch für die Richtigkeit der letzteren Eintragungen mit verantwortlich. Wird mit seinem Wissen und Wollen oder von ihm selbst eine von seinem Vertreter richtig bewirkte Eintragung in eine unrichtige abgeändert, so ist der Führer der Kladde, als der Meldepflichtige, auch verpflichtet, diese Abänderung zu melden. Unterläßt er dies, so erstattet er durch die Uebergabe der Kladde an den leitenden Offizier diesem eine unrichtige dienstliche Meldung, indem er in dem Offizier, dem die Kladde übergeben wird, den Glauben erweckt, daß die abgeänderte Eintragung dem Schießresultate entspricht.

Ob der Führer der Kladde die gefälschte Schießkladde persönlich dem leitenden Offizier übergab oder ob er es wissentlich geschehen ließ, daß die Weiterbeförderung der Kladde zu jenem Zwecke durch einen Dritten geschah, ist gleichgiltig. RMGer. I. 12. Juli 1901. E. 1,209. Ein Kompagnie-Feldwebel, welcher beim Schießdienste — wenn auch nur unter stillschweigender Genehmigung des Vorgesetzten — das Gesammtergebniß der abgegebenen Schüsse berechnet, nimmt eine dienstliche Obliegenheit vor, und ist daher für die Richtigkeit der von ihm aufgestellten Gesammtberechnung verantwortlich. Die Meldung des mit Vorsatz unrichtig verrechneten Resultats an den Vorgesetzten unterfällt dem § 139 MStrGB. RMGer. II. 6. Sept. 1902. E. 3,213.

Die bloße Niederschrift einer falschen Meldung, z. B. die bloße Veränderung einer richtigen Eintragung in der Schießkladde Seitens des Kladdenführers, genügt nicht für den Thatbestand des § 139 MStrGB. Die falsche

Meldung muß dem Vorgesetzten vorsätzlich erstattet, d. h. mit Wissen und Willen des Thäters zum Zwecke der Täuschung des Vorgesetzten zur Kenntniß desselben gebracht sein. RMGer. II. 2. Juni 1902. E. 3,79. Eine Person des Soldatenstandes, welche beim Schießdienste die Schießliste kontrolirt, mag sie dies auf Befehl thun oder mag sie, ohne hierzu befehligt zu sein, eine ihrer Dienststellung an sich entsprechende Kontrole ausüben, ist für die Richtigkeit der eingetragenen Schießergebnisse verantwortlich. Uebergiebt sie eine von ihr selbst gefälschte oder wissentlich eine von einem Andern gefälschte Schießliste an die zur Empfangnahme zuständige Stelle, so wird dadurch vorsätzlich eine unrichtige Meldung erstattet. RMGer. I. 28. April 1902. E. 2,294.

Dienstlich sind auch die Meldungen, die ein Untergebener auf Grund dienstlicher Verpflichtung in solchen persönlichen Angelegenheiten abstattet, mit denen der Vorgesetzte bestimmungsgemäß sich dienstlich zu befassen hat. So sind Meldungen, welche in Verehelichungssachen auf Anordnung der instruirenden Behörde zwecks Klarstellung des Vermögensbestandes zu erstatten sind, dienstliche. RMGer. III. 1. Juli 1902. E. 3,123.

Das Anbringen eines mit wissentlich unwahren Thatsachen begründeten Urlaubsgesuchs kann nur dann aus § 139 MStrGB. bestraft werden, wenn zur Begründung eine spezielle dienstliche, auf besonderem oder allgemeinem Befehl beruhende Verpflichtung bestand. RMGer. I. 8. Sept. 1902. E. 3,219.

Ob die dienstliche Meldung auf Befragen des Vorgesetzten oder ohne solches erstattet wird, ist unerheblich, wenn nur eine dienstliche Verpflichtung zur Meldung vorliegt. Ueber den Unterschied zwischen § 139 und § 90 MStrGB. vgl. Note 2 zu § 90 MStrGB.

6) Dienstliche Berichte an Civilbehörden (z. B. Berichte der Gendarmen an die Staatsanwaltschaft) gehören nicht hierher.

7) Mündlich, schriftlich oder durch Zeichen (z. B. Anzeigen auf dem Scheibenstand).

8) Der Vorgesetzte muß die Unrichtigkeit des materiellen Inhalts der Meldung, Attestes &c. gekannt und dessenungeachtet die Weiterbeförderung veranlaßt haben.

9) Eine Straferhöhung aus § 55 Nr. 2 MStrGB. ist ausgeschlossen, da die Ausstellung von Dienstattesten, das Abstatten der Meldung eine Ausübung des Dienstes ist. RMGer. PE. II. Nr. 166. Vgl. Note 3 zu § 55 MStrGB.

10) Vgl. Note 19 zu § 58 MStrGB.

11) Mittelarrest von 1 bis 42, strenger Arrest von 1 bis 28 Tagen, oder Gefängniß oder Festungshaft von 43 Tagen bis zu 6 Monaten.

Strenger Arrest kann auch ohne die Voraussetzung des § 22 Abs. 3 MStrGB. erkannt werden. Dienstentlassung, Degradation ist neben der Gefängnißstrafe zulässig, § 34 Abs. 2 Nr. 2, § 40 Abs. 1 Nr. 1 MStrGB.; wegen Versetzung in die 2. Klasse des Soldatenstandes vgl. §§ 37 und 38 MStrGB.

12) Hat die vorsätzlich unrichtig erstattete Meldung &c. die in § 62 MStrGB. vorgesehenen Folgen, so wird diese Bestimmung anwendbar. Eine unrichtige, vor dem Feinde mit dem Vorsatz gemachte Meldung, einer feindlichen Macht Vorschub zu leisten oder den Deutschen &c. Truppen Nachtheil zuzufügen, ist Kriegsverrath; § 58 Nr. 4 MStrGB. Für die Unterdrückung einer richtig erstatteten Meldung — soweit die letztere sich als Beschwerde darstellt, ist der Thatbestand des § 117 MStrGB. gegeben — hat § 139 MStrGB. keine Bestimmung getroffen; es greift Disziplinarbestrafung Platz; § 1 Nr. 1. DStrO., § 1 Nr. 1 MDStrO. Die Fälschung von richtig erstatteten Meldungen &c. bei der Weitergabe enthält Seitens des Weitergebenden die Erstattung einer wissentlich unrichtigen Meldung &c.

§. 140.

(KG. §§ 62,[1] 45 MStGO.) Wer[1]) für[2]) eine Handlung,[3]) die eine Verletzung[4]) einer Dienstpflicht[5]) enthält, Geschenke[6]) oder andere Vortheile[6]) annimmt,[7]) fordert[8]) oder sich versprechen[9]) läßt,[10]) [11]) [12]) wird wegen Bestechung mit Zuchthaus[13]) bis zu fünf Jahren bestraft.[14]) [15]) In minder schweren Fällen[16]) tritt Freiheitsstrafe[17]) bis zu drei Jahren ein; auch kann neben dem Gefängniß auf Versetzung in die zweite Klasse des Soldatenstandes[18]) erkannt werden.

1) Vgl. Note 1 zu § 139 MStrGB.

2) Nicht jeder aus Anlaß oder bei Gelegenheit einer die Dienstpflicht verletzenden Handlung angenommene rc. Vortheil kann als für die Handlung gegeben angesehen werden; es muß vielmehr ein Zusammenhang zwischen Annahme des Vortheils und der die Dienstpflicht verletzenden Handlung festgestellt werden, welcher erkennen läßt, daß der Vortheil als Gegenleistung für die besagte Handlung erscheint. RG. I. 25. Febr. 1889. E. 19,19.

3) § 140 MStrGB. unterscheidet nicht, ob die Handlung bereits geschehen ist, oder erst künftig geschehen soll; erfolgt die Annahme des Geschenkes rc. erst nach der Handlung, so muß ersteres in Beziehung zu letzterer stehen. RG. III. 5. Nov. 1883 R. 5,670. Die Handlung kann auch eine Unterlassung sein.

4) Die Verletzung einer Dienstpflicht bildet eine objektive Voraussetzung des § 140 MStrGB.; daß der Thäter in dem Dritten den irrthümlichen Glauben erweckt, er fordere das Geschenk rc. für eine pflichtwidrige Handlung, genügt nicht. Vgl. das zu Note 3 cit. Erk. d. RG.

5) Die Dienstpflicht muß auf bestimmten schriftlich oder mündlich gegebenen Befehlen oder Anordnungen (Dienstvorschriften) beruhen oder sich aus einem militärischen

Grundsatze ergeben. Das Annehmen von Geschenken, Geldborgen Seitens eines Vorgesetzten von einem Untergebenen für an sich nicht pflichtwidrige Handlungen fällt unter § 114 MStrGB.

5a) Unter der Voraussetzung des § 145 MStrGB. kann auch § 332 RStrGB. in Frage kommen.

6) Schenkung ist die unentgeltliche Zuwendung, durch die Jemand aus seinem Vermögen einen Andern bereichert; Vgl. § 516 BGB.

Nicht nur Vermögensvortheile, sondern auch vorübergehende materielle Genüsse (Bewirthung, Gestattung des Beischlafs) fallen unter den Begriff des Vortheils im Sinne dieser Vorschrift. RG. 5. Nov. 1883. R. 5,670. E. 9,166. Das Geschenk, bezw. der Vortheil braucht nach Maß oder Art nicht fest bestimmt zu sein RG. IV. 20. Mai 1892. E. 23, 141. Es muß sich aber immer um Leistungen handeln, welche sich als freiwillige darstellen und der Geber muß das Bewußtsein haben, daß er keine rechtliche Verpflichtung zur Gewährung der Leistung habe. RG. IV. 13. März 1885. R. 7,175, II. 16. Dez. 1898. E. 31,389.

7) Die Annahme kann auch durch eine Mittelsperson erfolgen, z. B. Zuwendung an Angehörige des Thäters, wenn sie sich als Vortheil für den Thäter selbst darstellt.

8) Für die Entscheidung, ob ein den Thatbestand des § 140 MStrGB. erfüllendes Fordern stattgefunden hat, ist nicht von der Auffassung desjenigen, welcher das Geforderte leisten soll, sondern von dem Standpunkte des fordernden Thäters auszugehen. RG. II. 16. Dez. 1898. E. 31,389.

9) Ein „sich versprechen lassen" von Geschenken 2c. kann in dem Verhalten des Thäters, woraus auf die Geneigtheit zur Annahme des in Aussicht gestellten Geschenkes geschlossen werden muß, gefunden werden. RG. II. 8. Mai 1885. R. 7,285.

10) Die That ist vollendet mit der Annahme, dem Fordern 2c. von Geschenken 2c.; daß die die Dienstpflicht

verletzende Handlung begangen ist, wird zur Vollendung des Delikts nicht erfordert.

11) Der dolus besteht in dem Bewußtsein der Annahme 2c. eines Vortheils für eine Handlung, die an sich die Verletzung einer Dienstpflicht enthält. Hält der Thäter die Handlung für eine der Dienstpflicht entsprechende, so ist der dolus des § 140 MStrGB. ausgeschlossen, auch wenn der Thäter in dem Geber den irrthümlichen Glauben erweckt hat, es handle sich um eine pflichtwidrige Handlung. RG. III. 5. Nov. 1883. R. 5,670.

12) Wird die Dienstpflicht verletzt und erfüllt dies den Thatbestand einer strafbaren Handlung, so liegt Realkonkurrenz mit § 140 MStrGB. vor.

13) Wegen Entfernung aus dem Heere vgl. 31 MStrGB. und wegen Verlust der bürgerlichen Ehrenrechte §§ 32—34 MStrGB. Ueber die Anwendbarkeit des § 55 Nr. 2 MStrGB. vgl. das. Note 3.

14) Der Versuch ist strafbar; §§ 43 ff. RStrGB., § 2 MStrGB. Das Empfangene oder der Werth desselben ist im Urtheil für den Staat verfallen zu erklären; § 335 RStrGB., § 2 MStrGB. RMGer. Plen.-Beschl. 17. Mai 1901. E. 1,134.

15) Der Geber des Geschenks 2c. unterliegt der Strafbestimmung des § 333 RStrGB.

16) Vgl. Note 19 zu § 58 MStrGB.

17) Arrest von 1 Tag bis 6 bezw. 4 Wochen (strenger nur gemäß Abs. 3 § 22 MStrGB.), Gefängniß oder Festungshaft von 43 Tagen bis zu 3 Jahren. Wegen Dienstentlassung und Degradation vgl. §§ 34, 40 MStrGB.

18) Gegen Offiziere ist Entfernung a. d. H. zulässig; § 31 Abs. 3 MStrGB.

§. 141.

(StG. bezw. KG. §. 15[1] MStrGO.) **Wer**[1]) **als Befehlshaber**[2]) **einer militärischen Wache,**[3]) **eines Kom-**

mandos[4]) oder einer Abtheilung,[5]) oder wer als Schildwache[6]) oder als Posten[6]) in schuldhafter[7]) Weise sich außer Stand setzt,[8]) den ihm obliegenden Dienst zu versehen, oder eigenmächtig[9]) seinen Posten verläßt[9]) oder sonst den ihm in Bezug auf jenen Dienst ertheilten Vorschriften[10]) entgegenhandelt, **wird mit** mittlerem oder strengem Arrest[11]) nicht unter vierzehn Tagen, (KG. bezw. i. F. StG. §§. 62[1], 45, 16[1] MStrGO.) im Felde[12]) mit mittlerem oder strengem Arrest[13]) nicht unter drei Wochen oder mit Gefängniß[14]) oder Festungshaft[14]) bis zu zwei Jahren bestraft.

(KG. §§. 62[1], 45 MStrGO.) Wird durch[15]) die Pflichtverletzung ein Nachtheil[16]) verursacht, so tritt Gefängniß[17]) oder Festungshaft[17]) bis zu drei Jahren, im Felde[12]) Gefängniß oder Festungshaft nicht unter drei Jahren,[18]) und wenn dieselbe vor dem Feinde[19]) begangen ist, Todesstrafe, in minder schweren Fällen[20]) Freiheitsstrafe[21]) nicht unter zehn Jahren oder lebenslängliche Freiheitsstrafe[22]) ein.

(KG. §§. 62[1], 45 MStrGO.) Wird durch die Pflichtverletzung im Felde[23]) die Gefahr[24]) eines erheblichen[25]) Nachtheils[16]) herbeigeführt, so tritt Freiheitsstrafe[26]) nicht unter Einem Jahre, und wenn die Pflichtverletzung vor dem Feinde[19]) begangen ist, Freiheitsstrafe[27]) nicht unter zehn Jahren ein.[28]) [29])

1) Vgl. Nr. 1 zu § 139 MStrGB.

2) In Betracht kommt nur derjenige Befehlshaber einer Wache, welcher als Kommandirender der Wache (Wachthabender) für den vorgeschriebenen Dienstbetrieb verantwortlich ist.

3) Vgl. § 111 Abs. 2 MStrGB. Zu den Wachen im weiteren Sinne gehören auch die Ronden, Patrouillen.

4) Kommando ist eine zur Ausführung eines bestimmten militärischen Auftrags entsendete Truppenabtheilung. Eine zu Uebungszwecken entsandte Patrouille ist als Wache im Sinne des § 141 MStrGB. nicht anzusehen; sie kommt dagegen als Kommando oder Abtheilung in Betracht; ein Patrouillenführer ist Befehlshaber eines militärischen Kommandos im Sinne des § 141 cit.

5) Dahin gehört jede taktische Unterabtheilung (z. B. Halbzug, Zug, Kompagnie 2c.), sofern sie sich in Ausübung einer bestimmten Dienstverrichtung befindet.

6) Als Posten sind nur die Mannschaften anzusehen, die in dem, den Vorschriften entsprechenden Anzuge, mit der Verpflichtung, die Waffe nicht aus der Hand zu legen, auf einen begrenzten Raum angewiesen sind. Posten sind Ehren- oder Sicherheitsposten. Den Ausdruck Schildwache, der identisch mit Posten ist, kennt die GV. v. 15. März 1902 nicht. Bezüglich der Stallwachen vgl. Note 11 zu § 111 MStrGB.

7) Es genügt jede Fahrlässigkeit.

8) Es muß zum mindestens die Gefahr gegeben sein, daß der Thäter den Dienst nicht mehr in der Weise verrichten kann, wie es der Dienst erfordert.

9) D. h. ohne Erlaubniß seinen Platz verläßt; das Verlassen des Postens bezieht sich nicht nur auf Schildwachen und Posten, sondern auch auf die Satz 1 § 141 MStrGB. aufgeführten Befehlshaber.

10) Vgl. u. A. GV. In Betracht kommen nur Verstöße gegen die das Wesen des Wachtdienstes betreffenden Vorschriften; nicht Verstöße gegen die vorgeschriebenen Formen dieses Dienstes; letztere sind nur disziplinarisch strafbar; § 1 Nr. 1 DStrO., § 1 Nr. 1 MDStO. Die Vorschriften, gegen welche verstoßen ist, sind in den Urtheilsgründen anzuführen. RMGer. PE. I Nr. 166. Ideale Konkurrenz des § 141 MStrGB. mit §§ 92, 93 MStrGB. ist aus-

geschlossen; es besteht zwischen diesen Bestimmungen Gesetzeskonkurrenz.

11) Mittlerer, strenger Arrest von 14 Tagen bis zu 6 bezw. 4 Wochen (strenger Arrest auch ohne die Voraussetzungen des Abs. 3 § 22 MStrGB. zulässig).

12) Vgl. §§ 9 und 10 MStrBG.

13) Mittlerer, strenger Arrest von 3 Wochen bis zu 6 bezw. 4 Wochen. Vgl. auch Note 11 oben.

14) Gefängniß oder Festungshaft von 43 Tagen bis zu 2 Jahren. Dienstentlassung und Degradation ist zulässig; §§ 34, 40 MStrGB. In leichteren Fällen des Abs. 1 des § 141 MStrGB. ist Disziplinarbestrafung zulässig; § 3 d. EG. z. MStrGB. Letztere schließt gerichtliche Bestrafung nach dem Grundsatze ne bis in idem aus. Dieser Grundsatz ist materiellrechtlicher Natur; er kann also auch dann in der Revisionsinstanz berücksichtigt werden, wenn lediglich im Allgemeinen die Verletzung materieller Gesetzesvorschriften gerügt ist.

15) Der Nachtheil muß die Wirkung der Pflichtverletzung sein.

16) Vgl. Note 7 zu § 62 MStrGB.

17) Gefängniß oder Festungshaft von 43 Tagen bis zu drei Jahren.

18) Gefängniß oder Festungshaft von 3 bis zu 15 Jahren.

19) Vgl. §§ 11, 165 MStrGB.

20) Vgl. Note 19 zu § 58 MStrGB.

21) Gefängniß oder Festungshaft von 10 bis zu 15 Jahren.

22) Gefängniß oder Festungshaft.

23) Vgl. §§ 9 und 10 MStrGB. Liegt dieses Straferhöhungsmoment nicht vor, so ist lediglich Abs. 1 § 141 MStrGB. anwendbar.

24) Vgl. Note 7 zu § 93 MStrGB.

25) Die Erheblichkeit des Nachtheils (Verlust an Waffen, Munition, Aufgabe der Stellung ꝛc.) ist Thatfrage und ev. auf Grund sachverständiger Gutachten festzustellen.

26) Gefängniß oder Festungshaft von 1 bis zu 15 Jahren.

27) Gefängniß oder Festungshaft von 10 bis zu 15 Jahren.

28) Ein im Felde oder vor dem Feinde begangener Versuch des Verbrechens aus Abs. 2 oder 3 § 141 MStrGB. ist strafbar, §§ 43 ff. RStrGB. sofern die Pflichtverletzung auf Vorsatz beruht.

29) Straferhöhung aus §§ 53, 55 Nr. 2 MStrGB ist, soweit die Ausführung während der Ausübung des Dienstes in Betracht kommt, bei § 141 das. ausgeschlossen. Vgl. Note 3 zu § 55 MStrGB. RMGer. III. Nr. 135.

§. 142.

(KG. bezw. i. F. StG. §§. 62[1], 45, 16 MStrGO.)

Wer[1]) durch Fahrlässigkeit[2]) in der Wahrnehmung seines Dienstes[3]) eine erhebliche Beschädigung[4]) eines Schiffes[5]) oder dessen Zubehörs herbeiführt, wird mit Freiheitsstrafe[6]) bis zu drei Jahren bestraft; in schwereren Fällen[7]) kann zugleich auf Dienstentlassung[8]) erkannt werden.

1) Vgl. Note 1 zu § 139 und § 166 Abs. 1 und 2 MStrGB. Anwesenheit des Thäters an Bord ist nicht erforderlich.

2) Vgl. Note 11 zu § 62 MStrGB. Zwischen dem gewollten konkreten Handeln und dem eingetretenen rechtswidrigen Erfolge muß ein ursächlicher Zusammenhang bestehen. Das Wesen der Fahrlässigkeit besteht darin, daß durch Nichtanwendung der nach den gegebenen Umständen und den für bestimmte Verhältnisse etwa bestehenden dienstlichen Anordnungen und militärischen (marinetechnischen) Grundsätzen gebotenen Sorgfalt und Umsicht von dem Handelnden ein vom Recht reprobirter Erfolg seines Handelns oder Unterlassens herbeigeführt wird; RG. III. 15. Febr. 1882. R. 4,165.

IV. 23. März 1897. E. 30,25; erfordert wird aber ferner, daß der Thäter durch Anwendung solcher Sorgfalt und Vorsicht den eingetretenen Erfolg als eine mögliche Folge seiner Handlung hätte voraussehen können. RG. I. 2. Dez. 1880. E. 3,206. II. 2. Mai 1882. E. 6,249. II. 30. Juni 1885. E. 12,317. III. 22. Febr. 1883. E. 8,66. Voraussehbarkeit der konkreten Art und Weise, in der thatsächlich der Erfolg herbeigeführt wurde, ist nicht erforderlich. RG. III. 14. Febr. 1887. E. 15,345. Die Fahrlässigkeit einer bestimmten Handlung oder Unterlassung wird nicht dadurch ausgeschlossen, daß ein bezügliches Verbot oder Gebot nicht besteht. RMGer. II. 30. Sept. 1901. E. 2,16. In Betracht kommt nur die in Wahrnehmung (Ausübung) des Dienstes bethätigte Fahrlässigkeit. Der wachhabende Offizier ist für diejenige Thätigkeit, welche ihm dienstlich bei der Navigirung des Schiffes obliegt — § 16 des Kapitel II der Bestimmungen über den Dienst an Bord — verantwortlich. Diese Verantwortlichkeit erstreckt sich bezüglich der Folgen seiner Thätigkeit über die Wachzeit hinaus. RMGer. II. 12. März 1902. E. 2,224.

Wegen vorsätzlicher Zerstörung eines Schiffes vgl. § 305 RStrGB.

3) Die Straferhöhung aus §§ 53, 55 Nr. 2 MStrGB. ist bei § 142 das. ausgeschlossen. Vgl. Note 3 zu § 55 MStrGB.

4) Vgl. Note 5, 7 zu § 137 und Note 25 zu § 141 MStrGB. Es muß objektiv eine erhebliche Beschädigung vorliegen. Aus dem größeren oder geringeren Maße des subjektiven Verschuldens darf nicht auf die Erheblichkeit der Beschädigung und umgekehrt, aus der Schwere des eingetretenen Erfolges darf nicht auf die Größe der Fahrlässigkeit geschlossen werden. Zu den Beschädigungen im Sinne des § 142 MStrGB. gehört jede ganze oder theilweise Zerstörung des Schiffes oder seines Zubehörs, ferner alle Fälle, die das Wesen des Schiffes als solchen aufheben oder wichtige Theile desselben (z. B. Steuer, Maschinen)

vernichten, die das Schiff seiner Zweckbestimmung ganz oder für gewisse Zeit entziehen; die Erheblichkeit der Beschädigung bemißt sich nach deren Einfluß auf die Gebrauchsfähigkeit und Sicherheit des Schiffes und nicht nach der Höhe der aufzuwendenden Reparaturkosten.

5) Vgl. § 163 MStrGB.

6) Arrest von 1 Tag bis 6 bezw. 4 Wochen (strenger Arrest nur unter Voraussetzung des Abs. 3 § 22 MStrGB.), Gefängniß oder Festungshaft von 43 Tagen bis zu 3 Jahren. Vgl. wegen Dienstentlassung und Degradation §§ 34, 40 MStrGB.

7) Vgl. Note 6 zu § 80 MStrGB.

8) Soweit solche nicht schon gemäß § 34 Abs. 2 und § 40 Abs. 2 Nr. 1 neben Gefängniß und Festungshaft zulässig ist.

§. 143.

Wer[1]) als Befehlshaber[2]) einer militärischen Wache,[3]) eines Kommandos[4]) oder einer Abtheilung,[5]) oder wer als Schildwache[6]) oder als Posten[6]) eine strafbare Handlung[7]) wissentlich[8]) begehen[9]) läßt,[10]) welche er verhindern konnte und zu verhindern dienstlich verpflichtet[11]) war, wird ebenso bestraft, als ob die Handlung von ihm selbst begangen wäre.[12])

1) Vgl. Note 1 zu § 139 MStrGB.

2) Vgl. Note 2 zu § 141 MStrGB.

3) Vgl. § 111 Abs. 2 u. Note 3 zu § 141 MStrGB.

4) Vgl. Note 4 zu § 141 MStrGB.

5) Vgl. Note 5 zu § 141 MStrGB.

6) Vgl. Note 6 zu § 141 MStrGB.

7) Vgl. Note 6 zu § 115 MStrGB. Es genügt, daß objektiv der Thatbestand einer strafbaren Handlung vorliegt, Strafausschließungs- und Milderungsgründe; die in der Person des die Handlung mit Wissen des Befehlshabers

ausführenden Thäters liegen, bleiben für den als Thäter zu bestrafenden Befehlshaber 2c. außer Betracht. Vgl. auch § 51 MStrGB.

8) Der Befehlshaber 2c. muß wissen, daß die fragliche Handlung strafbar war.

9) Es genügt ein an sich strafbarer Versuch der fraglichen Handlung; in diesem Falle trifft den Befehlshaber 2c. auch nur die Strafe des Versuchs; §§ 43 ff. RStrGB., § 46 MStrGB. — § 143 ist ein militärisches Delikt.

10) D. h. nicht verhindert.

11) Es muß eine dienstliche Verpflichtung zur Verhinderung nach allgemeinen oder besonderen Dienstvorschriften oder militärischen Grundsätzen vorliegen. Die militärischen Befugnisse der Posten richten sich regelmäßig gegen solche Personen, welche ihnen nicht gleichgestellt sind. Begeht bei einem Doppelposten der eine Posten eine strafbare Handlung, so ist der andere Posten nur dann verpflichtet, sie zu verhindern, wenn ihm entweder die Verpflichtung durch seine Posteninstruktion ausdrücklich auferlegt ist, oder wenn die strafbare Handlung zu denjenigen Handlungen gehört, die der Posten kraft seiner speziellen Instruktion zu hindern verpflichtet ist. RMGer. II. 14. Dezember 1901. E. 2, 94.

12) Es wird fingirt, daß der Befehlshaber 2c. die That in seiner dienstlichen Eigenschaft als Befehlshaber 2c. in Ausübung dieses Dienstes begangen hat. Wegen dieses Momentes ist Straferhöhung aus §§ 53, 55 Nr. 2 MStrGB., bei § 143 MStrGB. ausgeschlossen. RMGer. PE. III. Nr. 135.

§. 144.

(KG. bezw. i. F. StG. §§. 62[1], 45, 16[1] MStrGO.)

Wer[1]) einen Gefangenen,[2]) dessen Beaufsichtigung,[3]) Begleitung oder Bewachung ihm anvertraut[4]) ist, vorsätzlich[5]) entweichen läßt,[6]) oder dessen Befreiung[6]) vorsätzlich bewirkt[7]) oder befördert,[6]) [8]) ingleichen

wer eine von seinem Vorgesetzten[9]) ihm befohlene oder eine ihm dienstlich obliegende[10]) Verhaftung vorsätzlich nicht zur Ausführung bringt, wird mit mittlerem oder strengem Arrest nicht unter vierzehn Tagen oder mit Gefängniß oder Festungshaft bis zu fünf Jahren bestraft;[11]) [12]) auch kann neben Gefängniß auf Versetzung in die zweite Klasse des Soldatenstandes erkannt werden.[13])

Ist die Entweichung[14]) des Gefangenen nur[15]) durch Fahrlässigkeit[15]) befördert oder erleichtert worden, oder ist die Verhaftung nur aus Fahrlässigkeit[15]) unterblieben, so tritt Freiheitsstrafe[16]) bis zu sechs Monaten ein.

1) Vgl. Note 1 zu § 139 MStrGB. § 144 MStrGB. findet auch auf Landgendarmen, welche Personen des Soldatenstandes sind, Anwendung. Hinsichtlich der Militärbeamten vgl. § 154 MStrGB. und § 347 RStrGB. Die Befreiung eines Gefangenen durch Personen des Soldatenstandes, denen die Beaufsichtigung ꝛc. desselben nicht anvertraut ist, fällt unter § 120 RStrGB. vgl. ferner Note 3 zu § 145 MStrGB.

2) Vgl. Note 1 zu § 79 MStrGB. Zu den Gefangenen im Sinne des § 144 gehören auch die Kriegsgefangenen.

3) Eine „Beaufsichtigung erfordert“, daß über die Person des Gefangenen mittelbar oder unmittelbar eine Aufsicht zu führen ist. RG. IV. 7. Mai 1895. E. 27,209.

4) „Anvertraut“ ist gleichbedeutend mit „Uebertragen“. Vorausgesetzt ist, daß dem Thäter eine besondere Dienstpflicht in Bezug auf die Bewachung ꝛc. obliegt. RG. IV. 7. Mai 1895. E. 27,209. Eine besondere Uebergabe der Uebernahme zur Beaufsichtigung ꝛc. ist nicht erforderlich, RG. II. 29. Mai 1883. E. 8,313. III. 19. April 1882.

R. 4,356; vielmehr ist der Begriff des Anvertrauens gegeben, sobald für den Thäter eine Pflicht zur Beaufsichtigung rc. besteht. Vgl. das cit. Erk. E. 27,209.

5) Der Wille des Thäters muß auf Aufhebung der Gefangenschaft gerichtet sein; Eventualdolus genügt. Der Vorsatz kann aber nicht schon darin gefunden werden, daß der Thäter sich habe bewußt sein „müssen“, daß sein Thun zur Befreiung des Gefangenen führe. RG. IV. 18. Dez. 1894. E. 26,334. Geht die Absicht des Thäters dahin, die Fahnenflucht des Gefangenen zu befördern, so liegt ideale Konkurrenz mit § 78 MStrGB. vor.

6) „Befreiung“ ist mit „Entweichen“ identisch. Das Entweichenlassen hat das unterlassene Verhindern der Selbstbefreiung des Gefangenen, die Beförderung der Befreiung, die Unterstützung dieser Selbstbefreiung oder Befreiung durch Dritte mittelst positiver Thätigkeit zur Voraussetzung. RG. I. 2. Januar 1882. E. 5,324.

7) Eine Befreiung des Gefangenen ist noch nicht bewirkt, so lange dieser von der ihm gebotenen Möglichkeit des Entweichens keinen Gebrauch macht und auch sonst in dem Zustande der Gefangenschaft keine Aenderung eingetreten ist. RG. IV. 18. Dez. 1894. E. 26,334.

8) Vollendet ist die That mit der eingetretenen thatsächlichen Aufhebung der Gefangenschaft, d. h. der Gewalt der Behörde über den Gefangenen. Der Versuch des Delikts aus § 144 ist nicht strafbar, wohl aber event. aus § 257 RStrGB. oder disziplinarisch.

9) Vgl. Note 7 zu § 47 und Note 5 zu § 89 MStrGB.

10) Dies ist eine nach den Dienstvorschriften zu beurtheilende, der Revision unterliegende Frage.

11) Arrest bis zu 6 bezw. 4 Wochen (strenger Arrest auch ohne die Voraussetzung des § 22 Abs. 3 MStrGB.), Gefängniß oder Festungshaft von 43 Tagen bis zu 5 Jahren. Wegen Dienstentlassung und Degradation vgl. §§ 34, 40 MStrGB.

12) Straferhöhung aus §§ 53, 55 Nr. 2 MStrGB. ist bei § 144 MStrGB. ausgeschlossen.

13) Gegen Offiziere ist neben Gefängniß Entfernung a. d. H. zulässig; § 31 Abs. 3 MStrGB.

14) Die Entweichung des Gefangenen kann hier sowohl durch fahrlässig unterlassene Verhinderung derselben, als auch durch fahrlässige positive Thätigkeit befördert oder erleichtert werden (fahrlässige Befreiung). RG. I. 2. Jan. 1882. E. 5,324. R. 4,3.

15) Vgl. Note 11 zu § 62 und Note 2 zu § 142 MStrGB. Das Wort „nur" setzt den Inhalt des Abs. 2 lediglich in Gegensatz zu der in Abs. 1 behandelten vorsätzlichen Handlung. Eine Mitwirkung des Mitthäters, Gehülfen sowie des Gefangenen selbst schließt die Anwendbarkeit des Abs. 2 nicht aus.

16) Arrest von 1 Tag bis zu 6 bezw. 4 Wochen (strenger Arrest nur unter der Voraussetzung des Abs. 3 § 22 MStrGB.), Gefängniß oder Festungshaft von 43 Tagen bis zu 6 Monaten.

§. 145.

(KG. §§. 62[1], 45 MStrGO.) Eine Person des Soldatenstandes, welche bei einem ihr übertragenen Geschäfte[1]) der Heeres- oder Marineverwaltung eine Handlung[2]) begeht, welche im Sinne[3]) der allgemeinen Strafgesetze ein Verbrechen oder Vergehen im Amte darstellt, ist nach den in jenen Gesetzen für Beamte gegebenen Bestimmungen zu bestrafen.[4])

1) Unter Geschäften der Heeres- oder Marine-Verwaltung im Sinne des § 145 MStrGB. sind nur solche Geschäfte zu verstehen, welche einer Person des Soldatenstandes mit persönlicher Verantwortlichkeit übertragen sind.

Die Friedens-Sanitätsordnung vom 16. Mai 1891

legt den Lazareth-Rechnungsführern bei der Wahrnehmung ihrer Dienstgeschäfte eine persönliche Verantwortung nicht auf, so daß auf sie § 145 MStrGB. nicht anwendbar ist.

2) Ist dem Soldaten ein solches Geschäft dienstlich übertragen, so verletzt er durch sein Handeln zugleich eine militärische Dienstpflicht; die von ihm begangenen Handlungen, welche sich als Delikte im Amte darstellen, sind militärische Strafthaten; es schließen die speziellen Vorschriften des 28. Absch. RStrGB. (vgl. insbes. §§ 332, 347, 350 das.), durch § 145 MStrGB. zu militärischen Delikten erhoben, die Anwendung der allgemeinen Bestimmungen des MStrGB. (vgl. §§ 138, 140, 144 das.) aus. Für die Fälle des § 145 MStrGB. kommen die wahlweisen Strafandrohungen der Geldstrafe in Wegfall, § 29 MStrGB.; vgl. Weiffenbach, Militärrechtl. Erörterungen Heft 1, S. 59 ff.

3) Es muß — abgesehen davon, daß der Thäter eine Person des Soldatenstandes ist und nicht ein Beamter, — der volle Thatbestand eines der im 28. Absch. RStGB. unter Strafe gestellten Delikte vorliegen.

4) Erhöhung der Strafe aus §§ 53, 55 Nr. 2 MStrGB. ist bei § 145 MStrGB. ausgeschlossen. Vgl. Note 3 zu § 55 das.

Elfter Abschnitt.

Sonstige Handlungen gegen die militärische Ordnung.

§. 146.

(StG. bezw. KG. §§. 15, 14 MStrGO.) Wer [1]) ohne Erlaubniß [2]) die Wache [3]) oder bei einem Kommando [3]) oder auf dem Marsche seinen Platz [3]) verläßt,[4]) wird mit Arrest [7]) bestraft; (KG. bezw. i. F. StG. §§. 62[1], 45, 16[1] MStrGO.) im Felde [8]) tritt mittlerer oder strenger Arrest[9]) oder Gefängniß oder Festungshaft[9]) bis zu sechs Monaten ein.[10])

1) Als Thäter kommen nur Personen des Soldatenstandes in Betracht; Personen des Beurlaubtenstandes lediglich in der Zeit, in welcher sie sich im Dienst befinden; § 6 MStrGB.

2) D. h. vorsätzlich und widerrechtlich. Verläßt ein — nicht auf Posten befindlicher — Mann der Wache in Gemeinschaft mit dem eigenmächtig seinen Posten verlassenden Befehlshaber derselben und in Kenntniß von der bezüglichen Pflichtverletzung des letzteren die Wache, so handelt er widerrechtlich und macht sich eines Vergehens des § 146 MStrGB. schuldig. RMGer. PE. II. Nr. 167.

3) Vgl. § 111 Abs. 2 MStrGB. und Note 11 das.

4) Dahin gehört auch das unerlaubte Fernbleiben, d. h. die Ueberschreitung des Urlaubs.

5) Vgl. Note 4 zu § 141 MStrGB. Vorausgesetzt ist ein vom Truppentheil räumlich getrenntes Kommando.

6) D. h. Reih und Glied.

7) Arrest von 1 Tag bis 6 bezw. 4 Wochen (strenger Arrest nur unter der Voraussetzung des Abs. 3 § 22 MStrGB.).

8) Vgl. §§ 9 und 10 MStrGB.

9) Mittlerer oder strenger Arrest von 1 Tag bis 6 bezw. 4 Wochen (strenger Arrest auch ohne die Voraussetzung des Abs. 3 § 22 MStrGB.), Gefängniß oder Festungshaft von 43 Tagen bis zu 6 Monaten. Wegen Dienstentlassung und Degradation vgl. §§ 34, 40 MStrGB.

10) In leichteren Fällen des § 146 MStrGB. ist Disziplinarbestrafung zulässig; § 3 Abs. 2 EG. z. MStrGB.

§. 147.

(KG. bezw. i. F. StG. §§. 62[1], 45, 16[1] MStrGO.)

Wer[1]) die ihm obliegende[2]) Beaufsichtigung seiner Untergebenen[7]) in schuldhafter Weise[3]) verabsäumt, oder wer die ihm obliegende[4]) Meldung[4]) oder Verfolgung[5]) strafbarer Handlungen[6]) seiner Untergebenen[7]) vorsätzlich[8]) unterläßt, wird mit Freiheitsstrafe[9]) bis zu sechs Monaten bestraft; gegen Offiziere kann zugleich auf Dienstentlassung[10]) erkannt werden.[11])

1) Vgl. Note 1 zu § 146 MStrGB. „Thäter" können nur direkte militärische Vorgesetzte sein. RMGer. II. 15. Juli 1901. E. 1,232. Ueber den Begriff „Vorgesetzter" vgl. Note 7 zu § 47 und Note 5 zu § 89 MStrGB.

2) Die Pflicht zur Beaufsichtigung gründet sich auf allgemeine Dienstvorschriften, spezielle Instruktionen, Befehle, Anordnungen und militärische Grundsätze; sie ist thatsächlich festzustellen.

3) Das Delikt kann vorsätzlich oder fahrlässig begangen werden; immer wird aber eine Verschuldung vorausgesetzt. Ueber den Begriff der Fahrlässigkeit vgl. Note 2 zu § 142 MStrGB. Mit dem Vorsatz muß das Bewußtsein der Pflicht zur Beaufsichtigung verbunden sein.

4) Eine Meldepflicht kann auch in einem militärischen Grundsatze begründet sein. Der Kompagnie-Feldwebel (Wachtmeister) ist zur Weitermeldung einer ihm dienstlich gemeldeten Strafthat eines der Kompagnie angehörigen Untergebenen als dessen direkter Vorgesetzter verpflichtet und zwar auch dann, wenn eine wegen der Strafthat erhobene Beschwerde zurückgenommen worden ist. RMGer. II. 15. Juli 1901. E. 1,232. Vorausgesetzt wird, daß der Vorgesetzte dienstlich Kenntniß von der strafbaren Handlung des Untergebenen erhalten hat. Die Meldepflicht erstreckt sich auch auf die Person des Untergebenen, welcher die strafbare Handlung verübt hat. Eine Pflicht zur Meldung und Verfolgung einer strafbaren Handlung, an der der Vorgesetzte selbst Theil genommen hat, besteht nicht. RG. III.

6. Juni 1898. E. 31,196. Bei der beschränkten Vorgesetzteneigenschaft des Stubenältesten erstreckt sich die Pflicht zur Meldung nur auf die auf der Stube selbst begangenen Strafthaten seiner Stubengenossen. Ueber die Pflicht zur Verfolgung strafbarer Handlungen vgl. auch § 153 MStrGO.

5) Zur Verfolgung im Sinne des § 147 MStrGB. gehört auch die Strafvollstreckung.

6) In Betracht kommen alle nach Militärstrafrecht, sonstigem Reichs- oder Landesstrafrecht strafbaren begangenen Handlungen, auch Uebertretungen; ferner reine Disziplinarvergehen (§ 1 Nr. 1 DStO.). Die Handlung muß objektiv strafbar sein; in der Person oder sonst gegebene Strafausschließungsgründe kommen nicht in Betracht; es genügt aber nicht, daß der Vorgesetzte sie für strafbar hielt. RG. IV. 13. März 1885. R. 7,176.

7) In erster Linie handelt es sich um direkte Untergebene des als Thäter in Betracht kommenden Vorgesetzten; d. h. der Vorgesetzte muß durch seine dienstliche Stellung zur Ueberwachung und Beaufsichtigung solcher Untergebenen in besanderer Funktion berufen und verpflichtet sein; es kommen ferner auch Untergebene in Betracht, die nicht zu den direkten Untergebenen des Vorgesetzten gehören, zu denen sich aber der Vorgesetzte in spezielle dienstliche Beziehungen gesetzt hat. Vgl. Spezialfall. RMGer. II. 12. Febr. 1901. E. 1,30.

8) Die Handlung muß eine vorsätzliche sein und der Thäter das Bewußtsein der ihm obliegenden Melde- bezw. Verfolgungspflicht haben. RMGer. II. 15. Juli 1901. E. 1,232. Ein Irrthum über diese Pflicht begründet Straflosigkeit; § 59 RStrGB. Fahrlässige Unterlassung der Meldung 2c. genügt nicht.

9) Arrest von 1 Tage bis 6 bezw. 4 Wochen (strenger Arrest nur unter der Voraussetzung des Abs. 3 § 22 MStrGB.), Gefängniß oder Festungshaft von 43 Tagen bis zu 6 Monaten. Wegen Degradation vgl. § 40 Abs. 2 Nr. 1 und 2 MStrGB.

10) Auch neben Stubenarrest und Festungshaft.

11) Straferhöhung aus §§ 53, 55 Abs. 2 MStrGB. ist zulässig auch bei fahrlässiger Verabsäumung der Beaufsichtigung. RMGer. II. 19. Sept. 1901. E. 1,290.

§. 148.

(KG. i. F. StG. §§. 62[1], 45, 16[1] MStrGO.) Wer[1]) [2]) durch unvorsichtige Behandlung[3]) von Waffen[4]) oder Munition[5]) einen Menschen körperlich verletzt,[6]) wird mit Freiheitsstrafe[7]) bis zu drei Jahren und, (KG. §§. 62[1], 45 MStrGO.) wenn der Tod eines Menschen verursacht[8]) worden ist, mit Gefängniß[9]) oder Festungshaft[9]) bis zu fünf Jahren bestraft.[10])

1) § 148 MStrGB. ist ein militärisches Vergehen.

2) Vgl. Note 1 zu § 146 MStrGB.

3) Unvorsichtige Behandlung ist gleichbedeutend mit Fahrlässigkeit. Ueber den Begriff der Fahrlässigkeit vgl. Note 2 zu § 142 MStrGB.

Der Begriff der Unvorsichtigkeit verlangt nicht ein Zuwiderhandeln gegen reglementare Bestimmungen. Die Fahrlässigkeit einer bestimmten Handlung oder Unterlassung wird nicht dadurch ausgeschlossen, daß ein bezügliches Verbot oder Gebot nicht besteht. RMGer. II. 30. Sept. 1901. E. 2,16. Nach Nr. 118 des Exerzier-Reglements für die Feldartillerie ist der Geschützführer für die gesammte Bedienung seines Geschützes verantwortlich. Die Verantwortlichkeit ist eine Alles umfassende und findet nur in der im einzelnen Falle aus den thatsächlichen Verhältnissen sich ergebenden Unmöglichkeit ihre Grenze. Uebernimmt der Geschützführer vorübergehend die Funktion als Zugführer, so gehen nicht im vollen Umfange seine Funktionen als Geschützführer von selbst auf Kanonier Nr. 2 über. Er hat namentlich auch fernerhin die Pflicht, das Geschütz nach dem Einrücken zu untersuchen. Nr. 119 a. a. O.

Auch der Zugführer ist für die gesammte Bedienung der ihm unterstellten Geschütze verantwortlich. **RMGer.** II. 11. Mai 1901. E. 1,129.

4) Unter Waffen im Sinne der §§ 148, 149 MStrGB. sind nur Dienstwaffen, d. h. zu militärischer Verwendung bestimmte Waffen zu verstehen. Zu welchem Zwecke die Waffe benutzt worden ist, bleibt rechtlich unerheblich. **RMGer.** PE. III. Nr. 136. § 148 MStrGB. begreift auch alle diejenigen Waffen in sich, welche den Soldaten — sei es zur Ausbildung, sei es vorübergehenden Uebungszwecken — dienstlich geliefert sind. Zu diesem gehört auch das Zielgewehr. **RMGer.** II. 29. März 1902. E. 2,244. Die an Stelle der Dienstwaffe getragene eigene, der dienstlichen gleiche Waffe ist, da sie zu militärischer Verwendung bestimmt ist, Waffe im Sinne des § 148 MStrGB., vgl. auch **RMGer.** II. 4. Sept. 1901. E. 1,264. PE. II. Nr. 168. Waffe als solche ist, soweit ein Seitengewehr in Frage steht, nur das blanke Gewehr, nicht die Scheide, auch wenn sich das Seitengewehr in derselben befindet. Eine von einer Militärperson mittelst einer Privatwaffe (d. h. nicht zu militärischer Verwendung bestimmten Waffe) verübte fahrlässige Körperverletzung oder Tödtung erfüllt nicht den Thatbestand des § 148 MStrGB., sondern ist aus §§ 222, 230 RStrGB. strafbar. Einen „Beruf" im Sinne der §§ 222, 230 Abs. 2 RStrGB. übt der die ihm obliegende gesetzliche Dienstpflicht erfüllende Soldat nicht aus. **RMGer.** II. 29. März 1902. E. 2,244.

5) Dahin gehört auch die Zielmunition; die unvorsichtige Behandlung eines mit dienstlicher Munition geladenen Privatgewehrs, sofern das Geschoß einen Menschen tödtet oder verletzt, ist als Verstoß gegen § 148 MStrGB. zu erachten. **RMGer.** II. 29. März 1902. E. 2,244.

6) Vgl. Note 3 zu § 122 MStrGB.

7) Arrest von 1 Tage bis 6 bezw. 4 Wochen (strenger Arrest nur im Falle des Abs. 3 § 22 MStrGB.), oder

Gefängniß oder Festungshaft von 43 Tagen bis zu 3 Jahren. Wegen Dienstentlassung und Degradation vgl. §§ 34, 40 MStrGB.

8) Vgl. Note 3 zu § 123 MStrGB.

9) Gefängniß oder Festungshaft von 43 Tagen bis zu 5 Jahren, wegen Dienstentlassung und Degradation vgl. §§ 34, 40 MStrGB.

10) Straferhöhung aus § 55 Nr. 2 RStGB. ist zulässig. RMGer. II. 19. Sept. 1901. E. 1,290.

§. 149.

(KG. §§. 62[1], 45 MStrGO.) Wer[1]) rechtswidrig[2]) von seiner Waffe[3]) Gebrauch[4]) macht,[5]) oder einen Untergebenen zum rechtswidrigen Waffengebrauche auffordert,[6]) wird vorbehaltlich der verwirkten höheren Strafe[7]) mit Gefängniß[8]) oder Festungshaft[8]) bis zu Einem Jahre bestraft.

1) Vgl. Note 1 zu § 146 MStrGB.

2) Rechtswidrig ist derjenige Gebrauch, zu dem der Thäter weder durch seine Dienstpflicht, noch durch die Gesetze berechtigt ist. Vgl. Pr. Gesetz über den Waffengebrauch des Militärs v. 7. August 1835, Vorschrift über den Waffengebrauch v. 23. März 1899 und Nr. 134, 135 GV. Ein den Vorschriften entsprechender Gebrauch der Waffe ist nur insoweit gestattet, als er zur Ueberwindung des Widerstands erforderlich ist. Wird nach Ueberwindung des Widerstands von der Waffe Gebrauch gemacht, so liegt insoweit ein rechtswidriges Gebrauchmachen vor. Liegt Nothwehr vor, so ist der Gebrauch der Waffe gegen den rechtswidrigen Angriff nur insoweit ein rechtswidriger, als der Thäter über die Grenzen der Vertheidigung hinausgeht, ohne durch Bestürzung, Furcht oder Schrecken hierzu veranlaßt zu sein.

3) Unter Waffen im Sinne des § 149 MStrG. sind

lediglich die „Dienstwaffen", d. h. zu militärischer Verwendung bestimmte Waffen (RMGer. II. 29. März 1902. E. 2, 244) von derjenigen Art und Beschaffenheit zu verstehen, welche der Soldat als solcher zu tragen berechtigt ist, einerlei, ob sie ihm eigenthümlich gehören, oder einem Kameraden, und einerlei, ob sie ihm oder einem Kameraden — irgend welcher Dienstkategorie — zum dienstlichen Gebrauche überlassen sind, RMGer. II. 15. Jan. 1902. E. 2, 166; es kommen daher auch die an Stelle der fiskalischen Dienstwaffen getragenen eigenen Waffen in Betracht. RMGer. II. 4. Sept. 1901. E. 1, 264. Das Zielgewehr ist nicht Waffe im Sinne des § 149 MStrGB. Vgl. auch Note 4 zu § 148 MStrGB. Die Säbelscheide ist keine Waffe im Sinne dieser Vorschrift, wohl aber ein gefährliches Werkzeug bezw. Waffe im Sinne des § 223a RStrGB. und des § 55 Abs. 2 MStrGB.

4) „Gebrauch" ist die den Vorschriften bezw. der Bestimmung der Waffe und der Unterweisung gemäße Benutzung der Waffe (z. B. des Gewehres zum Schießen, der Lanze zum Stechen, der Klinge zum Scharfschlagen); RMGer. I. 14. Juli 1902. E. 3, 137. Ein „Gebrauch" der Waffe richtet sich stets gegen Personen. RMGer. II. 21. Mai 1902. E. 3, 40. Wird die Waffe in anderer Art und Weise benutzt (z. B. Stoßen mit dem Gewehrkolben, Flachschlagen mit der Klinge oder Verwendung der Waffen gegen Sachen), so liegt Mißbrauch der Waffe vor. Vgl. Note 8 zu § 55 Nr. 2 MStrGB. RG. IV. 8. Mai 1894. E. 25, 348. Im Uebrigen ist für die Anwendbarkeit des § 149 MStrGB. nicht der Erfolg des Waffengebrauchs, sondern lediglich die Absicht des Thäters entscheidend. Wollte der Thäter scharf schlagen, so kommt nicht § 55, sondern der § 149 MStrGB. zur Anwendung, auch wenn der Hieb flach traf; umgekehrt kommt § 55 MStrGB. in Betracht, wenn der Thäter flach schlagen wollte, aber nur aus Zufall scharf traf. RMGer. II. 21. Mai 1902. E. 3, 40. I. 14. Juli 1902. E. 3, 137.

5) Der Begriff des Gebrauchmachens erfordert, daß es thatsächlich zu einer Benutzung der Waffe gekommen ist, gleichviel, ob sie von Erfolg war oder nicht; das Drohen mit der Dienstwaffe, z. B. das Ziehen derselben, das Laden des Gewehrs 2c. genügt zur Anwendung des § 149 MStrGB. nicht; das Ausholen zum Schlage mit der Dienstwaffe ist, falls nicht die Absicht des Scharfschlagens vorliegt, noch kein rechtswidriges Gebrauchmachen von derselben. **RMGer.** PE. III. Nr. 137. Der Begriff des „Gebrauchmachens" erfordert nicht, daß der Schuß, der Hieb mit dem Säbel getroffen hat. Der Versuch des § 149 MStrGB. ist nicht strafbar; dagegen kann § 149 MStrGB. in idealer Konkurrenz auch Anwendung finden, wenn bezüglich des durch den Waffengebrauch begangenen Delikts nur ein Versuch vorliegt.

Das Vergehen des „rechtswidrigen Waffengebrauchs" verlangt in seinem Thatbestande nicht nur den Vorsatz, daß eine Körperverletzung verübt, sondern auch die Absicht, daß diese Körperverletzung durch einen bestimmungsmäßigen Gebrauch der Waffe herbeigeführt wird. **RMGer.** II. 21. Mai 1902. E. 3, 40. I. 14. Juli 1902. E. 3, 137.

Das Delikt des rechtswidrigen Waffengebrauchs kann daher mit einer fahrlässigen Körperverletzung (§§ 230, 232 RStrGB.) nicht ideal konkurriren. **RMGer.** PE. III. Nr. 137.

Der Thäter muß ferner das Bewußtsein der Rechtswidrigkeit seines Handelns, d. h. das Bewußtsein haben, daß der Gebrauch der Waffe weder in der Dienstpflicht noch in den Gesetzen begründet ist.

Der Absicht, die Waffe bestimmungsgemäß zu gebrauchen, steht der Eventualdolus gleich (z. B. Losschlagen des Thäters auf einen anderen mit der blanken Klinge, gleichviel, ob er mit der flachen Klinge schlägt oder ob er scharf zuschlägt). **RMGer.** I. 14. Juli 1902. E. 3, 137.

Auch der Eventualdolus verlangt, daß der durch die Handlung des Thäters herbeigeführte Erfolg auf dem

Willen desselben beruht. Der Eventualdolus setzt zwar nicht voraus, daß der Thäter den Erfolg seiner Handlung direkt beabsichtigt hat, wohl aber, daß der Thäter sich der Möglichkeit des Eintritts desselben von vornherein bewußt ist, trotzdem sich jedoch von der Ausführung seiner Handlung deshalb nicht abhalten läßt, weil er mit diesem als möglich erkannten Erfolge für den Fall des Eintritts im Voraus einverstanden ist, denselben also von vornherein billigt und in seinen Willen aufnimmt. RMGer. I. 6. Okt. 1902. E. 3, 296.

6) Auch die erfolglose Aufforderung genügt; der Auffordernde muß das in Note 5 erwähnte Bewußtsein haben.

7) Durch die Worte: „vorbehaltlich der verwirkten höheren Strafe" soll für den Fall der idealen Konkurrenz eine Strafvorschrift und zwar eine von § 73 RStrGB. abweichende gegeben werden, indem § 149 MStrGB. bestimmt, daß, wenn mit rechtswidrigem Waffengebrauch ein hierdurch verübtes Delikt zusammentrifft und für das letztere keine höhere Strafe verwirkt ist, stets auf Gefängniß oder Festungshaft von 43 Tagen bis zu einem Jahre erkannt werden muß. Ist daher eine gefährliche Körperverletzung unter rechtswidrigem Waffengebrauch begangen, so darf bei Annahme mildernder Umstände der Strafmindestbetrag des § 149 MStrGB. (43 Tage Gefängniß oder Festungshaft) nicht unterschritten werden. RMGer. III. 9. Sept. 1901. E. 2, 24. und I. 12. Juli 1901. E. 1, 216. PE. II. Nr. 169.

8) Gefängniß oder Festungshaft von 43 Tagen bis zu 1 Jahre; wegen Dienstentlassung und Degradation vgl. §§ 34, 40 MStrGB. Wegen Straferhöhung aus §§ 53, 55 MStrGB. vgl. Note 3 zu § 55 das.

§. 150.

(KG. §§. 62[1], 45 MStrGO.) **Wer[1]) ohne die erforderliche dienstliche Genehmigung[2]) sich verheirathet,[3])** wird mit Festungshaft[4]) bis zu drei Monaten bestraft; zugleich kann auf Dienstentlassung erkannt werden.[5])

Auf die Rechtsgültigkeit der geschlossenen Ehe ist der Mangel der dienstlichen Genehmigung ohne Einfluß[6])

1) § 150 MStrGB. findet nur auf Personen des Soldatenstandes Anwendung, welche zu ihrer Verheirathung dienstlicher Genehmigung bedürfen. Vgl. Note 2. Wegen der Personen des Beurlaubtenstandes vgl. Note 2.

2) Preußische Offiziere und Sanitätsoffiziere des Friedensstandes, sowie die in etatsmäßigen Stellen des Heeres verwendeten Offiziere und Sanitätsoffiziere z. D. bedürfen zu ihrer Verheirathung der Erlaubniß Seiner Majestät des Kaisers und Königs.

Einer gleichen Erlaubniß bedürfen die im Heere behufs vorübergehender Dienstleistung angestellten, in den preußischen Staatsverband nicht aufgenommenen Angehörigen fremder Staaten.

Der Erlaubniß zur Verheirathung bedürfen hiernach nicht:

a) fürstliche Personen, die Chefs von Truppentheilen sind oder à la suite solcher stehen, als Offiziere des Friedensstandes aber nicht anzusehen sind,
b) Offiziere à la suite der Armee, sofern sie sich nicht in etatsmäßigen militärischen Stellen befinden;
c) die nicht zum aktiven Dienststande gehörenden Sanitätsoffiziere à la suite des Sanitätskorps;
d) Offiziere und Sanitätsoffiziere des Beurlaubtenstandes;
e) die nicht in etatsmäßigen Stellen des Heeres verwendeten Offiziere und Sanitätsoffiziere zur Disposition.

Die vorstehend aufgeführten Offiziere und Sanitätsoffiziere bedürfen der Heiraths-Erlaubniß auch dann nicht, wenn sie vorübergehend zum Dienste berufen oder zugelassen sind. Vgl. A Nr. 1 ff. der Verordnung über das Heirathen der Militärpersonen des Preuß. Heeres und der Preuß. Landgendarmerie v. 25. Mai 1902.

Hinsichtlich der Kais. Marine gelten folgende Bestimmungen:

Aktive Seeoffiziere, Offiziere der Marineinfanterie und Sanitätsoffiziere bedürfen zu ihrer Verheirathung der Genehmigung Seiner Majestät des Kaisers. Dasselbe gilt von den zur Allerhöchsten Disposition stehenden und in etatsmäßigen Stellen wieder angestellten Offizieren.

Marine-Ingenieure bedürfen zu ihrer Verheirathung der Genehmigung des Stationskommandos, Torpedo-Ingenieure, Feuerwerks-, Zeug- und Torpederoffiziere der des Staatssekretärs des Reichs-Marine-Amts. Die verabschiedeten, die zur Allerhöchsten Disposition gestellten Offiziere, soweit sie nicht in etatsmäßigen Stellen wieder angestellt sind, und die Offiziere des Beurlaubtenstandes bedürfen einer Genehmigung zu ihrer Verheirathung nicht, selbst wenn dieselbe während der Dauer ihrer Einberufung zum aktiven Dienst erfolgt. Die zur Disposition stehenden Offiziere haben von ihrer etwaigen Verheirathung dem Stationskommando, welchem sie zuletzt aktiv angehört haben, Anzeige zu erstatten.

Offiziere des Beurlaubtenstandes haben ihre erfolgte Verheirathung dem Bezirks-Kommando zu melden. Vgl. § 8 Organis.-Bestimmungen der Marine.

Die Unteroffiziere und Gemeinen des Friedensstandes des Preuß. Heeres müssen die Erlaubniß zur Verheirathung auf dem Dienstwege nachsuchen. Die Erlaubniß zur Verheirathung ertheilt, insoweit nicht besondere Festsetzungen getroffen sind, der Regimentskommandeur oder der Vorgesetzte, dem die Disziplinarstrafbefugniß eines solchen verliehen ist.

Im besonderen wird die Erlaubniß ertheilt:

a) den Zeugfeldwebeln, den Oberfeuerwerkern, den Feuerwerkern, welche die Beförderung zum Zeug- oder Feuerwerksoffizier erstreben: von dem Feldzeugmeister;

b) den Wallmeistern, welche die Beförderung zum Festungsbauoffizier erstreben: von dem General-Inspekteur der Festungen;

c) den übrigen Zeugfeldwebeln und Wallmeistern und den Zeugsergeanten: von dem nächsten Vorgesetzten im Range des Regiments- oder Brigadekommandeur, bei den technischen Instituten stets von dem Inspekteur;

d) den nicht unter a fallenden Oberfeuerwerkern und Feuerwerkern: von dem zuständigen Artillerie-Depot-Direktor;

e) den Invaliden in den Invalidenhäusern: von dem Gouverneur oder Kommandanten des Invalidenhauses;

f) den Gendarmen: von dem Brigadier;

g) den Unterärzten und einjährig-freiwilligen Aerzten: von dem Generalstabsarzt der Armee;

h) den einjährig-freiwilligen Militär-Apothekern: von dem Korps-Generalarzt;

i) den Militärkrankenwärtern: von dem Chefarzt des Lazareths.

Vgl. im Uebrigen die cit. Heirathsverordnung Nr. 7, 8 ff.

Hinsichtlich der Mannschaften der Marine gelten folgende Vorschriften. Die Genehmigung zur Verheirathung der Deckoffiziere, die nicht auf die Beförderung zum Offizier verzichtet haben, sowie der Zahlmeisteraspiranten ist bei den Stations-Kommandos zu beantragen. Die Genehmigung zur Verheirathung der übrigen Deckoffiziere und der Unteroffiziere wird durch die Kommandeure der Marinetheile am Lande, an das Torpedo-Mechanikerpersonal, das Feuerwerks-, Zeug- und Torpederpersonal durch den Inspekteur des Torpedowesens, den Inspekteur der Marineartillerie oder den Marinedepotinspekteur ertheilt. Für die Deckoffiziere des Vermessungswesens ertheilt die Erlaubniß zur Verheirathung der Staatssekretär des Reichs-Marine-

Amts. Vgl. § 20 d. Organis.-Bestimmungen für die Marine.

Militärbeamte des Preuß. Heeres — nicht aber Civilbeamte der Militärverwaltung — bedürfen zur Verheirathung der Erlaubniß der Vorgesetzten. Die Erlaubniß ertheilt:

a) der Kriegsminister für die Intendanten, den Oberintendanturrath, die Räthe, Assessoren und Referendare bei den Militär-Intendanturen, für die Oberkriegsgerichtsräthe und Kriegsgerichtsräthe; der Kriegsminister im Verein mit dem Minister der geistlichen rc. Angelegenheiten: für den Evangelischen Feldprobst der Armee;
b) der Direktor des Allgemeinen Kriegsdepartements im Kriegsministerium für den Armee-Musik-Inspicienten;
c) der kommandirende General: für den Korps-Roßarzt;
d) der Chef des Generalstabes der Armee: für den Bureauvorsteher beim Chef des Generalstabes;
e) der Gerichtsherr: für die Militärgerichtsschreiber;
f) der Kommandeur eines Regiments oder selbstständigen Bataillons rc. oder der Vorstand (Direktor rc.) einer Dienstbehörde: für Oberzahlmeister, Zahlmeister, Oberroßärzte, Roßärzte, Regimentssattler, Büchsenmacher, Waffenmeister;
g) der General-Inspekteur der Festungen: für die Festungs-Oberbauwarte und Bauwarte;
h) der Generalstabsarzt der Armee: für die Korps-Stabsapotheker und Stabsapotheker;
i) der dienstälteste Oberkriegsgerichtsrath oder Kriegsgerichtsrath eines Gerichts: für die Militärgerichtsboten;
k) der Militär-Intendant: für die Sekretariats- und Registraturbeamten der Korps- und Divisions-Intendanturen;
l) der Oberintendanturrath der Intendantur der militärischen Institute: für die ihm unterstellten Sekretariats- und Registraturbeamten;

m) der evangelische Feldprobst der Armee: für die evangelischen Militärgeistlichen;

n) der Militärpfarrer für den ihm zugetheilten Militärküster.

Personen des Beurlaubtenstandes sind Beschränkungen rücksichtlich ihrer Verheirathung nicht unterworfen, mit Ausnahme der vorläufig in die Heimath beurlaubten Rekruten und Freiwilligen (vgl. Note 1 zu § 6 MStrGB.), welche zur Verheirathung die Erlaubniß des Bezirkskommandeurs bedürfen. §§ 61, 60 Nr. 4 RMG., §§ 80 Nr. 3, 85 Nr. 5, 111 Nr. 11 WO. Da aber Abschnitt 11 MStrGB. auf nicht im Dienst befindliche Personen des Beurlaubtenstandes nicht Anwendung findet und die vorläufig in die Heimath beurlaubten Rekruten zc. erst mit dem Zeitpunkt ihrer aktiven Verpflegung durch die Militärbehörde dem aktiven Heere angehören, so kann auf sie § 150 MStrGB. nicht Anwendung finden und sie sind in dieser Beziehung lediglich disziplinarisch strafbar.

3) Ob die Ehe im Inlande oder Auslande geschlossen wird, ist unerheblich.

4) Festungshaft von 43 Tagen bis zu 3 Monaten.

5) Die Verjährung beginnt mit dem Tage der Eheschließung, § 57 Abs. 4 RStrGB. Ein Dauerdelikt liegt nicht vor.

6) Das Fehlen der vorgeschriebenen Erlaubniß hat lediglich aufschiebende Wirkung §§ 1315, 1323, 1330 BGB.

§. 151.

(KG. bezw. StG. §§ 62[1], 45, 16[1] MStrGB.) Wer[1]) im Dienste[2]) oder, nachdem[3]) er zum Dienste befehligt worden,[4]) sich durch Trunkenheit zur Ausführung seiner Dienstverrichtung untauglich macht,[5])[6]) wird mit mittlerem oder strengem Arrest[7]) oder mit Gefängniß[7]) oder Festungshaft[7]) bis zu Einem

Jahre bestraft; zugleich kann auf Dienstentlassung[8]) erkannt werden.[9])

1) Vgl. Note 1 zu § 146 MStrGB.

2) Im „Dienst“ befindet sich der Soldat, sobald er in Folge allgemeiner Vorschriften oder besonderen Befehls in ein spezielles Dienstverhältniß getreten ist; führt er die ihm durch jenes Dienstverhältniß auferlegte Verrichtung aus, so befindet er sich in „Ausübung des Dienstes“. Vgl. auch Note 5 zu § 49 und Note 3 zu § 12 MStrGB.

3) Eine schon vor der Kommandirung bestehende Trunkenheit bleibt für das Vergehen des § 151 MStrGB. außer Betracht, auch wenn sich ihre Wirkungen auf die Ausübung des Dienstes erstrecken.

4) Vorausgesetzt ist, daß der Thäter wußte oder selbst durch Fahrlässigkeit in Unkenntniß davon blieb, daß er zum Dienst befehligt war; andernfalls kann ihm das Vorhandensein dieses Thatumstandes nicht zugerechnet werden und er bleibt gerichtlich nicht strafbar; § 59 RStrGB.

5) Eine absolute Untauglichkeit wird nicht erfordert; es genügt ein Zustand der Trunkenheit, welcher eine zuverlässige Verrichtung des Dienstes nicht mehr erwarten läßt. Vgl. auch Note 8 zu § 141 MStrGB.

6) Auch die fahrlässige Begehung der That ist strafbar.

7) Mittlerer oder strenger Arrest von 1 Tag bis 6 bezw. 4 Wochen (strenger Arrest auch ohne die Voraussetzung des Abs. 3 § 22 MStrGB.), Gefängniß, Festungshaft von 43 Tagen bis zu 1 Jahre. Wegen der Ehrenstrafen vgl. auch § 40 Abs. 2 Nr. 1 und 2, § 37 Abs. 2 Nr. 1 MStrGB.

8) Auch neben Stubenarrest oder Festungshaft.

9) In leichteren Fällen ist Disziplinarbestrafung zulässig; § 3 des EG. z. MStrGB.

§. 152.

(KG. i. F. StG. §§ 62[1], 45, 16[1] MStrGO.) Wer[1])

wider besseres Wissen[2]) eine auf unwahre[3]) Behauptungen[4]) gestützte[5]) Beschwerde[6]) anbringt, wird mit Freiheitsstrafe[7]) bis zu Einem Jahre bestraft.

(StG. § 15 MStrGO). Wer wiederholt[8]) und leichtfertig[8]) auf unwahre Behauptungen gestützte Beschwerden oder wer eine Beschwerde unter Abweichung von dem vorgeschriebenen Dienstwege[9]) einbringt, wird mit Arrest bestraft.[10])

1) Vgl. Note 1 zu § 146 MStrGB.

2) Der Beschwerdeführer muß von der Unwahrheit der Behauptungen, auf die sich die Beschwerde stützt, überzeugt sein; dolus eventualis reicht zur Verurtheilung nicht aus. Der Mangel der Ueberzeugung von der Wahrheit jener Behauptungen oder die Vermuthung der Richtigkeit derselben ersetzt jenes Bewußtsein nicht. RG. II. 18. Sept. 1888. E. 18,88. „Wider besseres Wissen" liegt auch dann nicht vor, wenn die Beschwerde ohne den Glauben an ihre Begründetheit und ohne die Möglichkeit, solche zu beweisen, erhoben ist. RG. II. 16. Januar 1880. E. 1,80.

3) Die Unwahrheit der Behauptungen muß dem Angeklagten bewiesen werden; es genügt nicht, daß diese Behauptungen nicht erweislich wahre sind.

4) „Behauptungen" sind solche Erklärungen, welche als Ausdruck eigenen Wissens kund gegeben werden. RG. FS. 10. Sept. 1897. E. 30,224 u. II. 8. März 1898. E. 31,68.

5) Eine Beschwerde „stützt" sich auf solche Behauptungen, welche die Sache selbst betreffen, also den Grund enthalten, weshalb der Beschwerdeführer sich angeblich verletzt fühlt. RMGer. PE. III. Nr. 138. Die Unwahrheit von Behauptungen, auf welche sich die Beschwerde nicht gründet, kommt für den Thatbestand des § 152 MStrGB. nicht in Betracht.

6) Vgl. Bestimmungen über die Beschwerdeführung der

Offiziere, Sanitätsoffiziere und Beamten des Heeres vom 30. März 1895 (Beschwerdeordnung I) und Bestimmungen über die Beschwerdeführung der Personen des Soldatenstandes des Heeres vom Feldwebel abwärts v. 14. Juni 1894 (Beschwerdeordnung II). Anzeigen strafbarer Handlungen (§ 151 MStrGO.) sind nicht Beschwerden im Sinne des § 152 MStrGB.; werden solche Anzeigen wissentlich falsch erstattet, so ist nur § 164 RStrGB. anwendbar.

7) Arrest (einfacher, mittlerer, strenger, letzterer nur unter der Voraussetzung des Abs. 3 § 22 MStrGB.) von 1 Tag bis zu 6 bezw. 4 Wochen, oder Gefängniß, oder Festungshaft von 43 Tagen bis zu einem Jahre. Wegen Dienstentlassung und Degradation vgl. §§ 34, 40 MStrGB.

8) Vorausgesetzt wird, daß der Thäter bereits einmal eine auf unwahre Behauptungen gestützte Beschwerde angebracht hat und daß er bei der zweiten vorliegenden, auf unwahre Behauptungen gestützten Beschwerde leichtfertig gehandelt hat; daß auch die erste Beschwerde leichtfertig angebracht ist, wird nicht erfordert; sie kann aber eine solche, ja auch eine „wider besseres" Wissen erhobene Beschwerde sein. Leichtfertig erstattet ist eine auf unwahre Behauptungen gestützte Beschwerde, wenn der Beschwerdeführer zwar die Unwahrheit der Behauptungen nicht gekannt, die Beschwerde aber angebracht hat, ohne vorher in eine nähere Prüfung der Wahrheit seiner Behauptungen einzutreten.

9) Vgl. Beschwerdeordnung I u. II Note 6 oben. Nicht im Dienst befindliche Personen des Beurlaubtenstandes unterliegen wegen Einbringung von Beschwerden unter Abweichung von dem vorgeschriebenen Dienstwege nur der Disziplinarbestrafung; § 152 Abs. 2 MStrGB. findet auf sie nicht Anwendung.

10) Einfacher, mittlerer, strenger Arrest von 1 Tag bis 6 bezw. 4 Wochen, strenger Arrest nur im Falle des Abs. 3 § 22 MStrGB.

Zweiter Titel.

Militärische Verbrechen und Vergehen der Militärbeamten.

§. 153.

Ein Militärbeamter,[1]) welcher sich im Felde[2]) einer der in dem ersten bis dritten, dem sechsten und achten Abschnitt des ersten Titels bezeichneten strafbaren Handlungen schuldig macht, wird nach den daselbst für Personen des Soldatenstandes gegebenen Bestimmungen bestraft; statt auf Versetzung[3]) in die zweite Klasse des Soldatenstandes ist auf Amtsverlust[4]) zu erkennen.

1) Vgl. B des Verzeichnisses der zum Deutschen Heere und der Marine gehörigen Militärpersonen. Auf Civilbeamte der Militärverwaltung findet § 153 MStrGB. nur dann Anwendung, sofern sie nach der Mobilmachung den Militärbeamten ausdrücklich zugezählt werden.

2) Vgl. §§ 9 und 10 MStrGB.

3) In Betracht kommen nur diejenigen auf Militärbeamte anwendbaren Strafbestimmungen des II. Theils MStrGB., neben denen Versetzung in die 2. Klasse des Soldatenstandes zulässig oder geboten ist; neben diesen soll an Stelle der Versetzung in die 2. Klasse des Soldatenstandes Amtsverlust zulässig oder geboten sein.

4) An Stelle einer angedrohten Dienstentlassung kann nicht auf Amtsverlust erkannt werden.

§. 154.

Andere Pflichtverletzungen der Miliärbeamten sind nach den allgemeinen, für Beamte geltenden Vorschriften[1]) zu beurtheilen.

1) Vgl. insbes. §§ 331—359 RStrGB. §§ 32—37 DStO.; Reichsbeamtengesetz v. 31. März 1873 und Gesetz v. 1. Dez. 1898 betreff. die Dienstvergehen der richterl. Militärjustizbeamten.

Dritter Titel.

Strafbestimmungen für Personen, welche den Militärgesetzen nur in Kriegszeiten unterworfen sind.

§. 155.

Während eines gegen das Deutsche Reich ausgebrochenen [1]) Krieges sind alle Personen, welche sich in irgend einem Dienst- oder Vertragsverhältnisse [2]) bei dem kriegführenden Heere befinden, oder sonst sich bei demselben aufhalten [3]) oder ihm folgen, [3]) den Strafvorschriften dieses Gesetzes, [4]) insbesondere den Kriegsgesetzen [1]) unterworfen. [6]) [7])

1) Der Zustand der Mobilmachung (vgl. §§ 9, 10 MStrGB. „im Felde") genügt nicht, es muß der Krieg thatsächlich ausgebrochen sein (z. B. in Folge der Kriegserklärung oder einer Invasion 2c.); daß bereits kriegerische Unternehmungen stattfinden oder der Einmarsch in Feindesland erfolgt ist, wird nicht erfordert.

2) Z. B. von den Truppen angenommene Marketender, Fuhrparkknechte, Kolonnenführer 2c.

3) Z. B. Vertreter der Presse, Kriegskorrespondenten, freiwillige Krankenpfleger, Händler, nicht vom Truppentheil angenommene Marketender 2c. Im Falle einer Bestrafung ist Wegweisung solcher Personen vom Heere zulässig.

4) Die Militärgerichtsbarkeit ist auch wegen gemein-

strafrechtlicher Reate solcher Personen begründet; § 3 MStrGB.

5) Vgl. §§ 9, 10 MStrGB.

6) Vgl. auch § 157 Abs. 2 MStrGB.

7) Wegen Disziplinarbestrafung der im § 155 MStrGB. aufgeführten Personen vgl. § 2 Nr. 3, § 38 DStrO., § 3 EG. z. MStrGB.

§. 156.

Neben einer jeden Freiheitsstrafe,[1]) welche gegen eine Person verhängt wird, die sich zu den Truppen in einem Dienst- oder Vertragsverhältnisse befindet, kann zugleich auf Aufhebung dieses Verhältnisses erkannt werden.[2])

1) Freiheitsstrafe ist allgemein, nicht im Sinne des § 16 MStrGB. gebraucht.

2) Vgl. § 15 Abs. 3 MStrGB. Die Strafvollstreckung geht in diesem Falle auf die bürgerlichen Behörden über.

§. 157.

Ausländische Offiziere, welche zu dem kriegführenden Heere zugelassen sind, werden, wenn der Kaiser nicht etwa besondere Bestimmungen getroffen hat, nach den für Deutsche Offiziere geltenden Vorschriften[1]) beurtheilt.[2]) [3]) [4])

Auf das Gefolge solcher Offiziere findet die Vorschrift des §. 155 Anwendung.

1) Zu diesem gehört das gesammte Reichsstrafrecht.

2) Die Ehrenstrafen kommen in Wegfall.

3) Das Recht der Exterritorialität ist durch § 157 MStrGB. nicht berührt. Sind die ausländischen Offiziere zugleich diplomatische Vertreter ihres Staates (z. B.

Militärattachés), so sind sie auch beim kriegführenden Heere exterritorial.

4) Der Disziplinarbestrafung und den Ehrengerichten unterstehen diese Offiziere nicht.

§. 158.

Auf strafbare Handlungen eines Kriegsgefangenen[1]) finden nach Maßgabe seines Militärranges die Vorschriften[2]) dieses Gesetzes entsprechende Anwendung.[3])

1) Kriegsgefangene sind die im Kriege oder aus Anlaß des Krieges in Gefangenschaft gerathenen Angehörigen des feindlichen Heeres und des Gefolges desselben. Insoweit können auch feindliche Civilpersonen Kriegsgefangene werden.

2) Dahin gehört auch das RStrGB. vgl. § 3 MStrGB.

3) Die militärischen Ehrenstrafen kommen in Wegfall, nicht aber die bürgerlichen; vgl. § 3 MStrGB. Das frühere Vorgesetztenverhältniß zwischen Kriegsgefangenen findet keine Anerkennung mehr, die Kriegsgefangenen stehen sich unter einander ohne Rücksicht auf ihren Militärrang gleich, insoweit nicht von der zuständigen deutschen Militärbehörde ein Kriegsgefangener zum Vorgesetzten anderer Kriegsgefangenen bestellt ist. Der frühere Militärrang eines Kriegsgefangenen ist von Bedeutung für die Frage, auf welche Arreststrafe erkannt werden muß oder kann. Vgl. ferner Note 1 zu § 138 MStrGB. Fahnenflucht, Feigheit, Selbstbeschädigung und Vorschützung von Gebrechen kann von Kriegsgefangenen nicht begangen werden.

§. 159.

(KG. §§. 62[1], 45 MStrGO.) **Ein Kriegsgefangener,[1]) welcher unter Bruch des gegebenen Ehrenwortes entweicht,[2]) oder, auf Ehrenwort entlassen, die gegebene Zusage[3]) bricht,[4]) wird mit dem Tode bestraft.**

Dieselbe Strafe trifft denjenigen, welcher den

Bedingungen,[5]) unter denen er aus der Kriegsgefangenschaft entlassen, vor Beendigung des Krieges entgegenhandelt.

Vgl. § 3 EG., sowie Herz, MStrGO. Note 4 zu §§ 16, 57, 69.

1) Es werden in der Regel nur kriegsgefangene Offiziere in Betracht kommen, da nur diesen Versprechen auf Ehrenwort abgenommen werden.

2) Erfordert wird die Absicht, sich der Kriegsgefangenschaft durch die Entweichung zu entziehen; liegt diese Absicht nicht vor, so sind §§ 64ff. MStrGB. anwendbar. Vollendet ist das Delikt mit dem Verlassen des zur Internirung bestimmten Gebiets.

3) Es muß ein ausdrückliches Versprechen vorliegen; es wird dies der Regel nach in schriftlicher Form unter Unterschrift des Zusagenden erfolgen.

4) Das Entweichen von kriegsgefangenen Offizieren, die durch Ehrenwort nicht gebunden sind, fällt unter §§ 64ff., 79 MStrGB.

5) Abs. 2 § 159 MStrGB. bezieht sich auf alle Kriegsgefangenen ohne Unterschied des Militärranges. Ein besonderes Versprechen, die Bedingungen inne zu halten, wird nicht vorausgesetzt.

§. 160.

(KG. §§. 62[1], 45 MStrGO.) **Ein Ausländer[1]) oder Deutscher, welcher während eines gegen das Deutsche Reich ausgebrochenen Krieges[2]) auf dem Kriegsschauplatze[3]) sich einer der in den §§. 57 bis 59 und 134 vorgesehenen Handlungen schuldig macht, ist nach den in diesen Paragraphen gegebenen Bestimmungen zu bestrafen.[4]) [5])**

1) Ausländer ist jeder Nichtdeutsche, gleichviel ob

Militär- oder Civilperson, ob Anhänger des feindlichen oder eines anderen Staates.

2) Vgl. Note 1 zu § 155 MStrGB.

3) Kriegsschauplatz ist der ganze Flächenraum, auf welchem kriegerische Operationen stattfinden.

4) Militärische Ehrenstrafen können nicht verhängt werden, wohl aber bürgerliche.

5) Die Unterstellung unter die Militärstrafgerichtsbarkeit verordnet § 5 Nr. 4 MStrGO.; sie tritt ohne weitere Bekanntmachung ein.

§. 161.

Ein Ausländer [1]) oder Deutscher, welcher in einem von Deutschen Truppen besetzten [2]) ausländischen Gebiete gegen Deutsche Truppen oder Angehörige [3]) derselben oder gegen eine auf Anordnung des Kaisers eingesetzte Behörde eine nach den Gesetzen des Deutschen Reichs strafbare Handlung begeht, ist ebenso zu bestrafen, als wenn diese Handlung von ihm im Bundesgebiete begangen wäre.

1) Vgl. Note 1 und 5 zu § 160 MStrGB.

2) Dahin gehören auch diejenigen ausländischen Gebiete, welche nach Beendigung des Krieges etwa noch von deutschen Truppen besetzt bleiben.

3) Zu den Angehörigen der deutschen Truppen gehören die in § 155 MStrGB. in Bezug genommenen Personen, ferner die Familien und Dienstboten der zur Besatzung gehörigen deutschen Militärpersonen.

Vierter Titel.

Zusatzbestimmungen für die Marine.

§. 162.

Von den in diesem Gesetze den Verhältnissen des Heeres entlehnten Ausdrücken sind für die Marine als gleichbedeutend zu betrachten:

Heer als gleichbedeutend mit Marine oder Flotte;
Truppe als gleichbedeutend mit Schiff;
Befehlshaber einer militärischen Wache als gleichbedeutend mit Offizier der Wache;[1])
Militärische Kokarde als gleichbedeutend mit dem entsprechenden Abzeichen in der Marine;[2])
Stubenarrest als gleichbedeutend mit Kammerarrest;[3])
Wohnung als gleichbedeutend mit Kammer.

1) Vgl. § 3 der „Bestimmungen für den Dienst an Bord". § 9 des II. Kap. ebendas.*) („Offizier der Wache" = Wachhabender Offizier).

---

*) Bestimmungen für den Dienst an Bord v. 30. Juli 1894. Herausgegeben von dem kommandirenden Admiral. Kap. II. Wach- und Sicherheitsdienst.

§ 9. Der wachhabende Offizier hat die Rechte und Pflichten jeder Wache. Er ist nur dem Kommandanten und dem ersten Offizier, sowie deren direkten Vorgesetzten unterstellt und kann für seine Anordnungen unmittelbaren Gehorsam von allen übrigen Personen an Bord fordern.

Vgl. §§ 111, 141, 143, 146 MStrGB.

2) Vgl. AKO. v. 28. Januar 1873. MVBl. S. 17 und AKO. v. 15. April 1884. MVBl. S. 73, durch welche die letztere aufgehoben ist.

Mannschaften der Marine, die sich in der II. Klasse des Soldatenstandes befinden, tragen weder die „Mützenkokarde", noch das Mützenband.

Landeskokarden werden in der Marine nicht getragen.

3) Vgl. Verordnung, betr. die Vollstreckungsweise der Freiheitsstrafen an Bord §§ 2 ff.

§. 163.

Unter Schiff im Sinne dieses Gesetzes ist jedes Fahrzeug der Marine[1]) zu verstehen, auf welchem ein militärischer Befehlshaber nebst Besatzung eingeschifft ist.

1) Vgl. AKO. v. 8. November 1892 betr. Führung der Reichsflagge. MVBl. S. 13 ff.

Es ist nicht erforderlich, daß das Schiff in dem Eigenthum der Marine steht. Auch gecharterte Schiffe können in Frage kommen.

§. 164.

Als mobiler Zustand[1]) gilt in der Marine der Kriegszustand eines Schiffes. Als im Kriegszustande befindlich ist jedes Schiff der Marine zu betrachten, welches außerhalb der heimischen Gewässer allein fährt.[2])

Für die am Lande befindlichen Militärpersonen der Marine tritt im Sinne dieses Gesetzes die Mobilmachung unter denselben Voraussetzungen ein, wie für die Militärpersonen des Heeres.[3])

1) §§ 9, 10 MStrGB., §§ 419 ff. MStrGO. und §§ 5, 6 EG.

2) AO. v. 3. Mai 1902 (MVBl. S. 157):

1. Als „allein fahrend“ ist jedes Schiff zu betrachten, so lange es nicht diese Eigenschaft in Folge der Bestimmungen ad 2 verliert.
2. Es verliert diese Eigenschaft,
   a) sobald und so lange es sich mit einem anderen deutschen Kriegsschiffe im Hafen oder in See zusammen befindet,
   b) sobald es in einen Verband eingetreten ist, vom Tage des Eintritts bis zum Tage des Austritts,
   c) sobald es die Station, „auf welche es verwiesen ist, erreicht hat, für die Zeit, während welcher es sich auf dieser Station befindet“.
3. Der Zeitpunkt, mit dem ein Schiff beginnt oder aufhört, als „allein fahrend“ zu gelten, ist im Logbuch zu vermerken, der Besatzung (bei der nächsten Musterung) bekannt zu machen und in dem nächsten Reiseberichte zu melden. Ebenso ist im Logbuch anzugeben, daß dieser Zeitpunkt der Besatzung bekannt gemacht ist.

Nach den Ausführungsbestimmungen zu der AO. v. 13. Mai 1902 ist unter heimischen Gewässern das Gebiet der Ost- und Nordsee — die letztere im Norden durch 60° n. Br., im Westen nördlich von Schottland durch den Meridian von 3° w. Lg. von Greenwich und südlich von England von der Linie Dover-Calais begrenzt — zu verstehen.

Ein Schiff ist auch dann als „nicht allein fahrend“ zu betrachten, wenn es auf der Station, auf die es verwiesen ist, etwa allein anwesend sein sollte.

3) Vgl. § 9 MStrGB.

§. 165.

Als vor dem Feinde[1]) befindlich zu betrachten ist ein Schiff, so lange in Gewärtigung eines Zusammentreffens mit dem Feinde ein oder mehrere Geschütze des Schiffes scharf geladen sind.

1) § 11 MStrGB.

§. 166.

Außer den Militärpersonen sind die Angestellten des Schiffes den Militärstrafgesetzen unterworfen.[1]

Andere am Borde des Schiffes dienstlich eingeschiffte Personen[2]) unterliegen den Kriegsgesetzen, so lange das Schiff sich im Kriegszustande befindet.

Urkundlich unter Unserer Höchsteigenhändigen Unterschrift und beigedrucktem Kaiserlichen Insiegel.

Gegeben Schloß Babelsberg, den 20. Juni 1872.

(L. S.) Wilhelm.

Fürst v. Bismarck.

1) Diese Vorschrift hat ihre Bedeutung im Wesentlichen verloren, da die Angestellten des Schiffes — Köche, Kellner und Barbiere — als Personen des Saldatenstandes (Unteroffiziere ohne Vorgesetzten-Qualität) gelten. Vgl. MO. §§ 37, 37a, sowie § 1 Nr. 8 MStrGO.

2) Dienstlich eingeschiffte Passagiere, die dem mobilen Bureau des Admiralstabes der Marine zugetheilten oberen und unteren etatsmäßigen Civilbeamten der Marine, sowie die zur Verrichtung dienstlicher Funktionen eingeschifften oberen und unteren Civilbeamten vgl. Klasseneintheilung der Militärbeamten v. 12. August 1901 (Anhang).

Die Militärbeamten der Marine unterfallen den §§ 153 ff. MStrGB.

Anlage.

Verzeichniß
der
zum Deutschen Heer und zur Kaiserlichen Marine gehörenden Militärpersonen.

Die zum Deutschen Heer und zur Kaiserlichen Marine gehörenden Militärpersonen bestehen aus Personen des Soldatenstandes und aus Militärbeamten.

A. Personen des Soldatenstandes sind:

I. Die Offiziere.

Die Offiziere zerfallen in vier Hauptklassen:

im Heere:

1) Generalität,
2) Stabsoffiziere,
3) Hauptleute und Rittmeister,
4) Subalternoffiziere (Ober- und Leutnants);

in der Marine:

1) Flaggoffiziere oder Admirale,
2) Stabsoffiziere,
3) Kapitänleutnants,
4) Subalternoffiziere (Oberleutnants zur See, Leutnants zur See).

II. Unteroffiziere

sind eingetheilt im Heer und in der Marine: in

1) solche, welche das Offizier-Portepee tragen (Unteroffiziere mit Portepee),
2) solche, welche das Offizier-Portepee nicht tragen (Unteroffiziere ohne Portepee).

III. Die Gemeinen

mit Einschluß der Obergefreiten und Gefreiten.

IV. Die Mitglieder des Sanitätsoffizierkorps, sowie

V. Die Mitglieder des Marine-Ingenieurkorps, des Torpedo-Ingenieurkorps sowie die Feuerwerks-, Zeug- und Torpederoffziere

gehören nach Maßgabe ihres Militärranges zu den unter Nr. I, II und III aufgeführten Kategorien.[1])

1) Vgl. § 5 Note 1 und 2 MStrGB.

B. Militärbeamte

sind alle im Heer und in der Marine für das Bedürfniß des Heeres oder der Marine dauernd oder auf Zeit angestellten nicht zum Soldatenstande gehörenden und unter dem Kriegsminister oder Staatssekretär des Reichs-Marine-Amts als Verwaltungschef stehenden Beamten, welche einen Militärrang haben. Es macht dabei keinen Unterschied, ob sie einen Diensteid geleistet haben oder nicht.

Militärbeamte, die im Offizierrange stehen, sind

obere Militärbeamte, alle anderen Militärbeamten sind untere Militärbeamte.[1])

1) Gleichgiltig ist, ob der Militärrang ein „bestimmter" oder nicht „bestimmter" ist; welche Militärbeamten „obere", welche „untere" sind, regelt nachstehende Verordnung vom 12. August 1901 (RGBl. 383). Beamte der Militärverwaltung, die keinen „Militärrang" haben, sind Civilbeamte der Militärverwaltung.

(Nr. 2795.) Verordnung, betreffend die Klasseneintheilung der Militärbeamten des Reichsheeres und der Marine. Vom 12. August 1901.

Wir **Wilhelm**, von Gottes Gnaden Deutscher Kaiser, König von Preußen rc.

verordnen im Anschluß an die Vorschrift unter B der Anlage zu §. 5 des Militär-Strafgesetzbuchs für das Deutsche Reich vom 20. Juni 1872 (Reichs-Gesetzbl. S. 174) im Namen des Reichs, nach erfolgter Zustimmung des Bundesraths, was folgt:

Die in der Anlage enthaltene Klasseneintheilung der Militärbeamten des Reichsheeres und der Marine tritt an die Stelle der durch Verordnung vom 13. August 1895 (Reichs-Gesetzbl. S. 431) festgestellten Klasseneintheilung.

Urkundlich unter Unserer Höchsteigenhändigen Unterschrift und beigedrucktem Kaiserlichen Insiegel.

Gegeben Neues Palais, den 12. August 1901.

(L. S.) **Wilhelm.**

Graf von Bülow.

Klasseneintheilung
der
Militärbeamten des Reichsheeres und der Marine.

Beim Reichsheere.	Bei der Marine.

I. Militärbeamte, welche nur den ihnen vorgesetzten Militärbefehlshabern untergeordnet sind.

A. Obere Militärbeamte (im Offizierrange).

Beim Reichsheere.	Bei der Marine.
1. Der Büreauvorsteher bei dem Chef des preußischen Generalstabs der Armee.	1. Der zur Dienstleistung beim Gouvernement von Kiautschou kommandirte höhere Marine-Intendanturbeamte.
2. Die Festungsoberbauwarte und Festungsbauwarte.	2. Der Lootsenkommandeur der Marine und dessen Vertreter.
3. Die Oberzahlmeister und Zahlmeister.	3. Die Geschwadersekretäre während ihrer Dienstleistung als solche.
4. Die Korpsroßärzte, die Oberroßärzte und Roßärzte. **Bayern:** die Korpsstabsveteri-	4. Die zu den Marine-Stationskommandos zur

Beim Reichsheere.

näre, die Stabsveterinäre und die Veterinäre.

5. Die Oberapotheker.
6. Der Armeemusikinspizient.

Bei der Marine.

Dienstleistung kommandirten Marine-Intendantursekretäre.

5. Der Roßarzt bei der Marine-Feldbatterie.

Außerdem im Kriege und während des mobilen Zustandes.

Beim Reichsheere.

7. Der Büreauvorsteher und die Geheimen Kanzleisekretäre beim Chef des Generalstabs des Feldheeres.
8. Die Topographen und Trigonometer.
9. Der höhere Civilverwaltungsbeamte bei den Etappeninspektionen.
10. Die in Beamtenstellen des Militäreisenbahnwesens befindlichen oberen Beamten, als:
    a) die höheren Eisenbahnbeamten und deren Gehülfen beim Chef des Feldeisenbahnwesens,

Bei der Marine.

6. Die dem mobilen Büreau des Admiralstabs der Marine zugetheilten etatsmäßigen oberen Civilbeamten der Marine.
7. Die Civilmitglieder der Küstenbezirksämter I in Neufahrwasser, II in Stettin, III in Kiel, IV in Husum, V in Bremerhaven, VI in Wilhelmshaven.

Beim Reichsheere.	Bei der Marine.
beim stellvertretenden Generalstabe der Armee und den immobilen Linienkommandanturen, b) die Telegrapheninspektoren, die Telegraphenaufseher und die Rendanten bei den Militäreisenbahndirektionen, c) die Assistenten bei den immobilen Linienkommandanturen, d) die Büreaubeamten bei den unter a genannten Behörden, e) die Kanzlisten bei den immobilen Linienkommandanturen. 11. Die nicht zu den Personen des Soldatenstandes gehörigen, bei dem Militäreisenbahnwesen zur Anstellung kommenden oberen Beamten, als: a) die höheren Be-	

Beim Reichsheere.		Bei der Marine.
amten und Sekretäre bei den Baudirektionen,		
b) die Eisenbahnbauinspektoren und Eisenbahnbetriebsinspektoren, c) die Eisenbahnbaumeister, Maschinenmeister, Maschineningenieure*), Telegrapheningenieure, Stationsvorsteher, Bahn- und Betriebskontroleure, d) die Eisenbahn-	bei den Militäreisenbahndirektionen, Betriebsinspektionen, Betriebs- und Baukompagnien,	

*) Anmerkung. Als Maschineningenieure können der Militäreisenbahnverwaltung auch solche Beamte mit höherer technischer Vorbildung überwiesen werden, welche in ihrem Civildienstverhältnisse vorübergehend als Werkmeister thätig sind.

Beim Reichsheere.	Bei der Marine.
bauführer, Maschinenmeisterassistenten, Stationsassistenten, Expeditionsbeamten, Geometer, e) die Eisenbahn- und die Betriebssekretäre, f) die Eisenbahnverwaltungsbeamten bei den Eisenbahnarbeiterkompagnien (Güterexpeditionsvorsteher und Güterexpedienten), g) die Materialienverwalter, Bahnmeister und Telegraphenaufseher. Die unter 10 und 11 aufgeführten Beamten sind nach Maßgabe der bestehenden Ressortverhältnisse auch denjenigen Beamten untergeordnet, welche an	

Beim Reichsheere.	Bei der Marine.
Stelle von Militärbefehlshabern zur Anstellung kommen.	
12. Die Elektrotechniker für Panzerbatterien.	
13. Die Feldzahlmeister.	
14. Die Bekleidungsamtsbeamten und die Festungsgefängnißrendanten in Festungen, welche in Belagerungszustand erklärt sind.	

B. Untere Militärbeamte
(im Range der Mannschaften vom Feldwebel abwärts).

1. Die Zeughausbüchsenmacher.	1. Die Büchsenmacher bei den Marinetheilen.
2. Die Büchsenmacher und Sattler bei den Truppen.	
3. Die Waffenmeister.	

Außerdem im Kriege und während des mobilen Zustandes.

4. Die Obersetzer, Oberdrucker und Drucker beim Chef des Generalstabs des Feldheeres und bei	2. Die dem mobilen Büreau des Admiralstabs der Marine zugetheilten etatsmäßigen Civilun=

Beim Reichsheere	Bei der Marine.
einem Armeeoberkommando.	terbeamten der Marine.
5. Die nicht zu den Personen des Soldatenstandes gehörigen, bei dem Militäreisenbahnwesen zur Anstellung kommenden unteren Beamten, als:	3. Die Beobachter (bei den Küstenbeobachtungsstationen).
a) die Werkmeister*), Wagenmeister und Magazinaufseher,	
b) die Lokomotivführer, Zugführer, Packmeister, Telegraphisten,	
c) die Zimmermeister und die Maurermeister,	
d) die Zeichner, Kanzlisten und Drucker,	

*) Anmerkung. Als Maschineningenieure können der Militäreisenbahnverwaltung auch solche Beamte mit höherer technischer Vorbildung überwiesen werden, welche in ihrem Civildienstverhältnisse vorübergehend als Werkmeister thätig sind.

Beim Reichsheere.	Bei der Marine.
e) die Schaffner, Telegraphenvorarbeiter, Oberbauvorarbeiter, Güterbodenvorarbeiter, Heizer, Maschinenwärter,	
f) die Rangirer, Weichensteller, Bahnwärter, Bremser, Oberbauarbeiter, Werkstattarbeiter, Güterbodenarbeiter, Maschinenputzer und Wagenschmierer.	
Die unter Nr. 5 aufgeführten Beamten sind nach Maßgabe der bestehenden Ressortverhältnisse auch denjenigen Beamten untergeordnet, welche an Stelle von Militärbefehlshabern zur Anstellung kommen.	
6. Die Maschinenwärter für Panzerbatterien.	
7. Die Meister und Arbeiter bei den Reparaturwerkstätten des Belagerungstrains.	

Beim Reichsheere.	Bei der Marine.
8. Die Unterbeamten bei den Bekleidungsämtern und den Festungsgefängnissen in Festungen, welche in Belagerungszustand erklärt sind.	

II. Militärbeamte, welche in einem doppelten Unterordnungsverhältnisse stehen, und zwar einerseits zu den ihnen vorgesetzten Militärbefehlshabern, andererseits zu den ihnen vorgesetzten höheren Beamten oder Behörden.

A. Obere Militärbeamte
(im Offizierrange).

1. Die Korpsintendanten, die Vorstände der Divisionsintendanturen und der Intendantur der Verkehrstruppen sowie deren Vertreter.	1. Die Marine-Intendanten und deren Vertreter.
2. Die Kriegs- und Oberkriegsgerichtsräthe.	2. Die Marine-Oberkriegsgerichtsräthe und Kriegsgerichtsräthe.
3. Die Militärgerichtsschreiber.	3. Die Marinegerichtsschreiber.
	4. Die Marine-Oberpfarrer und -Pfarrer.

Beim Reichsheere.	Bei der Marine.
4. **Preußen und Sachsen:** die Militäroberpfarrer, die Divisions-, Garnison-, Kadetten- und Anstaltspfarrer. **Bayern und Württemberg:** siehe II A 17.	5. Die Marine-Stabszahlmeister, Oberzahlmeister und Zahlmeister, } soweit sie nicht lediglich als Geschwadersekretäre fungiren; siehe I A 3.
5. Die Korpsstabsapotheker und die Garnisonapotheker.	6. Die auf Schiffen der Marine zur Verrichtung dienstlicher Funktionen eingeschifften oberen Civilbeamten sowie die unter III A 7 bis 17 genannten eingeschifften Militärbeamten der Marine.

Außerdem im Kriege und während des mobilen Zustandes.

6. Bei den Feldintendanturen: a) die Armee-, Etappen-, Feld- und Divisionsintendanten sowie sämmtliche Feldintendanturräthe und die mit der Stelle eines etatsmäßigen Feldin-	7. Die Telegraphensekretäre und Assistenten bei den Kriegsküstentelegraphenstationen, welche von der Oberpostdirektion gestellt werden.

Beim Reichsheere.	Bei der Marine.
tendanturraths beliehenen Beamten, b) die Sekretäre, c) die Assistenten. 7. Die stellvertretenden Intendanten, der Vorstand der Intendantur des stellvertretenden Generalstabs sowie deren Vertreter. 8. Die oberen Beamten bei den Feldkriegskassen, als: a) die Kriegszahlmeister, b) die Kassirer, c) die Kassirer und Buchhalter, d) die Buchhalter, e) die Kassenassistenten, f) die Buchhalter bei den Betriebsabtheilungen der Militäreisenbahndirektionen, falls sie nicht zu den Personen des Soldatenstandes gehören. 9. Die oberen Beamten	

Beim Reichsheere.	Bei der Marine.
bei den Feld- und Etappenmagazinanstalten, einschließlich der Feldbäckereiämter und der Magazine auf den Sammelstationen, als: a) die Feldproviantmeister, b) die Feldmagazinrendanten, c) die Feldmagazinkontroleure, d) die Feldmagazinassistenten.	
10. Die oberen Beamten bei den Feld- und Etappenlazarethanstalten, den Güterdepots der Sammelstationen und den Sanitätszügen, als: a) die Lazarethpfarrer, b) die Feldlazarethinspektoren, c) die Feldlazarethrendanten, d) die Feldapotheker.	
11. Die den stellvertretenden	

Beim Reichsheere.	Bei der Marine.
Korpsgeneralärzten beigegebenen stellvertretenden Korpsstabsapotheker und die Feldstabsapotheker.	
12. Die oberen Beamten bei den Feld- und Etappentelegraphenbehörden, als: a) die Telegraphendirektoren, b) die Telegrapheninspektoren, c) die Telegraphensekretäre, d) die Telegraphenassistenten.	
13. Bei dem Chef der Militärtelegraphie: die Telegraphensekretäre.	
14. Die oberen Beamten bei den Feldpostanstalten, als: a) der Feldoberpostmeister, b) die Feldoberpostinspektoren,	

Beim Reichsheere.	Bei der Marine.
c) die Armeepost=direktoren,	
d) die Armeepost=inspektoren,	
e) die Feldpostmeister,	
f) die Feldoberpost=sekretäre,	
g) die Feldpostsekretäre,	
h) die Roßärzte (**Bayern:** Veterinäre) der Post=pferdedepots.	
15. Der Feldpolizeidirektor und die Feldpolizei=kommissare im großen Hauptquartiere.	
16. Die Intendantur= und oberen Proviantamts=beamten sowie die der gleichen Beamtengattung angehörigen Beamten der Konservenfabriken, die Beamten der Garni=sonbauverwaltung, die Garnisonverwaltungs= und Lazarethbeamten in Festungen, welche in Be=	

Beim Reichsheere.	Bei der Marine.
lagerungszustand erklärt sind; ferner: 17. **Bayern und Württemberg:** die Feldgeistlichen.	

B. Untere Militärbeamte

(im Range der Mannschaften vom Feldwebel abwärts).

1. Die Unterapotheker und Militärapotheker einschließlich der einjährig-freiwilligen Militärapotheker. 2. **Preußen und Sachsen:** die Divisions-, Garnison- und Anstaltsküster, die Militärgerichtsboten. **Bayern:** die Militärgerichtsboten. **Württemberg:** die Militärgerichtsboten, weiter siehe II B 11.	1. Die Marine-Küster. 2. Die Marine-Gerichtsboten. 3. Die auf Schiffen der Marine zur Verrichtung dienstlicher Funktionen eingeschifften unteren Civilbeamten sowie die unter III B 9 genannten eingeschifften Militärbeamten der Marine.

24*

Beim Reichsheere.	Bei der Marine.
Außerdem im Kriege und während des mobilen Zustandes.	
3. Die Kassendiener bei den Feldkriegskassen.	
4. Die Feldbackmeister und die Feldmagazinaufseher bei den Feld- und Etappenmagazinanstalten sowie bei den Magazinen auf den Sammelstationen.	
5. Die Feldpostschaffner bei den Feldpostanstalten.	
6. Die Polizeibeamten im großen Hauptquartier und bei den Etappeninspektionen.	
7. Die chirurgischen Instrumentenmacher und die Apothekenhandarbeiter bei den Feld- und Etappenlazarethanstalten.	
8. Die Telegraphenvorarbeiter und Arbeiter bei der Feld- und Etappentelegraphie.	
9. Die Feldpostillone bei den Feldpostanstalten.	

Beim Reichsheere.	Bei der Marine.
10. Die Unterbeamten der Proviantämter und Konservenfabriken, der Garnison- und Lazarethverwaltungen in Festungen, welche in Belagerungszustand erklärt sind;	
ferner:	
11. **Württemburg:** die Feldküster.	

III. Militärbeamte, welche nur den ihnen vorgesetzten höheren Beamten und Behörden untergeordnet sind.

A. Obere Militärbeamte

(im Offizierrange.)

1. **Deutsches Reich:** beim Reichsmilitärgerichte: die Senatspräsidenten, die Reichsmilitärgerichtsräthe, der Obermilitäranwalt, die Militäranwalte, die Obersekretäre (Militärgerichtsschreiber).	1. Die Marine-Intendanturräthe, 2. die Marine-Intendanturassessoren, 3. die Marine-Intendanturreferendare, } soweit sie nicht unter die Kategorie I A 1 und II A 1 fallen. 4. Die Marine-Intendan-

Beim Reichsheere.

2. **Preußen:**
bei den Militärintendanturen:
a) der Oberintendanturrath und Vorstand der Intendantur der militärischen Institute,
b) die Intendanturräthe und Assessoren,
c) die Referendare,
d) die Sekretäre,
} soweit sie nicht unter die Kategorie II A 1 fallen.
e) die Registratoren;
ferner:
Bayern:
a) der Oberintendanturrath und Vorstand der Intendantur der militärischen Institute,
b) die Intendanturräthe und Assessoren,
c) die Sekretäre,
} soweit sie nicht unter die Kategorie II A 1 fallen.

Bei der Marine.

tursekretäre, soweit sie nicht unter die Kategorie I A 4 fallen.
5. Die Marine-Intendanturregistratoren.
6. Die Oberlootsen der Marine, soweit sie nicht unter die Kategorie I A 2 fallen.
7. Die Ressortdirektoren,
8. die Betriebsdirektoren,
9. die Bauinspektoren,
10. die Baumeister,
11. die Bauführer,
} für Schiffbau und Maschinenbau } Die eingeschifften Beamten stehen im doppelten Unterordnungsverhältnisse; siehe II A 6.

Beim Reichsheere.

d) die Registratoren.

Sachsen:

a) beim Kriegsministerium:
die vortragenden Räthe einschließlich des vortragenden Bauraths,
die Expedienten,
die Kalkulatoren,
die Registratoren,
der Kanzleivorsteher;

b) beim Kriegszahlamte:
die Sekretäre;

c) bei den Militärintendanturen:
die Intendanturräthe und Assessoren,
die Referendare,
die Sekretäre,
} soweit sie nicht unter die Kategorie II A 1 fallen,
die Registratoren;

d) der Expedient bei dem Militärbevollmächtigten in Berlin.

Bei der Marine.

12. die Ressortdirektoren,
13. die Bauinspektoren,
} für Hafenbau.

14. die Obermeister,
15. die Werkmeister,
} zu 12 bis 15, welche vor dem 1. April 1880 angestellt sind,

16. die Werftbetriebssekretäre,
17. die Werftschreiber
} bei den Werften, zu 16 und 17, welche vor dem 1. April 1880 Werftsekretäre oder Büreauassistenten waren.

} Die eingeschifften Beamten stehen im doppelten Unterordnungsverhältnisse; siehe II A 6.

Beim Reichsheere.

Württemberg:

a) beim Kriegsministerium:
die vortragenden Räthe,
die Expedienten,
die Registratoren;

b) beim Kriegszahlamte:
der Kriegszahlmeister,
der Kassirer,
die Buchhalter;

c) bei den Militärintendanturen:
die Intendanturräthe und Assessoren, soweit sie nicht unter die Kategorie II A 1 fallen,
der Intendantur- und Baurath,
die Sekretäre, soweit sie nicht unter die Kategorie II A 1 fallen,
die Registratoren;

d) der Expedient bei

Bei der Marine.

18. Die Garnisonbaubeamten, welche vor dem 1. April 1880 angestellt sind.

Beim Reichsheere.	Bei der Marine.
dem Militärbevollmächtigten in Berlin.	
3. **Preußen:** der evangelische und der katholische Feldpropst der Armee.	

Außerdem im Kriege und während des mobilen Zustandes.

4. **Preußen:** die im mobilen Büreau des Kriegsministers sich befindenden Räthe, die den mobilen Büreaus des Kriegsministers und des vortragenden Generaladjutanten des Kaisers zugetheilten Geheimen expedirenden Sekretäre, Geheimen Registratoren und Geheimen Kanzleisekretäre.	19. Die oberen Werftbeamten, soweit sie nicht bereits zu den unter III A 7 bis 17 und II A 6 aufgeführten Kategorien gehören, einschließlich der Sekretariats- und Registraturapplikanten (A. K. O. vom 31. März 1880). 20. Die den mobilen Büreaus des Staatssekretärs des Reichs-Marine-Amts und des Chefs des Marine-Kabinets zugetheilten Geheimen expedirenden Sekretäre, Geheimen Registratoren und Geheimen Kanzleisekretäre.

Beim Reichsheere.	Bei der Marine.
Sachsen: die im mobilen Stabe des Kriegsministers sich befindenden Räthe und die demselben zugetheilten Kanzleibeamten.	21. Die etatsmäßigen oberen Civilbeamten der Marine in solchen Marine-Kriegshafengebieten, welche in Belagerungszustand erklärt worden sind. 22. Die Marine-Intendantursekretariatsapplikanten. 23. Die auf Kriegsschiffen fungirenden Civiloberlootsen.

B. Untere Militärbeamte

(im Range der Mannschaften vom Feldwebel abwärts).

Deutsches Reich: beim Reichsmilitärgerichte: der Botenmeister, die Boten.	beim Marine-Lootsen- und Seezeichenwesen: 1. Die Lootsen I. und II. Klasse, 2. die Hafenlootsen, 3. der Materialienverwalter, 4. die Maschinisten, 5. die Schiffsführer 6. Die Steuerleute. 7. Die Untersteuerleute,

Beim Reichsheere.	Bei der Marine.
	8. Der Vorsteher des Brieftaubenwesens.
	9. Die Magazinaufseher bei den Werften, welche vor dem 1. April 1880 in diese Stellen eingetreten sind; die eingeschifften Beamten stehen im doppelten Unterordnungsverhältnisse; siehe II B 3.
	10. Die Magazinaufseher der Bekleidungs- und Verpflegungsämter, welche vor dem 1. April 1880 in diese Stellen eingetreten sind.

Außerdem im Kriege und während des mobilen Zustandes.

Preußen: die Kanzleidiener bei den mobilen Büreaus des Kriegsministers und des vortragenden Generaladjutanten des Kaisers.	11. Die unteren Werftbeamten, soweit sie nicht bereits zu den unter III B 9 und II B 3 aufgeführten Kategorien gehören (A. K. O. vom 31. März 1880).
	12. Die dem mobilen Büreau

Beim Reichsheere.	Bei der Marine.
	des Staatssekretärs des Reichs-Marine-Amts und des Chefs des Marine-Kabinets zugetheilten Civilunterbeamten der Marine.
	13. Die etatsmäßigen unteren Civilbeamten der Marine in solchen Marine-Kriegshafengebieten, welche in Belagerungszustand erklärt worden sind.
	14. Die Führer, 15. die Maschinisten, 16. die Heizer, 17. die Matrosen } auf den Dampfern „Langlütjen" und „Bombe" und dem „Torpedowerkstattsdampfer.
	18. Die Heizer, 19. die Matrosen } auf dem Dampfer „Friedrichsort".
	20. Die Maschinenwärter und Heizer bei den Beleuchtungsanlagen in den Weserforts, den Haubitz-

Beim Reichsheere.	Bei der Marine.
	batterien Wilhelmshaven und den Beleuchtungswagen und Scheinwerfern der Artilleriedepots; sowie die hierbei beschäftigten Civilarbeiter.

21. Die Lootsenaspiranten,
22. die Zimmerleute,
23. die Köche,
24. die Oberheizer und Heizer,
25. die Obermatrosen und Matrosen

} beim Marine-Lootsen- und Seezeichenwesen.

26. Die auf Krigsschiffen fungirenden Civillootsen und Civillootsenaspiranten.

Sachregister.

(EG. bedeutet Einführungsgesetz z. MStrGB.; die großen Zahlen bezeichnen die §§, die klein gedruckten die Noten zu denselben.)

A.

B.

C.

G.

P.

S.

U.

Herrosé & Ziemsen, Wittenberg.

Verzeichniß

der

Guttentag'schen Sammlung

Deutscher Reichsgesetze

und

Preußischer Gesetze.

Text-Ausgaben mit Anmerkungen
und Sachregister.

Taschenformat.

Berlin.
J. Guttentag, Verlagsbuchhandlung,
G. m. b. H.

5. Allgemeine Deutsche **Wechselordnung.** Achte Auflage von Justizrath Dr. **J. Stranz** und Rechtsanwalt Dr. **M. Stranz,** und das Reichsgesetz über die **Wechselstempelsteuer.** Von Regierungsrath **P. Loeck.** Siebente Auflage. 3 M.

6. **Gewerbeordnung** für das Deutsche Reich nebst allen Ausführungsbestimmungen. Ursprünglich herausgegeben von **T. Ph. Berger** und Dr. **L. Wilhelmi.** Sechszehnte Auflage bearbeitet von Oberverwaltungsgerichtsrath **H. Spangenberg.** 3 M.

7. Die deutsche **Post- und Telegraphen-Gesetzgebung.** Nebst dem Weltpostvertrag und dem internationalen Telegraphenvertrag. Von Wirkl. Geh. Rath Dr. **Fischer.** Fünfte Auflage bearbeitet von Geh. Postrath Dr. **M. König.** 3 M.

8. Die Reichsgesetze über den **Unterstützungswohnsitz** in der Fassung der Novelle vom 12. März 1894, **die Freizügigkeit, den Erwerb und Verlust der Bundes- und Staatsangehörigkeit,** nebst allen landesgesetzlichen Bestimmungen. Von Geheimrath Dr. **J. Krech,** Mitglied des Bundesamtes für das Heimathwesen. Fünfte Auflage. 2 M. 70 Pf.

9a. Sammlung **kleinerer privatrechtlicher Reichsgesetze.** Von **F. Vierhaus.** Zweite Auflage in Vorbereitung.

9. Sammlung **kleinerer strafrechtlicher Reichsgesetze.** Mit den Entscheidungen des Reichsgerichts bearbeitet von **M. Werner,** Geh. Ober-Regierungsrath. Zweite Auflage. 3 M.

Inhalt: Inhaberpapiere — Presse — Personenstand — Urheberrechtsgesetzgebung — Rinderpest — Nahrungs- und Genußmittel — Sprengstoff — Feingehalt von Gold- und Silberwaaren — Patentgesetz — Handfeuerwaffen — Gebrauchsmusterschutz — Militärische Geheimnisse — Waarenbezeichnung — unlauterer Wettbewerb — Auswanderung — Margarine — Wein — Sklavenraub — Fleischbeschau — Reichsseuchengesetz — Süßstoff — Reichskassenscheine.

10. Das **Reichsbeamtengesetz** vom 31. März 1873 und seine Ergänzungen. Erläutert von **J. Pieper,** Geh. Ober-Regierungsrath. Zweite Auflage. 4 M. 50 Pf.

11. **Civilprozeßordnung mit Gerichtsverfassungsgesetz** und den Einführungsgesetzen. Unter besonderer Berücksichtigung der Entscheidungen des Reichsgerichts herausgegeben mit Anmerkungen von **R. Sydow,** Unterstaatssekretär und **L. Busch,** Kammergerichtsrath. Neunte Auflage. 8⁰. 5 M.

Dieser Band ist in größerem Format erschienen!

12. **Strafprozeßordnung und Gerichtsverfassungsgesetz** nebst dem Gesetz, betreffend die Entschädigung der im Wiederaufnahmeverfahren freigesprochenen Personen. Von **A. Hellweg,** Reichsgerichtsrath. Zwölfte Auflage. 2 M.

13. **Konkursordnung und Anfechtungsgesetz.** Unter besonderer Berücksichtigung der Entscheidungen des Reichsgerichts herausgegeben mit Anmerkungen von **R. Sydow** u. **L. Busch.** Neunte Auflage. 2 M. 25 Pf.

14. **Gerichtsverfassungsgesetz** mit Einführungsgesetz, Nebengesetzen und Ergänzungen. Herausgegeben von **R. Sydow** u. **L. Busch.** Achte Auflage. 1 M. 20 Pf.

15. Das **Deutsche Gerichtskostengesetz** nebst den Gebührenordnungen für Gerichtsvollzieher, Zeugen und Sachverständige. Herausgegeben mit Anmerkungen und Kostentabellen von **R. Sydow** u. **L. Busch.** Sechste vermehrte Auflage. 1 M. 50 Pf.

16. **Rechtsanwaltsordnung.** Von **R. Sydow.** Vierte Auflage von Dr. **E. Mosler.** 1 M. 20 Pf.

17. Die **Deutsche Gebührenordnung für Rechtsanwälte und das Preußische Gebührengesetz** vom 27. September/6. Oktober 1899. Von **R. Sydow** und **L. Busch.** Sechste Auflage. 1 M. 50 Pf.

18. **Reichsstempelgesetz (Börsensteuergesetz)** v. 14. Juni 1900, mit den Ausführungsbestimmungen, einem Auszug aus den Gesetzes-Materialien und den Entscheidungen der Verwaltungsbehörden und des Reichsgerichts. Achte Auflage von **P. Loeck,** Regierungsrath. 3 M. 30 Pf.

19. Die **Seegesetzgebung.** Nebst den Entscheidungen des Reichsoberhandelsgerichts, des Reichsgerichts und der Seeämter. Von Dr. **W. E. Knitschky.** Dritte Auflage bearbeitet von Oberlandesgerichtsrath Dr. **Otto Rudorff** in Hamburg. 4 M. 50 Pf.

20. **Krankenversicherungsgesetz.** Von Dr. **E. von Woedtke,** Präsident des Kaiserl. Aufsichtsamts für Privatversicherung. Neunte Auflage. 2 M. 25 Pf.

21. Die **Konsulargesetzgebung.** Von Professor Dr. **Ph. Zorn.** Zweite Auflage. 3 M.

22a. **Patentgesetz.** Gesetz, betreffend den Schutz von Gebrauchsmustern. Gesetz, betreffend das Urheberrecht an Mustern und Modellen. Nebst Ausführungsbestimmungen unter Berücksichtigung der Rechtsprechung des Reichsgerichts und der Praxis des Patentamts. Erläutert von Dr. **R. Stephan,** Geh. Reg.-Rath, Mitglied des Kaiserlichen Patentamts. Fünfte Auflage. 2 M.

22b. Gesetz zum **Schutz der Waarenbezeichnungen.** Nebst Ausführungsbestimmungen. Von Dr. **R. Stephan,** Geh. Reg.-Rath, Mitglied des Kaiserlichen Patentamts. Vierte Auflage. 1 M.

23. **Gewerbe-Unfallversicherungsgesetz** und Gesetz, betr. die Abänderung der Unfallversicherungsgesetze vom 30. Juni 1900 nebst Ausführungsverordnungen. Von Dr. **E. v. Woedtke,** Präsident des Kaiserl. Aufsichtsamts für Privatversicherung. Siebente Auflage. 2 M. 50 Pf.

24. **Aktiengesellschaft und Kommanditgesellschaften auf Aktien.** (Handelsgesetzbuch, II. Buch, Abschnitt 3

und 4.) Mit Anmerkungen von **H. Keyssner,** Kammergerichtsrath und Dr. **H. Veit Simon,** Rechtsanwalt. Fünfte Auflage. Bearbeitet von Dr. **Hugo Keyssner** und **L. Keyssner.** 2 M. 25 Pf.

25. Reichsgesetz wegen **Erhebung der Brausteuer** vom 31. Mai 1872 mit Ausführungsvorschriften. Von **E. Bertho,** Regierungsrath. 1885. 1 M. 60 Pf.

26. Die Reichsgesetzgebung über **Münz- und Notenbankwesen,** Papiergeld, Prämienpapiere und Reichsschulden. Von Dr. jur. **R. Koch,** Präsident des Reichsbankdirektoriums. Vierte Auflage. 3 M.

27. Die Gesetzgebung, betr. das **Gesundheitswesen** im Deutschen Reich für Behörden, Aerzte zc. Von Dr. jur. **C. Goesch** und Dr. med. **J. Karsten.** 1888. 1 M. 60 Pf.

28. **Bau-Unfallversicherungsgesetz.** Vom 30. Juni 1900. Von **R. Chrzescinski,** Kaiserl. Regierungsrath. Dritte Auflage. 2 M.

29. Reichsgesetz, betr. die **Erwerbs- und Wirthschaftsgenossenschaften.** Von **L. Parisius** und Dr. **H. Crüger.** Zehnte Auflage bearbeitet von Dr. **H. Crüger.** 1 M. 50 Pf.

30. **Invalidenversicherungsgesetz** vom 13. Juli 1899. Von Dr. **E. v. Woedtke,** Präsident des Kaiserlichen Aufsichtsamts für Privatversicherung. Neunte Auflage. **2 M. 50 Pf.**

31. **Gewerbegerichtsgesetz.** Von Stadtrath **L. Mugdan.** Fünfte Auflage bearbeitet von **W. Cuno,** Erstem Bürgermeister zu Hagen i. W. 2 M.

32. Reichsgesetz, betr. die **Gesellschaften mit beschränkter Haftung.** Von **L. Parisius** und Dr. **H. Crüger.** Sechste Auflage. 1 M. 25 Pf.

33. Das **Vereins- und Versammlungsrecht** in Deutschland. **Von Dr. E. Ball,** Rechtsanwalt. 2 M. 25 Pf.

34. Reichsgesetz, betreffend die **Abzahlungsgeschäfte.** Vom 16. Mai 1894. Von **J. Hoffmann.** Zweite vermehrte Auflage besorgt von Dr. **E. Wilke,** Landgerichtsrath. 1 M. 20 Pf.

35. Die **Reichs-Eisenbahngesetzgebung.** Von **W. Coermann,** Kaiserl. Amtsrichter. 1895. 2 M. 25 Pf.

36. Gesetze, betr. die **privatrechtlichen Verhältnisse der Binnenschifffahrt und der Flößerei.** Erläutert von **H. Makower.** Zweite Auflage bearbeitet von **E. Löwe,** Landgerichtsrath. 2 M.

37. Gesetz zur **Bekämpfung des unlauteren Wettbewerbes.** Vom 27. Mai 1896. **Von Dr. R. Stephan,** Geh. Regierungsrath. Zweite Auflage. 80 Pf.

38/39. **Bürgerliches Gesetzbuch nebst Einführungsgesetz.** In Verbindung mit Professor Dr. **André,** Geh. Justizrath **Greiff,** Amtsrichter **Ritgen,** Regierungsrath Dr. **Unzner** herausgegeben von Reichsgerichtsrath Dr. **A. Achilles †.** Dritte vermehrte Auflage. 8⁰. 6 M.

Dieser Band ist in größerem Format erschienen!

40. Gesetz, betr. die **Pflichten der Kaufleute bei Aufbewahrung fremder Werthpapiere (Depotgesetz).** Mit Erläuterungen. Von **F. Lusensky,** Geh. Regierungsrath. 90 Pf.

41. **Börsengesetz.** Vom 22. Juni 1896. Nebst Ausführungsbestimmungen. Unter Mitwirkung des Direktors im Reichsamt des Innern **A. Wermuth** bearbeitet von Regierungsrath **H. Brendel.** Zweite Auflage in Vorbereitung.

42. **Grundbuchordnung** nebst den preußischen Ausführungsbestimmungen. Mit Einleitung. Von Professor Dr. **O. Fischer.** Zweite Auflage. 1 M. 80 Pf.

43. Die Gesetzgebung, betr. die **Zwangsvollstreckung in das unbewegliche Vermögen** im Reiche und in Preußen. Mit Einleitung, Kosten- und Gebührentabellen. Von Dr. **J. Krech,** Kaiserl. Geh. Regierungsrath und Professor Dr. **O. Fischer.** Dritte Auflage. 2 M.

44. Das Reichsgesetz über das **Auswanderungswesen** vom 9. Juni 1897 nebst Ausführungsverordnungen und Anlagen. Unter Benutzung amtlicher Quellen. Von Professor Dr. **Felix Stoerk.** 2 M. 25 Pf.

45. Das **Entmündigungsrecht** unter Berücksichtigung der für Preußen geltenden Vorschriften nebst der preußischen Justiz-Ministerial-Verfügung vom 28. November 1899. Text der civil- und prozeßrechtlichen Bestimmungen mit Erläuterungen von Landgerichtsrath Dr. **P. Koll** in Cöln. 1 M. 50 Pf.

46. Die Gesetze des Reiches und Preußens über die **freiwillige Gerichtsbarkeit.** Mit Einleitung von **Herm. Jastrow,** Amtsgerichtsrath. Dritte Auflage. 3 M.

47. Das **deutsche Vormundschaftsrecht** und das preuß. Gesetz über die Fürsorgeerziehung Minderjähriger nebst den dazu gehörigen preußischen Nebengesetzen. Mit Einleitung und Erläuterungen von **Max Schultzenstein,** Oberverwaltungsgerichtsrath und Amtsgerichtsrath Dr. **Paul Köhne.** Zweite Auflage. 3 M.

48. Gesetze und Verordnungen, betr. den **Drogen-, Gift- und Farbenhandel** außerhalb der Apotheken. Von Dr. **Broh,** Rechtsanwalt. 1 M. 25 Pf.

49. Deutsche **Kolonialgesetzgebung.** Von Professor Dr. **Philipp Zorn.** 4 M. 50 Pf.

50. Der **Viehkauf** (Viehgewährschaft) nach dem Bürgerlichen Gesetzbuche. Mit Erläuterungen von Rechtsanwalt Dr. **H. Stölzle.** Nebst Verordn. betr. die Hauptmängel und Gewährsfristen beim Viehhandel. Von **H. Weiskopf,** Königl. Kreisthierarzt in Augsburg. Zweite Auflage. 2 M.

51. **Hypothekenbankgesetz** vom 13. Juli 1899. Von Dr. **H. Göppert,** Gerichts-Assessor. 1 M. 80 Pf.

52. Gesetz, betreffend die gemeinsamen **Rechte der Besitzer von Schuldverschreibungen.** Von Dr. **Heinrich Göppert,** Gerichts-Assessor. 2 M.

53. **Reichspreßgesetz** vom 7. Mai 1874 nebst den einschlägigen Bestimmungen des Strafgesetzbuchs, der Gewerbeordnung 2c. Kommentar von **A. Born,** Polizeiassessor. 1 M. 50 Pf.

54. Die Reichsgesetzgebung über den Verkehr mit **Nahrungsmitteln, Genußmitteln** und **Gebrauchsgegenständen.** Von Dr. **Georg Lebbin,** Nahrungsmittelchemiker. 2 M. 25 Pf.

55. Das Recht der **Beschlagnahme von Lohn- und Gehaltsforderungen.** Auf Grundlage der Reichsgesetze vom 21. Juni 1869 u. 29. März 1897 und der Civilprozeßordnung. Von Rechtsanwalt **Georg Meyer.** 1 M. 50 Pf.

56. Gesetz, betr. die **Bekämpfung gemeingefährlicher Krankheiten.** Nebst Ausführungsbestimmungen. Von Dr. **Bruno Burkhardt,** Regierungsrath, Mitglied des Kais. Gesundheitsamts. 1 M. 40 Pf.

57. **See-Unfallversicherungsgesetz.** Von **Dr. Max Mittelstein,** Oberlandesgerichtsrath in Hamburg. 2 M.

58. **Das Recht der unehelichen Kinder.** Ausgabe aller einschlägigen Bestimmungen des B.G.B. Von **Hermann Jastrow,** Amtsgerichtsrath zu Berlin. 1 M. 80 Pf.

59. Reichsgesetz über die **Beurkundung des Personenstandes und die Eheschließung.** Von Dr. **F. Fidler,** Amtsgerichtsrath. 1 M. 80 Pf.

60. Gesetz, betreffend das **Urheberrecht an Werken der Litteratur und der Tonkunst.** Von Gerichtsassessor **Otto Lindemann.** 1 M. 50 Pf.

61. Gesetz über das **Verlagsrecht.** Von Justizrath **Ernst Heinitz.** 1 M. 50 Pf.

62. Gesetz über die **privaten Versicherungsunternehmungen.** Von **H. Könige,** Oberlandsgerichtsrath. 3 M.

63. **Gesetzestafel des Deutschen Reichsrechts.** Systematisch geordnete Nachweisung des z. Z. geltenden Reichsrechts. Ergänzungsband zu der Guttentag'schen Sammlung Deutscher Reichsgesetze. Von **Hugo Bruhns,** Syndikus. 2 M. 50 Pf.

64. Gesetzsammlung betr. den **Handel mit Drogen und Giften.** Reichsgesetzliche Bestimmungen und Anhang mit den landesgesetzlichen Verordnungen sämmtlicher Bundesstaaten. Von Rechtsanwalt **H. Sonnenfeld,** Syndikus der Berliner Drogisten-Innung. 3 M.

65. Das **Weingesetz** vom 24. Mai 1901. Mit Ausführungsbestimmungen erläutert von Dr. **Georg Lebbin,** Handels- und Gerichtschemiker zu Berlin. 1 M. 50 Pf.

66. Die **Eisenbahn-Gesetzgebung** des Deutschen Reichs. Von **W. Pietsch,** Geh. exp. Sekretär im Reichs-Eisenbahn-Amt. 5 M.

67. **Militär-Strafgesetzbuch** für das Deutsche Reich. Unter Berücksichtigung der Entscheidungen des Reichs-Militärgerichts bearbeitet von Dr. **Paul Herz,** Senats-Präsident am Reichs-Militärgericht und Kriegsgerichtsrath Dr. **Georg Ernst.** 3 M.

68. Das **Fleischbeschaugesetz.** Vom 3. Juli 1900. Mit den ergangenen Ausführungsgesetzen und Verordnungen im Reiche und in Preußen. Erläutert von Dr. **Georg Lebbin,** Gerichtschemiker und Rechtsanwalt Dr. **Georg Baum.** Im Druck.

69. Reichsgesetz über die **Naturalleistungen der bewaffneten Macht im Frieden** nebst den zugehörigen in Preußen geltenden Bestimmungen. Von Regierungsassessor Dr. **Walter v. Hippel.** ca. 1 M. 25 Pf.

Guttentag'sche Sammlung

Preußischer Gesetze.

Text-Ausgaben mit Anmerkungen. Taschenformat.

---

1. Die **Verfassungs-Urkunde** für den Preußischen Staat. Mit Einleitung, vollständigem Kommentar. Von Prof. Dr. **Adolf Arndt.** Vierte Auflage. 2 M. 50 Pf.

2. Preußische **Beamten-Gesetzgebung.** Enthaltend die wichtigsten Beamtengesetze in Preußen. Von **C. Pfafferoth.** Dritte Auflage. 1 M. 50 Pf.

3. Die **Zwangsvollstreckung in das unbewegliche Vermögen.** Von Dr. **J. Krech** und Prof. Dr. **O. Fischer.** Vergriffen. Siehe: Reichsgesetze Nr. 43.

4. **Gebührenordnung** für **Notare** vom 25. Juni 1895 nebst den einschlägigen Vorschriften des Preußischen Gerichtskostengesetzes. Von **R. Sydow.** Zweite Auflage bearbeitet von Dr. **E. Mosler,** Gerichtsassessor. 1 M. 50 Pf.

5. Gesetz vom **24. April 1854 (betr. die außereheliche Schwängerung).** Von Dr. **Schulze.** 75 Pf.
   Seit dem 1. Januar 1900 gültiges Recht siehe: Reichsgesetze Nr. 58.

6. Die Preuß. **Ausführungsgesetze und Verordnungen zu den Reichs-Justizgesetzen.** Von **R. Sydow.** Dritte vermehrte Auflage. 1895. 2 M. 40 Pf.
   Siehe Seite 21, Busch, Ausführungsgesetze.

7. **Allg. Gerichtsordnung** vom 6. Juli 1793 und Preuß. **Konkursordnung** vom 8. Mai 1885. Von **F. Vierhaus,** Geh. Ober-Justizrath. Vergriffen.

8. **Vormundschaftsordnung.** Von **F. Schultzenstein.** Gültiges Recht siehe: Reichsgesetze Nr. 47.

9. Die Preußische **Grundbuchgesetzgebung.** Von Prof. Dr. **Fischer.** Vergriffen. Siehe: Reichsgesetze Nr. 42.

10. **Einkommensteuergesetz.** Von **A. Fernow,** Geh. Finanzrath. Fünfte Auflage. 2 M. 50 Pf.

11. **Gewerbesteuergesetz.** Von **A. Fernow,** Geh. Finanzrath. Dritte Auflage. 1 M. 25 Pf.

12. **Allgemeines Berggesetz** für die preußischen Staaten und die auf dasselbe bezüglichen Gesetze und Verordnungen. Von **E. Engels.** Dritte Auflage. In Vorbereitung.

13. **Ergänzungssteuergesetz** (Vermögenssteuergesetz). Von **A. Fernow,** Geh. Finanzrath. Dritte vermehrte Auflage. 1 M. 50 Pf.

14. **Kommunalabgabengesetz.** Vom 14. Juli 1893 und Gesetz wegen Aufhebung direkter Staatssteuern. Von Dr. **F. Adickes,** Oberbürgermeister. Dritte Auflage. 1 M. 50 Pf.

15. Die **Kreisordnungen** für den Preußischen Staat. Von **O. Kolisch,** Landgerichtsrath. 1894. 4. M.

16. **Concessionirung gewerblicher Anlagen.** Preuß. Ausführungs-Anweisung zu §§. 16 u. ff. der Gewerbe-Ordnung. Von Dr. **W. v. Rüdiger,** Geh. Regierungs- u. Gewerberath. Zweite Auflage. 2 M.

17 Preußisches **Gerichtskostengesetz.** Mit Kostentabellen. Von Dr. **P. Siméon,** Landrichter. Dritte Auflage. 1 M. 80.

18. Preußisches **Stempelsteuergesetz** vom 31. Juli 1895 Mit den gesammten Ausführungsbestimmungen und vollständigen Tabellen. Von **P. Loeck,** Regierungsrath. Fünfte Auflage 5 M.

Dieser Band ist in grösserem Format erschienen.

19 Das **Jagdscheingesetz.** Mit ausführlichen Erläuterungen nebst der Ausführungsverfügung. Von **F. Kunze,** Wirklichem Geh. Ober-Regierungsrath. Zweite Auflage. 2 M.

20 Gesetz, betr. die **Erbschaftssteuer.** Unter Berücksichtigung der Novelle vom 31. Juli 1895. Von Regierungsrath **P. Loeck.** 1 M. 80 Pf.

21 Gesetz über die **Handelskammern.** Vom 19. August 1897 Mit Erläuterungen von **F. Lusensky,** Geh. Regierungsrath. 3 M.

22. Gesetz, betr. **Anstellung und Versorgung der Kommunalbeamten.** Mit Ausführungsanweisung. Von Dr. **W. Ledermann,** Magistratsassessor zu Berlin. 1 M. 25 Pf.

23 **Ausführungsgesetz zum Bürgerlichen Gesetzbuche.** Von Landrichter Dr. **P. Siméon.** 1 M. 60 Pf.

24. Die **Hinterlegungsordnung** in der Fassung des Ausführungsgesetzes z. B.G.B. v. 20 Sept. 1899 nebst Ausführungsbestimmungen. Von Regierungsassessor Dr. **Georg Bartels.** 1 M. 50 Pf.

25. **Preußische Kommunalbeamtengesetzgebung.** Von Dr. **Franz Kremski,** Magistratsassessor in Berlin. 3 M.

26. Die **Preußischen Gesetze** über das Diensteinkommen der Lehrer und Lehrerinnen, ihren Ruhegehalt und die Fürsorge für ihre Hinterbliebenen, sowie einer Tabelle zur Berechnung der Ruhegehalts-, Wittwen- und Waisenbezüge. Von Dr. **Ed. Cremer,** Beigeordneter. 2 M. 40 Pf.

27. Gesetz, betreffend die **Waarenhaussteuer.** Von Geh Ober-Finanzrath Dr. **G. Strutz.** 1 M 20 Pf

28. Gesetz über die **Fürsorgeerziehung Minderjähriger.** Nebst Ausführungsanweisungen. Von Landgerichtsrath Dr. **P. F. Aschrott.** 2 M 80 Pf

29 Gesetz, betr **die ärztlichen Ehrengerichte, das Umlagerecht und die Kassen der Aerztekammern.** Von Amtsgerichtsrath Dr. **Fidler.** 1 M 50 Pf.

30 Die das **Preußische Staatsschuldbuch** und das **Reichsschuldbuch** betr. Gesetze nebst den Ausführungsbestimmungen Von Wirkl Geh. Ober-Finanzrath **J. Mücke,** Mitglied der Hauptverwaltung der Staatsschulden 2 M

31 a. **Die geltenden Preußischen Gesindeordnungen.** Herausgegeben in zwei Bänden von **Stephan Gerhard,** Rechtsanwalt in Berlin.

Band I: Gesindeordnung für die altpreußischen Provinzen vom 8 XI. 1810, mit Erläuterungen unter Berücksichtigung der Ergänzungsgesetze und der Rechtsverhältnisse der Gesindevermiether, sowie die Gesindeordnung für Neuvorpommern und Rügen und für die Rheinprovinz. 2 M. 50 Pf

31 b. **Band II:** Gesindeordnungen für Hannover, Schleswig-Holstein, Hessen-Nassau und den Regierungsbezirk Hohenzollern. 2 M. 50 Pf.

32 **Die Städteordnung für die sechs östlichen Provinzen** Preußens vom 30 Mai 1853 nebst ihren gesetzlichen Ergänzungen. Von **Dr. jur. Walter Ledermann,** Magistrats-Assessor zu Berlin. 6 M.
Dieser Band ist in größerem Format erschienen!

33. **Rentenguts- und Anerbenrechts-Gesetzgebung in Preußen.** Von Landgerichtsrath **M. Peltasohn** und Rechtsanwalt **Bruno Peltasohn.** 3 M.

Guttentag'sche Sammlung von Text-Ausgaben mit Sachregister ohne Anmerkungen.

Handelsgesetzbuch nebst **Einführungsgesetz.** Vom 10. Mai 1897. Sechster Abdruck. 1 M. 80 Pf.

Gesetz, betr. die **Abänderung der Gewerbeordnung** (Neues Handwerkergesetz) Vom 26 Juli 1897 90 Pf.

Gewerbeordnung für das Deutsche Reich. In der Fassung der Bekanntmachung vom 26. Juli 1900. (Reichs-Gesetzblatt Nr. 47, ausgegeben am 15 Oktober 1900.) Zweite Auflage 1 M. 20 Pf

Militär-Strafgesetzbuch für das Deutsche Reich mit Verweisungen und Abdruck der entsprechenden Bestimmungen des Reichs-Strafgesetzbuchs. 1 M.

Militärstrafgerichtsordnung für das Deutsche Reich, nebst **Einführungsgesetz** und Gesetz, betr. die Dienstvergehen der richterlichen Militärjustizbeamten und die unfreiwillige Versetzung derselben in eine andere Stelle oder in den Ruhestand. Vom 1. Dezember 1898 **Militär-Strafgesetzbuch** mit Verweisungen und Abdruck der entsprechenden Bestimmungen des Reichs-Strafgesetzbuchs Zweite Auflage. 1 M. 50 Pf.

Reichsstempelgesetz (Börsensteuergesetz) in der Fassung der Bekanntmachung vom 14. Juni 1900. Mit Ausführungsbestimmungen, einem Anhang, enthaltend Tabellen zur Berechnung der Reichsstempelabgaben und Sachregister. 1 M. 50 Pf.

Adickes, F., Oberbürgermeister in Frankfurt a. M. Das Kommunalabgabengesetz vom 14. Juli 1893. Kommentar. 8°. Kartonnirt 6 M.

Arndt, Dr. Adolf, Geheimer und Oberbergrath, Professor. Verfassung des Deutschen Reichs. Mit Einleitung und Kommentar. Zweite völlig neu bearbeitete Auflage. 8°. Geb. 4 M. 50 Pf.

Beyendorff, Dr. R., Dozent der Staatswissenschaften am Höheren Technischen Institut zu Cöthen. Das System der Reichs-Gewerbeordnung. Für den akademischen und praktischen Gebrauch dargestellt. 8°. Preis 4 M., geb. 4 M. 60 Pf.

Born, A., Polizei-Assessor in Königsberg i. Pr. Das preußische Baupolizeirecht nebst den einschlägigen Bestimmungen des Ansiedelungs-, Feld- und Forstpolizei-, Waldschutz- und Deichgesetzes, sowie dem Fluchtlinien-, Rayongesetz und dem Gesetz über die Zulässigkeit des Rechtsweges gegen polizeiliche Verfügungen. Mit Kommentar. Unter eingehender Berücksichtigung der Entscheidungen des Reichsgerichts, Oberverwaltungs- und Kammergerichts. gr. 8°. Preis 10 M., geb. 11 M.

Das Gesetz betreffend die Anlegung und Veränderung von Straßen und Plätzen in Städten und ländlichen Ortschaften vom 2. Juli 1875. Des Kommentars von weil. Oberverwaltungsgerichtsrath **R. Friedrichs** fünfte völlig neubearbeitete Auflage bearbeitet von Dr. jur. **Hugo v. Strauß und Torney,** Senatspräsident am Oberverwaltungsgericht. 8°. Geb. Im Druck.

Hauß, C., Geh. Ober-Reg.-Rath. Das Gesetz zur Bekämpfung des unlauteren Wettbewerbes. Vom 27. Mai 1896. Für die gerichtliche und gewerbliche Praxis erläutert. 8°. Geb. in Leinen 3 M.

Holtgreven, Dr. A., Präsident des Oberlandesgerichts in Hamm und Dr **Th. Wolff,** Oberlandesgerichtsrath Das Wildschadengesetz vom 11. Juli 1891. Kommentar. Vierte Auflage. 8°. Geb. 4 M. 50 Pf.

Jerusalem, Herm., Landgerichtsrath, Mitglied des Hauses der Abgeordneten Das Gesetz über Kleinbahnen und Privatanschlußbahnen vom 28 Juli 1892 nebst der Ausführungsanweisung zu diesem Gesetz vom 22. August 1892. gr. 8°. 2 M.

Kamptz, W. v., Verwaltungsgerichtsdirektor. Das Gesetz, betreffend die Vertheilung der öffentlichen Lasten bei Grundstückstheilungen und die Gründung neuer Ansiedelungen in den Provinzen Preußen, Brandenburg, Pommern, Posen, Schlesien, Sachsen und Westfalen vom 25. August 1876. 8°. Kartonnirt 2 M. 50 Pf.

Könige, H., Oberlandesgerichtsrath. Handelsgesetzbuch vom 10 Mai 1897 nebst Abdruck des Gesetzes über die Angelegenheiten der freiwilligen Gerichtsbarkeit und Gerichtsverfassungsgesetz (Titel 7, Kammern für Handelssachen). 8°. Geb. in ganz Leinen 4 M. 50 Pf.

Laß, Dr. L., Kaiserl Regierungsrath, Strafrecht der Berufsgenossenschaften nach den Unfallversicherungsgesetzen vom 30. Juni 1900. Unter Benutzung amtlichen Materials zum praktischen Gebrauche dargestellt. Geb. in ganz Leinen 3 M.

Laurisch, H., Königl. Gewerbeinspektor, Gewerberecht und Arbeiterschutz. Führer für Arbeitgeber und Arbeiter durch die Gewerbe- und Arbeiterschutz-Gesetze. Kartonnirt 1 M. 80 Pf.

Nußbaum, Dr. A., Die freiwillige Gerichtsbarkeit im Reiche und in Preußen. Ein Leitfaden. 8°. Geb. in ganz Leinen 4 M.

Oltermann, Carl, Stadtrath in Dortmund. Das Fluchtliniengesetz vom 2. Juli 1875. Erläuternde Abhandlung. 8°. 1 M. 25 Pf.

Stephan, Dr. R., Geh. Regierungsrath u. Mitglied des Kais. Patentamts. Gesetz, betreffend die Patentanwälte. Vom 21. Mai 1900. Nebst Ausführungsverordnungen. 8°. Geb. in ganz Leinen 1 M. 50 Pf.

Telegraphenwege-Gesetz vom 18. Dezember 1899 nebst den vom Reichskanzler erlassenen Ausführungsbestimmungen vom 26. Januar 1900 und den Erläuterungen und Ausführungsanweisungen des Reichs-Postamts. Amtliche Ausgabe. 8°. Geb. in ganz Leinen 1 M.

Wilhelmi, Dr. L., Das Handwerkergesetz vom 26. Juli 1897. Mit Einleitung und Bemerkungen unter besonderer Berücksichtigung der Ausführungs-Anweisungen der größeren Bundesstaaten. Geb. in ganz Leinen 6 M.

Wittenberg, Dr. M., Dozent an der Humboldt-Akademie. Wegweiser durch das Aktienrecht, nach dem Wortlaut der seit dem 1. Januar 1900 gültigen Reichsgesetze. Taschenformat. Geb. in ganz Leinen 1 M.

Schlagwort-Register.

R. = Nummer der Sammlung Deutscher **Reichs**gesetze.
P. = Nummer der Sammlung **Preußischer** Gesetze.
S. = Seite.